NATIONAL GEOGRAPHIC

SUDÁFRICA

Guías Audi

Audi

NATIONAL GEOGRAPHIC

SUDÁFRICA

Guías Audi

Audi

SUMARIO

Página 1: joven ndebele tocada con las cuentas y el atavío tradicionales.
Páginas 2-3: Tembe Elephant Park, hogar de la manada de elefantes más grande de la provincia.

VIAJAR CON LOS CINCO SENTIDOS

Los viajeros comprometidos van con un propósito y regresan beneficiados. Si viaja de forma responsable contribuirá a conservar la flora y la fauna, a preservar la historia y a enriquecer culturalmente los lugares que visite. Al mismo tiempo, mejorará su propia experiencia viajera.

Para ser un viajero respetuoso con el geoturismo es necesario:

- Reconocer que su presencia tiene un impacto en los lugares que visita.
- Gastar el tiempo y el dinero de forma que contribuya a preservar el carácter local. (Además, así resulta más interesante.)
- Valorar los aspectos del patrimonio cultural y natural de su destino.
- Respetar las costumbres y tradiciones locales.
- Hacer saber a los lugareños que uno aprecia aquello que es único de su país: su naturaleza, sus paisajes, su música y su gastronomía, sus poblaciones y edificios históricos.
- Decida con el monedero: apoye a la gente que defiende el lugar, acudiendo a los comercios que se esfuerzan por promocionar y proteger lo que la región o el país tienen de especial. Busque las pequeñas tiendas, los restaurantes locales, los hoteles y los operadores turísticos que aprecian su entorno, aquellos a quienes les gusta cuidarlo y mostrarlo. Evite los comercios que restan valor o desmerecen el carácter del lugar.
- Enriquézcase llevándose de vuelta a casa recuerdos e historias que contar, sabiendo que ha contribuido a la conservación y la mejora de su destino.

Éste es el tipo de viaje denominado geoturismo, que se define como «un turismo que procura preservar o mejorar el carácter geográfico del lugar que se visita: su entorno, su cultura, su estética, su patrimonio y el bienestar de sus habitantes». Para saber más, consulte la página web del National Geographic's Center for Sustainable Destinations (Centro en pro de los Destinos Sostenibles de National Geographic): *www.nationalgeographic.com/travel/sustainable.*

NATIONAL GEOGRAPHIC

Sudáfrica

SOBRE LOS COLABORADORES

Roberta Cosi es escritora y editora. Nació y se crió en Johannesburgo y es una viajera intrépida a la que le apasiona explorar Sudáfrica y todo lo que el país tiene que ofrecer.

Richard Whitaker Nacido y educado en Sudáfrica, Richard Whitaker estudió en la Universidad de Witwatersrand, en Johannesburgo, y más tarde se licenció en Clásicas en las universidades de Oxford y St. Andrews. Después de varias décadas dedicado a la enseñanza en Durban y Ciudad del Cabo, comenzó una segunda carrera como escritor. Ha viajado mucho tanto por Europa como por el sur de África.

Samantha Reinders La fotógrafa Samantha Reinders *(www.samreinders.com)* no está del todo segura de dónde empezó en realidad su carrera, pero cree que es una mezcla de experiencias, como montarse en el adorado Land Rover de su padre y recorrer con él las polvorientas carreteras del sur de África, explorar las curiosas colinas de los Apalaches o verse encajonada entre otros dos fotógrafos en las reuniones que celebraban con la prensa en el Despacho Oval. Fuera como fuera, la carrera que ha elegido le ha permitido, entre otras cosas, perseguir pingüinos, volar en el Air Force One, nadar con tiburones y conocer personas muy interesantes, desde hombres de negocios hasta personas sin hogar, desde las abuelitas que conoció en una venta benéfica de tartas hasta el asesino triple que estaba entre rejas.

Reinders tiene un máster en Comunicación Audiovisual de la Universidad de Ohio. Su trabajo ha aparecido en *U. S. News & World Report, Time, The New York Times, L'Express, Der Spiegel, Park Avenue, The Chicago Tribune* y *The London Financial Times.*

En 2005 regresó a su Sudáfrica natal y a las carreteras polvorientas que nutren su alma. En la actualidad vive en Ciudad del Cabo y ejerce su profesión tanto allí como en el extranjero.

Organizar el viaje

En Sudáfrica no hay dos provincias iguales: el visitante encontrará un mundo entero en un solo país. Si lo que busca es tumbarse en una playa o visitar un buen museo, hacer senderismo por el desierto o ver algunos de los animales más magníficos del mundo, o si quiere probar buenos vinos o saborear la cocina malaya de El Cabo, Sudáfrica lo tiene todo.

Qué llevar

La indumentaria que se recomienda en Sudáfrica hace hincapié en la informalidad. Todo el mundo lleva pantalones cortos, sandalias y camiseta cuando hace calor, y en muchos sitios sería un atuendo aceptable para ir a comer e incluso para ir a cenar si se está en la costa. Una falda, pantalones largos y camisa es la norma para salir a cenar o al teatro. Si va a hacer un safari, lleve ropa adecuada para caminar, además de prismáticos, botas, mochila, cantimplora, un gorro, crema protectora y la medicación que necesite (incluida la de la malaria, en la meseta esteparia sudafricana y la costa del nordeste).

Con tanto que ofrecer, planear un itinerario quizá parezca una tarea abrumadora, pero todo depende del tiempo que tenga. Si sólo dispone de una semana, son imprescindibles una visita a Ciudad del Cabo y un safari en el que se puedan ver los «cinco grandes» (elefantes, leones, leopardos, búfalos y rinocerontes), por ejemplo en el Kruger National Park. Podría plantearse volar directamente a Ciudad del Cabo, pasar tres noches en esta cosmopolita ciudad y después continuar en avión y disfrutar de otras tres noches de safari. Si dispone de más tiempo, en este país le aguardan muchos más atractivos.

La mayor parte de las ciudades sudafricanas no disponen del transporte público seguro y eficiente que más conviene al turista. Así pues, muchos optan por alquilar un coche para viajar por las distintas poblaciones y para desplazarse de una a otra. Este país tiene una red muy buena, en muchos casos excelente, de carreteras. Es perfectamente factible que el visitante conduzca su propio vehículo de alquiler y haga un safari por cualquiera de las reservas naturales nacionales y privadas del país. A la mayor parte de ellas se puede acceder en un coche normal, aunque hay alguna que requiere un todoterreno.

Uno de los «cinco grandes».

Tenga en cuenta, sin embargo, que Sudáfrica es un país muy grande, por lo que es aconsejable viajar en avión si no se dispone de mucho tiempo. La aerolínea nacional, South African Airways (SAA), vuela entre todas las principales ciudades del país, mientras que Airlink y South African Express cubren muchos destinos regionales.

Pero si desea darse un lujo, puede tomar el Blue Train o hacer un viaje en el Rovos Rail, que recorren unas rutas muy concretas del sur de África. Recuerde, sin embargo, que en estos viajes, en los que se tarda uno o dos días enteros con sus noches para llegar de Ciudad del Cabo a Pretoria, no importa tanto la velocidad como la oportunidad de contemplar el paisaje desde la comodidad de su asiento.

PUNTOS DE INTERÉS

Ciudad del Cabo

La «Ciudad Madre» no puede evitar enamorar al visitante. Las montañas y los océanos que la rodean constituyen un paisaje cautivador, mientras que los 300 años de historia de sus colonos le proporcionan un matiz cultural e histórico sin rival posible. Hermosa, sofisticada y pintoresca gracias a su legado multicultural, es una metrópoli que el visitante no se debe perder. Lo primero será subir a la Table Mountain, ya sea a pie o en un funicular. Las impresionantes vistas que se disfrutan desde la cima de esta inconfundible colina son asombrosas. Para los amantes de las compras, el Victoria & Alfred Waterfront, encaramado a un ajetreado puerto, es casi una obligación, y desde ahí se puede coger un transbordador a Robben Island, donde Nelson Mandela estuvo encarcelado. Un día recorriendo en coche los Cape Winelands es un auténtico regalo, no sólo por los placeres gastronómicos que ofrecen, sino también por su espectacular paisaje. Y debería planear una visita a los Kirstenbosch National Botanical Gardens, conocidos como una de las siete maravillas del mundo (en jardines botánicos). Ciudad del Cabo tiene un aeropuerto internacional y es, por lo tanto, un lugar muy accesible, pero si vuela a Johannesburgo, en tan sólo dos horas estará en la «Ciudad Madre».

Alrededores de Ciudad del Cabo. Si puede disfrutar de unos días más en Ciudad del Cabo, hay muchas excursiones que merecen la pena. Por qué no alquilar un coche y acercarse a Cape Point, con sus espectaculares vistas de los océanos enfrentados, o quizá podría ir hasta la costa oriental de la península, donde puede pasear entre los pingüinos de Boulders Beach o visitar la pintoresca Kalk Bay. Un viaje a la costa oeste, sobre todo durante la estación de las flores en Namaqualand, le permitirá disfrutar de un paisaje extraordinario y de tranquilos paseos; los pueblos y viñedos de Stellenbosch,

Paarl y Franschhoek ofrecen una tarde relajada de visitas. Y si dispone de más tiempo, recorra la Garden Route, una excursión de cinco horas que discurre a lo largo de una franja de costa con pequeños pueblos y hermosas playas.

Un safari

El Kruger National Park, a dos horas al oeste de Ciudad del Cabo si va en avión (tres días en coche), es la reserva natural más antigua del mundo y sigue atrayendo a más de medio millón de visitantes al año. Además de los «cinco grandes» (el león, el leopardo, el elefante, el búfalo y el rinoceronte), el parque alberga otros fascinantes animales como jirafas, cebras, guepardos, hipopótamos, impalas y hienas, que el visitante puede observar en su hábitat natural. El parque tiene una red de 2.000 km de carreteras parcialmente pavimentadas, lo que facilita las excursiones para ver los animales. Los más aventureros pueden encontrar un sinfín de carreteras secundarias de arena que pueden explorar solos.

En el parque se puede elegir entre diferentes tipos de alojamiento, desde pabellones privados a cámpings. La mayor parte de éstos tienen sus propios restaurantes y pueden organizar excursiones en coche y a pie para ver la fauna. Sea cual sea el tipo de alojamiento que escoja, es aconsejable reservar por adelantado.

Propinas

En Sudáfrica es costumbre dejar propina. En un restaurante, el cliente debería dejar entre un 15 y un 20 %. Cuando se trata de grupos grandes, los restaurantes añaden en ocasiones el coste del servicio.

A los guías y a los conductores se les suele dar una propina de 15 rands por persona y día.

A los porteros de los hoteles se les dan entre 2 y 5 rands por maleta. A los empleados de las gasolineras se les suele dar entre 2 y 5 rands. **Ver también pág. 278.**

Seguridad

Por desgracia, el crimen es una realidad en Sudáfrica, sobre todo en Johannesburgo; ser consciente de ello puede garantizar su seguridad.

EN LA CALLE:

- De noche evite las zonas oscuras y aisladas.
- Desplácese en grupo y limítese a las zonas muy pobladas y bien iluminadas.
- No lleve consigo grandes cantidades de dinero en metálico.
- Evite lucir joyas o presumir de cámara.
- Utilice sólo taxis recomendados por su hotel, restaurante u operador turístico.

EN EL COCHE:

- Planifique siempre su ruta por adelantado y lleve un mapa en el coche.
- Guarde los objetos de valor en el maletero.
- En las ciudades, cierre las puertas y las ventanillas del coche en todo momento.
- Evite aparcar en zonas oscuras.
- Nunca recoja a personas desconocidas.

EN EL HOTEL:

- Jamás deje su equipaje desatendido en el vestíbulo o en cualquier zona pública.
- Guarde los objetos de valor en la caja fuerte de su habitación o en recepción.
- Si llaman a su puerta y no espera a nadie, compruebe quién es antes de abrir.
- Cierre la habitación con llave.
- Guarde una copia de sus documentos (información de tarjetas, pasaporte, etc.) en la caja de seguridad del hotel.

Contemplando el paisaje en Verneuk Pan, lugar donde se estableció el primer récord de velocidad sobre tierra en 1929.

Hay muchas otras reservas naturales en Sudáfrica; algunas de las más populares son el Addo Elephant Park y el Mountain Zebra National Park, en el Eastern Cape, el Golden Gate Highlands National Park en Free State, al este del país, y el Tankwa Karoo National Park, en el Northern Cape.

Si tiene más tiempo

Provincia de Gauteng. Johannesburgo, la capital de Gauteng, es una ciudad electrizante. No deje de hacer una excursión al *township* de Soweto ni se pierda tampoco las minas de oro que siguen en activo, la Lesedi Cultural Village y el Apartheid Museum. Desde Johannesburgo se puede llegar con facilidad a la Cuna de la Humanidad, que alberga vestigios de la evolución humana, y también a Sun City, Las Vegas sudafricana.

Provincia de KwaZulu-Natal. Durban, con sus cálidas aguas y su arquitectura colonial, es una ciudad que bien merece una visita. Las costas del norte y el sur ofrecen algunos de los mejores lugares del país para practicar submarinismo, así como sitios donde observar la fauna. Si tiene más tiempo, visite el pintoresco Midlands Meander, o vaya a montar a caballo o a practicar senderismo por las montañas Drakensberg.

Cómo llamar a casa

Para hacer una llamada fuera del país, primero tiene que marcar el 00, que es el código de acceso internacional. Luego deberá marcar los prefijos del país y la zona, y el número de teléfono. Para España, marque 00, el prefijo del país (34) y el número del abonado. Existen varias tarjetas de teléfono internacionales. La más utilizada es la Telkom WorldCall Prepaid Calling Card. Si bien estas tarjetas quizá no le ofrezcan las mejores tarifas, son fiables y se pueden utilizar para hacer llamadas tanto nacionales como internacionales desde cualquier teléfono fijo público o privado. Si tiene un móvil internacional, debe tener en cuenta que los costes de *roaming* son altos y que en muchas zonas rurales y reservas naturales no hay cobertura.

Historia y cultura

Jacarandá en plena floración, Pretoria.

Sudáfrica actual

Es difícil generalizar sobre Sudáfrica, como no tardará en descubrir cualquier visitante. ¿Cómo se resume un país que tiene once idiomas oficiales y ciudades que combinan unos asentamientos dignos del Tercer Mundo con hoteles y centros comerciales del Primero, y que puede presumir de paisajes que van desde un denso monte bajo hasta exuberantes montañas, mesetas semidesérticas y kilómetros de magníficas playas de arena?

Si va de safari podrá ver los «cinco grandes»: el elefante, el león, el leopardo, el búfalo y el rinoceronte. Si le gusta la aventura puede hacer rafting en los rápidos del Western Cape o en Free State, escalada y senderismo en Drakensberg o submarinismo en Sodwana Bay. Pero también hay alternativas para los más urbanitas: ir de compras, disfrutar de la cocina sudafricana y sus exquisitos vinos locales o asistir a una sesión de jazz en directo, a una representación teatral o quizá ir a bailar.

Hoy día el perfil de las ciudades sudafricanas está erizado de grúas, producto del auge de la construcción que se está viviendo. Las nuevas urbanizaciones, de hogares de bajo coste a apartamentos de lujo, remodelan a diario el paisaje urbano. La emoción rodea la Copa del Mundo de Fútbol, que se celebrará en Sudáfrica en 2010, y los estadios comienzan a surgir como setas en Ciudad del Cabo, Durban y Johannesburgo, al tiempo que se levantan nuevos hoteles.

En 1994, el año de las primeras elecciones democráticas, sólo 3,9 millones de turistas internacionales visitaron Sudáfrica, pero se espera que ese número alcance los 10 millones antes del 2010. Aparte de la Copa del Mundo, ¿qué es lo que atrae a todos estos visitantes a la punta meridional de África? Sobre todo la combinación de instalaciones de primer orden, como los hoteles, las tiendas y los restaurantes del mundialmente famoso Victoria & Alfred Waterfront de Ciudad del Cabo; los cientos de miles de kilómetros cuadrados de naturaleza todavía virgen de la que se puede disfrutar en reservas como el Kruger National Park, el Addo Elephant Park o la Hluhluwe Imfolozi Game Reserve. Si añadimos a este tesoro un sistema bancario moderno y avanzado, y una excelente infraestructura de puertos, carreteras y aeropuertos, tenemos la fórmula ganadora para atraer al turista.

La Nueva Sudáfrica

Desde 1994 este país se ha conocido de forma popular como la «Nueva Sudáfrica». La etiqueta es adecuada, ya que es un espíritu de renovación lo que inspira a este país. Millones de personas, antes excluidas, tienen acceso ahora a la educación, una vivienda, atención médica, electricidad, agua potable y, lo que es más importante, derecho a votar. La saludable economía del nuevo milenio ha disfrutado de un período de crecimiento sostenido más prolongado que ninguno de los experimentados con anterioridad en la historia de Sudáfrica. Una prensa firme y enérgica, libre de la interferencia del Estado, mantiene a la población informada y al Gobierno alerta.

Los sudafricanos están orgullosos, y con razón, de las instituciones surgidas de los cambios de 1994, como la Constitución del país, negociada no sin esfuerzo a principios de la década de 1990 por grupos de todo el espectro político y reconocida como una de las más liberales del mundo. Ésta da fe, sobre todo, de la determinación del pueblo de dejar atrás la discriminación y garantizar el derecho a la libertad de asociación, de participación en el Gobierno y en la economía, y de expresión y prensa. Los sudafricanos también han hecho buen uso de su nuevo Tribunal Constitucional, cuya

Union Buildings, en Pretoria, sede oficial del Gobierno sudafricano.

función es examinar las leyes del Parlamento y las decisiones de los tribunales menores para comprobar si se ajustan a los principios constitucionales acordados.

Pueblos e idiomas

Debido a su historia, Sudáfrica posee una población muy diversa. Un número muy pequeño de bosquimanos (también conocidos como sans), los habitantes cazadores-recolectores originales de la región, siguen habitando el noroeste del país, aunque en la actualidad la mayor parte está asentada en comunidades. En la costa oriental vive un pueblo conocido como los ngunis, cuyos dos grupos principales son los zulúes de KwaZulu-Natal y los xhosas de Eastern Cape. Una rama de los ngunis, los ndbeles, emigraron al interior en el siglo XVII y hoy ocupan partes de las provincias de Limpopo y Mpumalanga. Los hablantes de sotho, emparentados con los habitantes de la vecina Lesotho, están extendidos por buena parte de las provincias de Free State, Gauteng, Limpopo y Mpumalanga. Otros grupos étnicos más pequeños incluyen los vendas en el extremo norte, los tsongas en el noreste y los tswanas, que ocupan tierras a ambos lados de la frontera entre Sudáfrica y Botswana. En general, las identidades étnicas son mucho más fuertes en las zonas rurales que en las ciudades.

Un gran segmento de la población del Western Cape está formada por las llamadas personas de color. (En Sudáfrica este término significa algo muy diferente.) Las personas de color, que hablan sobre todo afrikáans (una versión local del neerlandés), descienden de los colonos holandeses que se asentaron en el cabo, de sus esclavos (que procedían sobre todo de Malaysia e Indonesia) y de los pueblos indígenas de la región.

Junto a estos grupos viven muchos inmigrantes y sus descendientes, sobre todo procedentes del Reino Unido y de los Países Bajos, pero también de otros países europeos. A principios del siglo XX entró también un gran número de inmigrantes de Malaysia y el subcontinente indio. Desde 1994, se vive un nuevo fenómeno: la afluencia a las ciudades de muchos inmigrantes procedentes de otros países africanos, sobre todo Mozambique, Angola, Zimbabwe, la República del Congo y la República Democrática del Congo.

La población total de Sudáfrica se calcula que es de casi 49 millones de personas, compuesta del siguiente modo: 79,8 % de africanos, 9 % de ascendencia europea, 8,8 % de personas de color y 2,4 % de ascendencia india y asiática. Nadie sabe con certeza cuántos inmigrantes ilegales hay, aunque se habla de entre dos y cinco millones.

Aunque las lealtades lingüísticas y étnicas siguen siendo fuertes, los ciudadanos de este país están comenzando a forjarse una identidad nacional y a considerarse primero sudafricanos y luego xhosas, sothos, zulúes, o hablantes de inglés o afrikáans.

Frases sudafricanas

El inglés sudafricano tiene algunas peculiaridades interesantes:

Bakkie	camioneta
Braai	barbacoa
Brah	mejor amigo
Bundu	*bushveld* (sabana arbolada)
Gogga	insecto
Howzit	hola
Just now	en un momento
Kloof	barranco
Koppie	colina rocosa
Lekka chow	una buena comida
Lekker	genial, estupendo
Robot	semáforo
SMS	mensaje de texto
Takkies	zapatillas de deporte

Interior de un hogar basotho, cerca de Matatiele, en Eastern Cape.

Dada la diversidad de la población sudafricana, los artífices de la nueva Constitución del país se enfrentaban a un problema: ¿cuál debería ser el idioma oficial del país? Optaron por un compromiso. Los once idiomas se convirtieron en oficiales. En teoría, cada ciudadano tiene derecho a ser educado y a comunicarse con los estamentos oficiales en su lengua materna, aunque la Constitución añade con gran prudencia que ese derecho sólo se puede ejercer allá donde sea factible.

En la práctica, aunque en Sudáfrica hay más hablantes de lenguas nativas –zulú (23,8 %), xhosa (17,6 %) y afrikáans (13,3 %)– que de hablantes de inglés (8,2 %), este último es con mucho el segundo idioma más extendido entre los sudafricanos. Los visitantes de todas las ciudades y destinos turísticos importantes no tendrán dificultades para comunicarse en inglés. En muchas poblaciones pequeñas predomina el afrikáans, aunque todavía se entiende el inglés. Sólo en las zonas rurales más remotas quizá le cueste un poco más comunicarse en la lengua de Shakespeare.

La mayor parte de los sudafricanos reciben con calidez a los visitantes. No se sorprenda si quieren saber quién es, de dónde viene o si está casado. Una vez que haya empezado a hablar, no le extrañe que lo inviten a su casa o a compartir una comida.

Ciudades

Los libros y trabajos fotográficos que se han publicado sobre África a veces dan la sensación de que el continente es una extensión de naturaleza salvaje y vacía, poblada por más animales que personas. Aunque es el sueño de cualquier amante de la naturaleza,

Sudáfrica también tiene ciudades grandes, modernas y animadas que dan cobijo a millones de habitantes. La población de estas urbes aumenta a gran velocidad con los inmigrantes que llegan de zonas rurales en busca de trabajo y mejores servicios sociales. Ciudad del Cabo, con sus edificios coloniales de estilo holandés, todavía tiene un fuerte aire europeo. Los muchos vendedores callejeros de Johannesburgo y los numerosos bloques de apartamentos de los céntricos barrios pobres la convierten en una de las metrópolis más africanas del país, mientras que la población inmigrante india de Durban le confiere un estilo único. En las ciudades, el visitante verá por todas partes taxis que son en realidad pequeños autobuses que se detienen en cualquier parte para recoger o dejar a un pasajero. Producto singular del espíritu emprendedor de este país,

Long Street, en Ciudad del Cabo, un popular centro de entretenimiento.

estos taxis comenzaron a ofrecer sus servicios en la década de 1980 y llevaban a la gente a destinos a los que no llegaban los autobuses y ni los trenes. Busque los apodos pintados en estos taxis: nombres como Pay My Bills (Pague Mis Facturas), Risky Business (Negocio Arriesgado), Fatal Attraction (Atracción Fatal) y Lover Boy (Macho). Pero el turista debe utilizar sólo los recomendados por sus hoteles o restaurantes.

Durante la última década, los ciudadanos de Ciudad del Cabo se han divertido viendo su localidad y su entorno convertido en escenario de películas, programas de televisión y anuncios que supuestamente discurren en otros lugares del mundo. Los coches que deberían circular por la izquierda aparecen en la pantalla pasando a la velocidad del rayo pero por el lado derecho de la carretera. Tampoco es extraño encontrarse con grandes estrellas de Hollywood. Entre las películas rodadas en los últimos tiempos aquí figuran *Flashbacks of a Fool*, protagonizada por Daniel Craig, y *Desgracia*, de J. M. Coetzee, con John Malkovich. Lo que atrae a los cineastas a Ciudad del Cabo, aparte de los bajos costes de producción, es el buen tiempo, la luminosidad y la enorme variedad de localizaciones. En 2006, la industria cinematográfica local recibió un gran empujón cuando *Tsotsi*, dirigida por el sudafricano Gavin Hood, recibió el premio de la Academia a la Mejor Película en Lengua Extranjera.

Deportes

A Sudáfrica le apasiona el deporte. Así que una excelente forma de entablar conversación con los lugareños es preguntarles por su equipo favorito. En términos de espectadores y participantes, el deporte más importante con diferencia es el fútbol; los 16 mejores equipos profesionales están organizados en una Liga de Primera División. Gane unos cuantos puntos con los aficionados al fútbol aprendiendo los apodos de sus equipos favoritos, como los Beautiful Birds (Pájaros Hermosos), los Buccaneers (Bucaneros) y los Clever Boys (Chicos Listos) para los Moroka Swallows, los Orlando Pirates y los Bidwest Wits (un equipo universitario) respectivamente; o Chiefs (Jefes) para los Kaizer Chiefs. La organización de la Copa Mundial de Fútbol de 2010 en Sudáfrica le ha dado al deporte nacional un enorme empujón, ya que el equipo nacional del país anfitrión se clasifica directamente.

Gane puntos con los aficionados al fútbol aprendiendo los apodos de sus equipos, como los Beautiful Birds (Pájaros Hermosos), los Buccaneers (Bucaneros) y los Clever Boys (Chicos Listos) para los Moroka Swallows, los Orlando Pirates y los Bidwest Wits.

El segundo en popularidad es el rugby. Este deporte, con numerosos seguidores, sobre todo entre los hablantes de afrikáans, se encuentra en la actualidad en la cresta de la ola, ya que el equipo nacional, los Springboks, ganó la Copa del Mundo de 2007 en Francia. Varias importantes competiciones anuales enfrentan a los equipos sudafricanos con formaciones de Australia y Nueva Zelanda en las Tres Naciones y las ligas de los Súper 14, mientras que los de provincias compiten por la prestigiosa y centenaria Copa Currie.

Los ingleses introdujeron el críquet en Sudáfrica en el siglo XIX. Este deporte ha echado raíces y está ganando adeptos entre todos los sectores de la población. El equipo nacional, los Proteas, ha logrado varios éxitos en los partidos internacionales, tanto en los de cinco días como en los de un solo día, y por lo general se clasifica entre los tres primeros del mundo en ambas modalidades.

Otros deportes populares incluyen el ciclismo y las pruebas de fondo en carretera; ambas modalidades organizan eventos que atraen la participación en masa de los deportistas. La Cape Pic'n Pay Argus Cycle Tour, una ruta de 109 km que atraviesa el espectacular paisaje de la península de El Cabo, es la prueba más larga del mundo de su clase. Cada mes de marzo participan en ella unos 35.000 ciclistas, sudafricanos sobre todo, pero también miles de concurrentes extranjeros. En las pruebas de fondo en carretera, entre 10.000 y 14.000 sudafricanos y visitantes de otros países compiten anualmente en la Comrades Marathon, de 87 km. Esta ultramaratón, que parte en junio de Durban y llega a Pietermaritzber (y en sentido contrario en años alternos), tiene una historia que data de 1921, cuando varios veteranos comenzaron a celebrar una carrera como homenaje a los camaradas muertos en la Primera Guerra Mundial. La más reciente Two-Ocean Marathon, celebrada por primera vez en 1970, tiene lugar el fin de semana de Pascua. La prueba comprende dos carreras, una ultramaratón de 56 km y una media maratón de 21 km. Unos 25.000 corredores toman parte cada año.

Economía

Hasta la segunda mitad del siglo XIX, la economía de Sudáfrica se basaba exclusivamente en la agricultura. Después se descubrieron diamantes en Kimberley en 1867 y oro en el Witwatersrand en 1886. A partir de entonces y durante casi un siglo, las minas de oro y diamantes y las industrias relacionadas (explosivos, cemento e ingeniería) se convirtieron en la columna vertebral de la economía. La extracción de otras materias primas, como el carbón, el mineral de hierro, el vanadio, el manganeso y el platino, también ha crecido en importancia. Pero el sector industrial, las fábricas de ropa, tejidos, vehículos y productos de papelería y madera ha ido aumentando su participación en el producto interior bruto.

Debido a la carencia de reservas de petróleo, a partir de 1950 el Gobierno comenzó a hacer grandes inversiones en tecnología para producir combustible a partir de las abundantes reservas de carbón del país y más tarde de gas natural. La compañía resultante, Sasol, propiedad en parte del Estado, fue durante años una pesada carga para el contribuyente. Pero con las veloces subidas del petróleo del nuevo milenio, esta tecnología única se ha convertido en una inversión muy lucrativa.

Desde la democratización, la economía sudafricana se ha transformado. Uno de sus grandes triunfos ha sido la industria vitivinícola. En 1993 el país exportaba 24,6 millones de litros de vino. En 2008 esa cifra había superado los 300 millones de litros, y alrededor del 50 % de esa cantidad tiene como destino el Reino Unido, seguido de los Países Bajos, Alemania, Escandinavia y Estados Unidos. En la producción de cerveza, Sudáfrica también se ha convertido en un líder mundial. En 2002 la compañía South African Breweries compró la estadounidense Miller Brewing Company. Desde esa adquisición, la SABMiller se ha convertido en la empresa cervecera más grande del mundo tras su expansión por China.

La Sudáfrica de hoy, con sus excelentes medios de transporte, sus comunicaciones y su infraestructura financiera, es el centro neurálgico económico del continente africano. Las compañías mineras y de construcción, los servicios financieros, las telecomunicaciones y las empresas hoteleras se han ido expandiendo hacia el norte. La economía sudafricana está en pleno auge. A finales de septiembre de 2006, la capitalización de mercados de la Bolsa de Johannesburgo se cifraba en 5.791.000 millones de dólares estadounidenses, lo que la convertía en la decimosexta bolsa más grande de todo el mundo. ■

ACTIVIDAD: Ayude a construir una casa

En un país donde el paro causa estragos y son muchas las personas sin hogar, ayudar a construir casas es una opción fantástica para quienes deseen hacer voluntariado. Hay varias organizaciones con este tipo de proyectos, todas ellas con el objetivo de acabar con las chozas que no reúnen las condiciones mínimas. Para más información, póngase en contacto con: Habitat for Humanity *(tel. 021/670-2046; www.habitat.org.za)*; o Niall Mellon Townships Initiative *(tel. 021/426-2543; www.irishtownship.com)*.

Curiosidades y artesanía, Blyde River Canyon.

4X4

Historia de Sudáfrica

Tras siglos de conflictos, Sudáfrica es ahora una sola nación. Su historia ha estado marcada por los enfrentamientos entre los khoikhois (hotentotes), parte de un grupo mayor, los khoisans, procedentes del norte, y los colonos europeos que arribaron por mar a comienzos del siglo XVII.

Mapa de África de mediados del siglo XVI.

Comienzos y Prehistoria

Si la historia es el testimonio de la actividad humana, no podemos remontarnos mucho más atrás que en Sudáfrica, hogar de algunos de los primeros homínidos y miembros de la especie *Homo sapiens*. Varios hallazgos paleontológicos han demostrado que nuestros ancestros evolutivos han vivido aquí de forma continuada desde hace al menos 2,5 millones de años. Nuestra propia especie, el *Homo sapiens*, se originó en África unos 200.000 años antes de la era actual. Las recientes investigaciones llevadas a cabo en una cueva de Pinnacle Point, cerca de Mossel Bay, en la Garden Route sudafricana, han retrasado casi 100.000 años la fecha de comienzo de actividades culturales entre los humanos modernos. Hace 164.000 años, los habitantes de las cavernas de esta zona no sólo fabricaban cuchillas de piedra que ataban a palos para obtener lanzas o flechas, sino que también usaban el ocre, sin duda con propósitos culturales y simbólicos.

Los primeros habitantes de Sudáfrica de los que tenemos constancia son los bosquimanos (sans), un pequeño número de los cuales todavía vive en el desierto de Kalahari. Las pruebas de su presencia en el sur de África se remontan al menos a hace unos 20.000 años. Durante muchos milenios, este pueblo de la Edad de Piedra llevó un estilo de vida típico de los pueblos cazadores-recolectores. En cuevas antaño ocupadas por bosquimanos, los investigadores han desenterrado huesos de varios tipos de antílopes, damanes (el damán de las rocas) y tortugas. Los restos de rinocerontes, hipopótamos y elefantes demuestran que aquéllos a veces también cazaban estos animales, es probable que utilizando trampas. Los bosquimanos no siempre eran nómadas. En ocasiones vivían en cuevas de la costa, donde comían pescado, marisco y focas. Los restos de los muros de rocas que erigieron en el mar como trampas de pesca aún se pueden ver en varios lugares de la costa del sudoeste del país. Algunos de los sans se separaron del grupo principal para convertirse en pastores, conocidos como khois o khoikhois.

Hallazgos de homínidos

En 1924 Raymond Dart, de la Universidad de Witwatersrand, identificó un cráneo fosilizado extraído en Taung, en North West, como perteneciente a una especie a medio camino entre el simio y el hombre. Ésta, llamada *Australopithecus africanus* («simio del sur de África»), se cree que vivió hace 2,5 millones de años y se conoce con el nombre de «Niño de Taung». Robert Broom descubrió varios huesos fosilizados más de esta especie en las cuevas que rodean Sterkfontein. El hallazgo más espectacular, en 1947, fue el cráneo casi completo de un individuo, hombre sin duda, conocido como la «Señora Ples» (*Plesianthropus transvaalensis*, casi humano del Transvaal).

En la década de 1990, Ron Clarke, Stephen Motsumi y Nwane Molefe desenterraron el esqueleto casi completo de un *Australopithecus* que caminaba erguido pero cuyos miembros superiores estaban adaptados para trepar. Bautizado como «Little Foot», es posible que viviera hace cuatro millones de años.

Granjeros de la Edad de Hierro

Alrededor del año 200 se abrió un nuevo capítulo en la Prehistoria de Sudáfrica, el comienzo de la Primera Edad de Hierro, con la llegada de grupos pertenecientes a un pueblo que hablaba bantú y que se instalaron en la zona norte del país. Interactuaron y se mezclaron con los khoikhois, como se puede ver por los chasquidos que se introdujeron en su idioma. Al igual que estos últimos, los recién llegados criaban cabras, ovejas y ganado. Pero había una diferencia crucial en su cultura, conocían la alfarería, fundían hierro para hacer herramientas y armas, y cultivaban la tierra: mijo, sorgo, cacahuetes y melones. (El maíz lo introdujeron los portugueses entre los siglos XVI y XVIII.) Como eran agricultores, permanecían en un solo lugar, viviendo en pequeñas comunidades asentadas en aldeas.

Con el comienzo de la Segunda Edad de Hierro, a partir de 1200, se produjeron cambios muy significativos cuando nuevas oleadas de ngunis y sothos se trasladaron a la meseta superior esteparia y descendieron por la costa oriental de Sudáfrica.

Los posteriores asentamientos que se fundaron durante la Edad de Hierro llegaron a sumar miles de individuos. Los recién llegados vivían en grandes unidades familiares en chozas que unían mediante muros de mampostería sin mortero para formar rediles para los animales domésticos. En ocasiones, las propias chozas estaban hechas de piedras apiladas que les daban la forma de una colmena.

Estos asentamientos de la Segunda Edad de Hierro nos han dejado asombrosos restos artísticos y materiales. Cerca de Lydenberg se descubrieron las llamadas cabezas de Lydenberg, varios artefactos de cerámica con forma de campana y muy trabajados que tienen rasgos humanos. En Mapungubwe, en el norte del país, se trabajaba el hierro, el cobre, el estaño y el oro, y el asentamiento formaba parte de unas redes comerciales que se extendían hasta el océano Índico, Arabia y Extremo Oriente. Se cambiaba carey y marfil por tejidos, cuentas de cristal y porcelana de China. Los enterramientos en las cimas de las colinas, que contienen suntuosos artículos mortuorios (entre ellos, el rinoceronte de oro de Mapungubwe), demuestran la existencia de un sistema de clases.

Esta cultura de la Segunda Edad de Hierro, basada en la agricultura, la ganadería y cierto comercio, se conservó en la zona cultivable de Sudáfrica donde llueve algo en verano (en la Highveld o alta meseta, la meseta central y la costa este hasta el río Great Fish). La forma de vida de sus aldeas disfrutó de gran estabilidad y en lo esencial permaneció inmutable hasta el siglo XIX. Pero ya a partir del siglo XVIII, la expansión de los colonos europeos hacia el interior comenzó a ejercer presión y a provocar cambios.

Retrato de Jan van Riebeeck, administrador colonial holandés.

Primeros contactos con los europeos

El navegante portugués Bartolomeu Dias (h. 1450-1500) fue el primer europeo que rodeó la punta sur de África en 1488. No vio la península de El Cabo en su viaje de ida, pero recaló allí en su periplo de regreso y llamó al lugar cabo de Buena Esperanza.

Los esfuerzos europeos por alcanzar la India por la ruta marina que rodeaba el sur de África continuaron a lo largo de finales del siglo XV. Finalmente, Vasco de Gama (h. 1460-1525) lo consiguió en 1497, después de un viaje en el que recaló en la bahía de St. Helena, Mossel Bay y, el día de Navidad, en un lugar de la costa oriental que él llamó Terra do Natal (el nombre Natal se conserva en el nombre de la provincia, KwaZulu-Natal). Durante los 150 años siguientes muchos convoyes de barcos portugueses y de otras naciones europeas rodearon el sur de África. Los diarios de a bordo y los relatos de los supervivientes de los naufragios hablan de contactos con los khoikhois en El Cabo y con el pueblo nguni en la costa oriental, que en ocasiones eran cordiales y otras hostiles.

Asentamientos holandeses en El Cabo

En 1652 los europeos establecieron una presencia más permanente en el cabo de Buena Esperanza, aunque en ese momento no fueron los portugueses sino los holandeses quienes tomaron la iniciativa. La Compañía Holandesa de las Indias Orientales (abreviada con frecuencia con las siglas VOC, del holandés Vereenigde Oost-Indische Compagnie) dominaba entonces el comercio europeo con la India y Oriente. Pero tenían un problema: durante el largo viaje alrededor de África sus tripulaciones sufrían y morían de escorbuto debido a una carencia de vitamina C. La solución de la compañía fue enviar a un oficial, Jan van Riebeeck (1619-1677) con órdenes de establecer huertas en El Cabo donde se pudiera cultivar fruta y verduras frescas para aprovisionar a las flotas que pasaban. La VOC nunca pretendió establecer una colonia permanente, pero a medida que pasaba el tiempo sus oficiales se fueron asentando; muchos de los llamados *trekboers* (granjeros nómadas) rechazaron la autoridad de la VOC y comenzaron a trasladarse al interior para cultivar la tierra por su cuenta. Con el tiempo fundaron ciudades como Stellenbosch, Swellendam y Tulbagh.

Los refugiados protestantes franceses, los hugonotes, se asentaron en el valle de Franschhoek en 1688. Plantaron viñas y establecieron una industria vinícola.

A medida que los *trekboers* se iban adentrando en los pastos tradicionales de los khoikhois, éstos se resistieron, pero sus armas no estaban a la altura de las de los colonos, que contaban además con caballos. Una epidemia de viruela, en 1713, que mató a muchos blancos, diezmó también a los khoikhois. Cuando los colonos se quejaron de la falta de mano de obra, la VOC permitió la importación de esclavos. Sucesivas expediciones dejaron en Sudáfrica miles de esclavos de Extremo Oriente, en especial de Malaysia e Indonesia, así como de otros lugares de África. Su presencia tuvo consecuencias trascendentales para la historia social del Western Cape. Ya en 1656 se liberaron algunos esclavos o bien pudieron comprar su libertad. Algunos de ellos se casaron con holandesas libres y otros se establecieron como taberneros y artesanos independientes.

A la población holandesa de 1688 se añadió un nuevo elemento cuando llegó un gran grupo de hugonotes, refugiados protestantes huidos de Francia. Se asentaron en el valle de Franschhoek y no tardaron en mezclarse con los neerlandeses y perder su idioma. Los hugonotes establecieron la industria vinícola de Sudáfrica.

A finales del siglo XVIII, Ciudad del Cabo era un puerto lleno de vida al que se llevaban los productos frescos del interior que luego se mercaban con los barcos que pasaban, mientras los artículos importados se vendían a los granjeros. El asentamiento holandés se había extendido mucho por la costa occidental, hasta llegar a Springbok, y por el noreste hasta Graaff-Reinet. Los khoisans se retiraron a zonas más remotas o fueron asesinados o reducidos a sirvientes. Pero en la década de 1770, a lo largo del río Great Fish, los *trekboers* se encontraron y se enfrentaron de forma repetida a un adversario mucho más formidable, los xhosas, que estaban asentados allí y contaban con armas de hierro. Al mismo tiempo, los acontecimientos de la lejana Europa iban a tener un efecto muy profundo en la historia de El Cabo y en Sudáfrica en general.

La ocupación británica de El Cabo

Después de que en 1795 cayera la monarquía holandesa y fuera sustituida por una república revolucionaria dominada por Francia, Gran Bretaña vio amenazado su lucrativo comercio con Oriente. Envió tropas de inmediato que ocuparon el cabo ese mismo año. Obligados por medios diplomáticos a retirarse en 1802, los británicos regresaron en 1805 y esta vez para quedarse. La nueva administración buscó el favor de los habitantes holandeses suprimiendo el odiado monopolio del VOC sobre el comercio y garantizando la libertad de religión e idioma. En 1807 se abolió el comercio con esclavos aunque todavía se podían tener. A medida que aumentaba el número de británicos, éstos introdujeron una arquitectura doméstica y religiosa claramente inglesa, además de sus prácticas comerciales y legales e instituciones como la prensa, los debates, las carreras de caballos y el críquet. También construyeron escuelas y garantizaron algo mejor la educación de los pobres.

En 1820, a 4.000 inmigrantes ingleses (los llamados colonos de 1820) se les dio un pasaje gratuito hasta El Cabo y se les regalaron tierras en la frontera oriental. La intención era crear una especie de parapeto entre ellos y los xhosas, que se resistían a las incursiones en su territorio. En una serie de brutales conflictos que se prolongaron durante las primeras décadas del siglo XIX, hasta 1852, los británicos, utilizando su superioridad armamentística y tácticas de tierra quemada, debilitaron y al final vencieron la resistencia xhosa. Diezmada por la guerra, el hambre y las enfermedades, la población xhosa quedó muy reducida. Grandes zonas de su antiguo territorio fueron ocupadas por los colonos europeos.

La expansión hacia el interior

No fueron sólo los xhosas los que entraron en conflicto con los británicos. Muchos bóers (granjeros holandeses) del este de El Cabo no se sentían identificados con las costumbres británicas ni con lo que ellos consideraban una interferencia legal injustificada en sus relaciones con sus esclavos y sus trabajadores khoisans. Para ellos, la abolición del tráfico de esclavos en 1834 fue la gota que colmó el vaso. A partir de esa fecha, grupos sucesivos de *voortrekkers* (pioneros) en carretas tiradas por bueyes, con sus mujeres, sus hijos y sus sirvientes, se adentraron en el interior tras atravesar los ríos Orange y Vaal y las montañas Drakensberg. Esta migración se conoció con el nombre de la Gran Marcha. Tras innumerables batallas con los pueblos africanos que ya vivían en esos territorios, los *voortrekkers* fundaron una serie de repúblicas libres de la influencia británica en las zonas que más tarde se conocieron como Orange Free State (entre los ríos Orange y Vaal), el Transvaal (al norte del Vaal) y Natal (entre las Drakensberg y el Índico).

A partir de 1824 ya había un grupo de aventureros de habla inglesa establecido en Natal, en Durban Bay. Aunque los hombres se presentaban como pioneros y exploradores, parece que era sobre todo la codicia lo que los impulsaba, ya que lo que pretendían era comerciar con marfil y otros productos. Este grupo intentaba convencer a los británicos para que se anexionaran Port Natal. Las autoridades se negaron. Pero cuando los *voortrekkers* proclamaron la República de Natalia en 1838, los británicos no sólo no reconocieron su independencia sino que enviaron soldados a Port Natal que derrotaron a los holandeses. En 1843 se anexionaron al fin Natal y dos años más tarde se convirtió en parte de la Colonia de El Cabo.

Auge y caída del imperio zulú

En la costa este de Sudáfrica, tanto los comerciantes ingleses como los *voortrekkers* se encontraron con una nueva fuerza política muy poderosa: el reino zulú. Su fuerte y carismático líder, Shaka (h. 1787-1828), a través de una combinación de fuerza despiadada y persuasión, había unificado los clanes dispersos y los poblados y los había convertido en una nación cuyo feudo se encontraba al norte del río Tugela. Organizó a los jóvenes zulúes en regimientos que le debían lealtad a él, como rey, y no a ningún

Los *voortrekkers* se defienden del ataque de los zulúes en *La batalla de Blauwkrantz*.

jefe local. Shaka recibió con cordialidad a los ingleses que llegaron a su territorio y les permitió que comerciaran con marfil, aunque ese derecho era una prerrogativa real.

En 1828 Shaka fue asesinado por su hermanastro Dingane (h. 1795-1840), que le sucedió en el trono. Diez años más tarde, éste libró una serie de sangrientas batallas con los *voortrekkers* que habían invadido su territorio, lo que llevó a una división del reino zulú cuando Mpande (1798-1872), también hermanastro de Shaka, se alió con los bóers contra Dingane, lo derrotó y lo expulsó del trono en 1840. Mpande gobernaría durante más de treinta años. En 1872 lo sucedió su hijo Cetshwayo (h. 1826-1884). Después intervinieron los británicos, decididos a crear una Sudáfrica unificada a partir del mosaico de colonias, repúblicas bóers y territorios independientes como el reino zulú.

En 1879 el Reino Unido lanzó un ataque no provocado sobre las tierras de Cetshwayo. Tres columnas de infantería penetraron en Zululandia, pero fueron derrotadas. En la colina de Isandlwana fueron recibidos por un ejército de 20.000 zulúes que masacraron a casi 1.200 soldados británicos. Pero en las batallas siguientes, en Rorke's Drift, Khambula y Gigindlovu, éstos vencieron a los zulúes y acabaron con su poder. Cetshwayo se exilió y los británicos se anexionaron Zululandia en 1887.

Indios en Natal

Entre 1860 y 1911 se añadió un nuevo elemento al crisol sudafricano cuando más de 150.000 trabajadores indios fueron contratados y trasladados a Natal para trabajar en las plantaciones de caña de azúcar. Los trabajadores se comprometían con el propietario de la plantación durante cinco años; luego podían firmar por otros cinco años, tras lo cual serían trabajadores libres o podrían volver a la India. Pese a las duras condiciones, la mitad decidió quedarse y cultivar la tierra por su cuenta, o bien se convirtieron en tenderos o comerciantes. A pesar de las discriminaciones sociales y legales, muchos indios de Natal tuvieron un gran éxito.

Diamantes y oro

Entre 1866 y 1886, con el descubrimiento de diamantes y oro, la naturaleza de la sociedad sudafricana cambió para siempre. La economía del país, basada hasta entonces en la agricultura y el comercio, se transformó a toda velocidad en una economía que giraba alrededor de las minas, lo que requería inmensas cantidades de capital y mano de obra. Las comunicaciones modernas alcanzaron el interior con la llegada del ferrocarril a Kimberley en 1885.

En 1866, en una granja cerca de Hopetown, en el río Orange, un chico de 15 años cogió una bonita piedra que brillaba. Pensó que sólo era un juguete pero resultó ser un diamante. Después, cerca de 1871, en el lugar de la futura Kimberley, unos mineros desenterraron la cima de una veta de roca ígnea que contenía una fortuna en diamantes. La fiebre diamantífera estaba en pleno apogeo. En dos años, la población del nuevo pueblo minero de Kimberley había crecido hasta alcanzar los 50.000 mineros y trabajadores, y el lugar de la veta de diamantes, antes una colina, se había convertido en el «Gran Agujero», de unos 200 m de profundidad. Varios capitalistas como Cecil John Rhodes (1853-1902) y Barney Barnato, que competían por el control de las minas, no tardaron en intentar comprar todos los derechos individuales. Rhodes, que tenía acceso a capital extranjero, fue el vencedor. En 1890 su nueva compañía De Beers ya controlaba todas las explotaciones y podía regular el volumen de diamantes que entraban en el mercado, como continuó haciendo durante más de cien años.

En 1886, un agrimensor, George Harrison, descubrió una veta de oro fabulosamente rica en Witwatersrand, en el Transvaal, lo que provocó otra fiebre más, esta vez del oro.

Johannesburgo surgió en la meseta esteparia y en 1905 ya tenía una población de unos 150.000 habitantes. Pero los mineros independientes no tardaron en averiguar que el filón principal se encontraba en las profundidades del suelo y para explotarlo sería necesaria una enorme inyección de capital y mano de obra. Una vez más fue Rhodes quien se involucró a través de su compañía, Consolidated Gold Fields. En 1887 ya se había formado una Cámara de Minas para representar los intereses de los propietarios de las minas.

Un buen número de agentes de contratación recorrió los campos sudafricanos en busca de mano de obra. El Gobierno colonial los ayudó al gravar con impuestos a los africanos de las zonas rurales, lo que los obligó a entrar en el mercado laboral y buscar la forma de ganar dinero. Los miles de trabajadores africanos que terminaron trabajando en las minas de oro estaban estrictamente controlados. El salario era bajo y se les prohibía sindicarse o trasladarse de una mina a otra en busca de sueldos más altos. Muchos terminaron viviendo en asentamientos urbanos en la periferia de los pueblos mineros (los *townships* o distritos segregados). Las primeras fallas que iban a dividir a los sudafricanos durante un siglo habían comenzado a abrirse.

La guerra de los bóers

A principios del siglo XIX, las ambiciones imperialistas de los británicos los habían hecho entrar en conflicto con los bóers. En 1852, en la convención de Sand River, el Reino Unido reconoció de forma oficial la existencia de las repúblicas bóers de Orange Free State y Transvaal. Pero en 1877 se aprovechó de las divisiones entre los bóers y el conflicto con sus vecinos africanos e invadió y se anexionó el Transvaal. Los bóers se alzaron contra sus amos coloniales. El conflicto abierto estalló en 1880 pero terminó al año siguiente con la firma de la convención de Pretoria, con la que el Transvaal conseguía el autogobierno. El presidente del nuevo estado, la República Sudafricana (SAR, las siglas en inglés), Paul Kruger, tendría un papel clave en el futuro.

Entre 1866 y 1886, con el descubrimiento de diamantes y oro, la naturaleza de la sociedad sudafricana cambió para siempre.

Tras el descubrimiento de oro en el Witwatersrand, surgieron nuevas tensiones entre la SAR y los británicos, representados por los administradores coloniales de El Cabo. Los llamados *uitlanders* (extranjeros) del SAR, sobre todo de habla inglesa, hacían campaña para conseguir los derechos de la ciudadanía y de voto. Surgieron disputas entre la SAR y la Colonia de El Cabo por el control del ferrocarril. Los británicos creían que Kruger estaba poniendo dificultades al negarse a permitir que se utilizara una nueva tecnología que permitía explotar mejor las profundidades de las minas. Después, en 1895, se lanzó una incursión apoyada por los británicos y orquestada por Rhodes para derrocar a la SAR por la fuerza de las armas. El ataque fracasó y se arrestó a los cabecillas, pero la guerra posterior fue inevitable.

En 1899 estallaron las primeras hostilidades de la guerra de los bóers (también llamada guerra sudafricana o guerra anglo-bóer). Enfrentaba a unos comandos bóers mal organizados contra un ejército británico profesional y se libró en varios frentes. Los primeros inmovilizaron a un gran número de soldados enemigos cercando las ciudades británicas de Kimberley, en el sur, Ladysmith en el norte, en Natal, y Makefing en el noroeste. Tras grandes éxitos bóers en Colenso y Spioenkop, en Natal, la lucha llegó a un punto muerto.

El Reino Unido decidió destinar entonces un gran número de soldados a la guerra (al final había casi 450.000 británicos contra 90.000 bóers) bajo el mando, primero de lord Roberts y después de lord Kitchener. Las fuerzas británicas no tardaron en levantar los asedios bóers y ocupar Bloemfontein, Johannesburgo y Pretoria. Kruger se exilió en 1900 y falleció en Suiza en 1904. La guerra había acabado, pero entonces comenzó una guerra de guerrillas cuando los comandos bóers, bajo el mando de sus generales Christiaan de Wet (1854-1922) y Jan Smuts (1870-1950), comenzaron a asediar a las fuerzas británicas y hacer volar por los aires líneas férreas. Pero mediante una política de incendios de granjas y de confinar a las familias bóers y a sus trabajadores en campos de concentración, donde murieron a miles, los británicos terminaron quebrantando la resistencia del enemigo. En 1902 terminó la guerra. Según el tratado de Vereeniging, las repúblicas bóers entregaban su independencia y juraban lealtad a la Corona británica.

La unión y años posteriores

Justo ocho años después del final de la guerra de los bóers, en 1910, las colonias de El Cabo y Natal, y las antiguas repúblicas bóers de Orange y Transvaal se unieron para formar la Unión de Sudáfrica. Pero era un acuerdo del hombre blanco: aparte de un sufragio limitado en El Cabo, a la población negra no se le concedió el derecho al voto.

Durante la primera mitad del siglo xx, la política blanca estuvo dominada por el Partido Sudafricano de Louis Botha (1862-1919) y Smuts, y por el Partido Nacional disidente de J. B. M. Hertzog (1866-1942). El primero abogaba por la reconciliación entre los hablantes de inglés y de afrikáans y representaba los intereses del capital británico; el segundo defendía el nacionalismo afrikáans y encarnaba los intereses de la clase trabajadora blanca y pobre. Ambos habían resuelto de igual manera excluir a la población negra del poder.

Gandhi en Sudáfrica

En 1893 un joven abogado recién licenciado llamado Mohandas Gandhi llegó a Durban procedente de la India. Gandhi dio sus primeros pasos en la política anticolonialista en Natal, mientras defendía los derechos de los indios de la zona, formulaba peticiones y organizaba reuniones políticas. Especialmente importante para el futuro fue la creación de una organización política, el Congreso Indio de Natal, en 1894. En 1902 Gandhi también comenzó a actuar en la política del Transvaal y fue encarcelado varias veces. Fue aquí donde desarrolló su famosa política de resistencia pasiva, Satyagraha. Gandhi regresó a la India en 1914 y para entonces ya era un curtido organizador político.

El auge de los nacionalismos. Los líderes e intelectuales negros le habían pedido al Gobierno británico ya a comienzos del siglo xx que reconociera su derecho al voto y a contar con una representación política. Pero todos sus esfuerzos fracasaron y la situación culminó con su exclusión de la Unión en 1910. Como respuesta, dos años después, los líderes negros se unieron para formar el partido que en 1923 cambiaría su nombre por el de Congreso Nacional Africano (cuyas siglas en inglés son ANC). El ANC, bajo su nuevo dirigente, John Dube (1871-1946), tuvo que enfrentarse de inmediato a la Natives Land Act (Ley de Tierra de los Nativos). Esta ley de 1913 establecía que los negros, aunque componían el 76 % de la población, sólo podían poseer un 7,5 % (más tarde se aumentó al 13 %) de la tierra del territorio sudafricano. El ANC apeló en numerosas ocasiones y luchó con dureza contra esa ley, pero sin éxito. Durante las décadas siguientes, el ANC emprendió un buen número de protestas pacíficas y apoyó las huelgas de los trabajadores contra la discriminación social, legal y política que sufría la población negra.

Partidarios del ANC dan la bienvenida a los exiliados que regresan a Soweto, 1989.

El nacionalismo *afrikaner*, que en el futuro se alinearía contra el ANC, nació a finales del siglo XIX como movimiento lingüístico. Los afrikáans luchaban porque se concediera la oficialidad a su idioma (que se deriva del neerlandés). Con el tiempo, la causa nacionalista quedó encarnada en un cuerpo político, el Partido Nacional (NP en sus siglas en inglés), que representaba sobre todo a los blancos de clase trabajadora que hablaban afrikáans. El partido consiguió el apoyo de los muchos *afrikaners* que todavía recordaban los abusos del colonialismo británico y sufrían con su dominio.

La época del apartheid

Cuando Jan Smuts regresó a Sudáfrica tras su destacado papel en la Segunda Guerra Mundial, se esperaba que él y su Partido Sudafricano ganaran las elecciones. Pero fue el Partido Nacional *afrikaner* el que triunfó en 1948 con su política de apartheid, la separación absoluta de las razas. El NP permaneció en el poder hasta 1994, y en 1961 Sudáfrica rompió todos sus vínculos con el Reino Unido y se convirtió en una república.

El racismo y la discriminación racial no eran nada nuevo en Sudáfrica, llevaban siglos contando con el apoyo de la población blanca. Pero el NP legisló la discriminación a gran escala. Sus sucesivos líderes, sobre todo el ideólogo Hendrik Verwoerd (primer ministro entre 1958 y 1966), hicieron realidad el apartheid a través de leyes que prohibían el matrimonio e incluso las relaciones sexuales entre negros y blancos (Prohibition of Mixed Marriages and Inmorality Acts); separaron las razas en oficinas de correos, parques, playas y demás lugares públicos (Separate Amenities Act); legislaron zonas diferentes para que viviera la población negra (Group Areas Act), y expulsaron a los negros de las universidades «blancas» (la irónicamente llamada Extension of Education Act). Según el gran plan del NP, a los negros se les permitía quedarse sólo de forma temporal en la Sudáfrica «blanca» para vender su trabajo y sus movimientos estaban regulados por los pases que se veían obligados a llevar encima en todo momento. Después debían regresar a sus «propias zonas», los bantustanes (como terminaron por conocerse) donde sólo ellos podían ser ciudadanos y ejercer el derecho al voto.

Los nacionalistas aprobaron leyes incluso más restrictivas que ilegalizaban los partidos opositores negros. También usurparon el imperio de la ley a través de arrestos domiciliarios y el encarcelamiento de opositores sin juicio. En la década de 1980, cuando el régimen del NP comenzó a perder el control del poder, le entregó cierta autoridad al ejército y a la policía. Se declararon sucesivos estados de emergencia, bajo cuyo amparo se torturó y asesinó a los adversarios del régimen.

Al inaugurar el Parlamento en febrero de 1990, el primer ministro F. W. de Klerk declaró que se levantarían todas las restricciones sobre las actividades políticas. Una semana después, tras casi 28 años encarcelado, Nelson Mandela salió libre.

La resistencia negra

El recién formado ANC fue en un principio cauto en sus tratos con las autoridades. Los comunistas y los sindicatos representaban con éxito los intereses de los negros pobres. Pero con el establecimiento del apartheid en 1948, el ANC y sus aliados se hicieron mucho más militantes y organizaron boicots en los autobuses y una campaña general de desafío contra las leyes injustas, lo que llevó al arresto de miles de sus miembros. En 1955 el Congreso del Pueblo se reunió para adoptar el Freedom Charter (Fuero de la Libertad), un documento que presentaba los principios de una Sudáfrica democrática y no racista.

En 1959 varios militantes encabezados por el carismático Robert Sobukwe (1924-1978) se escindieron del ANC para formar el Congreso Panafricano (PAC). Éste organizó una campaña contra la obligación de llevar el odiado pase en la que tomaron parte miles de ciudadanos. El 21 de marzo de 1960, en Sharpeville, la policía abrió fuego contra manifestantes desarmados del PAC; mataron a 69 personas e hirieron a otras 180, una acción que les valió la condena internacional y que aún hoy se recuerda como la masacre de Sharpeville. La respuesta del Gobierno fue declarar el estado de emergencia y prohibir el ANC y el PAC. Tras quedarse sin opciones, las organizaciones negras lanzaron una campaña de resistencia armada. Oliver Tambo (1917-1993) se convirtió en el líder del ANC en el exilio, mientras que dentro del país Nelson Mandela (n. 1918) y otros miembros del Umkhonto we Sizwe (Lanza de la Nación, abreviado como MK) emprendieron sabotajes de objetivos estratégicos y económicos, siempre intentando que no hubiera víctimas. Pero en 1963, la policía apresó a casi todos los líderes del MK y los llevó a juicio. Mandela y otros ocho dirigentes fueron condenados a cadena perpetua y encarcelados en Robben Island.

Con sus líderes encarcelados o en el exilio, la resistencia negra quedó sofocada durante más de una década. En 1976, los escolares de Soweto, cerca de Johannesburgo, comenzaron a protestar contra el uso obligatorio del afrikáans en sus colegios. Cuando la policía mató a varios niños, las protestas aumentaron hasta convertirse en un levantamiento que se extendió por todo el país. Desde ese momento, Sudáfrica vivió una guerra civil larvada durante la cual murieron miles de personas. Las guerrillas del MK lanzaron incursiones armadas contra el país desde estados vecinos recién descolonizados y los civiles se convirtieron en objetivos en varias campañas de atentados. Algunos líderes negros, como el arzobispo Desmond Tutu (n. 1931), consiguieron convertir el país en objetivo de sanciones internacionales artísticas, deportivas y económicas.

La llegada de la democracia

A finales de la década de 1980 el régimen blanco negociaba en secreto con el ANC. Y entonces, en la apertura de las sesiones parlamentarias, en febrero de 1990, el primer ministro F. W. De Klerk (n. 1936) anunció que se levantarían las restricciones de las actividades políticas y la prohibición de todos los partidos proscritos. Una semana más tarde, después de casi 28 años encarcelado, Nelson Mandela pudo salir en libertad. Tras varios años más de violencia y complejas negociaciones multipartidistas, las primeras elecciones democráticas de Sudáfrica se celebraron en paz en 1994. Con el triunfo del ANC por una abrumadora mayoría, Nelson Mandela se convirtió en el primer presidente democrático del país y entró en vigor la nueva Constitución de Sudáfrica. La legislación discriminatoria se revocó y los servicios básicos se extendieron a millones de personas. A mediados de la década de 1990 y durante varios años, la Truth and Reconciliation Commission (Comisión por la Reconciliación y la Verdad), creada por el Parla-

Nelson Mandela regresa a la celda donde estuvo encarcelado durante casi 30 años.

mento, oyó los testimonios de cientos de testigos de los abusos de los derechos humanos que se dieron durante la época del apartheid. El informe de la comisión, presentado en 1998, reconocía abusos por ambas partes.

En 1999 Mandela dejó su cargo y Thabo Mbeki (n. 1942) se convirtió en presidente, el cual fue reelegido en 2004 para un segundo mandato de cinco años. Aunque la economía ha gozado de una salud inmejorable durante su presidencia, su legado ha quedado deslucido por su implicación en el tráfico de armas y la falta de medidas para combatir el sida. En diciembre de 2007, el congreso del ANC eligió como nuevo líder al controvertido Jacob Zuma (n. 1942) que se propone suceder a Mbeki en 2009. ■

Gastronomía

La gastronomía de Sudáfrica es tan variada como la población del país y sus diferentes zonas climáticas. El cabo de clima mediterráneo, la meseta esteparia y la subtropical KwaZulu-Natal han contribuido con sus vinos, fruta, carne, pescado y verduras. África, Asia, Holanda y el Reino Unido han puesto cada una su sello distintivo en la cocina local.

La cocina indígena sudafricana se basa sobre todo en la carne cocida o asada y en el *pap*, unas gachas blancas y consistentes hechas de *mielies* (maíz) molido y servido con frecuencia con verduras, como el *morogo* (como se conoce en sotho), una verdura parecida a la espinaca, o el *imifino* (en zulú). En la actualidad, sin embargo, la mezcla suele ir especiada con chile, tomate y cebolla, y se puede utilizar pollo en lugar de ternera

Lambert's Bay, uno de los mejores lugares de la costa oeste para disfrutar del marisco, está especializado en ofrecer mariscadas en la playa.

o caza. Si quiere saborear un plato xhosa típico, pruebe el *umngqusho*, que consiste en *samp* (granos de maíz triturados) y alubias combinados con varios ingredientes para darles sabor, como hierbas aromáticas, limón, cebolla y chiles. Si se siente especialmente aventurero, quizá quiera probar los llamados gusanos del mopane (en realidad son orugas secas de la polilla emperador, familia Saturniidae). Los restaurantes africanos de las ciudades sudafricanas más grandes tienden a servir platos de todo el continente, con menús en los que se ofrece cuscús, cacahuetes, mijo y boniatos, así como una gran variedad de carne de caza a la parrilla.

El estilo típicamente sudafricano es la cocina que se conoce como malaya de El Cabo, que ha fusionado la gastronomía de los habitantes holandeses de El Cabo con la de los esclavos que importaron de Indonesia. Platos muy conocidos de esta cocina son el *bobotie*, carne picada al curry cubierta de una especie de flan; los sabrosos *bredies*, asados hechos con cordero o con tomates, pero que siempre incluyen *waterblommetjies* (las humildes pero muy sabrosas algas *Aponogeton distachyos*); y los *sosaties*, kebabs especiados de pollo, cordero, cerdo o ternera. El plato principal se suele servir con arroz, coloreado de amarillo con *borrie* (cúrcuma) y *blatjang* (una salsa picante hecha de varias frutas pero que por lo general incluye albaricoques).

Los *afrikaners*, descendientes de los colonos holandeses de El Cabo, desarrollaron platos propios que continúan siendo muy populares en la actualidad. Entre ellos se encuentra el *biltong*, carne curada al aire y condimentada con sal, cilantro y cortada en lonchas largas y finas; las *boerewors* (salchicha del granjero), hechas de carne groseramente picada y también especiada con cilantro; y los *potjiekos*, verduras y carne, por lo general cordero, ternera o caza, especiada y condimentada al gusto del cocinero y guisada en una olla de hierro con tres patas que se coloca sobre una hoguera. La masa frita en abundante aceite también es muy popular, en forma de *vetkoek*, un pastel grasiento, liso y redondo que acompaña los platos de carne, o bien como *koeksusters*, tiras trenzadas de masa empapadas en un jarabe muy dulce que se comen de postre. Un postre típico de El Cabo holandés que se encontrará con frecuencia en el menú es *malva pudding*, una especie de bizcocho caramelizado hecho con mermelada de albaricoque, a veces especiado con jengibre, y que se sirve caliente y acompañado de helado o natillas.

En cualquier visita que haga a Sudáfrica se va a encontrar con toda seguridad con las *braaivleis* (literalmente, carne asada, abreviada por lo general como *braai*), o barbacoas: un tipo de cocina al aire libre practicada por los sudafricanos de todos los ambientes. Cada cocinero se enorgullece de sus recetas secretas para los adobos y las salsas, y también de los métodos patentados que utilizan para que el fuego

Unos jóvenes vendedores ofrecen sus mercancías a los automovilistas que pasan por Eastern Cape.

y los carbones estén en su justo punto. Se puede hacer una *braai* con cualquier tipo de carne (filetes, *boerewors*, pollo, *sosaties*), así como con verduras como los *mielies* (maíz), patatas y cebollas. Las ensaladas de lechuga y de patata suelen acompañar las *braai*, así como el vino tinto de la zona y algo de cerveza para bajar la comida.

Carpaccio de antílope, avestruz o incluso cola de cocodrilo figuran ahora en los menús, así como el _biltong_ rallado, utilizado para condimentar el queso Camembert frito o las ensaladas.

En ningún restaurante de toda la costa sudafricana debería tener problemas para encontrar marisco fresco de excelente calidad. KwaZulu-Natal está especializado en pescado capturado con arpón, gambas y camarones. Knysna, en el corazón de la Garden Route, se ha hecho famosa por su producción de ostras frescas. En Ciudad del Cabo pruebe el *kingklip* o el *kabeljou* (bacalao), ambos pescados blancos de carne firme. La costa occidental, desde Ciudad del Cabo hasta Lambert's Bay, es muy conocida por sus langostas (llamadas cangrejos en esta zona) y por los mejillones. El pescado más común de agua dulce que se ve en los menús sudafricanos es la trucha, que introdujeron los inmigrantes británicos en las presas y arroyos del país.

Los amantes del vino son los niños mimados de Sudáfrica. El Western Cape, con su clima mediterráneo, lleva en el negocio de hacer vino desde la llegada de los hugonotes franceses en 1688. En la actualidad hay cientos de marcas diferentes en el mercado (tintos, blancos, espumosos y encabezados), la mayor parte con una calidad entre buena y excelente. Gracias al cálido clima, los vinos sudafricanos suelen ser fuertes y afrutados, con un contenido de alcohol relativamente alto, entre el 11,5 y el 14,5 %.

Para vinos tintos, la cabernet sauvignon, la merlot y la shiraz son las variedades más comunes, combinadas con frecuencia en buenas mezclas. La pinot noir es más escasa, aunque algunos de los viñedos de la costa han logrado éxitos con esta variedad. El visitante debería probar el Pinotage, una variedad creada en 1924 aquí mismo, en Sudáfrica, cruzando la uva pinot noir con la cinsault. Entre los vinos blancos, los más populares son los creados con las variedades sauvignon blanc, chardonnay, chenin blanc y colombard. Si bien es injusto señalar productores concretos, las fincas de Springfield, Hamilton Russell, Vergelegen y Diemersfontein han dado resultados de calidad constante en los últimos años.

Si disfruta con un buen oporto, pruebe los producidos alrededor de la pequeña ciudad de Calitzdorp, en Western Cape, por los viñedos Boplaas o De Krans. De esta misma región (aunque caro y difícil de encontrar) llega un magnífico oporto hecho por la diminuta finca de Axe Hill. Sudáfrica también embotella algunas excelentes variedades de jerez y coñac de cinco y diez años. Con el postre, beba un vino dulce local producido con uvas moscatel o hanepoort. Después de la cena tome uno de los populares licores cremosos del país: Cape Velvet o Amarula Cream, hecho con el fruto de un árbol indígena, el marula.

Los bebedores de cerveza pueden disfrutar de una amplia variedad de cervezas nacionales en cualquier pub, en botella o lata o de barril. La gigantesca SABMiller domina el mercado con su omnipresente Castle. Pero en el Western Cape, las pequeñas fábricas de cerveza independientes, Mitchell's en Knysna y Birkenhead cerca de Hermanus, elaboran cerveza de alta calidad, tanto embotellada como de barril. Los que prefieran la de estilo alemán deberían pedir Windhoek, una cerveza elaborada según los estándares alemanes e importada de la vecina Namibia. Si quiere probar algo indígena, pida la cerveza local tradicional. La producción de esta bebida es dominio de las mujeres, que la elaboran a partir de malta de maíz y sorgo que combinan con levadura y agua, y luego ponen a remojo, hierven y filtran. La bebida resultante es opaca y cremosa, con un bajo contenido en alcohol de sólo el 3 %. ■

ACTIVIDAD: Visita a una fábrica de cerveza

En un país conocido sobre todo por su vino no hay que subestimar el negocio de la cerveza. Las recetas europeas se combinan con ingredientes africanos, por ejemplo el sorgo, para elaborar una bebida única.

Hay varias fábricas de cerveza alrededor de Ciudad del Cabo que ofrecen visitas guiadas pero el objetivo definitivo se encuentra en la Beer Route (Ruta de la Cerveza), en el noroeste, en KwaZulu-Natal. La ruta parte de Durban y serpentea por el campo para detenerse en ocho fábricas de cerveza. Los puntos culminantes incluyen la monolítica SABMiller Brewery en Prospecton *(9-11 Jeffels Rd.; tel. 31/910-1111)*, la diminuta Zululand Brewing Company en Eshowe *(a 45 km al NO de Dukuza R66 con N2; tel. 035/474-4919; www.zulubeer.com)*, y la Shongweni Brewery en el valle de Shongweni *(junto a la B1; tel. 031/769-2061; www.shongwenibrewery.com)*.

Aunque puede encontrar visitas guiadas que lo lleven de un lugar a otro, alquilar un coche puede ser la mejor opción. Para obtener mapas e información sobre alojamientos, visite la página oficial: *http://beer.kzn.org.za*

Tierras y paisajes

Sudáfrica es una enorme y alta meseta interior bordeada por cordilleras montañosas que desciende de forma abrupta hacia una planicie costera. Dentro de esta sencilla estructura el país despliega una variedad asombrosa de paisajes: las montañas de color verde esmeralda de la cordillera Drakensberg, el espectacular cañón del río Blyde, el sistema de dunas y marismas de St. Lucia, los crudos y áridos Karoo y Richtersveld, las arenas rojas del Kalahari y las estratos extrañamente retorcidos de las montañas de Cape Fold.

Sudáfrica es un país enorme de 1.219.912 km^2 situado entre el cálido océano Índico en el este y el más frío Atlántico en el oeste, con una costa que se extiende hacia el nordeste y el noroeste a lo largo de 3.000 km. El punto más alto del país es el pico Injisuthi, en las montañas Drakensberg, que alcanza los 3.408 m. Las precipitaciones son escasas en la mayor parte de Sudáfrica, aparte de la costa este.
Sólo dos ríos importantes cruzan el país. El río Gariep, de 2.187 km, antes conocido con el nombre de Orange, nace en las tierras altas de Lesotho y desemboca en el mar en la esquina más noroccidental de Sudáfrica, en Alexander Bay; mientras que su afluente, el Vaal, nace en el este, en Mpumalanga y fluye a lo largo de 1.120 km hasta que confluye con el río Gariep al sudoeste de Kimberley.

La costa

Las palmeras y la vegetación exuberante y verde de hojas amplias dominan el paisaje de la costa subtropical oriental de KwaZulu-Natal. Kilómetros y kilómetros de magníficas playas de arena bordean el océano Índico en esta región y descienden por la escasamente poblada y remota Wild Coast (Costa Salvaje), el litoral norte de Eastern Cape. La costa de Eastern Cape se caracteriza en general por deltas pintorescos donde algunos ríos cortos del interior desembocan en el mar, como en las ciudades turísticas de Gonubie y Kenton-on-Sea.

La franja de litoral que discurre desde Mossel Bay hasta algo más allá de Plettenberg Bay se conoce como la Garden Route. Sus lagos, lagunas, sus suaves colinas verdes, sus dunas costeras llenas de arbustos y sus magníficas playas la convierten en una de las zonas turísticas más populares de Sudáfrica. El Tsitsikamma National Park alberga algunos de los pocos bosques templados indígenas que quedan en Sudáfrica.

A medida que la costa se dirige al sudoeste, hasta el punto más meridional de África en el cabo Agulhas, y luego al noroeste hasta Ciudad del Cabo, se va convirtiendo poco a poco en un terreno más seco, más fresco y rocoso. La costa occidental, bañada por el Atlántico y la fría corriente de Benguela, es muy diferente del lado del Índico. Ésta es una región de aguas azules y heladas, olas que golpean el litoral, brumas y largas playas blancas que se alternan con costas rocosas cubiertas de algas y kilómetros de dunas.

Montañas

Las cordilleras montañosas discurren más o menos paralelas a la costa, en el interior de la planicie costera, y forman una barrera que separa esa zona de buena parte del interior de Sudáfrica. En la esquina sudoeste del país, la cordillera Cederberg, al noroeste de Ciudad del Cabo y el río Hex, las cordilleras Riviersonderend y Tsitsikamma y las montañas Outeniqua pertenecen todas a un único sistema geológico. Conocido

La Giant's Castle Game Reserve, Patrimonio de la Humanidad, en las Drakensberg.

con el nombre de Cape Fold Belt (cinturón de Cape Fold), estas montañas empezaron a formarse hace 400 millones de años, cuando profundas capas de sedimentos se posaron en el océano meridional. Después, hace 250 millones de años, una gran convulsión de la corteza terrestre retorció y plegó la arenisca de cuarzo resultante y dio lugar a las asombrosas formaciones que vemos hoy. Algunos espectaculares desfiladeros cruzan estas montañas del Western Cape. Si dispone de coche propio, debería aprovechar para conducir por el elevado Swartberg Pass, entre las cuevas Prince Albert y Cango, o al menos por los desfiladeros más accesibles de Meiringspoort, en la N12, justo al norte de De Rust, o por Seweweekspoort, junto a la R62, cerca de Ladismith. Podrá disfrutar de la asombrosa visión de unas franjas de rocas giradas, retorcidas y arqueadas, convertidas en formas fantásticas que parecen moldeadas por la mano de un niño con arcilla de modelar. En las montañas de Cape Fold hay muchos manantiales de aguas termales; los más importantes se hallan en Citrusdal, Caledon, Montagu y Barrydale. Las montañas Drakensberg, que se extienden por el lado oriental de Sudáfrica a través de las provincias de KwaZulu-Natal y Mpumalanga, tienen una historia geológica más reciente. Hace unos 180 millones de años brotaron enormes bloques de basalto que a lo largo de los milenios se fueron erosionando para formar estas montañas, con sus acantilados cortados a pico y sus inmensas cumbres. En Mpumalanga el proceso de erosión ha creado un magnífico escarpe y maravillas del paisaje como el cañón del río Blyde. En KwaZulu-Natal, el Ukhuhlamba-Drakensberg ofrece anfiteatros naturales y laderas de hierba de color verde brillante en la que se intercalan límpidos arroyos.

Los turistas acuden en tropel a las planicies de Namaqua, al noroeste de Ciudad del Cabo, a finales de agosto y en septiembre, cuando florecen las plantas crasas y un sinfín de margaritas naranjas, moradas, blancas y rojas.

La Highveld y la Lowveld

La Highveld (*veld* es una palabra afrikáans que significa «espacios rurales amplios y abiertos») describe la alta meseta central de Sudáfrica, situada a una altitud de entre 1.370 y 1.820 m. En el pasado, la mayor parte de la zona central y meridional de esta área estaba cubierta por pastos, aunque en la actualidad buena parte está habitada u ocupada por cultivos, sobre todo maíz y girasoles. Las extensiones del norte de la Highveld, un tanto más bajas, sobre todo en la provincia de Limpopo, todavía conservan buena parte de la vegetación de sabana y los bosques. Busque árboles como el omnipresente mongononos (*Terminalia serica*), la majestuosa marula (*Sclerocarya birrea*), uno de los favoritos de los elefantes cuando da fruto, y la sorprendente acacia de la especie *Acacia nigrescens*, con unas púas que crecen de los nudos que sobresalen por todo el tronco.

A los pies del escarpe oriental, la Lowveld (la baja meseta) cuenta con el Kruger National Park y otras muchas reservas naturales privadas. Esta región cálida y húmeda, donde se puede enfermar de malaria, se caracteriza en el sur por densos bosques de espinos con elegantes acacias de corteza amarilla (*Acacia xanthophloea*) y en el norte, más árido, por el árbol del mopane (*Colophospermum mopane*). Aquí el visitante puede esperar ver los «cinco grandes» –el elefante, el león, el leopardo, el búfalo y el rinoceronte–, así como muchos tipos de antílope y más de 500 especies de aves.

Amanecer en el Kgalagadi Transfortier Park, en Northern Cape.

El árido interior

El Karoo, que se extiende de este a oeste por el interior de las cordilleras montañosas costeras del sur, se formó hace entre 240 y 190 millones de años. Rodeada de altas montañas, la región formaba el fondo de un mar interior en el que se fueron depositando sedimentos a lo largo de 50 millones de años. Cuando se secó el mar, las capas sedimentarias quedaron expuestas y revelaron todo un asombroso historial de fósiles de reptiles pero también de peces, invertebrados y plantas. Es intrigante la abundancia de fósiles de la familia de los terápsidos, criaturas que combinaban rasgos de los mamíferos y de los reptiles. Ahora el Karoo es un lugar de una belleza desolada, con colinas bajas de cimas planas y amplias planicies abiertas donde pastan las ovejas y el único sonido es el ruido metálico de los molinos de viento que extraen el agua del subsuelo.

Las planicies secas de Namaqua, al noroeste de Ciudad del Cabo atraen a pocos visitantes durante la mayor parte del año. Pero los turistas acuden en tropel a finales de agosto y en septiembre, cuando florecen las plantas crasas y un sinfín de margaritas naranjas, moradas, blancas y rojas. Algo más allá de Namaqua, en la esquina noroeste de Sudáfrica, se encuentra el paisaje lunar del Richtersveld. Estas ásperas y escarpadas colinas albergan plantas diminutas, altos aloes *(Aloe dichotoma)*, la cebra de Hartmann y damanes de roca. Si cree ver una persona de pie, recortada contra el horizonte bajo un calor abrasador, lo más probable es que se trate de un *halfmens* («media persona» en afrikáans), un árbol carnoso con aspecto humano, el *Pachypodium namaquanum*. ■

Jirafas entre las copas de los árboles en la Sibuya Game Reserve.

Animales

La abundante fauna de Sudáfrica atrae cada año a miles de turistas a los parques naturales de todo el país. Los «cinco grandes» son el mayor atractivo, pero también lo son los muchos antílopes, primates, otros mamíferos, reptiles y aves. A continuación encontrará algunas de las especies que es más probable ver.

Mamíferos

Cebra: uno de los animales más visibles de las praderas; las cebras se encuentran con frecuencia pastando junto a los ñus.

Damán: los visitantes que acudan a las montañas de Western Cape verán casi con toda seguridad a los pequeños y ágiles damanes de las rocas; los podrá ver disfrutando del sol sobre las rocas o escabulléndose bajo algún saliente. Por improbable que parezca, los damanes están emparentados, anatómicamente hablando, con los elefantes.

Hipopótamo: a pesar de su jovial apariencia, es un animal peligroso, sobre todo si alguien se pone en medio cuando sale o quiere entrar en el agua. Busque las orejas y los ojos que apenas sobresalen de la superficie y escuche con atención, a ver si oye sus profundos gruñidos.

Jabalí verrugoso o facóquero: con unos colmillos prominentes, un cuerpo gris y áspero, un morro corto y la cola rígida, estos robustos animales tienen un aire ligeramente cómico.

Jirafa: las jirafas son los animales más altos del mundo, con una capacidad maravillosa para camuflarse gracias a su piel moteada de marrón y blanco.

Puercoespín: los puercoespines son animales tímidos y nocturnos que viven en madrigueras. Si bien no es muy probable que los vea, es muy posible que encuentre en el suelo sus púas afiladas a rayas blancas y negras.

Antílopes

Antílope saltador: pequeños, de color canela con la parte inferior blanca, una amplia franja de color chocolate en los flancos y cuernos en forma de lira, los antílopes saltadores se encuentran en gran número en el Karoo y en las zonas secas y semidesérticas.

Eland común: los atractivos elands, de color pardo y gris, pastan en rebaños de hasta 50 individuos. Se les identifica por el cuello excepcionalmente grueso y la papada barbuda.

Impala: estos antílopes pequeños de color rojizo y estómago blanco con los cuernos curvados son los más comunes entre los antílopes de la sabana. Los verá en grandes grupos.

Kudú: los machos, grandes, de color marrón grisáceo, con una franjas estrechas y blancas en el cuerpo y grandes cuernos en espiral, son los más majestuosos de los antílopes.

Nyala: los nyalas pueden confundirse a primera vista con los kudús, ya que tienen un cuerpo rayado parecido, pero no tienen los cuernos tan retorcidos y presentan unas patas amarillas características y una gran mata de pelo bajo el cuerpo.

Ñu: es un antílope grande y gris con cuernos que se extienden hacia arriba; existen dos variedades: azules y negros. Los ñus azules son mayores y tienen la cola negra, mientras que los negros, más pequeños, tienen la cola blanca.

Órix de El Cabo: los órix de El Cabo se encuentran en el semidesierto seco de Sudáfrica y se les distingue por los cuernos largos y rectos, y las patas y cara negras y blancas.

Primates

Babuinos: muy extendidos por Sudáfrica, los babuinos, con sus largos hocicos negros, los ojos pequeños y muy juntos y el pelaje grueso y de color marrón grisáceo, se pueden ver en grandes grupos familiares con un macho actuando de centinela. Aunque en algunos lugares están acostumbrados a los seres humanos, jamás les dé de comer ya que pueden ser peligrosos.

Monos verdes: estos primates de cola larga, ligeros, grises, pequeños y ágiles se distinguen con facilidad por sus caras negras. Se encuentran sobre todo en la parte oriental del país, en grupos de hasta 20 individuos.

Un impala en el Hluhluwe-iMfolozi Park, la especie dominante en muchas sabanas.

Mono verde, Sodwana Bay.

Aves

Aves rapaces: Sudáfrica tiene una gran abundancia de aves rapaces, incluido el quebrantahuesos, con su gran envergadura de hasta 280 cm; el pigargo vocinglero, que destaca por su grito de caza; el busardo augur oriental, que se puede ver encaramado a los postes junto a la carretera, y el azor lagartijero oscuro, gris y blanco.
Avutarda kori: pocas veces se ve fuera de las reservas naturales. Con sus 135 cm de altura, es el ave más pesada del mundo capaz de volar. Camina con lentitud sobre unas patas largas y amarillas y tiene una cresta oscura, el plumaje marrón, manchas negras en la parte superior de las alas y el vientre blanco.

El mejor sitio para ver a la elegante grulla del paraíso, el ave nacional de Sudáfrica, es en los campos de la región de Overberg de Western Cape.

Carraca lila: con el vientre azul, el cuerpo negro y el pecho y la garganta de color lila, no es difícil distinguirla cuando vuela o se encarama a algún lugar de la sabana.
Grulla del paraíso: el mejor sitio para ver a la elegante grulla del paraíso, el ave nacional de Sudáfrica, es en los campos de la región Overberg de Western Cape. De cuello esbelto y 105 cm de altura, las grullas del paraíso se reúnen en parejas o grupos de diez individuos o más.
Ibis: en Sudáfrica es común encontrar dos tipos, ambos con el pico largo y curvo. El ibis hadada tiene el plumaje marrón con un brillo iridiscente de color verde azulado. El ibis sagrado, blanco, con la cabeza, el cuello y el lomo negros, habita en las presas y las zonas cenagosas.
Pingüino de El Cabo: en Western Cape, en Boulders, cerca de Simon's Town, y en Betty's Bay, existen dos colonias de estas aves. Miden 70 cm, tienen una franja negra en el pecho y son la única especie que se cría en África.
Pintada común: esta pequeña ave con su sombrerete rojo, cuello azul y un cuerpo de color gris oscuro moteado de blanco se ve con mucha frecuencia en grupos, incluso en las ciudades, comiendo cosas del suelo.
Secretario: el majestuoso secretario, que llega a medir hasta 150 cm, se puede reconocer con facilidad por la cara naranja, las plumas negras y sueltas que tiene detrás de la cabeza, el cuerpo gris, el vientre negro y sus patas amarillas.
Toco piquigualdo sureño: de las muchas variedades de toco que existen, la especie que es más probable ver en la sabana es ésta. De aspecto un tanto cómico, tiene un pico grande y amarillo, una piel roja y pelada de aspecto colérico alrededor de los ojos y un plumaje blanco y negro.

Reptiles

Cocodrilo: la especie que se da en el norte y el este es el cocodrilo del Nilo, de color verde oliva, que mide casi tres metros.
Serpientes: Sudáfrica tiene cientos de especies, algunas venenosas y unas cuantas mortales; en su mayoría son tímidas y evitan los encuentros con los seres humanos.
Varano acuático: llega a alcanzar los 160 cm de longitud y es el más grande de los lagartos de África, se le puede ver tomando el sol junto a ríos y lagos.

Grulla coronada cuelligrís, Umbeni River Bird Park.

Arte y literatura

Desde las pinturas rupestres de los primeros sans hasta las artes visuales contemporáneas, desde los escritos prohibidos durante el apartheid hasta las novelas de los premios Nobel, el arte nunca deja de florecer en Sudáfrica.

Literatura

La escritura sudafricana (novela, teatro y poesía) ya tiene a estas alturas una historia que se remonta a casi 200 años. Esta literatura habla con muchas voces, en xhosa, zulú y otros idiomas africanos, en inglés y en afrikáans. Habla de la experiencia de los europeos que intentan adaptarse a una tierra que les resulta extraña y de los sentimientos de despojamiento, pérdida y rebelión de los pueblos indígenas. Aquí nos centraremos en la literatura en inglés y afrikáans.

Literatura negra en inglés. El primer escritor negro importante en inglés del país fue el editor de periódicos y destacado intelectual del ANC Sol Plaatje (1876-1932). Aparte de numerosos escritos políticos, publicó la novela *Mhudi* (1930), un relato de amor y guerra sobre la mujer batswana: Mhudi. El autor zulú Herbert Dholomo (1903-1956) escribió durante las décadas de 1930 y 1940 obras dramáticas sobre líderes negros, como los reyes zulúes Shaka y Cetshwayo.

Después de la Segunda Guerra Mundial aparecieron un buen número de novelas y obras autobiográficas que recogían las realidades de la vida de la población negra de Sudáfrica. Peter Abrahams (n. 1919) publicó *Mine Boy* (1946), que describía la discriminación que sufrían los trabajadores inmigrantes en las minas de Johannesburgo, y *Tell Freedom* (1954), la historia de su educación en Sudáfrica. *Down Second Avenue* (1959), de Es'kia Mphahleel (1919-2008), es un relato conmovedor de la infancia del autor en el Transvaal durante las décadas de 1920 y 1930. La autobiografía de William (Bloke) Modisane (1923-1986) *Blame Me on History* (1963) estuvo prohibida por el Gobierno del apartheid por su postura crítica. Modisane, junto con Mphahlele, Can Themba (1924-1969) y Todd

Una representación del *Rey León*, Johannesburgo.

Matshikiza (1921-1968), fue una figura clave de la llamada generación *Drum*. Como escritores de historias cortas y reportajes para la revista negra *Drum*, muy popular durante la década de 1950, crearon un estilo urbano influido por el estadounidense. El mundo de sus obras era un mundo de *tsotsis* (gánsteres) y sus muñecas, reinas de la belleza, jazz y *shebeens* (bares ilícitos).

Con la represión política de las décadas de 1960-1990, muchos escritores negros se exiliaron y los que se quedaron optaron por la protesta. La poesía vivió un renacimiento cuando poetas como Mongane Wally Serote (n. 1944), Sipho Sepamla (1932-2007), Oswald Mtshali (n. 1940), Mafika Gwala (n. 1946) y Mzwakhe Mbuli (n. 1958) comenzaron a leer sus obras en mítines políticos. La revista literaria *Staffrider* proporcionó un vehículo para muchos escritores de poesía protesta. La novela *Emergency* (1964) de Richard Rive (1932-1989) trataba de los disturbios que estallaron después de Sharpeville, y *Buckingham Palace, distrito sexto* (1987) de la destrucción del barrio mestizo de su juventud.

La literatura sudafricana en la actualidad

Desde 1994 se ha producido una convergencia en la literatura sudafricana. Cada vez son más los autores que deciden publicar su obra en inglés. André Brink sigue publicando en ese idioma al igual que otros famosos novelistas, como el *afrikaner* Étienne Van Heerden (n. 1954), *The Long Silence of Mario Salviati*, y Zakes Mda, *The Whale Caller*. La poetisa Antjie Krog, de habla afrikáans, se ha ganado una gran reputación con sus reportajes en inglés, entre ellos *Country of My Skull*, sobre la Comisión por la Verdad y la Reconciliación. Uno de los escritores más apasionantes del período posterior al apartheid es Ivan Vladislavic, cuyas obras de ficción *The Folly* (1993), *The Restless Supermarket* (2001) y *Exploded View* (2004) describen la evolución de la transición de Sudáfrica hacia un nuevo tipo de sociedad.

Literatura en afrikáans. La literatura en afrikáans comenzó a surgir con el movimiento de finales de siglo XIX en favor del reconocimiento del idioma como entidad independiente, pero sólo se desarrolló con la corriente a favor del segundo idioma de la década de 1920. Uno de los primeros escritores que destacaron fue Totius (Jakob Daniel Du Toit, 1877-1953), traductor de la Biblia al afrikáans y prolífico escritor lírico. Las obras de Eugene Marais (1871-1936) incluyen tanto poesía como obras filosóficas sobre historia natural; la más conocida es *The Soul of the White Ant* (edición en afrikáans 1925, edición en inglés 1937). Otras figuras importantes fueron el poeta Jan Celliers (1865-1940) y el poeta, dramaturgo, novelista y escritor gastronómico Louis Leipoldt (1880-1947).

En la década de 1930 surgió un escritor muy importante, N. P. van Wyk Louw (1906-1970), académico erudito de afrikáans, poeta y dramaturgo. Sus obras más conocidas son su primer volumen de poemas *Alleenspraak (Monologue)* de 1935, la épica poética *Raka* (1941) que trata sobre problemas de violencia y cultura, y el drama histórico, *Germanicus* (1956). D. J. Opperman (1914-1985), destacado poeta durante varias décadas, llamó por primera vez la atención del público en 1945, con su colección *Heilige beeste (Holy cattle)*.

Después soplaron nuevos vientos para la literatura en afrikáans con la llegada de los controvertidos Sestigers (escritores de la década de 1960), novelistas como Étienne Leroux (1922-1989) y André Brink (n. 1935), y poetas como Ingrid Jonker (1933-1965) y Breyten Breytenbach (n. 1939). Muy influidos por la vanguardia francesa, los Sestigers abrieron lo que había sido una literatura centrada en el mundo rural a tendencias nuevas, más urbanas y cosmopolitas.

Literatura sudafricana en inglés. La primera escritora sudafricana en inglés que adquirió reputación internacional fue Olive Schreiner (1855-1920). En sus novelas *Story of an African Farm* (1883) y *Trooper Halkett of Mashonaland* (1897), la librepensadora Schreiner reflexionaba sobre el feminismo, el agnosticismo, las relaciones entre razas y el imperialismo británico en el sur de África.

La vida en Sudáfrica a comienzos del siglo XX constituye el telón de fondo de las novelas satíricas de Douglas Blackburn (1857-1929). Sus obras, como *Prinsloo of Prinsloosdorp* (1899) y *A Burgher Quixote* (1903), que satirizan la corrupción del Transvaal de Paul Kruger, han disfrutado en los últimos tiempos de una nueva popularidad.

En 1925 un grupo de escritores sudafricanos jóvenes y rebeldes, Roy Campbell, Laurens van der Post y William Plomer, fundaron la revista literaria satírica *Voorslag (Latigazo)*; no duró mucho, pero los tres disfrutaron luego de largas y prósperas carreras literarias, primero en Sudáfrica y después en Europa.

Aparte del grupo de la *Voorslag*, las escritoras más importantes entre las dos guerras mundiales fueron Pauline Smith (1882-1959) y Sarah Gertrude Millin (1889-1968). Smith escribió con empatía sobre la vida en los pequeños pueblos del Karoo, mientras que la prolífica Millin se vio limitada por su convicción de que las razas deberían permanecer separadas.

Herman Charles Bosman (1905-1951), un magnífico escritor de historias cortas, sigue siendo uno de los autores más queridos de Sudáfrica. Sus relatos de la vida en el distrito de Groot Marico, al noroeste de Sudáfrica, nos presentan a un arisco y viejo narrador *afrikaner*, el *oom* (tío) Schalk Lourens. Son historias irónicas y satíricas pero a la vez humanas y divertidas. En su juventud, Bosman pasó cuatro años en la cárcel por asesinato. Escribió unas memorias fascinantes sobre esa experiencia en *Cold Stone Jug* (1949).

Casi contemporáneo de Bosman, aunque con una vida mucho más larga, fue Alan Paton (1903-1988), político liberal y autor de obras biográficas, autobiográficas y de ficción. La obra de Paton *Cry, the Beloved Country* (1948) es quizá la más conocida de todas las novelas sudafricanas; cuenta la trágica historia de un hombre negro del campo que busca a su hijo en la violenta Johannesburgo. Durante los años del apartheid posteriores a Sharpeville, en Sudáfrica surgió un buen número de escritores que retratarían ante los lectores de todo el mundo las injusticias que se perpetraban en su país. El dramaturgo Athol Fugard (n. 1932) escribió muchas obras, como *Boesman and Lena* (1969) y *Sizwe Banzi Is Dead* (1972), que exponían los males del apartheid.

Nadine Gordimer (n. 1923), activista política durante muchos años y ganadora del Premio Nobel de Literatura en 1991, ha publicado historias cortas y novelas, todas las cuales tienen como tema las condiciones en Sudáfrica. Sus obras eran muy críticas con el régimen del apartheid, lo que provocó la prohibición de varias de ellas. También estuvo vetado el novelista

André Brink, que comenzó a escribir en afrikáans pero después publicó sus novelas tanto en ese idioma como en inglés. El otro Premio Nobel de Sudáfrica, el novelista J. M. Coetzee (n. 1940), ha cultivado una forma más indirecta y alegórica de representar los defectos de su país en obras como *Esperando a los bárbaros* (1980) y *Vida y época de Michael K.* (1983).

Artes visuales

Hace mucho que se acabaron los tiempos en que los críticos sudafricanos hacían una nítida distinción entre las bellas artes y la artesanía. Hoy en día los artistas trabajan con los medios que desean, alambre, cuentas, plumas, cemento, caucho, medios digitales o soportes más tradicionales como la pintura, las artes gráficas y la escultura. Como en la mayor parte de los ámbitos artísticos, el arte sudafricano tiene un pasado dividido en el que la obra de los artistas blancos y negros ocupan mundos prácticamente separados.

Tocados tradicionales y artesanía tradicional, Lesedi Cultural Village.

Arte local, Lalibela Game Reserve.

Artistas blancos. Los creadores coloniales de origen europeo, el más famoso de los cuales es Thomas Baines (1820-1875), se veían a sí mismos como reporteros que hacían un retrato detallado de los exóticos pueblos, animales, plantas y paisajes de Sudáfrica para un público fascinado que lo aguardaba en casa. El arte sudafricano sólo empieza a centrarse en temas locales a finales del siglo XIX y principios del XX, a través de los bronces de Anton van Wouw (1862-1945) y los cuadros de Hugo Naudé (1869-1941). Los lienzos de J. H. Pierneef (1886-1957), uno de los mejores pintores de Sudáfrica, capturan la luz y el paisaje de la Highveld sudafricana con un estilo que tiende hacia lo geométrico.

Los sucesivos movimientos artísticos europeos también encontraron seguidores en Sudáfrica. Irma Stern (1894-1966) desarrolló su propia marca africana de expresionismo, mientras que Maggie Laubscher (1886-1973), como Stern, utilizó los colores brillantes en sus imágenes postimpresionistas del campo. Las formas y los colores atrevidos del fauvismo aparecieron en el arte de Maurice van Essche (1906-1977) aplicados a temas locales. Una escuela entera de expresionismo abstracto se desarrolló en Johannesburgo alrededor del artista Bill Ainslie (1934-1989), y el italiano de nacimiento Edoardo Villa (n. 1915) creó muchas de las estructuras abstractas de metal que adornan los espacios públicos de Sudáfrica.

En las décadas de 1950 y 1960 varios artistas sacaron su inspiración del arte africano. Cecil Skotnes (n. 1926) se convirtió en el maestro indiscutible del país del grabado en madera, representando temas indígenas. Walter Battiss (1906-1982) desarrolló un estilo único de pintura juguetón y lleno de color inspirado en las rocas de los bosquimanos. Alexis Preller (1911-1975) pintaba sus temas de un modo surrealista y como envuelto en un sueño.

Durante las décadas de lucha abierta contra el apartheid floreció el arte protesta. La obra más irónica de este período es los *Butcher Boys*, de Jane Alexander (n. 1959). En este grupo de esculturas, tres figuras con cuernos, desnudas y parcialmente desolladas permanecen sentadas en silencio, creando una sensación maligna sobrecogedora.

Artistas negros. Los artistas indígenas de Sudáfrica se han expresado durante siglos a través de la pintura en la roca, la cerámica y las obras con abalorios de brillantes colores. En el siglo XX, para poder acceder al mercado, los artistas negros comenzaron a trabajar con fórmulas occidentales, como la pintura al óleo, la escultura y las artes gráficas. Durante muchos años, el mundo artístico hizo caso omiso de su trabajo, pero desde finales de la década de 1980 cada vez se reclama más este arte, se exhibe y se comienza a escribir su historia. En 1988 una exposición en la Johannesburg Art Gallery, «The Neglected Tradition» (La tradición descuidada), mostró la obra de decenas de artistas negros cuyos nombres casi se habían olvidado.

Uno de esos pintores es Gerard Sekoto (1913-1993), cuyos óleos rompieron con la tradición al representar no temas tribales sino vibrantes escenas de la vida en los *townships*. Sekoto vivió la segunda mitad de su vida en el exilio, en París. George Pemba (1912-2001) se pasó toda su vida en Port Elizabeth, pintando escenas urbanas y retratos.

Dos centros fundados en las décadas de 1950 y 1960 contribuyeron a promover la creatividad negra. A partir de 1952 el Polly Street Art Center de Johannesburgo lanzó la carrera de varios artistas, entre ellos los escultores Sydney Kumalo (1935-1988), cuya obra se exhibió en Venecia en 1966, y Ezrom Legae (1937-1999). En KwaZulu-Natal, la Rorke's Drift Art School enseñaba especialmente las técnicas del grabado al agua fuerte y la serigrafía. Entre los artistas más conocidos que surgieron de la Rorke's Drift figuran John Muafangejo (1943-1987), Paul Sibisi (n. 1948) y Dan Rakgoathe (1937-2004).

Varios artistas individualistas y en general autodidactas dejaron también su huella, como el escultor de tallas religiosas Jackson Hlungwane (n. 1923) y Dumile Feni (1942-1991), el cual, por razones económicas, trabajaba sobre todo con bolígrafo sobre papel. Entre las décadas de 1960 y principios de 1990 muchos artistas utilizaron su arte como medio para protestar contra el apartheid. Uno de los más sorprendentes es Willie Bester (n. 1953), que incorpora materiales de desecho para hacer poderosos alegatos sobre la injusticia y los derechos humanos.

No se pierda

Otros artistas contemporáneos cuyo trabajo debería buscar incluyen a William Kentridge (n. 1955), artista gráfico, realizador de vídeos y director de cine y teatro cuya obra se ha expuesto por todo el mundo; el postmoderno escultor de metal Brett Murray (n. 1961); el artista Kevin Brand (n. 1953), con sus tajantes formas esculturales, y Walter Oltmann (n. 1960), creador de unas esculturas extrañas y maravillosas con cobre y alambre de acero.

Arquitectura

En las ciudades y zonas residenciales de Sudáfrica el visitante encontrará una arquitectura parecida a la que hay en todo el mundo de habla inglesa. Torres altas con fachadas de cristal, centros comerciales de cemento, bloques de apartamentos y casas de una sola planta. Pero este país también ha desarrollado dos tipos únicos de arquitectura doméstica: el elegante estilo holandés de El Cabo y el ndebele, lleno de color.

Arquitectura holandesa de El Cabo. Varias fueron las influencias que contribuyeron al origen de esta arquitectura: los estilos arquitectónicos importados por los holandeses y los hugonotes franceses que se asentaron allí a finales del siglo XVII y la habilidad en el arte del enyesado decorativo de los esclavos indonesios. Los edificios de estilo holandés de El Cabo satisfacían las necesidades agrícolas. En un principio las casas que se construían en las granjas se hacían sobre un simple plano rectangular con un tejado inclinado muy pronunciado y suelos de tierra o bien de huesos de melocotón prensados. Pero con la creciente prosperidad del siglo XVII, las casas se hicieron más grandes y apareció el estilo único de la arquitectura holandesa de El Cabo: el gran hastial central (con frecuencia muy elaborado) sobre el lado largo de la casa, encima de la puerta principal. Al rectángulo básico se fueron añadiendo alas para crear planos con forma de U, de T o de H. Los propietarios también construían edificios exteriores, como graneros, bodegas o un anexo para el hijo mayor.

Las casas encaladas de estilo holandés de El Cabo de Western Cape, rodeadas con frecuencia por viñedos y sobre un fondo de altísimas montañas, siguen siendo de una belleza asombrosa. Se pueden ver magníficos ejemplos en Stellenbosch y en las fincas de Groot Constantia, cerca de Ciudad del Cabo, y también en Vergelegen, en Somerset West.

Arquitectura ndebele. Desde finales del siglo XIX, el pueblo ndebele, del norte de Sudáfrica, ha desarrollado un sorprendente estilo decorativo de construcción para sus poblados. La distribución básica consiste en una casa cilíndrica coronada por un tejado de paja cónico con un patio desnudo y limpio a su alrededor. Un muro bajo atravesado por una elaborada verja rodea el patio.

Un rasgo único de las viviendas ndebeles son los elaborados diseños policromos geométricos que cubren la verja blanca y las paredes de la casa. Los diseños se derivaban en un principio de las formas vistas en las ciudades cercanas, como las banderas inglesas y varios elementos de la arquitectura doméstica europea. En la actualidad, los motivos rojos, verdes, azules, amarillos y ocres, cada uno perfilado con un intenso trazo negro, recuerdan a las pinturas de Piet Mondrian.

Sudáfrica tiene una historia musical de la que se enorgullece; sus contribuciones más características han sido los estilos musicales que fusionan el jazz con los ritmos indígenas.

Música

El jazz sudafricano negro surgió entre los trabajadores urbanizados de las ciudades mineras del Witwatersrand. La primera música jazz local que se dio a conocer en la década de 1920 fue una forma de *swing* conocida como *marabi* que combinaba los sonidos del piano con el ruido áspero de unas latas llenas de guijarros. Al *marabi* lo siguió más tarde el *kwela*, en el que predominaba el sonido agudo del pito. El auge del jazz local se produjo durante la década de 1950, la época *Drum* (por la revista homónima), cuando todas las razas se movían al ritmo de los extraordinarios músicos de Sophiatown, en Johannesburgo. Estos músicos combinaron el *marabi* y el *kwela* para crear el popularísimo y nuevo estilo *mbaqanga*.

Entre las cantantes más importantes figuran Miriam Makeba (n. 1932), que más tarde alcanzó fama mundial, y Dolly Rathebe (1928-2004). Un destacado local dentro de la música de Sophiatown en la década de 1950 fue el Sophiatown Modern Jazz Club, influenciado por músicos como Dizzy Gillespie (1917-1993) y Charlie Parker (1920-

1955). La banda Jazz Epistles nació en ese club y dio a conocer a genios de la talla del pianista Dollar Brand (n. 1934), más tarde conocido con el nombre de Abdullah Ibrahim, el saxofonista Kippie Moeketsi (1925-1983) y el trompetista Hugh Masekela (n. 1939). La represión y el apartheid de la década de 1960 asestaron un duro golpe a la música. Arrasaron Sophiatown y los mejores músicos de jazz de la época, como Makeba, Masekela y Brand, abandonaron el país y sólo regresaron en la década de 1990, con la democracia.

Joseph Shabalala, Paul Simon y los Ladysmith Black Mambazo.

El mayor éxito musical de la década de 1970 fue un grupo zulú que cantaba *a capella*, Ladysmith Black Mambazo, dirigido por Joseph Shabalala (n. 1941). El grupo captó la atención internacional cuando colaboró con Paul Simon en el álbum *Graceland*. Unos años más tarde, Johnny Clegg (n. 1953), apodado el zulú blanco, junto con Sipho Mchunu (n. 1951), creó una fusión del pop occidental con la música y bailes zulúes. Las bandas de Clegg, Juluka y después Savuka, lograron una gran popularidad en Sudáfrica y Europa. El nuevo fenómeno de la década de 1980 fue el auge de los músicos blancos «alternativos» que se oponían al régimen del apartheid. Los sudafricanos de la década de 1980 se emocionaron con el sonido de la banda de *blues* Cherry-Faced Lurchers, dirigida por James Phillips (1959-1995), alias Bernoldus Niemand, y cantantes como Johannes Kerkorrel (1960-2002) y Koos Kombuis (n. 1954). A partir de la década de 1990, la música popular sudafricana ha estado dominada por el *kwaito*, adaptación del *house* y el *hip-hop*.

La música clásica tiene presencia en las grandes ciudades de Sudáfrica, varias de las cuales financian una orquesta sinfónica y varios grupos de cámara más pequeños. La ópera se ha transformado con rapidez a partir de 1994 y ha pasado de ser una forma de arte exclusivamente blanco a estar dominada por los cantantes negros, muchos de los cuales se prepararon en la escuela de ópera de la Universidad de Ciudad del Cabo. ■

Se trata de un puerto histórico en el que se respira un ambiente cosmopolita, en medio de una deslumbrante bahía azul y a la sombra de las escarpadas montañas.

Ciudad del Cabo y la Península

Cape Point, donde se dice que se encuentran las aguas de los océanos Atlántico e Índico.

Ciudad del Cabo y la Península

Ciudad del Cabo está llena de contrastes. En verano es todo palmeras, mar azul y playas blancas. En invierno es un grabado al negro de praderas suavizadas por la lluvia, viñedos desnudos y fuego de leña. Ciudad del Cabo es una auténtica bendición: un suave clima mediterráneo, la masa imponente e inverosímil de Table Mountain que acuna a la ciudad entre el granito y el mar, y una belleza natural que sorprende los ojos del visitante.

Encaramada al borde de una colina que se extiende de un horizonte a otro, Ciudad del Cabo creció alrededor de un puerto cosmopolita. Vasco da Gama, el explorador portugués que fue el primero en echar el ancla en Table Bay, llamó al elevado promontorio de uno de los extremos de esta engañosa media luna de arenas blancas Cabo da Boa Esperança (cabo de Buena Esperanza). Pero cuando los vientos del noroeste levantan unas olas demoledoras, el sereno espejo de la bahía se convierte en un torbellino tempestuoso. Es entonces cuando entra en juego el otro nombre: Cabo das Tormentas.

La ciudad está arropada por su propia bahía en el lado occidental de una península que se adentra en el océano y que termina en el rocoso Cape Point. La naturaleza construyó la columna vertebral de la península a partir de picos de granito. Los Twelve Apostles, una sucesión de promontorios casi idénticos que se extienden desde Camps Bay hasta Hout Bay, aprisionan el frío mar. En estas apartadas bahías el visitante encontrará las playas y zonas cosmopolitas de Clifton, Camps Bay y Llandudno. Aquí, los sibaritas internacionales han invertido en mansiones encaramadas en los acantilados que se asoman al mar, protegidos por un contrafuerte montañoso de los vientos estivales del sudeste.

Casi enfrente de los Twelve Apostles se halla False Bay, así llamada (bahía Falsa) porque los primeros marineros la confundían con Table Bay. El mar de esta zona, abrazada por la cálida corriente de Agulhas, alberga una flora y una fauna acuáticas muy diferentes de las del lado más frío. Haga submarinismo aquí y verá peces del Índico, estrellas de mar, anémonas, erizos y pulpos. Las ballenas llegan a estas aguas todos los años para parir.

Influencias multiculturales

Al igual que todos los grandes puertos, Ciudad del Cabo es un crisol de influencias culturales. Los pueblos nómadas khoikhoi y san (también conocidos como bosquimanos) habitaron estas costas durante un sinfín de siglos antes de la llegada de los europeos. Los portugueses, que buscaban una ruta de comercio que los llevara hasta Oriente, dejaron constancia del

PUNTOS DE INTERÉS

descubrimiento del fondeadero en 1492. Los holandeses los siguieron en 1652 y establecieron un puesto de abastecimientos para los galeones que surcaban las rutas de las especias hasta Oriente. Después llegaron los hugonotes franceses que huían de la persecución religiosa y al fin los británicos, que gobernaron desde 1806 hasta la independencia de Sudáfrica en 1961.

Entre tanto llegaron malayos, alemanes, marineros estadounidenses que servían en el corsario confederado *Alabama*, chinos e indios, tanto musulmanes como hindúes. Estas culturas dejaron su sello en forma de comida, música, giros lingüísticos, indumentaria y, de forma más tangible, en la arquitectura. Los británicos legaron los edificios neoclásicos; los malayos, una afición a los colores intensos que dan vida a sus casas del siglo XVIII; los musulmanes, las mezquitas; los hindúes, los templos; los holandeses, las fachadas de las granjas de estilo holandés.

Hoy Ciudad del Cabo es una lugar bullicioso que puede presumir de fantásticos restaurantes y una música extraordinaria, de fachadas del siglo XVIII que contrastan con imponentes edificios de cristal y de viñedos que se extienden alrededor de los graneros del siglo XVII equipados con maquinaria vinícola ultramoderna. ■

Ciudad del Cabo

Encaramada en la punta sudoccidental de África, Ciudad del Cabo (Cape Town) vibra con la energía de dos culturas y una belleza natural sin igual. Desde el colorido barrio de Bo-Kaap hasta la majestuosidad del Victoria and Alfred Waterfront, desde el cabo hasta la monolítica Table Mountain, es extraño que tantos lugares extraordinarios confluyan en tan poco espacio.

El Victoria & Alfred Waterfront, con su mezcla de tiendas y lugares de ocio, sus hoteles de primera clase y su puerto deportivo, es uno de los destinos de Sudáfrica más visitados.

Ciudad del Cabo

Mapa pág. 57

Información

Cape Town Tourism Information Centre, Burg y Castle Sts

021/487-6800

$

www.ctic.co.za

Castle of Good Hope

Si quiere llegar al corazón de Ciudad del Cabo, donde todo empezó, el lugar por donde debe comenzar es por este castillo de Buena Esperanza. Construido a petición de la Compañía Holandesa de las Indias Orientales (VOC) en el siglo XVII, es una imperturbable estructura pentagonal, lúgubre e intimidante, encaramada cerca de una moderna carretera costera. Y sin embargo lleva resistiendo más de tres siglos, lo que da fe de su persistencia.

Cuando Jan van Riebeeck desembarcó en el cabo en 1652, encontró a los khoikhois y al pueblo san; éstos llevaban varios siglos habitando allí y, como es comprensible, los miraban con cierta desconfianza.

Van Riebeeck comenzó a comerciar con ganado, pero para los khoikhois estos animales eran un símbolo de estatus dentro de su sociedad; los ancianos eran reacios a comerciar con lo que en realidad era toda su riqueza a cambio de unas baratijas que no tenían ningún valor simbólico ni material dentro de su cultura. Además, para sus cultivos los recién llegados se habían anexionado pastos de los khoikhois. Para proteger su ganado de las incursiones de éstos y para evitar que las Compañías de Indias francesa o inglesa capturaran el puesto avanzado, Van Riebeeck ordenó que se erigiera un pequeño fuerte en la playa.

El fuerte original (Fort de Goede Hoop) era una estructura de cuatro baluartes de madera y barro con un foso protector. Al cabo de diez años ya se había demostrado insuficiente, y con la amenaza constante de la guerra entre holandeses y británicos, los primeros decidieron construir un fuerte más sólido.

El lugar seleccionado estaba a 60 *roods* (unos 219 m) del fuerte original. La piedra angular del castillo, como luego se llamó, la colocó en 1666 el gobernador Zacharias Wagenaar y los primeros habitantes se instalaron ocho años más tarde, aunque la construcción no se concluyó hasta 1679. Basado en el diseño conocido más tarde como modelo Vauban, el castillo tiene cinco baluartes y cada uno ostenta el nombre de uno de los Willem, los títulos principales del príncipe de Orange (Leerdam, Oranje, Nassau, Catzenellenbogen y Buuren). El edificio estaba hecho de piedra, argamasa y madera, y buena parte del trabajo no especializado lo realizaron los sirvientes de la Compañía Holandesa de las Indias Orientales, así como soldados de la guarnición, marineros, delincuentes convictos y los pocos khokhois dispuestos a realizar un trabajo manual. El resultado aún sigue en pie. Las olas de Table Bay ya no rompen contra sus muros (la playa le ha quitado a las aguas varios kilómetros), pero como lugar histórico bien merece una visita.

La visita del castillo. Entre por una puerta coronada por la **Bell Tower** (torre de la Campana), terminada en 1684. La enorme campana se fundió en Amsterdam y su voz no se escuchó hasta 1697.

No deje de aventurarse en la aterradora negrura de la **Torture Chamber** (cámara de Torturas) y el Donker Gat (Agujero Negro), que según se dice están embrujados. Los guardias del castillo cuentan que se oyen gritos fantasmales y ecos de pisadas, y hasta los soldados más sensatos están convencidos de que estos misteriosos ruidos los hacen las víctimas de las torturas de antaño.

El **Cellar Museum** (Museo de la Bodega) alberga reliquias encontradas durante la excavación de una fosa en la bodega. Los artefactos incluyen huesos, pinturas y cubertería antigua.

CONSEJO DE EXPERTO

Ciudad del Cabo es uno de los mejores lugares del mundo para adentrarse en el mar a observar las aves. El invierno es el mejor momento para ver majestuosas aves y muchos mamíferos marinos.

—CAGAN H. SEKERCIOGLU
Investigador de campo de National Geographic

Castle of Good Hope
✉ Buitenkant St.
☎ 021/464-1260
$ $
www.castleofgoodhope.co.za

Camino de la libertad

Cuando fundó Ciudad del Cabo, Jan van Riebeeck pertenecía a un mundo en el que la esclavitud, la tortura y las ejecuciones públicas eran algo normal. Esta historia se refleja en los lugares que puede visitar durante este paseo.

La Bell Tower del castillo de Buena Esperanza.

Empiece con una visita al **Castle of Good Hope** ❶ (ver págs. 58-59 y 62) y su **William Fehr Collection** de óleos, muebles y artes decorativas. Después de salir del castillo y cruzar Buitenkant Street, un corto paseo por Darling Street le llevará a la **Grand Parade** ❷, flanqueada por palmeras datileras y situada enfrente del **City Hall** (ayuntamiento). Antaño se realizaban en ella los desfiles militares, así como las ejecuciones públicas y las flagelaciones ordenadas por la Compañía Holandesa de las Indias Orientales (VOC). Vuelva sobre sus pasos hasta Buitenkant Street y, encaminándose hacia Table Mountain, llegará a la **Old Customs House** (Antigua Aduana) ❸. Erigida a principios del siglo XIX, se ha usado sucesivamente como almacén, cárcel de mujeres y juzgado.

Calle abajo encontrará el **District Six Museum** ❹ *(25A Buitenkant St.; tel. 021/466-7200; www.districtsix.co.za; cerrado dom.; $)*, que conmemora uno de los crímenes sociales más arrogantes y detestables del apartheid. Definida como Municipal District Six, esta pintoresca zona albergaba en otros tiempos a la vibrante comunidad «de color», predominantemente mestiza. A las 66.000 personas de este distrito se las desahució y sus casas fueron arrasadas cuando se declaró zona «blanca».

Continúe por Buitenkant Street hasta el nº 78, el **Rust en Vreugd Museum** ❺ *(78 Buitenkant St; tel. 021/464-3280; www.iziko.org.za/rustvreugd/index.html; cerrado vier.-lun.)*. Este edificio del siglo XVIII alberga la colección Fehr de arte en papel. A continuación vuelva sobre sus pasos por Buitenkant y gire a la izquierda en Albertus Street. Doble a la derecha por Corporation Street y continúe por Spin Street. En la isla que hay en mitad de la calle se puede ver una sencilla placa que conmemora el **Slave Tree** (árbol de los Esclavos), bajo el que se vendían los esclavos de la Compañía Holandesa de las Indias Orientales. Camine unos veinte pasos más en línea recta y verá la **Groote Kerk** ❻ *(43 Adderley St.; tel. 021/422-0569)*, el templo más antiguo del mundo de la fe reformada holandesa (se estableció en 1704) y la iglesia matriz de esa doctrina en Sudáfrica, así como la más antigua del país. El **Slave Lodge** (pabellón de los Esclavos; *Bureau con Adderley Sts.*) se

erigió en 1679 para albergar a los esclavos de la VOC así como a lunáticos y convictos. Desde entonces ha sido oficina de correos, un burdel «no oficial» y tribunal supremo.

Gire a la derecha por Adderley Street y después doble a la izquierda por Longmarket Street. Llegará a **Greenmarket Square** 7, donde en 1696 comenzó a celebrarse un mercado de productos agrícolas. Ahora es un animado mercado de artesanía donde se venden productos africanos y curiosidades. La **Old Town House** *(Greenmarket Sq.; tel. 021/481-3933; cerrada dom.)*, en la misma plaza, se completó en 1761 y alberga la colección Michaelis de arte holandés y flamenco de los siglos XVI al XVIII. Si quiere tomar algo, en el tradicional Tudor Hotel o en el Park Inn podrá tomar una copa y una buena comida.

Vuelva sobre sus pasos hasta Adderley Street, diríjase a la Table Mountain y después del Slave Lodge verá a la izquierda las **Houses of Parliament** 8 (ver págs. 63-64), sede del Parlamento. Éste se reúne de enero a junio en Ciudad del Cabo y es un tributo a tres grandes ganadores sudafricanos del premio Nobel de la Paz: Nelson Mandela, F. W. de Klerk y el arzobispo Desmond Tutu. Entre semana se ofrecen visitas guiadas y se pueden comprar entradas *(los visitantes extranjeros deben presentar el pasaporte)* para asistir a las sesiones.

- Ver mapa pág. 57
- ➤ Castle of Good Hope
- 2,7 km
- 1 hora
- ➤ Houses of Parliament

PUNTOS DE INTERÉS

Castle of Good Hope • District Six Museum • Greenmarket Square • Houses of Parliament

Michaelis School of Fine Art
32-37 Orange St.
021/480-7111
www.michaelis.uct.ac.za

National Gallery
Government Ave., Adderly y Wale Sts.
021/467-4660
Cerrado lun.
$, gratuita sáb.
www.iziko.org.za/sang

Jewish Museum Complex
88 Hatfield St.
021/465-1546
Cerrado sáb.
$
www.sajewishmuseum.co.za

Más encantadora es la elegante **Lady Anne Barnard Room,** llamada así por la noble inglesa que vivió en el castillo entre 1797 y 1802. Igual de interesante es el restaurado **Dolphin Pool** (estanque del Delfín); su restauración, finalizada en 1982, se hizo según el diseño de la propia lady Barnard.

También se ha restaurado la **Het Bakhuys** (La Tahona), que alberga el restaurante Gouwerneur *(tel. 021/461-4895; cerrado dom.)* y un elegante salón de té.

Unos años después, el comisionado Van Rheede van Oudtshoorn ordenó que se construyera el **Kat,** un muro transversal de piedra alto y grueso con propósitos defensivos. Más tarde se añadieron otros edificios que se extendieron por todo el patio. Uno de los edificios alberga la **William Fehr Collection** de documentos, pinturas antiguas de El Cabo y una magnífica escultura realizada por Anton Anreith (1754-1822). Las sentencias y los anuncios se leían desde el **Kat Balcony,** que sin duda es lo mejor del castillo.

El latido de un corazón

El primer trasplante de corazón del mundo se realizó en Ciudad del Cabo el 3 de diciembre de 1967. Un equipo de 30 personas dirigidas por el doctor Christiaan Barnard sustituyó el corazón de Louis Washkansky por el de una joven fallecida en un accidente. El Heart of Cape Town Museum, en el hospital Groote Schuur *(Main Rd., Observatory; tel. 021/404-1967; www.heartofcapetown.co.za)*, expone fotos e instrumentos de la operación.

Company's Gardens

Por lo general se les llama sólo The Gardens y son tranquilos y silenciosos, con paseos flanqueados por robles. Cuidados en un principio por Jan van Riebeeck con la intención de que fueran huertas de frutas y verduras para suministrar a los barcos de la VOC productos frescos, carne y agua, ahora son un parque público y un jardín botánico en el corazón de la ciudad. Podrá ver a parlamentarios en pleno debate en estos jardines o a estudiantes de arte que acaban de salir del Hiddingh Hall, que alberga la **Michaelis School of Fine Art;** igualmente, en el Little Theatre descubrirá a las futuras estrellas de la University of Cape Town's Drama School.

Nada más entrar, a la izquierda, podrá vislumbrar las **Houses of Parliament** (Parlamento), un ejemplo de arquitectura neoclásica. En el centro de los jardines no se querrá perder la **National Gallery,** el primer museo de arte de Sudáfrica. Completada en 1931, la National Gallery se construyó alrededor de un legado inicial de cuadros adquirido en 1871. Las colecciones incluyen importantes obras de arte británicas, francesas, holandesas, flamencas y sudafricanas. En 1990 la política de adquisiciones de la galería procuró remediar el desequilibrio provocado por las distinciones jerárquicas entre arte «superior» y «menor». Las exposiciones actuales, las cuales cam-

El edificio del Parlamento, finalizado en 1885.

bian con frecuencia, incluyen, por lo tanto, más piezas africanas y sudafricanas del pasado precolonial y reciente, incluidos trabajos tradicionales con cuentas, esculturas y objetos más pequeños, como cajas de rapé.

Cerca de la National Gallery verá la sorprendente arquitectura del **Jewish Museum Complex,** revestido de piedra de Jerusalén, que incluye la **Old Synagogue** (1863), la **Great Synagogue** (1905) y el **Holocaust Centre.**

En el extremo superior de los jardines descubrirá el **South African Museum** con una magnífica exposición de historia natural y el **Planetarium,** que alberga fabulosos espectáculos audiovisuales.

Houses of Parliament

Las Houses of Parliament son la sede de la capital legislativa de la República de Sudáfrica y su interés histórico es considerable, sobre todo por el milagro que supone una transición pacífica de un régimen racista a una democracia representativa.

Desde su construcción a finales de la década de 1800, el Parlamento ha estado al servicio de las sucesivas administraciones: desde los gobernantes coloniales británicos, pasando por la primera asamblea de la joven Unión de Sudáfrica tras la devastadora guerra de los bóers que unió ambas repúblicas bóers con Natal y la Colonia de El Cabo y los años del apartheid del gobierno nacionalista entre 1947 y 1994, hasta el gobierno democrático dominado por el Congreso Nacional Africano (ANC) elegido tras las primeras elecciones libres de 1994.

El ideal británico de gobierno democrático elegido por sufragio universal encuentra su expresión diaria aquí, durante las sesiones parlamentarias que se celebran entre enero y junio.

Los edificios, terminados en 1885, son magníficos ejemplos de la arquitectura civil inglesa de estilo

South African Museum

✉ 25 Queen Victoria St.

☎ 021/481-3800

$ $

www.iziko.org.za/sam

Planetarium

✉ 25 Queen Victoria St.

☎ 021/481-3900

🕒 Cerrado primer lun. de cada mes

$ $

www.iziko.org.za/planetarium

Houses of Parliament

✉ Parliament Ave. (entrada por la oficina de información, 120 Plein St.)

☎ Información general: 021/403-2911 Visitas guiadas: 021/403-3683

www.parliament.gov.za

ACTIVIDAD: Aprenda cocina malaya de El Cabo

Como auténtica «nación multicolor» que es, la cocina sudafricana recoge influencias de una miríada de culturas. Desde delicias exóticas como los gusanos del mopane fritos o los filetes de cocodrilo, hasta los menos aventurados estofados y currys, toda una variedad de placeres gastronómicos aguardan al visitante. Dos clases de cocina le ofrecerán una buena perspectiva de la gastronomía malaya de El Cabo. En el Bo-Kaap, el barrio donde se originó esta comida, los alumnos salen sin prisas del Bo-Kaap Museum y atraviesan las pintorescas y empinadas calles donde pueden comprar los ingredientes. La clase de cocina tiene lugar en una casa particular, donde los participantes aprenden a combinar especias, a hacer currys y a doblar samosas. Al final, los cocineros pueden degustar la comida mientras la anfitriona los entretiene con historias del Bo-Kaap. Puede ponerse en contacto con Andulela Experience *(tel. 021/790-2592; www.andulela.com)* **para hacer la reserva.**

Otra opción es Cass Abrahams, la decana de esta gastronomía. Esta dama ofrece demostraciones culinarias en Paarl, a las afueras de Ciudad del Cabo, en el restaurante de su viñedo. Aquí puede degustar una copa de vino mientras aprende sobre la historia, la cultura y la cocina del pueblo malayo de El Cabo, tras lo cual puede disfrutar de una visita guiada por el viñedo. Para reservar, póngase en contacto con Cape Fusion Tours *(tel. 021/461-2437; www.capefusion.co.za).*

neopalladiano, con impresionantes columnas corintias, espaciosos pórticos y una altísima cúpula. La construcción no careció de reveses. El arquitecto original, Charles Freeman, fue despedido por calcular mal los cimientos y completó el proyecto Henry Greaves. En 1910, Herbert Baker, arquitecto imperial británico por excelencia, añadió la **House of Assembly** (Asamblea), de estilo neoclásico. El edificio del Parlamento también alberga la **Library of Parliament** (Biblioteca del Parlamento). En los **jardines del Parlamento** los visitantes encontrarán una estatua de la reina Victoria, erigida en 1887.

Se pueden adquirir entradas para las sesiones parlamentarias y para hacer visitas guiadas. Los visitantes extranjeros deben llevar el pasaporte para reservar una visita guiada.

El barrio de Bo-Kaap

Bo-Kaap significa «sobre el cabo» en afrikáans y se refiere a la ubicación de esta encantadora zona, encajonada entre las laderas de Signal Hill, sobre Wale Street. La mejor forma de llegar a esta zona es en taxi y todos los sábados de 8.00 a 14.00 h puede unirse a una de las visitas guiadas que hace Monique le Roux, de Andulela Experience (ver recuadro de esta página). Se recomienda a los turistas que no recorran solos las calles de Bo-Kaap.

El Bo-Kaap está habitado por los descendientes de los esclavos de Sri Lanka, Indonesia, India y Malaysia que llevó la VOC en los siglos XVII y XVIII desde las colonias holandesas. La comunidad es en su mayor parte musulmana, entre la que últimamente se ve a algún que otro estudiante alternativo. Sus calles empinadas, los estrechos callejones y la interesante arquitectura convierten a este barrio en uno de los atractivos más vibrantes de Ciudad del Cabo.

Las sencillas casas de los artesanos son una mezcla de estilo holandés de El Cabo, georgiano y eduardiano. Los colores son brillantes y atrevidos (rosa, turquesa, verde lima y naranja).

Las antiguas mezquitas (la mezquita Auwal se construyó en 1768), los esbeltos minaretes y la voz del almuecín llamando a los fieles a la oración contribuyen a aumentar el encanto del lugar. Gregoire Boonzaaier (1909-2005), uno de los artistas más queridos de Sudáfrica, pasó muchas horas plasmando la belleza de estas calles. Su diestro pincel cargado de pigmentos capturó el calor del verano y el

contribuyó en gran medida al desarrollo de esta cultura y desempeñó un papel muy destacado en el desarrollo del afrikáans, que evolucionó a partir del alto holandés y se convirtió en un nuevo idioma. El Bo-Kaap Museum tiene proyectado convertirse en un centro que sitúe al Bo-Kaap y su legado musulmán en un contexto político y sociocultural más amplio.

Koopmans-De Wet House
- 35 Strand St.
- 021/481-3935
- Cerrado vier.-lun.

www.iziko.org.za/koopmans/

El histórico barrio de Bo-Kaap, antiguamente conocido como barrio malayo.

torbellino de colores en unas pinturas memorables; parte de su trabajo se puede ver en el Bo-Kaap Museum.

El **Bo-Kaap Museum** *(71 Wale St; tel. 021/481-3939; www.iziko.org.za/bokaap/; cerrado dom.; $)*, en Wale Street, era en un principio la casa de Abu Bakr Effendi (1835-1880), un erudito turco muy conocido y destacado líder de la comunidad musulmana. Construida entre 1763 y 1768, la casa actual fue declarada museo en 1978 y está amueblada como un hogar musulmán típico del siglo XIX. La comunidad musulmana de El Cabo

En 1914, cuando la **Koopmans-De Wet House,** unas cuantas manzanas al noroeste, fue declarada museo, se convirtió en el primer hogar que se abría al público. La fachada de esta exquisita casa del siglo XVIII, a varias manzanas al este del Bo-Kaap Museum, se atribuye al arquitecto francés Louis-Michel Thibault (1750-1815) y al escultor Anton Anreith. El museo alberga una magnífica colección de mobiliario de El Cabo, cerámica china y japonesa, porcelana azul de Delft y una gran variedad de cristalerías y cuberterías.

Gold of Africa Museum
96 Strand St.
021/405-1540
Cerrado dom.
$

www.goldofafrica.com

Cocina malaya de El Cabo. La cocina malaya de El Cabo, que se originó en el barrio de Bo-Kaap es quizá lo único bueno que salió del comercio de esclavos del siglo XVIII (ver recuadro pág. 64). Los esclavos trajeron sus habilidades con ellos. Los hombres solían ser magníficos sastres, toneleros y carpinteros, y las mujeres eran excelentes cocineras.

Louis Leipoldt, uno de los mejores poetas en afrikáans de Sudáfrica era también un gran aficionado a la cocina. En su libro *Cape Cookery* homenajea a esas mujeres del siglo XVIII que dieron origen al *bobotie* picante (un plato de carne picada hecha al horno, especiada con delicadeza y aderezada con una sabrosa salsa parecida a las natillas) y los *breyani* (delicias de arroz y carne con lentejas, bañadas con *masala* molida a mano), las refrescantes *sambals* y los fuertes *atchars* de fruta que convirtieron la cocina local en un viaje cultural para los sentidos. Las especias utilizadas en esta cocina las llevaron a los mercados de Sudáfrica los galeones de la VOC, aunque más tarde las exigentes amas de casa les hacían sus pedidos directamente a los capitanes de los navíos.

Un recuerdo de este comercio de especias sobrevive en **Atlas Trading** *(94 Wale St.; tel. 021/423-4364; cerrado dom.)*. Esta tienda de aire dickensiano está impregnada de incitantes aromas: una embriagadora mezcla de ajo, chile, alholva, comino, cúrcuma, cardamomo y canela. Un largo mostrador recorre toda la sala y en la cola el visitante se encontrará rodeado de amas de casa del barrio de Bo-Kaap, elegantes restauradores, gastrónomos entusiastas y viajeros empeñados en aspirar los aromas. Tras el mostrador se afana una multitud de dependientes para los que será un placer aconsejarle; usted selecciona y paga y después recoge las especias.

CONSEJO DE EXPERTO

No se pierda el Gold of Africa Museum, que describe la historia del oro y expone intrincadas obras de joyería. También hay un taller donde puede observar a un orfebre moderno.

—ERIN MONRONEY
Escritora e investigadora de NG Kids.

Puede saborear esta cocina en varios restaurantes frecuentados por los lugareños. En el Biesmiellah Restaurant *(2 Upper Wale St.; tel. 021/423-0825; cerrado dom.)*, por ejemplo, no sólo disfrutará de los mejores *boboties* y currys, sino que encontrará a su alcance todo un tesoro de la historia local. Parecido es el Noon Gun Tea Room and Restaurant *(273 Longmarket St.; tel. 021/424-0529; cerrado dom.)*, dirigido por sus dueños, la familia Misbach, que sirve cenas tradicionales de tres platos que incluyen un plato principal de *bobotie*, *breyani* de pollo o un curry de cordero tierno con un intenso sabor y apetitoso olor.

Lugares cercanos

En la miríada de tiendas de antigüedades que flanquean la cercana **Long Street,** justo a las afueras del barrio de Bo-Kaap, el visitante podrá encontrar cualquier cosa, desde un magnífico par de candelabros de plata de ley de estilo Jorge III hasta un artefacto de la cocina de alguna granja hecho de madera de *Cladrastis lutea.* También hay magníficas librerías de viejo (Clarke's) y otros depósitos húmedos y polvorientos de libros que pueden ser valiosos y curiosos al mismo tiempo.

El **Mount Nelson Hotel** *(76 Orange St.; tel. 021/483-1000; www.mountnelson.co.za),* abierto en 1899, es toda una institución en Ciudad del Cabo. El exterior del «Nellie», como se le llama cariñosamente, sigue pintado con su color rosa original, pero el estilo de las habitaciones recuerda a una casa de la campiña inglesa. Vaya a disfrutar del té de la tarde: sándwiches de salmón y pepino y una gran variedad de tentadores pasteles y tartas.

Victoria and Alfred Waterfront

El Victoria and Alfred Waterfront es tanto un centro histórico como un lugar de encuentro, que ofrece al visitante desde tiendas hasta mercados de artesanía, pasando por teatros, música en directo y otras ofertas de ocio, y todo dentro de un puerto que continúa en activo.

El nombre se debe al príncipe Alfred, el segundo hijo de la reina Victoria, que en 1860 dejó caer la primera roca en el mar para señalar el comienzo de la construcción del rompeolas que tanta falta le hacía a El Cabo. Pero durante la floreciente era del vapor, la Alfred Basin (dársena Alfred) dejó de ser capaz de dar cabida al creciente volumen naviero y se construyó la Victoria Basin.

En 1988 comenzaron los trabajos de renovación; se incorporaron varios monumentos nacionales y se inició la oferta de paseos guiados por el puerto y excursiones en barco, helicóptero e hidroavión; hay además una fábrica de cerveza y numerosos restaurantes de gran calidad que sirven el marisco más fresco que se pueda encontrar.

El recién renovado **John H. Marsh Maritime Research Centre** (Centro de Investigación Marítima

Músicos de jazz en el Victoria and Alfred Waterfront.

John H. Marsh Maritime Research Centre

✉ Union Castle House, Dock Rd.

☎ 021/405-2880

www.iziko.org.za/maritime

John H. Marsh), en el edificio Union Castle del puerto, presenta una colección de maquetas y objetos relacionados con la navegación, en particular con los barcos correo de la Union Castle. Su centro de investigación alberga un archivo de diarios de a bordo que datan del siglo XIX y más de 19.000 negativos y fotografías de 9.200 barcos que van desde la década de 1920 hasta la de 1960.

Tortuga boba, Two Oceans Aquarium.

Otros monumentos incluyen la **Historic Clock Tower** (torre del Reloj), erigida en 1882 en estilo gótico victoriano y donde estaba ubicada la oficina original del capitán del puerto. El último piso albergaba el mecanismo del reloj; desde el segundo, el capitán podía observar todas las actividades del puerto a través de una serie de espejos. En la planta baja se encuentra un mecanismo de medición que vigilaba el nivel de las mareas.

Junto al Dock House Hotel se alza la **Time Ball Tower** (torre de la Bola Horaria), de 1894, con un instrumento que dejaba caer una bola a una hora concreta para que todos los barcos del puerto pusieran en hora sus relojes.

El **drago** *(Dracaeno draco)* que crece cerca es una especie procedente de las islas Canarias. Se dice que el árbol original lo plantó un marinero de paso. La leyenda cuenta que la savia de color rojo sangre, la «sangre del dragón», la derramó un dragón que intentaba golpear a los barcos que pasaban entre las Columnas de Hércules; según la historia, el árbol sólo crece allí donde cayeron algunas gotas.

Robben Island (ver pág. 69) comenzó a funcionar como cárcel en los primeros días de la Compañía Holandesa de las Indias Orientales y, de forma más notoria, en los últimos tiempos se utilizó para encerrar a presos políticos, incluido Nelson Mandela. Puede comprar entradas en el **Robben Island Exhibition and Information Centre,** cerca de la torre del Reloj, para hacer una excursión de 30 minutos en catamarán a la isla y una visita guiada en autobús y a pie.

Una colonia de osos marinos de El Cabo son una imagen familiar en este rincón; descansan en el amarradero que hay junto al primitivo Bertie's Landing Restaurant y sobre neumáticos viejos, en el muelle.

A la vuelta de la esquina aguarda la antigua **Breakwater Prison** (prisión del Rompeolas), erigida en 1860 para albergar a los convictos que trabajaban aquí. Es irónico pensar que esta severa institución penal es ahora el hogar de la Graduate School of Business de la Universidad de Ciudad del Cabo además del cómodo Breakwater Lodge.

Enfrente, el **Two Oceans Aquarium** es el más grande de África. Aquí el visitante descubrirá el fascinante entramado de vida que albergan los océanos de El Cabo. Se pueden ver más de 3.000 criaturas marinas, incluidos focas, tortugas y pingüinos. Además de la oportunidad de nadar entre tiburones, el acuario ofrece actividades educativas para los niños y programas de educación medioambiental. El acuario también está involucrado en programas de conservación de los tiburones y en varias investigaciones sobre el pez luna. Una de nuestras exposiciones favoritas es la de peces tropicales de la primera galería y el tanque de los tiburones es asombroso.

Robben Island

El autor Lawrence G. Green la describió como la «isla de los Desterrados». Fue un comentario profético que Green escribió antes de que Robben Island acogiera a su preso más famoso, Nelson Mandela.

Además de Mandela, que pasó 27 años en Robben Island, muchos otros líderes de la lucha contra el apartheid fueron encarcelados aquí, entre ellos los dirigentes del ANC Walter Sisulu (1912-2003) y Govan Mbeki (1910-2001), padre del actual presidente Mbeki. Los presos políticos tuvieron un papel fundamental a la hora de dar forma al movimiento de resistencia contra el apartheid. Y la prisión se convirtió para el mundo entero en un símbolo de este opresivo régimen.

Situada a unos 12 km del puerto, Robben Island siempre ha sido un lugar inaccesible. Los portugueses exiliaban a sus presos a este desolado lugar ya en 1525 y la historia no dejaría de repetirse. Entre los siglos XVII y XX, Robben Island fue sucesivamente una cárcel para delincuentes y presos políticos, un «hospital» para personas socialmente inaceptables como los leprosos y los delincuentes psicóticos, y una base militar. Los cañones de la batería de la Segunda Guerra Mundial todavía hacen guardia en la entrada de Table Bay. En la actualidad, esta cárcel de máxima seguridad de Robben Island es un destino turístico que ofrece una buena perspectiva de la naturaleza de la represión política y la brutalidad del régimen del apartheid. Es un saludable recordatorio de que la intolerancia de cualquier tipo degrada tanto al intolerante como a su víctima.

CONSEJO DE EXPERTO

Vaya a comer ostras namibias y langosta al Willoughby and Co., uno de los locales más populares de la costa, metido entre tiendas y clubes de jazz en el Victoria and Alfred Waterfront.

–DAVID CASE
Escritor de National Geographic

Robben Island Exhibition and Information Centre

✉ Compre las entradas para el Robben Island Exhibition and Information Centre, cerca de la torre del Reloj, en el Victoria and Alfred Waterfront. Las visitas guiadas parten del Nelson Mandela Gateway

☎ Reservas: 021/413-4200

$ Visitas: $$-$$$

www.robben-island.org.za

Breakwater Prison

✉ Portswood Rd.

☎ 021/406-1911

www.breakwaterlodge.co.za

Two Oceans Aquarium

✉ Victoria and Alfred Waterfront

☎ 021/418-3823

$ $$

www.aquarium.co.za

Naufragios y tesoros

El cabo de las Tormentas hace honor a su nombre. Abierto a dos océanos y azotado por salvajes tormentas invernales, la bahía se convierte en una costa mortal cuando soplan los vientos del noroeste. Se han contabilizado más de 350 naufragios sólo en Table Bay.

Cuadro del siglo XVII de unos galeones holandeses en Table Bay.

Las torpes carabelas y carracas portuguesas con sus altas toldillas y sobrecargadas a su regreso de Oriente eran presa fácil para las tormentas del cabo. Igual que lo eran los pesados veleros mercantiles de los holandeses, repletos de pimienta y sedas, canela y clavo. En una sola noche (el 17 de mayo de 1865) 18 buques transatlánticos y 30 naves más pequeñas se perdieron sin remedio entre medianoche y el alba.

El cronista marítimo Lawrence G. Green escribió que, en su opinión, los temporales invernales del cabo habían ahogado a más hombres que los de cualquier otra costa del hemisferio sur. Y uno de los buscadores de tesoros más entusiastas de Ciudad del Cabo, el difunto George Austin calculaba por los documentos de los archivos que había más de 22 millones de libras esterlinas esparcidas por las arenas de Table Bay.

Éstos son algunos de los naufragios:

En 1964 se envió al pequeño ***Dageraad*** a la bahía de St. Helena para recoger unos cofres rescatados del ***Gouden Buys,*** propiedad de la VOC, que había encallado; tanto la indefensa tripulación como los pasajeros (salvo dos personas) habían muerto de escorbuto. A la vuelta, el propio *Dageraad* encalló junto a la costa occidental de Robben Island. Murieron dieciséis miembros de su tripulación y ocho de los diecisiete cofres de monedas se hundieron con la nave.

El 26 de mayo de 1698, un barco rápido y nuevo, el ***Het Huijs te Crayesteijn*** naufragó en un arrecife a causa de la niebla, a unos 4,5 km al sur de Camps Bay. De los cofres que transportaba, 16 se trasladaron a la orilla poco después del accidente. Uno se rompió y su contenido se llevó a tierra, otros dos cofres

CONSEJO DE EXPERTO

Los grandes tiburones blancos surcan la costa sudafricana y entre la ciudad de Gansbaai y Dyer Island se adentran por un estrecho canal llamado el callejón de los Tiburones. Es un espectáculo asombroso.

—CERIDWEN DOVEY
Escritor de National Geographic

se hundieron en el mar. Los que se rescataron se enviaron en una carreta tirada por bueyes al gobernador de Ciudad del Cabo. Los aficionados al buceo suelen acercarse allí para visitar el pecio. Entre las rocas se pueden ver tirados varios de los cañones del barco y cerca yacen grandes ruedas de molino de piedra, utilizadas como lastre. El fondo arenoso a veces permite vislumbrar las balas de cañón y fragmentos de madera, pero los millones permanecen ocultos.

El 3 de abril de 1702, el ***Meresteijn,*** un navío holandés que había partido de Amsterdam, llegaba repleto de monedas de plata a Ciudad del Cabo. El barco avistó tierra y puso rumbo a la costa. Pero el capitán calculó mal el acercamiento y el barco naufragó junto a la isla Jutten. Más de cien personas perdieron la vida. No hubo supervivientes. Se pueden encontrar indicios de la tragedia en las monedas de plata que las aguas dejan en la isla de vez en cuando. Las piezas son ducados (se confunden con los reales españoles de a ocho) con la cabeza de Felipe IV y la inscripción: «Por la gracia de Dios rey de España y de las Indias». Se habían acuñado en Bruselas, la ciudad más importante de los Países Bajos españoles.

En junio de 1722, una tormenta invernal arrastró a cinco barcos mercantes holandeses (el ***Zoetigheid,*** el ***Standvastigheid,*** el ***Lakenman,*** el ***Schotse Lorrendraaier*** y el ***Rotterdam***) a las playas de Table Bay y los redujo a pedazos. La mayor parte se dirigían a comerciar a Oriente y transportaban una cantidad importante de dinero para financiar las compras de la compañía. Las monedas nunca se encontraron.

ACTIVIDAD: Nadar entre tiburones

Los grandes tiburones blancos, aunque son retratados como asesinos despiadados por películas como *Tiburón,* en realidad, y por irónico que parezca, se enfrentaron a la extinción después de que durante años los mataran de forma brutal e innecesaria. Desde que se han convertido en especie protegida, estas criaturas vuelven a poblar los mares, sobre todo en **Gansbaai,** a dos horas en coche de Ciudad del Cabo, conocida como la «capital mundial del gran blanco». Si bien en esta zona se pueden ver con toda comodidad desde el barco, una opción para los más aventureros es encerrarse en una jaula y bucear entre ellos. Durante una de estas excursiones su barco viajará hasta **Shark Alley** (callejón de los Tiburones), un canal de 6 m entre las islas Dyer y Geyser y lo bajarán, con equipo de buceo, a una jaula de acero flotante que se mantiene junto al barco por si quiere salir.

Aunque este tipo de inmersiones podría llevar a los tiburones a ver a los seres humanos como comida, no es así si se realizan de modo responsable. Jamás se les debe dar carne roja, provocarlos, hacerles daño o molestarlos. De hecho, los conocimientos adquiridos con esta pacífica experiencia pueden contribuir a disipar el mito que estuvo a punto de provocar su extinción. Para reservar y obtener más información, contacte con **Marine Dynamics** *(tel. 028/3384-1005; www.sharkwatchsa.com);* **White Shark Projects** *(tel. 021/405-4537; www.whitesharkprojects.co.za);* o **Shark Diving Unlimited** *(tel. 028/3384-2787; www.sharkdivingunlimited.com).* El precio medio de 1.300 rands incluye el transporte desde Ciudad del Cabo.

Una visita a la cárcel de Robben Island.

Pero el tiempo lo cura todo. Como escribió Nelson Mandela sobre Robben Island en 2002: «Hoy, cuando contemplo Robben Island, lo veo como una celebración de la lucha y un símbolo de las mejores cualidades del espíritu humano más que un monumento a la tiranía y a la opresión del apartheid. Es cierto que Robben Island fue en otro tiempo un lugar de oscuridad, pero de esa oscuridad ha salido una luz brillante y maravillosa, una luz tan poderosa que no podría ocultarse tras los muros de una prisión».

Más lugares en Robben Island. El significado político de Robben Island eclipsa sus otros atractivos, pero no se deberían pasar por alto. *Robbe Eiland* es un nombre holandés que significa «isla de las Focas». En los primeros tiempos, en ella vivían miles de focas y otros mamíferos marinos además de pingüinos y tortugas. Las aguas que rodeaban la isla eran entonces un terreno seguro para traer a las crías al mundo y hace cientos de años muchas ballenas se reproducían aquí.

Jan van Riebeeck escribió en 1652: «He visto muchas ballenas en la bahía y sobre todo este mes estaban tan cerca del barco que se podía saltar sobre ellas con facilidad desde el yate». Pero a finales de la década de 1800, la caza de ballenas se convirtió en una gran industria y para cuando se prohibió en 1940 el número de ballenas francas australes que visitaban estas aguas se había reducido a entre 10 y 30 hembras. El mismo destino sufrieron las focas y los pingüinos, también considerados comercialmente explotables.

En 1999 la isla se incluyó en el Patrimonio de la Humanidad de la Unesco y desde entonces se ha trabajado mucho para restaurar la ecología de la isla. Asimismo, desde 1991 Robben Island forma parte del programa del Patrimonio Natural de Sudáfrica y las zonas septentrionales de la isla se declararon reserva de pájaros. Aquí se pueden encontrar conejos, una amplia variedad de gacelas incluido el antílope saltador y 132 especies de aves.

A pesar de sus austeros atractivos naturales, Robben Island se recordará siempre como un monumento a la indomabilidad del espíritu humano y a su deseo innato de libertad. Las visitas diarias a la isla incluyen el trayecto en transbordador (siempre que lo permita el caprichoso tiempo), un recorrido por la isla, que incluye las canteras de piedra caliza donde trabajaban los prisioneros, y una visita a la prisión. Un antiguo preso realiza la visita, en la que

CONSEJO DE EXPERTO

En el autobús oficial que recorre Robben Island, asegúrese de bajarse cuando éste se detenga en la costa. Desde ahí puede hacer unas fotos fantásticas de Table Mountain.

—RICHARD WHITAKER
Colaborador de National Geographic

también se ven la **Garrison Church** (iglesia de la Guarnición) (1841), el **faro** (1863), la **Leper's Church** (iglesia de los Leprosos) (1895), la **guesthouse** (casa de huéspedes) (1895) y un **santuario musulmán.** Son conmovedoras las «historias de las celdas» de los 40 calabozos de aislamiento, cada uno de ellos con la historia de uno de sus ocupantes.

Calcule unas 3,5 horas y haga las reservas por adelantado. Los transbordadores salen a intervalos regulares de la Nelson Mandela Gateway, cerca de la torre del Reloj en el Victoria and Alfred Waterfront (ver págs. 68).

Thunder City

Si sueña con pilotar un caza, lo que necesita es esta empresa civil. Situada cerca del aeropuerto, organiza aventuras extremas en el aire y ofrece el escuadrón más grande y diverso del mundo de cazas militares y bombarderos. Puede llegar a los 60.000 pies (18.288 m) en un Mach 2 English Lightening, o cruzar el Atlántico rugiendo a 1.046 km/h en un Buccaneer o hacer acrobacias en un Hawker Hunter. ■

Thunder City
✉ Site 10, Tower Rd., aeropuerto internacional del Cabo
☎ 021/934-8007
$ $$$$$

www.thundercity.com

ACTIVIDAD: Pesca de altura

Con 3.000 km de costa, Sudáfrica es el destino soñado de cualquier aficionado a la pesca. Tanto si se siente más cómodo con una red de pescar y el agua hasta las rodillas en una laguna, como en medio del océano practicando la pesca deportiva, este país le ofrece un sinfín de oportunidades. Dada la diversidad de la vida oceánica y los diferentes niveles de pesca, el mejor modo de decidirse es elegir una especie concreta. Sudáfrica es famosa por la pesca del atún de aleta amarilla y el mejor lugar para capturarlo es junto a la costa de Cape Point. En temporada, el atún medio que se captura en esta zona pesa 55 kg y la última moda es pescarlos con caña de mosca.

En esta zona hay muchos operadores turísticos que pueden alquilarle un barco para todo un día. Pruebe con Two Oceans Sport Fishing *(tel. 021/782-3681 o 082/469-8280; www.tosf.com)* en Simon's Town. Otra alternativa es Toledo Charters *(tel. 021/790-4407 o 072/907-3443; www.toledo-charters.co.za)* en Hout Bay. La mayor parte de los barcos alquilados acepta unas seis personas.

La pesca del marlín es otra oportunidad que ofrecen las aguas más cálidas de Natal, donde estos gigantes pueden llegar a pesar 68 kg. Para reservar una excursión, póngase en contacto con Sport and Safaris *(tel. 086/010-4800; www.sportandsafaris.com)*, en Chaka's Rock.

La Península

Desde la escarpada naturaleza de Table Mountain y las colinas cubiertas de viñedos de Groot Constantia, la península se extiende por pintorescos afloramientos de arenisca hasta la punta sudoccidente de África, Cape Point, en el cabo de Buena Esperanza. Las olas del océano Atlántico azotan la península en el litoral occidental mientras que las aguas más suaves y cálidas de False Bay bañan las playas orientales.

La Dias Cross, Table Mountain National Park.

Las playas

Las playas de El Cabo abarcan desde las más concurridas hasta las desiertas. La cultura playera está tan consolidada en Ciudad del Cabo como en el sur de California y las curvas doradas de los adictos al sol podrían haberse transplantado directamente de Venice Beach. Pero también hay miles de arenas blancas libres de huellas, habitadas sólo por los albatros y las golondrinas de mar, y algún que otro pescador que lanza un sedal a las aguas verdes.

Las playas de El Cabo se dividen tradicionalmente entre el «lado frío» y el «lado caliente». El frío es cualquier parte que no abrace la curva cálida de False Bay y las diferencias de temperatura son importantes; cinco minutos en las heladas aguas de Clifton Beach sin un traje de neopreno le provocarán un buen dolor de huesos, mientras que las temperaturas estivales de False Bay varían entre los 20 y los 22 °C; no es un calor tropical pero sí agradable para nadar y hacer surf.

Clifton Beach, en el lado frío, es la más elegante de las muchas playas de Ciudad del Cabo y también la que está más de moda. Está a sólo diez minutos en coche del centro urbano. En realidad no es una sola playa sino cinco, todas accesibles con la marea baja y separadas por promontorios rocosos con la marea alta. Las distinciones, sutiles y rígidas, entre cada una de las playas (de la First a la Fourth, además de la diminuta Moses Beach, la preferida de los aficionados al monoquini) sólo las entienden los iniciados más al cabo de la calle. Pero la **First (Clifton) Beach** (playa Primera) es el lugar elegido por los jóvenes, guapos y bronceados hasta las pestañas, el equivalente sudafricano de St-Tropez. No se le ocurra pisar las arenas de Clifton Beach si no tiene un buen bronceado y un cuerpo perfecto. Provocaría un daño irreparable en su autoestima.

A cinco minutos en coche de Clifton, **Camps Bay Beach** es una larga curva de arena flanqueada por palmeras y bordeada por una carretera con restaurantes ostentosos y sitios de comida rápida. Los modelos cachas pasean por aquí a sus novias en descapotables ultramodernos. Los habituales de Camps Bay Beach son jóvenes millonarios de Moscú, corredores de bolsa de altos vuelos de Nueva York o estrellas del rock.

Fish Hoek Beach es diferente. Situada en el lado caliente de False Bay, esta media luna de suave arena se extiende a lo largo de casi tres kilómetros. Es una playa familiar y el baño en el cálido océano Índico además de ser estimulante carece de riesgos. La «gente guapa» también acude a esta playa pero no es tan exagerado como lo que se encuentra en Clifton y Camps Bay. Entre las rocas hay numerosas zonas seguras (entre ellas **Skellie Pool**), donde el practicante novato de esnórquel puede investigar el mundo submarino. Aquí encontrará tembladeras y erizos de mar, brillantes anémonas, peces de roca y veloces damanes de cola negra.

Un espectáculo estacional que se puede ver en Fish Hoek es una técnica de pesca tradicional, el *trek-netting*. Los pescadores locales, que han pescado desde su más tierna infancia, a veces salen de la playa en dos lanchas. Llevan con ellos una red con forma de bolsa alargada, poco profunda y muy gastada, reman dibujando una media luna y después echan la red en las aguas profundas que hay tras el rompiente. Ambas barcas regresan a la playa

Aventuras

Si lo que busca es un deporte extremo, aquí tiene algunas organizaciones que le ayudarán a conseguir ese «subidón» de adrenalina:
Abseil Africa *(tel. 021/424-4760; www.abseilafrica.co.za)*, **especializada en hacer** ***rappel*** **en Table Mountain.**
Cape Xtreme *(tel. 021/788-5814; www.cape-xtreme.com)* **organiza sesiones de submarinismo con tiburones, rutas de ciclismo, surf y escalada.**
Downhill Adventures *(tel. 021/422-0388; www.downhilladventures.com)* **ofrece ciclismo,** ***sandboarding*****, parapente,** ***rappel*****, buceo con tiburones y rutas en** ***quad*****.**

Table Mountain Cableway
✉ Lower Cable Station, Tafelberg Rd.
☎ 021/424-0015
$ $

con una separación de unos 183 m entre ellas. Entonces comienza el *trek*, es decir, los pescadores, ayudados por niños, jubilados, surfistas y espectadores comienzan a tirar de la abultada red. Poco a poco se arrastra la captura hasta la playa y cuando la red llega a las aguas poco profundas, las presas se retuercen en un último esfuerzo. Son los deliciosos besugos y salmonetes, conocidos aquí como *haarders*, junto con águilas marinas comunes, algún que otro sargo montura blanca, crías de tiburón y a veces incluso pastinacas comunes.

Playa de Camps Bay.

Table Mountain National Park
☎ 021/701-8672 o 021/465-8515
www.tmnp.co.za

Table Mountain

Cuando uno se acerca a Ciudad del Cabo desde el océano, lo primero que se ve sobre el horizonte es la imponente masa de Table Mountain. Esta montaña de granito y arenisca de 1.086 m de altura ha inspirado un sinfín de leyendas. Debido a los rápidos cambios de tiempo que hay, la cima de la montaña suele estar cubierta de nubes. En otros momentos hace demasiado viento para subir a ella. Pero con buen tiempo puede disfrutar de paseos o rutas más largas en el Table Mountain National Park (ver recuadro pág. 77) y subir hasta la cumbre de la cima, plana, en el **Table Mountain Cableway** que sale de Tafelberg Rd. El funicular va girando a medida que sube, lo que permite una vista espectacular de los riscos escarpados y el océano azul que se extiende detrás.

Desde la inauguración del funicular hace 79 años, más de 16 millones de personas han hecho el viaje a la cima de Table Mountain, incluidos el rey Jorge VI, la reina Isabel II, Oprah Winfrey, Sting, Steffi Graf, Arnold Schwarzeneger, Margaret Thatcher, el príncipe Andrés y Tina Turner. Desde la cumbre se puede ver la curvatura de la tierra al mirar el océano y la ciudad, abrazada por la montaña. Un café y algunas tiendas de recuerdos constituyen otros alicientes.

El **Table Mountain National Park** abarca la espectacular cordillera de Table Mountain que se extiende desde Signal Hill, en el norte, a Cape Point, en el cabo de Buena Esperanza, al sur. La biodiversidad del parque es tan inusual que en 2004 fue declarado por la Unesco Patrimonio Natural como parte de las ocho reservas protegidas que forman parte de la Zona Botánica de la región de El Cabo. La formación vegetal más común es el fynbos, que está compuesto de proteáceas, ericáceas y restionáceas.

Las actividades del parque incluyen rutas de senderismo, bici de montaña, ala delta y parapente.

No hay que pagar para entrar al parque, salvo en tres puntos (cabo

CONSEJO DE EXPERTO

Si sube andando a Table Mountain, lleve un buen mapa y no tome atajos. El tiempo puede cambiar en cuestión de minutos y las condiciones pueden ser de visibilidad nula. No intente subir a Skeleton Gorge si está lloviendo.

—THURE CERLING

Investigador de campo de National Geographic

de Buena Esperanza, Boulders y Silvermine). Hay varias actividades en las que se exige un permiso, infórmese en la Table Mountain Head Office (oficina principal).

Kirstenbosch National Botanical Garden

Kirstenbosch es uno de los mejores jardines botánicos del mundo y no podría tener un marco más espectacular, las laderas orientales de Table Mountain. Fundados en el año 1913, estos jardines de 36 ha ofrecen una muestra de la diversa flora de Sudáfrica.

En las laderas de una zona natural de 528 ha crece el fynbos, el resistente grupo de plantas de hojas predominantemente pequeñas que son únicas de las planicies montañosas y costeras del cabo sudoccidental; también crece aquí el bosque afromontano, dominado por árboles de hojas anchas y perennes. El mejor momento es en primavera, entre agosto y octubre, cuando florecen las margaritas de Namaqualand y muchas otras plantas.

Kirstenbosch National Botanical Garden

Rhodes Dr., Newlands

021/799-8899

$

www.sanbi.org/frames/kirstfram

ACTIVIDAD: Senderismo, ciclismo y más

Las muchas rutas de senderismo que hay en el Table Mountain National Park atraen a un público muy amplio. Si es un forofo del senderismo, la **Hoerikwaggo Trail** es la suya. La excursión, organizada por el parque, es una ruta de tres días a pie, pero es una opción de lujo, con porteadores y *catering*, que une el paisaje de Ciudad del Cabo con el entorno natural de Table Mountain.

La ruta **Platteklip Gorge Hike** es una de las que puede hacer solo. Le llevará a la cima en unas dos o tres horas desde la estación inferior del funicular, en Tafelberg Road, por un zigzagueante y empinado sendero. Una vez arriba, hay varias rutas fáciles que conducen a diferentes miradores. La **Maclear's Beacon Hike,** por ejemplo, lleva unos 35 minutos y desde la cima de Platteklip Gorge cruza hasta la «tabla frontal», donde podrá asomarse a False Bay.

Desde los jardines Kirstenbosch (ver págs. 77-78) puede subir andando por Skeleton Gorge. Comienza en la **Smuts' Track,** la pista utilizada por J. C. Smuts, el antiguo general bóer y primer ministro, y llega a la cima de Table Mountain. La **Nursery Ravine Trail** también se inicia en Kirstenbosch. Entera le llevará unas cinco horas.

A las rutas para bicicletas de montaña que hay en el parque se puede llegar desde Tokai Forest, Silvermine, Kloofnek, Mowbray Ridge y el cabo de Buena Esperanza. La escalada incluye recorridos de categoría mundial como la Africa Face. Póngase en contacto con el Mountain Club of South Africa para obtener más información *(tel. 021/465-3412).*

Los aficionados al ala delta y al parapente pueden lanzarse desde las zonas indicadas de Lion's Head y Silvermine.

Groot Constantia
Groot Constantia Rd, junto a la M41
021/794-5128
Degustación de vino: $$

www.grootconstantia.co.za

Los jardines albergan 6.700 de las 20.000 especies de plantas indígenas que se calcula que hay en Sudáfrica. En las laderas superiores, las inusuales especies de cicadáceas, llamadas fósiles vivos, crecen en el **Cycad Amphitheatre** y el **Protea Garden** muestra una profusión de proteas, plantas de las canicas y «árboles de plata», que están en peligro de extinción.

CONSEJO DE EXPERTO

Desde Kirstenbosch suba andando por Skeleton Gorge y baje por Nursery Ravine. Es muy probable que encuentre fantásticas orquídeas *Disa cardinales* en el primero y la «protea rey», la flor nacional de Sudáfrica, en el segundo.

—RES ALTWEGG
Investigador de campo de National Geographic

Las instalaciones de Kirstenbosh incluyen un restaurante, una librería, una tienda de jardinería y un centro de información.

Groot Constantia

Ubicada en el fértil valle de Constantia, la finca Groot Constantia, de estilo holandés de El Cabo, da fe de la elegancia de una época ya pasada. Concedida al gobernador Van der Stel en 1685, la granja se hizo famosa en el siglo XIX por su vino dulce. Los rigurosos estándares de producción y la feliz combinación de sol, suelo y mar dieron lugar a un vino tan delicioso que se convirtió en uno de los preferidos de los miembros de la familia real británica, Napoleón Bonaparte, Federico el Grande de Prusia y el rey Luis Felipe de Francia. En 2003, la bodega reanudó la producción de este vino dulce, Grand Constance (elaborado con uvas moscatel blancas y negras), hecho por última vez hace más de 200 años y que parece resonar con sus antiguas esencias.

La familia Cloete heredó parte de la finca de Simon van der Stel y le encargó al arquitecto francés Louis-Michel Thibault, en el siglo XVIII, que diseñara y construyera edificios anexos, entre ellos una bodega de dos pisos, decorada con un relieve de estuco de estilo rococó que retrata a Ganimedes, el clásico copero de los dioses rodeado de juguetones querubines.

Conciertos en el jardín

En verano, todos los domingos por la tarde puede disfrutar de un concierto al aire libre en el **Kirstenbosch National Botanical Garden.** El programa incluye todo tipo de música, desde jazz a música clásica, desde rock a folk, y el ambiente es relajado y cordial, con personas que se llevan la merienda y pasan el rato disfrutando de la música, el atardecer y una buena botella de vino del país. Llame para pedir información y reservar *(tel. 021/761-2866; www.sanbi.org).*

Si visita el país en invierno, el **Walter Sisulu National Botanical Garden** de Johannesburgo ofrece conciertos de jazz y música clásica todos los domingos por la tarde. Llame para obtener más información *(tel. 011/958-1750; www.sambi.org).*

Un paseo a caballo por la playa de Noordhoek.

En el estilo holandés de El Cabo las entradas tienen por lo general unas puertas muy ornamentadas con un arquitrabe con volutas. Sin embargo, las puertas de Groot Constantia son de un estilo neoclásico rectilíneo y contenido muy poco habitual. El hastial ya es otra historia. Extravagante y con una altura que casi dobla la habitual, ostenta en un vano una figura femenina esculpida que simboliza la Abundancia y que se cree que es obra del prolífico escultor Anton Anreith. La casa principal es un ejemplo muy bien conservado y amueblado con piezas auténticas de una mansión de estilo georgiano de El Cabo.

En 1993 el Groot Constantia Trust compró la finca y ha montado una exposición permanente sobre la esclavitud en el mundo rural que dirige South African Museums. Los visitantes pueden recorrer el museo del vino, disfrutar de una degustación o cenar en uno de los dos restaurantes, Simon's o Jonkerhuis; en ambos se puede desayunar o comer e incluso ofrecen picnics durante el día y suntuosas cenas.

Kalk Bay

Pasee por la calle principal de Kalk Bay, el pintoresco puerto de pescadores que hay cerca de Fish Hoek, y encontrará todo un tesoro de tiendas de antigüedades, cafés, restaurantes, negocios de supuestos objetos de arte y de piezas de segunda mano, librerías y templos de la buena comida. Hay tentadores restaurantes costeros, incluidos el Brass Bell *(en el paseo marítimo; tel. 021/788-5455)* y el Harbour House *(Kalk Bay Harbour; tel. 021/788-4133)*. Puede contemplar los barcos pesqueros que entran sin prisas en el puerto con sus capturas mientras saborea unos mejillones, una langosta o cualquier pescado fresco. Una gran forma de empezar el día es en el Olympia Café and Deli *(34 Main St.; tel. 021/788-6396)*, para disfrutar de un café y bollos recién salidos del horno.

Simon's Town

Un poco más allá, en Cape Point, este encantador pueblo victoriano debe su existencia a la base naval británica original que se construyó cuando la Armada británica gobernaba los océanos del mundo y la ruta marítima a la India necesitaba la protección constante de la flota. La playa en sí está justo a las afueras del pueblo y ofrece olas suaves y vistas de False Bay que llegan incluso a Cape Hangklip.

Boulders Beach, en la carretera que va de Simon's Town a Cape Point, es una playa famosa no sólo por su seguridad, sino también por su población de pingüinos. Estos pájaros anidan y viven alrededor de las muchas playas de Boulders. Los más aventureros también tendrán oportunidad de bucear si quieren.

Cape Point y el cabo de Buena Esperanza

Para muchos visitantes, llegar a Cape Point es uno de los puntos culminantes del viaje, parecido al impacto que se recibe al ver las cataratas Victoria. El viajero admirará de igual modo la magnificencia del paisaje, la increíble altura de los acantilados, lo escarpado de la zona y la furia indomable de las aguas. Francis Drake (1540-1595), que navegó alrededor del mundo y sabía bastante sobre la belleza del océano, avistó Cape Point en el año 1580 y lo llamó el «cabo más bello del mundo».

Hay varias rutas que llevan a Cape Point y cada una de ellas ofrece una belleza diferente. Para disfrutar del paseo en coche más espectacular, tome la serpenteante carretera que discurre entre Noordhoek y Hout Bay, por **Chapmans Peak.** Abierta en la ladera de la montaña a varios cientos de metros sobre el nivel del mar, esta pintoresca ruta de 8 km le hará parar cada poco tiempo para admirar las vistas del rocoso litoral, con paredes cortadas a pico que llegan al mar. Hay numerosos miradores en los que se puede aparcar.

ACTIVIDAD: La comunidad pesquera de Kalk Bay

Los ingeniosos y carismáticos pescadores de Kalk Bay, con sus barcos de madera de brillantes colores y sus historias incluso más pintorescas, convierten una excursión al puerto en una experiencia cultural. Están orgullosos de su legado, y con razón, dado que fueron la única comunidad sudafricana que se opuso con éxito al gobierno del apartheid y evitó el traslado forzoso. Llevan siglos pescando en estas aguas y siguen zarpando con sus barcos de madera todos los días antes del amanecer, desafiando a los pesqueros de arrastre que se adentran en el mar.

Pasee por el puerto a la hora de comer y podrá ver a los pescadores volviendo a casa, con los barcos llenos y listos para regatear. Por muy poco dinero podrá escoger un pez sable o cualquier otro pescado recién capturado. Todavía se pesca con caña, utilizando un método que se transmite de generación en generación, y si decide comprarlo, se lo venderán envuelto en papel de periódico con algún que otro consejo de cocina gratuito. Olvídese de las recetas que ya conoce e intente cocinar un plato tradicional como «sierra con mermelada de albaricoque y cebolla» o cualquier otra receta que se le ocurra al pescador ese día.

Y si le atrae el océano, puede experimentar la pesca de primera mano, con un pescador de la zona que lo llevará en su barco de madera.

Puede ir hasta Fish Hoek y seguir la costa hasta la histórica Simon's Town y continuar después hasta la entrada del **Cape of Good Hope Nature Reserve.** Aquí hallará el fynbos de El Cabo, y los papiones negros, que tienen la costumbre de saltar sobre los vehículos. Siga adelante y le recibirá una de las mejores vistas del mundo, el morro escarpado de Cape Point, que se adentra en el Atlántico Sur. Aquí el mar es turbulento y sus tormentas, famosas. La leyenda insiste en que es aquí donde se encuentran el océano Índico y el Atlántico, pero es más folclore que otra cosa. El lugar de encuentro real es un punto algo menos espectacular, Cape Agulhas, varios kilómetros al sur.

Puede subir andando hasta el faro o coger el funicular en una excursión hasta el mirador que hay cerca del antiguo faro de Cape Point. Dos vagones recorren 238 m desde el aparcamiento hasta el mirador, justo debajo del faro.

El **faro** es uno de los muchos que se han colocado en las cumbres de Cape Point para advertir a los marineros del peligro de estos mares y rocas. Uno, construido en 1857, resultó ser casi inútil porque era demasiado alto y con frecuencia lo envolvían las nubes. El último faro es bastante más eficaz y el más potente de toda la costa de Sudáfrica: tiene un alcance de 63 km y cada 30 segundos emite un grupo de tres destellos, cada uno con la potencia de tres millones de bujías.

Deténgase a comer en el Two Oceans Restaurant *(tel. 021/780-9200)*, encaramado en uno de los acantilados de Cape Point y con unas vistas imponentes de False Bay.

El faro de Cape Point.

Si acude a cenar el marisco local, puede que vea un rorcual de Bryde o algún otro habitante de las profundidades. O compre algo para merendar y dé un largo paseo por uno de sus muchos caminos.

Scarborough

En el viaje de vuelta del cabo, justo al norte de la Cape of Good Hope Nature Reserve, se encuentra Scarborough. Este barrio de Ciudad del Cabo está encajonado entre las escarpadas colinas de Slangkop y Red Hill, pero las playas son magníficas. Aquí los pescadores, los surfistas y los practicantes de *windsurf* o de kayak superan en número a los nadadores, que deben tener cuidado con las corrientes. Los surfistas prefieren las rompientes rocosas, a la izquierda de la playa. En verano, sobre todo durante las vacaciones de diciembre, la playa se llena. Un restaurante permite comer disfrutando de unas vistas increíbles. ■

Es una costa austera, a veces desolada, en el frío norte atlántico de Ciudad del Cabo, famosa por sus primaverales flores silvestres, sus viñedos y las *braais* de langosta en la playa.

La costa oeste

Un campo de flores silvestres cerca de Citrusdal.

La Langebaan Lagoon es el paraíso para cualquier entusiasta de los deportes acuáticos.

La costa oeste

Si Ciudad del Cabo es como un buen champán (todo burbujas y elegancia), la costa oeste es un borgoña blanco, austero y contenido. Esta zona tiene su propia belleza reservada y reducida que explota en un estallido de color cuando florecen las flores silvestres en la primavera austral, en los meses de septiembre y octubre.

PUNTOS DE INTERÉS

La costa oeste es la quintaesencia de Sudáfrica. No es que la zona sea bonita en el sentido más habitual de la palabra, pero cuando el visitante se va tras pasar algún tiempo aquí, recuerda con afecto el denso color azul de Prusia del mar y el brillo de las playas. Isak Dinesen, autora de *Memorias de África,* describió la costa africana de forma concisa: «El paisaje era de una grandeza marina, divina, limpia, yerma...».

Al norte de Ciudad del Cabo, la región, que se extiende a lo largo de más de 400 km de sur a norte, y su gente ofrecen al visitante una región costera austera, por momentos desolada, con la magnífica Langebaan Lagoon y numerosos pueblecitos de pescadores, los extensos campos de trigo y viñedos de Swartland y Sandveld, y las plantaciones de té Rooibos y los huertos de cítricos. También descubrirá las bodegas de Swartland, el Olifants River Valley y la magnificencia espectacular de la pintoresca y remota cordillera Cederberg.

Abundancia de la naturaleza

La árida belleza de esta tierra se transforma desde mediados de invierno hasta el final de la primavera, cuando las famosas flores silvestres estallan de la noche a la mañana en una explosión de color. Las margaritas blancas anuncian la llegada de la nueva estación, seguidas por las naranjas, las rosas, las amarillas y las violetas, al tiempo que los fynbos de El Cabo florecen en todo su esplendor. Se pueden encontrar varias reservas de flores silvestres en Darling, Langebaan, Paternoster y Saldanha, o junto a las carreteras que rodean St. Helena Bay, y desde Vredenburg y Velddrif hasta Hopefield.

Algunas de las rutas de senderismo más populares de esta zona siguen la costa desde Swartriet a Tietiesbaai y desde Paternoster a Stompneusbaai. El West Coast National Park y la Rocherpan Nature Reserve también tienen rutas de senderismo entre las que puede elegir. Los entusiastas de los todoterrenos se pueden dirigir a la granja Elandskloof de St. Helena Bay y también a Langebaan y Paternoster.

La Cederberg Wilderness Area ofrece oportunidades inigualables para entrar en contacto con la naturaleza. En estos montes, con sus fantásticas formaciones rocosas y lejos del bullicio de la ciudad, puede encontrar espacio y paz para el alma. Pero si es un explorador más activo, también encontrará actividades más dinámicas, como recorrer las pistas de 4x4, hacer senderismo o escalada. Pistas de senderismo de diferentes niveles de dificultad atraviesan estos campos y ofrecen a los aventureros una forma sencilla de explorar la zona. La escalada está permitida en la mayor parte de esta zona natural. ■

Darling y sus viñedos

Para una escapada de fin de semana tome la R7 al salir de Ciudad del Cabo y recorra esta espectacular carretera, que discurre entre las Cape Fold Mountains y el Atlántico, hasta Darling. Los visitantes pueden explorar los monumentos y las bodegas de esta encantadora ciudad, pasar un rato en la playa en la cercana Yzerfontein, o recorrer la ruta vinícola de Swartland.

El restaurante y cabaré Evita se Perron, en la estación de trenes de Darling.

Darling
Mapa pág. 85
Información
www.darlingtourism.co.za

A solo 75 km al norte de Ciudad del Cabo, Darling dormita entre ondulados viñedos y dorados campos de trigo. Durante la mayor parte del año, este pequeño pueblo tiene el aspecto tranquilo de una aldea de cuento, con calles bordeadas de árboles y casitas victorianas y de estilo holandés de El Cabo. Pero en primavera (de septiembre a octubre) el pueblo se llena de visitantes que vienen a disfrutar de la profusión de flores silvestres, cuando los colores de más de mil especies de plantas cubren todas las laderas y vegas de la zona. Los deslumbrantes colores terminan abrumando los sentidos.

La asombrosa variedad de plantas llevó a la fundación de la Wildflower Society en la ciudad en 1915. El pueblo organizó su primera exposición floral en 1917. Desde entonces, ésta se celebra cada año el tercer fin de semana de septiembre. Una excepcional muestra de orquídeas tiene lugar al mismo tiempo.

Son varias las reservas naturales privadas, los viveros y las granjas, también en flor, que se abren a los visitantes. Por ejemplo, la **Tienie Versfeld Wildflower Reserve** *(R315; 12 km al O de Darling)* es una maravilla durante la estación de las flores y la **Rondeberg Nature Re-**

serve *(R27, a 25 km de Darling; tel. 022/492-3099; www.rondeberg.co.za; $)* ofrece visitas guiadas del fynbos y del *renosterveld* (bosquete acidófilo) de tierras bajas.

Alrededor de 1853, las granjas próximas a la Congregación Reformada Holandesa de la granja Langefontein se reunieron para formar esta comunidad. Llamado con el tiempo Darling, por Charles Henry Darling (1809-1879), vicegobernador de El Cabo, el pueblo no se convirtió en municipio hasta 1955. La ciudad sigue siendo un centro agrícola especializado en productos lácteos, el cultivo de trigo, la cría de ovejas y, en los últimos tiempos, la producción de vino.

La Darling Creamery, fundada en 1902, era una de las empresas más importantes del pueblo. En el **Darling Museum** *(Pastorie St; tel. 022/492-3361)* se pueden encontrar objetos que muestran cómo se hacía por aquel entonces la mantequilla. Situado en el antiguo ayuntamiento de 1899, el museo también ofrece exposiciones sobre la vida en la época victoriana.

Desde 2004, Darling también ofrece su propia **ruta vinícola** *(tel. 022/492-3361; www.darlingtourism.co.za)*, que incluye el **Cloof** y los colindantes **Darling Cellars** y **Groote Post**, con un restaurante campestre, además de **Ormonde Vineyards** y **Oudepost Estates**, todos a pocos kilómetros del pueblo.

En la vieja estación de tren se encuentra **Evita se Perron**, un restaurante y cabaré cuyo dueño y artista principal es el único e inigualable Pieter-Dirk Uys, alias su álter ego Evita Bezuidenhout, una famosa *afrikaner* blanca que también es activista política. El restaurante ofrece *boerekos*, comida de granjeros. Al lado del restaurante está uno de los muchos mercados de artesanía. ■

CONSEJO DE EXPERTO

Durante el festival floral de Darling, el tercer fin de semana de septiembre, varias reservas naturales brindan al visitante la oportunidad de ver algunas de las plantas bulbosas más hermosas y escasas del mundo.

—ANTON PAUW
Investigador de campo de National Geographic

La escena artística

Darling está llena de galerías de arte y artesanía que plasman ese aire ecléctico euro-africano del Western Cape. En el !Khwa Ttu Arts and Craft Shop *(junto a la R27, O del pueblo; tel. 022/492-2998)* encontrará una colección de artesanía san (¿qué le parece un collar de huevo de avestruz?). El Darling Original Art Supermarket *(18 Long St.; tel. 082/718-9373)* expone cuadros y esculturas locales. Si da un paseo por Main Street o Pastorie no tardará en descubrir otras galerías.

Cloof
Mapa pág. 85
Al salir de Darling Cellars, gire a la izquierda y siga las señales de Cloof
022/492-2839
Cerrado dom.
www.cloof.co.za

Darling Cellars
Mapa pág. 85
R315, Mamre Way Station
022/492-2276
www.darlingcellars.co.za

Groote Post Vineyard
Mapa pág. 85
Darling Hills Rd., junto a R307
022/492-2825
www.grootepost.com

Ormonde Vineyards
R27, NO de Darling
022/492-3540
Cerrado dom.
www.ormonde.co.za

Oudepost Estate
R307
022/492-2368
Pedir cita

Evita se Perron
Arcadia St.
022/492-2831
Cerrado lun.; espectáculos vier., sáb. tarde y noche y dom. tarde
www.evita.co.za

La ruta vinícola de Swartland

El Swartland o «país negro», llamado así por el *Elytropappus rhinocerotis*, un arbusto que se torna negro en invierno, se extiende hacia el este entre Darling y los pueblos de Riebeek West y Riebeek Kasteel, y desde Malmesbury en el sur a Piketberg en el norte.

Los viñedos Cloof.

Buena parte de esta zona se ha convertido en campos de trigo que han transformado esta tierra en el granero de Sudáfrica. Desde 1986 también se conoce sobre todo por sus viñedos de uvas Shiraz, con unas vides que no necesitan soporte, una variedad que se da muy bien en una tierra seca como ésta. Es un tipo de cepa que da una uva más pequeña que las parras enrejadas convencionales y tienen un sabor más concentrado. Los viñedos se extienden por pintorescas colinas, con las montañas Perdeberg y Kasteelberg a lo lejos, y por lo general cuentan con grandiosas construcciones en el estilo holandés de El Cabo.

Al salir de Darling (ver págs. 86-87) diríjase al este, a Malmesbury, por la R315 y R45, y empiece en **Swartland Winery** ❶ *(tel. 022/482-1134; www.swwines.co.za)* en la ruta vinícola de Swartland. Esta finca lleva cultivando uvas desde 1948.

Continúe por la R45, desvíese luego por la R46 y llegará a la **Meerhof Wine Cellar** ❷ *(tel. 022/487-2524; www.meerhof.co.za)*. Esta finca era antes una granja dedicada al trigo y las ovejas, pero a partir de1961 los propietarios decidieron dedicarse al negocio del vino.

A poca distancia por la R46 le aguardan los **Kloovenburg Vineyards** ❸ *(tel. 022/448-1635; www.kloovenburg.com)*, que los propietarios describen como «colgados como un nido de golondrina de la montaña Kasteel». Aunque en esta finca llevan cultivándose uvas desde mediados del siglo XVIII, la producción de vino en serio llegó con las primeras uvas Shiraz en 1998. La finca también vende aceitunas y otros productos derivados de la misma.

Si gira por la R311 a lo lejos verá las agujas blancas de la iglesia que se elevan sobre los pueblos de **Riebeek-Kasteel** y **Riebeek-West.** En Riebeek-Kasteel, la plaza del pueblo está rodeada por varias galerías de arte y una gran selección de restaurantes y cafés. El primer sábado de cada mes tiene lugar en Riebeek-West el **mercado matutino del Riebeek Valley** con productos regionales frescos y otras especialidades, como la mantequilla casera.

Aquí verá también **Het Vlock Casteel** 4 *(tel. 022/448-1488; www.hetvlockcasteel.co.za)*, con una especie de castillo a la entrada de la finca que se parece al antiguo castillo de Ciudad del Cabo; esta finca produce vino, aceitunas y fruta. Puede adquirir vino, melocotones, uvas y naranjas, así como una amplia selección de productos en conserva durante la temporada. Desde poco después de Navidad hasta marzo se realizan visitas guiadas de tres horas del viñedo. Durante todo el año se ofrecen visitas y degustaciones de aceite de oliva, que incluye demostraciones de cómo hacer conservas con aceite.

Siguiendo hacia el norte por la R311, llegará a **Allesverloren** 5 *(tel. 022/461-2320, www.allesverloren.co.za)*, que se traduce por «está todo perdido» y se refiere a los primeros días de la finca, cuando en 1704 la familia de colonos regresó de una excursión a Stellenbosh, un largo viaje en carreta, y se encontró la casa quemada y la granja asolada. No obstante, la familia reconstruyó la granja y en la actualidad la finca lleva 200 años produciendo vino.

Continúe por la R311 y regrese por la N7 a Malmesbury, y luego la R315 a Darling.

PUNTOS DE INTERÉS

Swartland Winery • Riebeek Kasteel y el mercado matutino del Riebeek Valley • Het Vlock Casteel • Allesverloren

Ver mapa pág. 85
Darling
145 km
3-4 horas dependiendo de las paradas
Darling

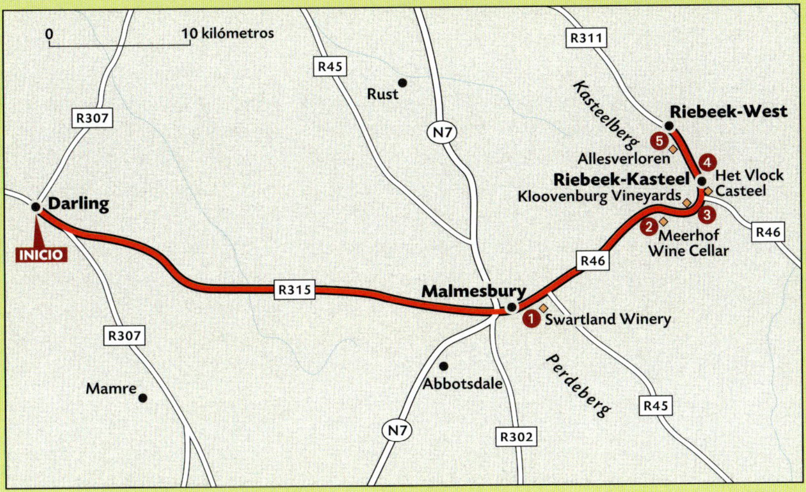

Por la costa oeste

Aunque la costa oeste, con sus largas playas, sus pueblos de pescadores, sus bandadas de aves y sus ventosas colinas, parece un retiro tranquilo, es mucho lo que ofrece para ver y hacer.

El puerto de Saldanha Bay.

West Coast National Park

Mapa pág. 85

Desvío por la R27, a 11 km al N de la R315

022/772-2144 o 022/772-2145

$

www.sanparks.org/parks/west_coast

West Coast National Park

A unos 120 km al norte de Ciudad del Cabo, al sur de Saldanha Bay, el West Coast National Park se estableció como reserva natural y zona marina protegida en 1985 y preserva espacios naturales únicos. Abarca 29.700 ha y es un humedal de importancia global porque es el punto de destino de las migraciones de aves zancudas que llegan del Ártico. Las aves llegan agotadas en septiembre, se alimentan y recuperan, y después se congregan con gran estrépito en marzo, antes de iniciar el viaje de vuelta. Además de las miles de aves migratorias, la increíble variedad de colores de las flores silvestres constituye otra de las atracciones en primavera.

Se han encontrado huellas y otros rastros de vida prehistórica de hace unos 120.000 años tanto en el parque como cerca de él.

Dentro del parque, en Kraalbaai, puede alquilar una casa flotante durante uno o dos días. En la oficina de información de Geelbek, un salón de té sirve comidas sencillas y a unos cuantos pasos se ha instalado un discreto mirador para los muchos ornitólogos aficionados. El parque también ofrece alojamiento en Churchhaven, famoso por los numerosos flamencos rosas que se alimentan en la bahía.

Langebaan Lagoon. El corazón del parque es esta laguna, tranquila y azul. Las mareas la llenan dos veces al día, lo que le proporciona un agua rica en nutrientes procedente del Antártico. Sin el flujo de agua dulce de un río, la laguna es sólo un estanque de agua salada. Aquí las colonias de pingüinos, alcatraces, cormoranes, gaviotas, ostreros y otras muchas aves encuentran un tranquilo refugio.

Los aficionados a las aves acuden a ver el pingüino de El Cabo, el flamenco rosa, el aguilucho y el aguilucho negro, el elanio australiano, el francolín de El Cabo, la gaviota cocinera y los amenazados ostrero negro africano y chorlitejo frentiblanco.

En la **sección Postberg** del parque, que está abierta entre agosto y septiembre, cuando florecen las flores primaverales, se pueden ver numerosas especies de antílopes y cebras.

La laguna está flanqueada en la costa atlántica por playas de arena dorada, pero el agua está muy fría, ya que la corriente de Benguela trae las aguas heladas del Antártico y es necesario ponerse un traje de neopreno si quiere meterse en el agua. No obstante, los deportes acuáticos son una de las actividades favoritas de esta zona y el complejo vacacional de Langebaan ofrece una amplia variedad, como parapente, *windsurf*, vela y excursiones guiadas en canoa y kayak. Sin las olas del océano, la superficie plana de la laguna es especialmente adecuada para los neófitos que comiencen a probar los placeres del *windsurf*.

Saldanha Bay. Situada justo al norte de la laguna, esta bahía recibió el nombre de Antonio de Saldanha, capitán de un navío portugués de la flota de Alfonso de Albuquerque, que visitó la zona en 1503. Dado lo aislado de su ubicación y la falta de agua dulce, el desarrollo urbano fue muy gradual. Saldanha Bay es una profunda bahía y uno de los mejores puertos naturales del mundo, en la cual una Naval Training Base adiestra a sus jóvenes reclutas. La flota pesquera sigue saliendo a capturar mejillones, ostras, langostas (llamadas aquí cangrejos), calamares, merluzas, salmonetes y sierras gráciles, unos peces plateados, con dientes como colmillos y muchas espinas, emparentados con la caballa y que sólo se dan en Sudáfrica.

Saldanha Bay ofrece la oportunidad de bucear en mar abierto alrededor de los pecios, además de poder hacer kayak y practicar la pesca deportiva. Los osos marinos de El Cabo pasan el rato en las pequeñas islas y se pueden ver ballenas francas australes entre agosto y noviembre, rorcuales de octubre a noviembre y rorcuales de Bryde todo el año.

CONSEJO DE EXPERTO

El West Coast National Park cobra vida y se llena de color durante la primavera, la época de floración. Se puede encontrar una espectacular variedad en la sección Postberg, abierta en agosto y septiembre.

—JON MINSTER
Periodista de viajes

Jacobsbaai

Jacobsbaai, a medio camino entre Saldanha Bay y Paternoster es una población aislada y tradicional de la costa oeste. Las carreteras están en su mayor parte sin asfaltar, lo que mantiene al pueblo alejado de todo y lo convierte en un lugar ideal para pasar unas vacaciones tranquilas. Jacobsbaai tiene siete bahías más pequeñas. **Kwaibai** es un buen lugar para hacer surf; **Jacobsbaai, Smalbaai** y **Moerie** son ideales para zarpar con un barco; y **Bamboesbaai** y **Toothrock** tientan a los aficionados al submarinismo, a los pescadores de caña y a los que quieren capturar langostas. Los largos senderos que recorren la costa invitan a subir por las dunas y a hacer senderismo.

La historia del pueblo es un relato de fortuna desigual. A principios del siglo XIX los granjeros de esta zona comenzaron a comerciar con la Stefan Brothers Company y muchos de ellos, acuciados por las deudas, tuvieron que ceder el contrato de arrendamiento de 99 años de sus granjas como pago a la compañía. Al final, la empresa se convirtió en la dueña de buena parte de la tierra «privada» y, de hecho, evitó la instalación de otros negocios. En 1990, un empleado del registro de Ciudad del Cabo descubrió que los contratos de arrendamiento habían vencido y que se podía volver a comprar la tierra, lo que originó un nuevo desarrollo urbanístico.

ACTIVIDAD:
Nos vamos de pesca

La costa oeste es famosa por su pescado, la pregunta es, ¿cómo sacarlo del agua y ponerlo en la *braai* (ver pág. 97)? Además del pescado, la zona es famosa por sus langostas, mejillones y abulones. Anker *(llame a André Kleynhans; tel. 083/480-4930)*, una empresa local de Paternoster, organiza excursiones de pesca tradicional y lo dispone todo para que pueda pescar con arpón, bucear para apresar langostas o, sencillamente, para que pueda lanzar la caña desde el barco.

Los hoteles también ofrecen excursiones de pesca, como el Blue Dolphin, en Warrelklip Street, en Paternoster *(tel. 022/752-2001; www.bluedolphin.co.za)*, que le llevará en busca de langostas.

O puede pescar como se ha hecho toda la vida: compre un palo y unos cuantos gusanos.

Jacobsbaai
Mapa pág. 85

Britannia Bay
Mapa pág. 85

Paternoster
Mapa pág. 85

Britannia Bay

Si continúa por la costa hacia el norte, llegará a Britannia Bay. El pueblo recibe su nombre de un buque naufragado, el *Britannia*, que chocó contra un arrecife a 5 km de la costa, el 22 de octubre de 1826. Por fortuna, la tripulación pudo llegar a la orilla a salvo. Un granjero de la zona compró los restos y recuperó parte de la carga, buena parte de la cual consistía en vino y láminas de cobre. Los restos se examinaron de nuevo bajo la supervisión del National Monuments en 1998 y se hallaron piezas de porcelana y cristalerías.

La zona está salpicada de barcos hundidos. Las estadísticas hablan de más de 240 naufragios entre Britannia Bay y Dassen Island. Los submarinistas suelen buscar tesoros en esta zona. Las tiendas de artículos de buceo de estos pueblos ofrecen una amplia selección. Póngase en contacto con André Kleynhans *(tel. 083/480-4930)*, que organiza y dirige inmersiones junto a muchos de estos navíos naufragados.

Las playas de la Britannia Bay atraen a más nadadores porque la gélida corriente de Benguela no llega a esta bahía y el agua está un poco más caliente. De junio a septiembre las ballenas francas australes y los rorcuales nadan cerca de la costa, y los delfines de Fitzroy y los endémicos delfines de Heaviside saltan alrededor de los barcos pequeños.

Paternoster

Unos cuantos kilómetros más al norte se encuentra Paternoster, otro idílico pueblo de pescadores. Barcos de madera de colores están varados población de 1.500 habitantes, la pesca es la ocupación principal. Una de las principales capturas entre los meses de noviembre y abril es el sierra grácil. También capturan langostas y abulones, y pescan sardinas y anchoas en las zonas de desove.

Unos cuantos estudios de artistas añaden su colorido toque a las pintorescas calles con sus exposiciones, y los restaurantes y bares de la playa incitan a tomarse un descanso.

El **faro** de Cape Columbine, a unos 5 km de Paternoster, fue el último con farero de la costa de Sudáfrica. El cámping de la playa, entre

Un restaurante en Paternoster.

en la playa y entre las dunas surgen las casitas encaladas construidas sobre las rocas. Algunas de las viviendas más antiguas tienen unas extravagantes chimeneas. En el pub del centenario **Paternoster Hotel** *(Main Rd.; tel. 022/752-2703; www.paternosterhotel.co.za)* la gente se reúne por la noche para comentar los acontecimientos del día. Entre la las rocas, es un auténtico refugio en plena naturaleza.

El cabo se llama así por el barco *Columbine,* que se fue a pique en las rocas en 1829. Los pocos marineros portugueses que sobrevivieron se lo agradecieron a Dios rezando un Paternoster, un Padrenuestro, y el pueblo fue bautizado con este nombre.

St. Helena Bay
Mapa pág. 85

Berg River Estuary
Main Rd., hacia Piketberg (enfrente del restaurante Flamingo), Velddrif
022/783-1821

Rocherpan Nature Reserve
Mapa pág. 85
N de Velddrif, después de pasar la carretera de grava de Dwarskersbos hacia Elands Bay
022/952-1727
Cerrado oct.-marzo

St. Helena Bay

St. Helena está emplazada en la bahía de tal modo que se puede ver salir el sol sobre el mar, algo único en la costa oeste. Hay varias aldeas de pescadores acurrucadas entre los protectores brazos de la bahía. Más de la mitad del pescado que se procesa en Sudáfrica pasa por las comunidades de **Stompneus Bay, West Point, Sandy Point** y **Steenberg's Cove.**

Oom April Snyders

Si quiere oír algunas historias de la región, deberá buscar a Oom (por tío) April Snyders, de Steenberg's Cove. Es uno de los personajes más conocidos y pintorescos de las aldeas de la bahía. Este antiguo constructor de barcos tiene una memoria extraordinaria y cuenta como nadie la historia de la región. Él puede señalarle un buen número de pozos que ya hace mucho tiempo que quedaron cubiertos por el viento y la arena, y hablarles de las vasijas y los huevos de avestruz que se podían encontrar cerca de su casa cuando era niño. Tendrá que sentarse para escuchar una de sus historias de pesca.

El navegante portugués Vasco de Gama echó anclas aquí el 8 de noviembre de 1497, se quedó ocho días y escribió: «La bahía está muy limpia y proporciona refugio contra todos los vientos, salvo los del NO. La hemos llamado Santa Elena».

Las tranquilas aguas de la bahía atraen a las grandes ballenas francas australes, que se adentran en ella para parir en agosto y se quedan hasta noviembre. Los rorcuales también pasan entre octubre y noviembre, durante la migración que los lleva del oeste de África a las aguas del Antártico donde se alimentan.

Berg River Estuary

La gran variedad de aves zancudas que hay en esta costa pueblan el **Berg River Estuary,** en Velddrif, donde se han instalado miradores con vistas de las marismas para los aficionados a las aves *(pida la llave en el restaurante Flamingo, justo enfrente).* En este estuario se puede ver más de una cuarta parte de todas las especies de aves que hay en Sudáfrica. Entre las grandes bandadas de zancudas, los aficionados también verán agujas colipintas, zarapitos trinadores, chorlitos grises, tarros sudafricanos y garzas imperiales. Si quieren algún consejo, consulte la página del club de aficionados a las aves de El Cabo *(www.capebirdclub.org.za).*

Rocherpan Nature Reserve

A 25 km al norte de Velddrif, entre la zona conocida con el nombre de *sandveld* o «campo arenoso» y el Atlántico, la Rocherpan Nature Reserve es otro paraíso para los aficionados a las aves, con dos miradores y merenderos. Un visitante describió la avifauna de la reserva: «Algunas aves se iban colocando en ordenadas trayectorias de vuelo, otras aterrizaban, repostaban o rodaban por los canales de juncos. Las islas del arroyo estaban atestadas de gansos

CONSEJO DE EXPERTO

Bokkoms Alley, en Velddrif, le lleva atrás en el tiempo. Disfrute de un largo paseo por la boca de la laguna y conozca a los pescadores de la zona. Es un lugar activo entre semana pero no tanto los fines de semana. ¡No olvide la cámara!

—SAMANTHA REINDERS
Fotógrafa del National Geographic

del Nilo, patos de pico amarillo y fochas mientras que los cormoranes carirrojos y las garzas reales hacían salidas en busca de materiales de construcción. Un pigargo vocinglero solitario hacía de controlador de tráfico encaramado a una rama».

El pato cuchara de El Cabo tiene en la reserva su principal lugar de cría y muda de pluma. Los aficionados a las aves también encontrarán aquí al poco frecuente ostrero negro africano y al pelícano común, así como flamencos de varias especies en peligro de extinción.

Olifants River Valley

La ruta que se adentra en el interior desde la costa oeste le lleva al norte, por la N7, entre campos llenos de maleza, hasta el valle del río Olifants, con sus extensos viñedos. El paisaje cambia y se transforma en cuidadas plantaciones de té Rooibos y pulcros naranjales cerca de **Citrusdal.** Los visitantes llegan aquí para hacer senderismo por la escarpada **cordillera Cederberg,** con pistas para todos los niveles. Los montañeros deberían dirigirse a las extrañas formaciones de rocas de Wolfberg Arch y Cracks, la Maltese Cross, Tafelberg o Sneeuberg. Las opciones más fáciles incluyen la charca Maalgat y las cuevas de Stadsaal (Ayuntamiento), con pinturas rupestres san que retratan chamanes y los elefantes que antaño debieron de recorrer el valle.

La forma ideal de contemplar el cielo sin contaminar de esta zona es pasar una velada en el **Cederberg Astronomical Observatory** *(www.cederbergobs.org.za/index),* un telescopio privado de 40,64 cm situado en la granja Dwarsrivier. Salvo las noches de luna llena, cuando hay demasiada luz para ver nada, el observatorio abre al público los sábados para ver el firmamento austral. Para llegar al observatorio desde la N7, en dirección a Clanwilliam, gire en la señal que indica Algeria Forest Station (carretera de grava). Está 48 km más adelante, alrededor de 1 km antes de llegar a la granja Dwarsrivier por la Maltese Cross Road.

Los cercanos **Cederberg Cellars** *(tel. 027/482-2827; www.cederbergwine.com),* a 1.036 m de altura, son los viñedos más altos de Sudáfrica. Su eslogan es «vino con altitud» (un juego de palabras entre las palabras «altitude» y «attitude», en inglés, «carácter») y ofrecen al visitante comida y vino en el extraordinario marco de unas formaciones areniscas erosionadas por el tiempo que forman el telón de fondo.

No querrá perderse un buen baño en las **fuentes termales The Baths,** ideal para calmar los músculos doloridos tras una caminata agotadora o para curar la resaca tras tomar demasiado buen vino. ■

The Baths

✉ Tome el desvío de la N7 en Cistrusdal; después de 1 km vuelva a girar a la derecha. Siga las señales durante 16 km

☎ 022/921-8026

www.thebaths.co.za

El paraíso del marisco

La costa oeste es un paraíso para los amantes del marisco. La langosta está por todas partes y cada año se celebra su festival en Lambert's Bay; abunda también el suculento abulón, las ostras de la costa oeste, el sierra grácil y el pescado seco y salado. Aquí le explicamos algunos modos de preparar (o pedir) esta deliciosas especialidades locales.

La captura del día en Lambert's Bay.

Entre en cualquier pub y alce un poco la voz para preguntarle al camarero cómo se puede preparar el marisco y en cuestión de minutos tendrá a unos cuantos parroquianos (pescadores, abogados, buceadores, amas de casa, patrones de pesqueros y vagabundos) contándole con todo lujo de detalles el mejor modo de preparar cualquier plato de marisco. El problema es que no habrá dos que le cuenten lo mismo.

Los lugareños tienen formas muy peculiares de preparar la langosta. Los entendidos se limitan a envolver el crustáceo recién capturado en hojas de sargazos gigantes frescos y los hacen a la *braai* (barbacoa) sobre un fuego de leña, en la playa. Cuando los sargazos se ponen verdes y los caparazones de las langostas están tan rojos como las flores del hibisco, es que la carne ya está asada y tierna. Otros expertos prefieren cocerlas en agua de mar.

La oreja de mar o abulón (conocida aquí con el nombre de *perlemoen*) es otro de los productos preferidos de los lugareños y está considerada el marisco de los mariscos. Los entendidos dicen que no hay quien iguale los filetes aplastados de *perlemoen*, rebozados y fritos y servidos con una rodaja de limón. Una receta del antiguo Cape Dutch (cuando El Cabo era holandés) que merece la pena probar es el *Paarl Lemoen*. Se trocean los filetes aplastados de *perlemoen* en trozos muy pequeños, después se añaden a una cazuela en la que se haya hervido una taza de agua con sal, una copa de vino blanco, un buen dado de mantequilla, un chorro de zumo de limón y una pizca o dos de

CONSEJO DE EXPERTO

Siempre que visite un buen restaurante, no olvide fotografiar las especialidades antes de probarlas. Tendrá un recuerdo para toda la vida. Utilice el *flash* para que resalten los colores.

–TINO SORIANO
Fotógrafo de National Geographic

Pescadores de Paternoster.

pimienta negra. Cocine el plato a fuego muy lento durante unas dos horas, añada una taza de pan rallado suave y un buen pellizco de nuez moscada y sírvalo como entrante sobre una tostada recién hecha.

Para probar lo mejor en lo que a ostras se refiere, tiene que comerlas en la costa oeste. La mejor forma de prepararlas es añadiéndoles un poco de vinagre de frambuesa en el que haya picado una pizca de cebolla roja o de chalota, de sabor más suave.

Los mejillones que se pueden encontrar en la costa oeste son tan buenos, por lo menos, como los gallegos, por ejemplo. Se los servirán con una amplia variedad de salsas, desde la simple mantequilla de ajo hasta nata líquida con chalotas.

Otra delicia local es el *bokkoms,* el pescado seco y salado que ve secándose al sol en Bokkums Alley, a orillas del río Berg, en Velddrif, aunque hay que decir que es un gusto peculiar.

ACTIVIDAD: Una gran *braai* en la playa

Cualquier país con costa tiene su propia versión de comida en la playa. En Sudáfrica se llaman *braais* y organizar una es tan complicado como reunir a unos cuantos amigos, hacerse con un poco de marisco y poner rumbo al agua.

Un pescado de carne firme no se deshace en la parrilla o sobre las brasas, así que elija algo como el pez espada o el atún. Las gambas y los camarones son otra buena alternativa, aunque la langosta es quizá lo mejor.

Si bien en cualquier tienda puede procurarse sin problemas una parrilla, en realidad no la necesita. Haga un círculo de rocas y llénelo con carbón vegetal. No utilice leña, ya que arde más deprisa que el carbón.

Dependiendo de lo que tenga a mano, hay varios métodos para cocinar. Se puede colocar una parrilla a unos 10 o 15 cm de las brasas, en función del calor; tampoco es muy difícil erigir un espetón para hacer unas brochetas o puede envolver la comida en papel de aluminio y ponerla sobre las brasas. Las recetas varían.

Utilice mucha mantequilla o vino blanco. Cubra todas las superficies con aceite de oliva. Es importante untar cualquier cosa que no vaya sellada con papel de aluminio con una salsa; se puede hacer con aceite de oliva, zumo de limón, ajo y una pizca de sal. Para disfrutar de un buen plato de langosta hay que rellenar la cola con ajo picado, puré de albaricoque, salsa de soja, zumo de limón, pimienta negra y pimentón. Y puesto que, después de todo, se trata de un país vinícola, debería tener unas cuantas botellas de Chardonnay o unas cervezas.

Una fauna increíble, nobles viñedos y las joyas botánicas de la Garden Route lo convierten en el destino más popular de Sudáfrica.

Western Cape

Formaciones de piedra caliza en las Cango Caves.

Western Cape

El Western Cape se extiende desde Ciudad del Cabo hasta Plettenberg Bay y luego se adentra en los Winelands: dos regiones que confieren al país gran parte de su encanto.

Viñedos cerca de Franschhoek.

Western Cape tiene una belleza natural clásica: montañas suntuosas y escarpadas, playas desiertas y campos ondulados que la convierten, sin duda, en la provincia más convencionalmente bonita de Sudáfrica.

Flanqueada por dos océanos, el Índico al sur y el Atlántico al oeste, la costa de Western Cape se extiende desde Lambert's Bay en el oeste hasta Plettenberg en el este. Aquí encontrará los encantadores Cape Winelands (viñedos de El Cabo), donde las hectáreas de cuidadas viñas salpicadas con casas de estilo holandés de El Cabo, con sus tejados a dos aguas, parecen auténticas postales dibujadas por un director artístico romántico. Aquí también está la Garden Route, una fértil extensión de costa que lo dejará sin aliento, 370 km entre Mossel Bay y el río Storms, con su extraordinario tesoro botánico de bosques y montañas, ríos y playas solitarias. Ir a ver ballenas y delfines, hacer senderismo, nadar y hacer surf son actividades muy popula-

PUNTOS DE INTERÉS

Una degustación de vino en el pintoresco Franschhoek 103-105

Una comida en el restaurante Tasting Room de Franschhoek 104

Una ruta relajada por los Winelands 106-107

Las espectaculares Cango Caves 108, 109

Una visita a una granja de avestruces en Oudtshoorn 109

Un viaje en el Outeniqua Choo-Tjoe 111

Una copita y un plato de ostras en la Knysna Lagoon 112-113

Senderismo por el Tsitsikamma National Park 114

res por aquí. Aunque la mayor parte de los visitantes exploran la Garden Route en coche, también pueden viajar en el Outeniqua Choo-Tjoe, el último tren de vapor de pasajeros que queda en Sudáfrica, y explorar el territorio entre George y Knysha como en los viejos tiempos.

El norte

Al norte se encuentra el Klein Karoo, un paisaje casi desértico pero no del todo, con espacios abiertos, onduladas colinas y las inmensas granjas de avestruces de Oudtshoorn, el legado de la locura por las plumas grandes de principios del siglo XX. Aquí descubrirá también las Cango Caves, en las estribaciones de la cordillera Swartberg, unas magníficas cuevas de piedra caliza. Un detalle que no muchos conocen: el Klein Karoo es la región productora de vino más oriental del país.

También podrá explorar la cordillera Cederberg. Esta extensa cadena montañosa poco frecuentada alberga algunas formaciones de rocas espectaculares. Si el día está despejado, se puede ver el océano desde la cima del Sneeuwberg.

En Western Cape cada estación brinda sus propios atractivos: las flores silvestres en primavera, los huertos que maduran en verano, los tonos rojizos de los árboles caducifolios en otoño y los picos de las montañas coronados por la nieve en invierno. En el Boland (tierras altas) abundan los campos dorados de trigo y los huertos fragantes.

Tenga en cuenta que en Sudáfrica las vacaciones de verano son en diciembre, una época en la que la zona se llena de visitantes. ■

Cape Winelands

A menos de una hora en coche al noreste de Ciudad del Cabo, por la autopista N1, los visitantes descubrirán una zona que produce vinos tan nobles como su belleza natural.

Los Cape Winelands (viñedos de El Cabo), repartidos por tres ciudades históricas y sus fértiles valles (Stellenbosch, Franschhoek y Paarl), son el paraíso de cualquier aficionado a los vinos. El suelo es tan rico que se dice que los agricultores sólo necesitan una décima parte del fertilizante que usan sus colegas europeos.

Esta zona es una combinación de pequeños pueblos históricos y viñedos técnicamente modernos que producen vinos con una amplia variedad de estilos del Viejo y Nuevo Mundo (incluida la interesante combinación de chardonnay y pinotage de Haute Cabrière, un delicioso vino rosado de verano que les recordará a los entendidos los claretes de Anjou, en Francia), además de variedades de jerez y brandy. Hay incluso una suculenta ratafía que hará las delicias de los que conocen este inusual vino, bebido en un principio para celebrar la ratificación de los tratados (de ahí el nombre, derivado del latín *rata fiat*, considérelo hecho), pero que ahora es perfecto para tomarlo con *foie gras*, queso o un buen postre.

Además de las bodegas y los restaurantes galardonados, también

La cadena rota y la Biblia que sostiene la figura del Huguenot Memorial simbolizan la libertad religiosa.

CONSEJO DE EXPERTO

Fairwiew Winery, cerca de Paarl, se merece una visita por sus quesos, ganadores de varios premios, y su magnífico vino.

—RES ALTWEGG
Investigador de campo de National Geographic

se puede hacer senderismo por las viñas y disfrutar de estupendos campos de golf. O puede organizar una excursión en helicóptero, hacer vuelos acrobáticos, montar en globo y hacer parapente con un monitor, pregunte en las oficinas de información de la zona. O quizá prefiera dar una tonificante caminata por una de las muchas reservas naturales de esta zona: la Mont Rochelle Nature Reserve en Franschhoek y el Paarl Bird Sanctuary, sólo para empezar. Tanto si disfruta de la emoción de bajar una colina con una bicicleta de montaña, como si prefiere relajarse junto a un río tranquilo mientras pesca una trucha, las Winelands no le decepcionarán.

En las págs. 106-107 le proponemos una ruta relajada en coche por la región.

ACTIVIDAD:
Una cata de vinos

Aunque Sudáfrica quizá no parezca la mejor elección para hacer un curso de cata, no cabe duda de que tres siglos elaborando vino la capacitan para ello. Si su pasión es la cata, la Cape Wine Academy *(tel. 021/889-8844; www.capewineacademy.co.za; $$$$$)* **ofrece una amplia variedad de cursos cortos que incluyen uno de introducción centrado en los vinos sudafricanos. Si está dispuesto a enfrentarse al reto, por qué no probar con un curso a pequeña escala de elaboración de vino. Bajo la tutela de un profesor de la Universidad de Stellenbosh, probará varios vinos «caseros», adquirirá una formación básica sobre las variedades y aprenderá a perfeccionar una botella en su casa. Para más información visite** *www.garagiste.org;* **para reservar, contacte con el profesor Wessel du Toit** *(tel. 021/808-4545; wdutoit@sun.ac.za; $$$$$).*

Stellenbosch

Ubicada en el corazón de las Winelands, Stellenbosch se fundó en 1679, lo que la convierte en la segunda ciudad más antigua del país. Con sus pintorescos edificios de estilo holandés de El Cabo, Dorp Street parece una pieza de museo, pero la localidad (100.000 habitantes) bulle de actividad.

En el barrio antiguo, el **Village Museum** *(18 Ryneveld St.; tel. 021/827-2902)* consiste en cuatro edificios restaurados, cada uno con el estilo de un período de los últimos 300 años. Stellenbosch también alberga el conservatorio más antiguo del país, el **Conservatoire** de 1905.

Boschendal Wine Estate

La bodega Boschendal, situada entre Franschhoek y Stellenbosch, con las montañas Drakenstein como fondo, produce algunos de los vinos más conocidos de Sudáfrica. La mansión de estilo holandés de El Cabo, que data de 1812, es ahora un museo. Reserve por adelantado si quiere hacer el **Boschendal Wine Tasting Centre Cellar Tour** (visita guiada de las bodegas y del Centro de Degustación de Vinos de Boschendal), que explica el legado viticultor de Boschendal. En el **viñedo de muestra** pasee por un viñedo en pleno funcionamiento y vea de cerca las prácticas viticultoras.

Franschhoek

La capital gastronómica de Sudáfrica, famosa por su comida y su vino, atrae a *gourmets* de todo el mundo.

Esta pequeña ciudad está situada en un fértil valle en el que en

Stellenbosch

Mapa pág. 101

Información

36 Market St.

021/883-3584

www.stellenbosch tourism.co.za

Boschendal Wine Estate

A 16 km al O de Franschhoek por la carretera principal que va a Paarl y la R310

021/870-4279

$

www.boschendal.com

Franschhoek
Mapa pág. 101
Información
Franschhoek Vallée Tourisme, 28 Huguenot Rd., Franschhoek
021/876-3603
www.franschhoek.org.za

La Petite Ferme
Franschhoek Pass
021/876-3016
www.lapetiteferme.co.za

1688 se instalaron los refugiados hugonotes franceses. Llamado en otro tiempo Olifants Hoek, o Rincón del Elefante, por las grandes manadas de estos paquidermos que recorrían la zona, este valle vio a sus últimos elefantes (una madre con su cría) alrededor de 1850 en lo que hoy en día es el Franschhoek Pass (desfiladero de Franschhoek).

Dado el origen de los colonos y el orgullo nacional de los franceses, el nombre de la zona se cambió por el de Franschhoek, o Rincón Francés, y algunos colonos pusieron a sus granjas el nombre de las regiones de Francia de las que procedían. Muchas se han convertido en reputadas bodegas y la mayor parte ofrece visitas guiadas con degustación. La Motte, La Cotte, Provence, Chamonix, Dieu Donné y La Dauphine estaban entre los primeros viñedos que se establecieron aquí y la mayor parte conserva las casas originales.

Los viñedos de este valle y la reputación culinaria de la región han atraído a algunos de los mejores chefs de Sudáfrica. Así que no sorprende que ocho de los 100 mejores restaurantes del país se encuentren en esta ciudad, en especial la galardonada e innovadora cocina de la gran chef Margot Janse del **Tasting Room,** en el Quartier Français Hotel *(16 Huguenot Rd.; tel. 021/876-2151; www.lequartier.co.za; ver pág. 286).*

La arquitectura del pueblo es en su mayor parte de estilo holandés de El Cabo. La amplia variedad de tiendas y galerías de la calle principal y la maravillosa selección de antigüedades, obras de arte y curiosidades varias brindan la excusa perfecta para hacer un poco de terapia de consumo antes de enfrentarse al reto de elegir restaurante. Se pueden reservar visitas guiadas de Franschhoek a través de la oficina de turismo. Otra opción es subirse a uno de los carruajes que recorren la ciudad o ponen rumbo a las bodegas de las afueras.

No olvide pasar por **Oom Samie se Winkel** *(84 Dorp St.; tel. 021/887-0797),* un colmado ccon solera; por la **Van Ryn Distillery and Brandy Cellar** *(Van Ryn Rd., a las afueras del pueblo junto a la R310; tel. 021/881-3875; cerrado dom.),* que destila el famoso brandy de doce años, y por las bodegas de las colinas de **The Bergkelder** *(Pappagaaiberg, Adam Tas Rd.; tel. 021/809-8582; cerrado dom.),* que ofrecen degustaciones.

CONSEJO DE EXPERTO

Haga una reserva para comer en La Petite Ferme, una posada y bodega campestre al sudeste de Franschhoek, con extensas vistas del valle de Franschhoek.

—ERIN MONRONEY
Escritora e investigadora de NG Kids

En verano, el **Oude Libertas Amphitheatre** *(Oude Libertas Centre, Adam Tas and Oude Libertas Rd.; tel. 021/809-7473)* es el marco idóneo para espectáculos al aire libre.

Para los amantes de la naturaleza, la **Mont Rochelle Nature Reserve** *(tel. 021/876-3062)* ofrece un terreno montañoso a la sombra de la Table Mountain.

Huguenot Monument. En la cima de Franschhoek, este monumento conmemora la influencia de los hugonotes en Sudáfrica. Inaugurado el 7 de abril de 1948, celebra 250 años de contribuciones culturales francesas. Los hugonotes comenzaron a llegar en 1685 cuando la revocación del edicto de Nantes desató en Francia una oleada de fervor religioso antiprotestante. Los refugiados ya habían comenzado a instalarse en Sudáfrica en 1671, pero la emigración masiva se produjo entre los años 1688 y 1689.

Una política instituida en 1701 por la Compañía Holandesa de las Indias Orientales decretaba que en las escuelas se enseñara sólo en holandés, de modo que a mediados del siglo XVIII los hugonotes franceses ya casi habían perdido su idioma nativo. El **Hugenot Memorial Museum** *(a dos manzanas del Hugenot Monument, en Lambrecht St.; tel. 021/876-2532; www.museum.co.za; $)* narra una crónica de la historia de los primeros colonos.

Paarl

Paarl es una ciudad moderna que contrasta con la acogedora Stellenbosch y el aire europeo de Franschhoek. Se extiende por las orillas del Berg a lo largo de 11 km.

En la linde de la ciudad, el **Afrikaans Language Museum and Monument** *(11 Pastorie Ave.; tel. 021/872-3441; cerrado sáb.-dom.)* conmemora el afrikáans como idioma oficial de Sudáfrica.

Para los amantes de la naturaleza, la **Paarl Mountain Nature Reserve** ofrece vistas panorámicas, mientras que el **Paarl Bird Sanctuary** *(Drommendaris St.; tel. 021/868-2074)* alberga más de 140 especies de aves que revolotean entre cinco estanques. ■

Huguenot Monument
Lambrecht St., Franschhoek
021/876-2532
www.museum.co.za

Paarl
Mapa pág. 101
Información
216 Main St.
021/872-3829
www.paarlonline.com

Paarl Mountain Nature Reserve
Jan Phillips Mountain Dr., Paarl
021/872-3658

ACTIVIDAD: Bisutería zulú en un *township*

Para una adolescente de una tribu zulú, una pulsera de cuentas azules le dice a su amante ausente que aguardará su regreso. El amarillo habla de envidia y furia, mientras que el rojo dice sencillamente «te quiero».

El pueblo zulú, al igual que otros grupos culturales del sur de África, lleva siglos adornándose con trozos de hueso, carey, madera o piedras, y con la aparición de los europeos llegó la afición a la cerámica de colores y a las cuentas de cristal y después de plástico. A pesar de la modernización, las piezas hechas de abalorios continúan siendo un aspecto muy importante de la vida tradicional.

Estas piezas no son sólo un bonito regalo, sino que también nos permiten vislumbrar el laberinto de colores de la vida tradicional. Como cada color tiene un significado concreto, se utilizan para crear «cartas de amor» con intricados motivos que transmiten mensajes íntimos. Cada joya habla de la historia de una persona. Los habitantes de una comunidad pueden saber la edad de una mujer, su estado civil y el sexo de sus hijos con sólo echar un vistazo a las joyas que luce.

Andulela Experience ***(tel. 021/790-2592; www.andulela.com; $$$$$)*** **ofrece una visita guiada por un *township* en Kayamandi, cerca de Stellenbosch.**

Una ruta por los Winelands

A menos de una hora en coche de Ciudad del Cabo, esta ruta de los viñedos atraviesa verdes valles e imponentes cordilleras montañosas con las laderas cubiertas por ordenadas hileras de viñas.

El restaurante Le Quartier Français, en Franschhoek.

Esta zona alberga algunos de los viñedos más antiguos de Sudáfrica, plantados por los primeros colonos europeos. Las fincas tienen un aspecto impresionante, con grandes mansiones y hermosos jardines. Stellenbosch es el punto de partida de la pintoresca **Stellenbosch Hills Wine Route** *(www.wineroute.co.za)*, una ruta del vino que incluye numerosas bodegas en un radio de 12 km.

Al salir de Ciudad del Cabo diríjase al este por la N2 hasta la R310 que lleva a **Stellenbosch** ❶ (ver pág. 103), la capital de los Winelands. Sus calles flanqueadas por robles, los edificios encalados de estilo holandés de El Cabo y el encantador marco del río Eerste que la rodea le confieren un aspecto de cuento de hadas.

Las fincas de esta zona son famosas por producir algunos de los mejores vinos del país. **Lanzerac Manor & Winery** *(junto a Jenkershook; tel. 021/887-1132; www.lanzerac.co.za; visitas lun.-vier. 11.00 y 15.00)* se encuentra en el centro de Stellenbosch, a unas manzanas al este de la estación. Famosa por haber elaborado el primer pinotage del mundo, esta bodega lleva embotellando vino desde la década de 1920 (aunque la finca existe desde el siglo XVII). Ofrece un alojamiento de lujo, con habitaciones con vistas de los viñedos.

Visite algunas de las otras fincas antiguas del pueblo, como **Uiterwyk** *(Kloof Rd.; tel. 021/ 881-3711; www.uiterwyck.co.za)*, que produce vinos de edición limitada, y **Eikendal** *(a 9,5 km al S de Stellenbosch por la R44; tel. 021/885-1422; www.eikendal.com; visitas lun.-dom.)*, con sus bodegas abovedadas.

Al salir de Stellenbosch diríjase al nordeste por la R310 hasta la R45; pasará por el pintoresco **Helshoogte Pass** y por la **Boschendal Wine Estate** (ver pág. 103), para llegar al encantador pueblo de **Franschhoek** ❷ (ver pág. 103-105).

Justo antes de entrar en la ciudad no dude en parar en **La Motte Wine State** *(tel. 021/876-3119; www.la-motte.com; cerrado dom.).* Esta finca, que data de finales del siglo XVII, es ahora mucho más que una bodega. En los últimos años se ha convertido en productor de aceites esenciales y desempeña un importante papel en la comunidad local a través de un programa de ayudas sociales centrado en sus empleados. La lujosa sala de degustación está abierta al público para que pueda probar sus vinos y sorbetes de vino.

A 4 km del Huguenot Monument, junto a la carretera principal, otra parada interesante es el **Stony Brook Vineyard** *(tel. 021/876-2182; www.stonybrook.co.za),* un viñedo familiar que en la actualidad elabora diez vinos. Está abierto todas las mañanas de lunes a sábado.

Al salir de Franschhoek vuelva sobre sus pasos por la R45 y continúe hacia el norte, hasta la ciudad de **Paarl** ③ (ver pág 105) por la misma carretera. **KWV Wine Emporium** *(Kohler St.; tel. 021/807-3007; www.kwvwineemporium.co.za; $),* uno de los viñedos más grandes de los Winelands, está justo en la ciudad. KWV ha tenido un papel muy importante en la historia vinícola de la zona, ya que comenzó en 1918 como una cooperativa de productores de vino locales que unieron sus fuerzas para combatir una invasión de insectos. Es una compañía que exporta a nivel internacional y que ofrece casi cien vinos y seis brandys. Se realizan visitas guiadas a diario.

La **Fairview Wine Estate** *(tel. 021/863-2450; www.fairview.co.za),* justo a las afueras de la ciudad, en Suid-Agter-Paarl Road, es una bodega propiedad de varias generaciones de una misma familia situada en una amplia finca de 300 ha a los pies de las Paarl Mountains. Ofrece más de 30 variedades de vino y docenas de quesos.

Éstas son sólo algunas de las bodegas del Western Cape. Sin duda querrá quedarse un poco más en este bello paisaje y visitar más.

PUNTOS DE INTERÉS

La pintoresca Stellenbosch • Lanzerac Manor & Winery • La Motte Wine Estate • Stony Brook Vineyard

- Ver mapa pág. 101
- ➤ Stellenbosch
- 160 km
- Medio día o más, dependiendo de las paradas
- ➤ KWV Wine Emporium, a las afueras de Paarl

Oudtshoorn y alrededores

El Klein (Pequeño) Karoo, el margen oriental del Western Cape, es una región de valles fértiles que se convierten en un semidesierto más al norte, con el nombre de Great Karoo. Los pueblecitos del siglo XVIII ofrecen excursiones a manantiales de aguas minerales y rutas para mochileros.

Los alrededores de Oudtshoorn albergan la población de avestruces más grande del mundo.

Oudtshoorn
Mapa pág. 101
Información
Baron van Reede St.
044/279-2532
www.oudtshoorn.com

Oudtshoorn

Oudtshoorn se encuentra a unos 65 km de la costa, en el interior, y es famoso por tres cosas: las granjas de avestruces, el Klein Karoo National Arts Festival y las misteriosas Cango Caves.

Cuando las plumas de avestruz se convirtieron en el ornamento de moda a comienzos del siglo XX, los acaudalados empresarios que comerciaban con ellas construyeron algunas lujosas mansiones en la ciudad que le otorgaron cierta elegancia.

El **Klein Karoo National Arts Festival** *(tel. 044/203-8600)* se celebra cada año en marzo, cuando los amantes del arte que hablan afrikáans se reúnen para disfrutar de una semana de danza, cine, cabaré, música, teatro, literatura, arte y poesía. Este acontecimiento tiene gran respaldo internacional.

En el **Cango Wildlife Ranch,** justo a las afueras de la ciudad, podrá ver de cerca guepardos, los animales más rápidos de la tierra. Estas prósperas instalaciones de cría de especies en peligro de extinción figuran entre las dos más antiguas del hemisferio sur. Tam-

Visita a las Cango Caves

Una visita a estas cuevas puede ser tan tranquila o intrépida como quiera el visitante. Debería llegar con al menos diez minutos de margen sobre la hora indicada porque se entra en las cuevas cinco minutos antes de empezar la visita en sí. Hay dos opciones:

El **Standard Tour** *($$)*, o visita normal, es un paseo por las dos primeras y magníficas salas que continúa luego hasta la African Drum Chamber (cámara del Tambor Africano). Se incluyen varias escaleras.

El **Adventure Tour** *($$)* es una visita que constituye un reto, con pasajes emocionantes y chimeneas estrechas. Dura alrededor de 1,5 horas; es un paseo de sólo 1,2 km pero hay que salvar 416 escalones.

La sección de túneles de la parte posterior de las cuevas (Devil's Chimney, la chimenea del Diablo) se acerca al concepto de aventura extrema, así que es mejor intentarlo sólo si está en forma y no es aconsejable para niños o adultos que pesen mucho.

ACTIVIDAD: Las granjas de avestruces de Oudtshoorn

La primera granja comercial de avestruces de Sudáfrica se estableció en 1860. Con el comienzo del siglo XX, cuando varias graves sequías afectaron a la zona de Oudtshoorn, los granjeros observaron que en esas condiciones de aridez sus avestruces medraban, lo que llevó a que varias granjas se dedicaran exclusivamente a la cría de avestruces. En la actualidad hay hasta 400 granjas de avestruces en Oudtshoorn y alrededores, tres de las cuales están abiertas al público. ¿Quiere montar en avestruz bajo atenta supervisión? Con 2,4 m de altura y un peso de más de 100 kg, estas aves pueden ser un desafío. Y hay que advertir que aunque tienen un pico inofensivo, las patadas pueden ser muy peligrosas. No se vaya sin probar la carne de avestruz, que ahora mismo está de moda (es muy sana), o una tortilla de huevos de avestruz. Aunque teniendo en cuenta que cada uno pesa 1,5 kg, quizá quiera compartir su ración con alguien. Las tres granjas abiertas al público son: Cango Ostrich Farm *(Cango Valley, a 14 km de Oudtshoorn; tel. 044/272-4623; www.cangoostrich.co.za; $$)*; Chandelier Game Lodge & Ostrich Show Farm *(a 7 km de Oudtshoorn por la N12; tel. 044/272-6794; www.chandelier.co.za)* y Safari Ostrich Show Farm *(a 7 km de Oudtshoorn por la R62; tel. 044/272-7311; www.safariostrich.co.za; $$)*.

bién tendrá la oportunidad de que le fotografíen mientras acuna a un cachorro de guepardo.

Las Cango Caves

A unos 29 km al norte de Oudtshoorn, estas cuevas son un monumento nacional y consisten en una serie de pintorescas formaciones de piedra caliza. Sólo una de las secciones principales está abierta al público y en algunas partes tendrá que ponerse a gatas o arrastrarse boca abajo, como en la Devil's Chimney por ejemplo, para llegar a todas las zonas visibles (ver recuadro pág. 108).

Durante miles de años se desconoció la existencia de las cuevas. Hace unos 10.000 años, los khoisans utilizaban la zona de entrada de estas grutas como refugio, aunque no parecen haberse adentrado mucho a causa de ciertas supersticiones. En esta área de acceso a las cuevas había en un principio numerosas pinturas khoisans pero con el tiempo han quedado dañadas. Los khoisans abandonaron esta zona hace unos 500 años.

Las cuevas son una atracción turística desde finales del siglo XVII y la primera visita guiada oficial tuvo lugar en 1891. A lo largo de los años se han ido descubriendo más cámaras y túneles. Entre 1972 y 1975 se hallaron Cango 2, 3, 4 y 5. La ruta turística actual se adentra 1,2 km en el interior de las grutas, y hay otros 4 km cerrados al público por cuestiones de conservación.

La temperatura en las Cango Caves, cálida y húmeda, es de unos 18° C, así que se recomienda vestir ropa ligera. Una buena iluminación hace que los senderos irregulares y las escaleras sean fáciles de salvar y proporciona numerosas oportunidades para sacar fotografías memorables. Los que realizan las visitas son guías expertos. ■

Cango Wildlife Ranch

- ✉ 3 km a las afueras de Oudtshoorn por la R62 en dirección a las Cango Caves
- ☎ 044/272-5593
- $ $$$

www.cango.co.za

Cango Caves

- Mapa pág. 101
- ✉ 29 km al N de Oudtshoorn por la R328
- ☎ 044/272-7410
- $ $$

www.cangocaves.co.za

La Garden Route

La Garden Route se extiende desde Mossel Bay hasta Storms River en el límite oriental de Western Cape. Encajada entre montañas cubiertas por el bosque afromontano continuo más grande del país y las calas y playas de la costa del océano Índico, esta región se enorgullece con razón de sus paisajes.

La histórica Dutch Reformed Mother Church de George.

George

Mapa pág. 101

Información

124 York St., George

044/801-9295

www.georgetourism.org.za

George

George se encuentra a medio camino entre Ciudad del Cabo y Port Elizabeth y es la puerta de la Garden Route. Es también el centro de la **ruta del golf de Sudáfrica** *(George Golf Club; tel. 044/873-6116; www.georgegolfclub.co.za)*, con campos diseñados por grandes estrellas del golf, entre ellos Oubaai y Le Grand George. El Fancourt Golf Estate albergó la President's Cup en 2003 y celebra también otros grandes torneos. Además del golf, los siete mejores equipos nacionales de rugby de todo el mundo acuden a Outeniqua Park para celebrar la etapa correspondiente a Sudáfrica de la Seven World Series de la IRB.

Entre los monumentos históricos de George destaca el **Outeniqua Transport Museum** *(2 Mission Rd.; tel. 044/801-8288; cerrado dom.)*, que alberga una gran colección de locomotoras de vapor y antiguos vagones. En la esquina entre las Hibernia y York Streets, un antiguo roble inglés plantado por el Landdrost (juez) Van Kervel en 1811 se conoce con el nombre de **Slave Tree** (árbol de los Esclavos) por la gran cadena y el candado que están incrustados en el tronco; en la actualidad es monumento nacional. Entre los edificios coloniales, la **King Edward VII Library** (biblioteca del rey Eduardo VII) es uno de los mejores ejemplos de arquitectura eduardiana. El **Garden Route Botanical Garden,** al final de Caledon Street, muestra la flora de la zona.

George se encuentra a 8 km de la playa y los visitantes se quedan aquí sobre todo de paso, para explorar el Tsitsikamma National Park (ver pág 114) o para coger el tren Outeniqua (ver recuadro inferior).

Mossel Bay

Situada a unos 40 km al sudeste de George por la N2 Garden Route, Mossel Bay lleva este nombre por los mejillones (*mossels* en holandés) que hallaron aquí los primeros colonos europeos. En la década de 1980 las plataformas de perforación submarina y las plantas procesadoras de gas natural estropearon este paraíso, pero las playas y el centro histórico merecen una visita.

En esta bahía echaron anclas muchos exploradores: Bartolomeu Dias se detuvo aquí en 1488, seguido por Vasco de Gama en 1497 y el almirante João da Nova en 1501. Pero hasta 1787 no se fundó un asentamiento permanente.

Para celebrar el 500 aniversario de la llegada de Dias, la ciudad abrió el **Bartolomeu Dias Museum Complex,** donde se expone una reproducción de la carabela con la que rodeó el cabo en 1488. Al ver este barco tan pequeño se entiende el valor extremo que se requería para arrostrar los peligros del Atlántico. Aquí también encontrará el **Maritime Museum,** situado en lo que antaño era un molino de grano y aserradero, y el **Shell Museum,** que expone conchas de todo el mundo y acuarios con crustáceos.

El **St. Blaize Lighthouse,** un faro erigido en 1864 en Cape St. Blaize, es un magnífico lugar desde el que ver ballenas y delfines. La **St. Blaize Trail,** una ruta que lleva a Dana Bay y recorre 13 km, comienza en la Bats' Cave (cueva de los Murciélagos), debajo del faro.

Garden Route Botanical Garden

✉ 49 Caledon St., George

☎ 044/874-1558

$ $

www.botanicalgarden.org.za

Mossel Bay

Mapa pág. 101

Bartolomeu Dias Museum Complex

✉ 1 Market St.

☎ 044/691-1067

www.diasmuseum.co.za

ACTIVIDAD: El Outeniqua Choo-Tjoe

El Outeniqua Choo-Tjoe es el último tren de vapor en funcionamiento de Sudáfrica y el pintoresco trayecto de ida y vuelta de 52 km entre George y Knysna ofrece al turista una forma única de recorrer la Garden Route. El primer tramo del ferrocarril se abrió en 1907 y el tren continúa sus servicios como «línea protegida».

El tren se detiene en muchos pueblos pequeños, así como en varios museos y lugares de interés histórico, incluidos un acuario y un taller ferroviario.

Las vías serpentean por un paisaje asombroso que no se puede ver desde la carretera, y brindan al visitante la oportunidad de sacar espléndidas fotografías de los frondosos bosques, de las colinas cubiertas de helechos y de los lagos y ríos, además de la famosa laguna de Knysna e impresionantes vistas del océano Índico.

Hoy en día el tren todavía transporta a unos 115.000 pasajeros al año, un 70 % de los cuales son turistas. Para reservar billetes, contacte con Outeniqua Choo-Tjoe *(2 Mission St., George; tel. 044/801-8288; www.onlinesources.co.za; $$$)*. El viaje de ida y vuelta no se tiene que hacer el mismo día; se puede pasar la noche en Knysna.

Sedgefield
Mapa pág. 101
Información
30 Main St., Sedgefield
044/343-2007
tourismsedgefield.co.za

Wilderness
Mapa pág. 101
Información
Beacon Rd., Millwood Village
044/877-0045
www.tourismwilderness.co.za

Knysna
Mapa pág. 101
Información
40 Main St., Knysna
044/382-5510
www.tourismknysna.co.za

Sedgefield y Wilderness

Los pueblos de veraneo de Sedgefield y el cercano Wilderness, en el río Kaaimans, al este de George por la N2 Garden Route, están rodeados por una serie de lagos: Langvlei, Rondevlei, Swartvlei y Groenvlei, separados del océano Índico por una estrecha franja de dunas bordeadas por montañas cubiertas de bosques. Los estuarios y las playas están repletos de aves, incluido el famoso turaco de Knysna.

CONSEJO DE EXPERTO

No se pierda los extraordinarios alimentos frescos y demás productos del Farmers Market y Scarab Craft Market, todos los sábados, justo al oeste de Sedgefield, junto a la N2.

—RICHARD WHITAKER
Colaborador de National Geographic.

A medio camino entre Sedgefield y Knysna, **Buffalo Bay,** con lugares seguros para nadar y tramos más salvajes para hacer surf, es muy popular entre las familias. Algunos establos ofrecen excursiones a caballo por la playa; pruebe en G.R.E.A.T. Horseback Riding and Horse Trails *(tel. 082/ 835-9110 o 082/824-1248; www.great.co.za).*

Groenvlei, el único lago de agua dulce de la Garden Route, es uno de los mejores lugares para pescar róbalos y forma parte de la **Goukamma Nature Reserve** *(junto a la N2 en Buffalo Bay; tel. 044/383-0042 o 021/659-3500; www.capenature.co.za).* Esta reserva atrae a los aficionados a las aves y al senderismo. Playas donde se puede nadar sin peligro, o donde se puede pescar y practicar la pesca con arpón, además de una gran variedad de rutas naturales, convierten esta zona en un lugar magnífico para unas vacaciones.

Knysna

Knysna, 25 km al este de Sedgefield por la N2 Garden Route, se encuentra en la orilla de una hermosa laguna que se abre entre dos altos acantilados de piedra arenisca, llamados Heads (cabezas), que dejan entrar el océano. Desde el mirador de la **Eastern Head** se obtiene una vista extraordinaria del entorno. La ciudad está llena de bares, restaurantes y tiendas.

La historia de Knysna comenzó en 1804 con la llegada de un hombre misterioso que se hacía llamar George Rex, al parecer un nombre de la realeza. Se rodeaba de gran pompa y boato y vivía con tal lujo que se rumoreaba que era el hijo ilegítimo del rey Jorge III. Él nunca confirmó ni negó los rumores. George Rex compró la finca conocida como Melkhoutkraal, situada en la orilla de la laguna, e instaló a su familia y a su séquito en Knysna.

El **Millwood House Museum** *(Queen St.; tel. 044/302-6320; cerrado dom.)* expone artículos relacionados con la historia de la ciudad e incluye muchos objetos que pertenecieron a George Rex.

El **Knysna Forest** que rodea el pueblo es el bosque indígena más

Knysna Oyster Festival

Como capital oficial de la ostra de Sudáfrica, Knysna, como es natural, tiene su propio Festival de la Ostra *(www.oysterfestival.co.za)*. Cada año, en julio, los *gourmets* de todo el país acuden en tropel a la Garden Route para disfrutar de los diez días del festival. Las ostras de Knysna están consideradas entre las más sabrosas del mundo. Por regla general se consumen más de 200.000 ostras durante el festival.

Para aliviar cualquier sensación de culpa culinaria, los juerguistas pueden participar en varias competiciones deportivas durante el festival, como una carrera de bicicletas de montaña, una carrera ciclista, un maratón y una competición de pesca con caña. Además, el programa incluye un festival de whisky, uno de jazz, excursiones en helicóptero y toda una serie de cursos y clases.

grande de Sudáfrica y contiene especies afromontanas (laurel *Ocotea bullata, Cladrastis lutea,* peral *Pyrus bretschneideri,* haya *Faurea macnaughtonii y Curtisia dentata),* además de granadillos negros, palos de hierro, alisos *Alnus rhombifolia,* castaños de El Cabo y fynbos. Hay varios lugares donde disfrutar de la belleza de esta naturaleza, incluido el **Diepwalle Forest** *(a 16 km de Knysna por la R339; tel. 044/382-9762).*

Knysna Elephant Park

El Knysna Elephant Park, 23 km al oeste de Knysna por la N2, es un parque privado abierto en 1994 para albergar al último elefante que quedaba en Knysna junto con elefantes huérfanos rescatados de las matanzas selectivas del Kruger National Park. Las 60 ha del parque permiten disfrutar de un entorno controlado y amplio en el que los guías dejan a los visitantes acercarse a los animales.

Plettenberg Bay

Si continúa 20 minutos en coche hacia el este por la N2, llegará a este pueblecito, el cual se llena de gente en diciembre, cuando llegan los veraneantes para disfrutar de sus playas. La más grande, **Robberg Beach,** es una extensión de 4,2 km de costa ininterrumpida con dos zonas familiares vigiladas por socorristas. En verano es probable que vea delfines mostrando sus habilidades o ballenas disfrutando de las olas en invierno. Al otro extremo de la playa se encuentra la **Robberg Peninsula,** con una pista de 11 km que recorre la accidentada costa de esta península y permite disfrutar de estanques de rocas y vistas de las colonias de focas. En **Central Beach** se alza el **Beacon Isle Hotel** *(tel. 044/533-1120),* la imagen más popular de Plettenberg Bay.

Nature's Valley

Este pequeño pueblo del estuario del río Groot forma parte de la sección **De Vasselot** del Tsitsikamma National Park. Sus bosques están repletos de ejemplares de *Cladrastis lutea* y helechos, y la costa es una estrecha franja de playas impolutas y acantilados rocosos. Los visitantes acuden a nadar, navegar, adentrarse en el estuario en canoa o buscar al colorido turaco de Knysna.

Knysna Elephant Park

- Mapa pág. 101
- A 22 km al O de Knysna por la N2
- 044/532-7732
- $$$$

www.knysnaelephantpark.co.za

Plettenberg Bay

- Mapa pág. 101

Información

- Tourism Bureau, Melville's Corner Center, Main St., Plettenberg Bay
- 044/533-4065

www.plettenbergbay.co.za

El hermoso paisaje del Fancourt Golf Estate.

Tsitsikamma National Park

Mapa pág. 101

En la N2 al E de George, 8 km al O de Storms River Bridge

042/281-1607

$$$

www.sanparks.org/parks/tsitsikamma/

Laingsburg

Mapa pág. 101

Información

Laingsburg Library, Voortrekker con Meiring Streets.

023/551-1868

Tsitsikamma National Park

Creado en 1964, éste es el tercer parque nacional más frecuentado de Sudáfrica y es fácil entender por qué.

Tsitsikamma es una palabra khoisan que significa «lugar de mucha agua». A lo largo de unos 80 km de costa escarpada, el parque se adentra unos 5 km en el mar y protege la vida de las mareas, los arrecifes y los peces de alta mar. Esta combinación lo convierte en la zona protegida marina más grande del mundo y preserva el 11 % de la costa templada meridional de Sudáfrica.

El denso bosque de fynbos de montaña, árboles de hoja perenne, helechos y flores alberga monos y pequeños antílopes, nutrias y muchas especies de aves. Los visitantes más atrevidos pueden dar un paseo por las copas de los árboles con un sistema de plataformas y cables. Hay numerosas pistas que se extienden por senderos rocosos que llegan al mar, incluida la **Otter Trail** (pista de las Nutrias), de 42 km, que se realiza en cinco días y parte de la desembocadura del río Storms para llegar a Naturel's Valley. En el parque existen varios lugares con un importante legado cultural que va desde pinturas khoisan en la roca y en las cuevas hasta ruinas de pequeños pueblos de pescadores.

El parque es lo bastante seguro como para que se pueda explorar sin guía, pero por una módico precio se puede contratar uno.

Más lejos

Laingsburg se encuentra en el semiárido Karoo, a 280 km al noreste de Ciudad del Cabo. Este pequeño pueblo conserva una antigua iglesia de piedra de la **Dutch Reformed Church** y la **Wolfaardt Collection,** que se puede visitar en la biblioteca *(Van Riebeeck St; tel. 023/551-1019)*. Las exposiciones muestran artefactos khoisan y holandeses, incluidos instrumentos musicales, herramientas agrícolas y objetos domésticos.

A los geólogos también les parece una zona interesante. Un estrato de piedra blanca parecida al cuarzo se extiende desde Matjiesfontein hasta Laingsburg y después se adentra en el Eastern Cape. Es posible que los khoisans hayan ido desprendiendo trozos de esta roca dura para tallar hachas. En el **paseo geológico** que se puede hacer en la granja Geelbeksbrug, junto a la **Anglo-Boer War Blockhouse** (fortín de la guerra de los boérs), se pueden hallar extrañas formaciones rocosas y fósiles. A través de la oficina de turismo de Laingsburg se pueden realizar visitas guiadas para ver arte rupestre del pueblo san.

Puenting

La Garden Route ofrece una oportunidad única para todos aquellos que busquen emociones fuertes. Esta zona alberga el salto comercial más alto del mundo. Este salto, que se realiza desde una altura de 216 m sobre el río Bloukrans *(Face Adrenalin; tel. 042/281-1458; www.faceadrenalin.com; $$$$$)*, brinda unas vistas espectaculares, aunque seguro que durante la caída nadie se fijará en ello. Para los menos aventureros hay un salto desde un puente situado a menor altura, a tres horas en coche hacia el oeste por la N2, en el Gourits Bridge *(Face Adrenalin; tel. 083/414-2380; www.faceadrenalin.com; $$$$$)*. La caída puede que sólo sea de 65 m, pero ostenta su propio récord, ya que es el salto más antiguo del país. Las instalaciones están abiertas todos los días.

El pueblo de **Matjiesfontein** se encuentra a 30 km al oeste de Laingsburg por la N1. La comunidad la estableció en 1884 James Logan, un trabajador del ferrocarril entre Ciudad del Cabo y Pretoria al que el aire seco del Karoo le pareció muy saludable para sus pulmones. Se instaló allí e hizo publicidad de los aspectos curativos del aire. El pueblo se convirtió pronto en una parada muy popular de la ruta ferroviaria y atrajo a destacadas personalidades, como el sultán de Zanzíbar, lord Randolph Churchill (el padre de Winston Churchill), Cecil Rhodes, Edgar Wallace, Rudyard Kipling y la escritora sudafricana Olive Schreiner.

Durante la guerra de los boérs (1899-1902), Matjiesfontein sirvió a los británicos como fortaleza militar y el elegante **Lord Milner Hotel** *(en la N1, en Matjiesfontein; tel. 023/561-3011; www.matjiesfontein.com)*, de estilo victoriano, se convirtió en hospital de guerra. En 1970 se restauró el pueblo y el hotel, y se declararon monumento nacional.

El edificio de la estación alberga el **Matjiesfontein Museum** o Marie Rawdon Museum. Esta colección de David Rawdon, un entusiasta de todo lo victoriano, incluye elaborados vestidos y una botica muy completa. El **Transport Museum** *(detrás del Lord Milner Hotel; tel. 023/561-3011; $)*, expone una colección de coches de época.

Hay dos trenes que hacen paradas especiales para permitir que los visitantes recorran el pueblo: el lujoso **Blue Train** *(tel. 021/334-8459; www.bluetrain.co.za; bluetrain@transnet.co.za)* y el **Rovos Rail** *(tel. 021/323-6052; www.rovos.co.za; reservations@rovos.co.za)*. ■

Anglo-Boer War Blockhouse

- ✉ 12 km al N de Laingsburg por la N2
- ☎ Llame a la Die Blokhuis Inn, la posada que hay junto al fortín, tel. 023/551-1774 para poder entrar

Matjiesfontein

- Mapa pág. 101
- ✉ 30 km al S de Laingsburg por la N1
- ☎ 023/561-3011

www.matjesfontein.com

BIKO

Quizá sea la provincia más variada de Sudáfrica, con playas solitarias y otras llenas de surfistas, elefantes y ballenas migratorias; además, es la tierra natal de Nelson Mandela, Steve Biko y otros héroes nacionales.

Eastern Cape

Una estatua de bronce del líder negro Steve Biko, junto al edificio del Ayuntamiento de East London.

Eastern Cape

Eastern Cape, encajado entre las dos provincias más populares de Sudáfrica (Western Cape y KwaZulu-Natal), es una joya escondida. La costa se extiende desde el río Umtamvuna, en KwaZulu-Natal, hasta la desembocadura del río Storms, en la Garden Route, al oeste, y continúa hacia el norte hasta la frontera con Lesotho. También incluye los bantustanes de la época del apartheid de Ciskei y Transkei, de cultura xhosa.

Si se dirige al este desde Ciudad del Cabo y deja atrás la Garden Route, aquí es donde por primera vez siente que está en África de verdad, ante la naturaleza más salvaje. Eastern Cape ofrece 800 km de costa impoluta. Sólo Port Elizabeth tiene 40 km de playas de arena y es uno de los mejores lugares del mundo para navegar. Jeffrey's Bay es uno de los enclaves favoritos de los surfistas de todo el mundo. La Wild Coast, un refugio ecológico entre East London y Port Edward, es una de las regiones menos urbanizadas del país. Muchos barcos han naufragado en los arrecifes que hay junto a la costa, pero sus solitarias playas y estuarios invitan a los senderistas y campistas a vagar por aquí. Eastern Cape está libre de malaria y es ideal para hacer un safari.

PUNTOS DE INTERÉS

La región occidental

La región occidental se extiende a lo largo de la costa, desde el Tsitsikamma National Park, pasando por Port Elizabeth hasta llegar a Port Alfred. Esta zona cuenta con la mayor concentración de manadas de elefantes de Sudáfrica, sobre todo en el Addo Elephant National Park y, a menor escala, en la Shamwari Game Reserve y la Lalibela Game Reserve, de propiedad privada.

En el interior, las colinas onduladas dan paso a la meseta de praderas secas del Karoo, que se extiende hasta las formaciones de piedra arenisca y los riscos cortados a pico de la cordillera Sneeuberg, que forma la cuenca entre los ríos Sunday y Great Fish. El punto más alto, el monte Kompas, alcanza los 2.504 m. Conocido en un primer momento como Settler Country (Tierra de Colonos), en la zona se instalaron en la década de 1820 los británicos para cultivar inmensas extensiones de terreno y para defender la frontera oriental contra el pueblo xhosa. Es una tierra que sólo sirve para regadío, pero, hasta la fecha, las granjas de ovejas y las de animales salvajes consiguen salir adelante.

La región oriental

Las playas de la Sunshine Coast, entre St. Francis Bay y East London, albergan una gran profusión de flora y fauna, así como numerosas especies de aves. Desde East London hasta Port Edward, al norte, la Wild Coast (Costa Salvaje) se extiende por un litoral agreste con escarpados acantilados, inmensas dunas y playas vírgenes. Esta zona es el paraíso de cualquier mochilero, ya que hay pocas carreteras asfaltadas o indicadas siquiera en un mapa. Los senderistas siguen los senderos de arena de un pueblo a otro. ■

Port Elizabeth

Conocida por el sol y la seguridad de sus playas, Port Elizabeth se encuentra en la Algoa Bay, en la costa sudeste de Sudáfrica, unos 800 km al este de Ciudad del Cabo. En 1820 unos 4.000 británicos se asentaron en Port Elizabeth (o PE como la llaman los lugareños) y construyeron elegantes casas, muchas de las cuales todavía se conservan. Desde esa época, el asentamiento ha ido creciendo hasta convertirse en la quinta ciudad de Sudáfrica y uno de sus principales puertos.

Monumento al mítico rey-sacerdote Prester John y a los exploradores portugueses del sur de África.

Port Elizabeth
Mapa pág. 119

Información
Donkin Reserve Lighthouse Complex, Belmont Terr., Central
041/585-8884
www.portelizabeth.co.za

Los veraneantes acuden aquí en tropel sobre todo por los deportes acuáticos, pero la ciudad también tiene otros atractivos.

Los británicos dejaron su inconfundible sello en la arquitectura de Port Elizabeth, como demuestra un paseo por la céntrica **Market Square.** En el centro de esa plaza, el **City Hall** (ayuntamiento), con su torre del Reloj, data de 1858. En la esquina entre Whites Road y Main Street, el juzgado original, construido en 1835, es ahora la **City Library** (Biblioteca Municipal), con una imponente cúpula de vidrieras.

Cerca se halla el **St. George's Park,** un parque de 73 ha en el que tiene su sede el famoso Port Elizabeth Cricket Club (que brinda la posibilidad de asistir a un partido) y el campo de bolos más antiguo de Sudáfrica.

El **Nº. 7 Castle Hill Museum** *(Castle Hill Rd.)* se encuentra en la casa de colonos más antigua que se conserva, la cual data de 1827. Expone muebles victorianos y artículos domésticos.

Suba por la empinada **Donkin Street,** flanqueada por magníficas casas victorianas. Al final de la calle verá el extraño **monumento conmemorativo** que Rufane Donkin, el gobernador interino de El Cabo, hizo que levantaran a su mujer, Elizabeth, quien murió en la India antes de que se construyera la ciudad. Una placa en la pirámide de piedra le rinde homenaje: «Uno de los seres humanos más perfectos, que ha dado nombre a esta ciudad».

La **oficina de información** de la ciudad está en el viejo faro, erigido en 1861. Aquí le proporcionarán mapas e información sobre la región; de especial interés es el mapa del **Donkin Heritage Trail,** un paseo de 5 km por la zona de la colina y el centro de la ciudad.

A la entrada del puerto, un **campanario** con un carillón monta guardia para conmemorar la llegada de los colonos británicos en 1820. Puede subir los 204 escalones para disfrutar de una magnífica vista.

El **St. Croix Motor Museum,** en Newton Park, exhibe más de 80 coches, vehículos que datan desde principios del siglo XX hasta la década de 1960. Llame al fundador, Even de Vos, para organizar una visita.

Apple Express

El Port Elizabeth Apple Express es el único tren de vapor de vía estrecha que todavía funciona en el sur de África. Recorre los 72 km que separan Port Elizabeth de Loerie, con 16 paradas intermedias.

Casi al final de su pintoresca ruta, el tren cruza el puente del río Van Stadens, a unos 70 m sobre el barranco, el viaducto de vía estrecha más alto del mundo. Sólo realiza tres viajes públicos al mes, así que asegúrese de reservar su plaza por adelantado.

CONSEJO DE EXPERTO

Para conocer la historia de Port Elizabeth, recorra la Donking Heritage Trail y visite el St. Croix Motor Museum y el campanario para disfrutar de las vistas de la ciudad.

—CAGAN H. SEKERCIOGLU
Investigador de campo de National Geographic

En la costa

El lugar más visitado de la playa de Port Elizabeth es quizá **Bayworld,** uno de los mejores complejos museísticos de Sudáfrica, con un acuario, una exposición de serpientes y un museo. El **Oceanarium** es el hogar de dos delfines mulares del océano Índico que actúan todas las mañanas y tardes. En otros dos acuarios, los osos y los elefantes marinos nadan junto a varias especies de peces, tiburones y tortugas.

El **Snake Park** permite a los paseantes ver sin peligro varias especies de tortugas, lagartos, iguanas, cocodrilos y mambas.

St. Croix Motor Museum
✉ Mowbray St., Newton Park
☎ 083/463-5286
🕒 Llame para pedir cita
www.bayworld.co.za

Bayworld
✉ Beach Rd., Humewood
☎ 041/584-0650
$ $-$$
www.bayworld.co.za

Apple Express
☎ 041/583-2030
$ $$$$$ (el fin de semana)
www.apple-express.co.za

Unos delfines con su adiestradora en el Bayworld Oceanarium.

Seaview Game & Lion Park
Mapa pág. 119
Junto a la N2, al O de Port Elizabeth
041/378-1702
$$
www.seaviewgamepark.co.za

El **museo** expone una amplia variedad que va desde huesos prehistóricos de dinosaurio hasta artefactos recientes, además de una amplia gama de arte étnico.

Las playas. Port Elizabeth cuenta con unas playas limpias y maravillosas, protegidas por la suave Algoa Bay, cuyas cálidas y tentadoras aguas tienen la misma temperatura todo el año. Entre las mejores figuran la famosa **Kings Beach,** con sólo 2 km de arenas blancas; **Hobie Beach,** situada justo al lado del Shark Rock Pier; y **Humewood Beach,** con bandera azul todos los años.

Los mejores lugares para hacer surf incluyen la salvaje **Bluewater Bay,** al norte de Port Elizabeth; **The Fence, The Pipe** y **Millers Point,** por mencionar algunos.

La fauna

Hay varias reservas de animales a poca distancia de Port Elizabeth. La más cercana es el **Seaview Game & Lion Park,** a 25 km al oeste del centro de la ciudad. Leones, jirafas, cebras, ñus, impalas, duikers y unas 40 especies más vagan libres por la reserva. Puede hacer la visita con su propio coche y observar a los animales en su hábitat natural.

CONSEJO DE EXPERTO

Shamwari, Amakhala y otras reservas privadas han recuperado granjas improductivas, han recuperado la vegetación y han reintroducido animales nativos. Ofrecen visitas de todo un día así como excursiones para ver los animales.

—JOHN SEATON CALLAHAN
Colaborador de National Geographic.

El mayor atractivo del parque es la oportunidad de jugar con cachorros de león que tienen entre cuatro y nueves meses de edad. Después de una breve explicación para saber cómo se puede interactuar sin riesgos con ellos *($)*, el visitante puede acariciarlos. O bien puede observar la hora de comer de los leones los domingos al mediodía.

La **Shamwari Game Reserve** es privada y está encajada en un marco exuberante junto al río Bushmans, a medio camino entre Port Elizabeth y Grahamstown. Shamwari se enorgullece de conservar un modo de vida que está desapareciendo y sus 25.000 ha albergan cinco de los siete biomas de Sudáfrica.

Los visitantes pueden explorar el terreno en excursiones organizadas y visitar los **Born Free Foundation Centres,** un centro para grandes felinos maltratados. La reserva permite ver los «cinco grandes» (elefante, león, leopardo, búfalo y el rinoceronte negro, en peligro de extinción), así como hipopótamos, jirafas, ñus y guepardos. Por sus esfuerzos en materia de conservación y por su trabajo responsable en el ámbito turístico, esta reserva ha recibido premios internacionales, incluido el «World's Leading Conservation Company and Game Reserve» durante varios años. Dispone de seis lujosos pabellones, todos distintos, donde alojarse.

En la cercana **Amakhala Private Reserve** también están intentando devolver los pastos del siglo xx a su estado natural original y supervisar la reintroducción de animales en las tierras por las que en otro tiempo vagaban libres. El alojamiento varía entre lo cómodo y lo lujoso. ■

Shamwari Game Reserve

Mapa pág. 119
A 65 km al E de Port Elizabeth, en la N2 hacia Grahamstown
041/407-1000
www.shamwari.com

Amakhala Private Reserve

Mapa pág. 119
A 65 km al E de Port Elizabeth, por la N2 hacia Grahamstown
046/636-2750
www.amakhala.co.za

ACTIVIDAD: Por el paseo marítimo

Siglos después de que 4.000 inmigrantes ingleses llegaran a Port Elizabeth, la influencia británica sigue presente en esta ciudad costera. Mientras que el ayuntamiento y la biblioteca recuerdan los edificios victorianos de hiedra y ladrillo de la isla, el **Boardwalk** (paseo marítimo; *www.boardwalk.co.za*) que discurre paralelo a las hermosas playas de la ciudad es más vulgar, al estilo de la ciudad inglesa de Brighton.

A medio camino entre lo anacrónico y lo simplemente raro, apreciado tanto por los turistas como por los lugareños, este centro comercial costero es digno de ver. Sus edificios rojos y blancos se iluminan con luces brillantes por la noche y cuentan con comercios, restaurantes, salas de juegos y un montón de cosas más. Es el paraíso del consumo, con tiendas para todos los gustos y edades. Diríjase a Billabong si lo que busca es lo último en ropa de surf, por ejemplo, o vaya a EzamaXhosa para encontrar artesanía hecha a mano.

Acérquese al **Brooke's Pavilion,** en la esquina entre Brooke's Hill y Beach Drive, lleno de pubs y restaurantes que sirven de todo, desde pasta a *sushi*.

Y para los jugadores, ya sólo el **Casino** merece la pena, con 802 máquinas tragaperras y 21 mesas de juego.

Y si se cansa de las prístinas vistas del océano Índico, diríjase al lago artificial y déle de comer a los patos. Asegúrese de tener tiempo de sobra para pasear, admirar y disfrutar del más excéntrico de los rincones de Sudáfrica.

Alrededores de Port Elizabeth

En torno a Port Elizabeth el Eastern Cape se allana en las Sunshine y Shipwreck Coasts con playas interminables y tranquilas. Pero sólo unos cuantos kilómetros hacia el interior el paisaje se vuelve montañoso con la cordillera Zuurberg y el Sundays River Valley, donde las reservas naturales, libres de malaria, y numerosas rutas de senderismo atraen a los visitantes.

Madres y crías en el Addo Elephant National Park.

Addo Elephant National Park

Mapa pág. 119

Junto a la N2 hacia Grahamstown, a 72 km al E de Port Elizabeth

042/233-8600

$$-$$$

www.sanparks.org/parks/addo

Addo Elephant National Park

El parque se extiende por unas 164.000 ha del valle del río Sundays. En 1931, cuando sólo quedaban once elefantes, la sección original dedicada a estos paquidermos se convirtió en parque nacional. En la actualidad viven allí más de 480 elefantes, así como búfalos cafres, rinocerontes negros y antílopes. Addo es el hogar de los «siete grandes»: elefante, león, búfalo, leopardo y rinoceronte, además de la ballena franca austral y el gran tiburón blanco.

Este parque abarca cinco de los siete biomas forestales más importantes de Sudáfrica. En el matorral subtropical, llamado *bushveld* del valle, el visitante podrá ver la población de elefantes y un gran número de antílopes, como el alcélafo caama, el eland común, el kudú y el antílope jeroglífico. Otras especies que se encuentran en las zonas limítrofes del parque, en el Great Karoo, incluyen el órix de El Cabo, el ñu negro, el antílope saltador, el búfalo y el rinoceronte negro. En la cordillera Zuurberg se pueden avistar la cebra de montaña de El Cabo, la redunca de montaña, el babuino, el duiker azul y la liebre roja de Jameson.

Para los amantes de las aves, el **SASOL Red Bishop Bird Blind,** un observatorio de aves ubicado enfrente de la charca de la principal zona de descanso, ofrece la oportunidad de ver tejedores, garzas, fochas y obispos rojos. La zona principal del parque permite avistar unas 170 especies de aves, y los alrededores son el hábitat de hasta 450, desde el alción cabecipardo y la nectarina de dos collares grande hasta la avutarda cafre y el pingüino de El Cabo; es uno de los pocos lugares de Sudáfrica donde anidan los charranes rosados.

En el futuro, Addo se propone convertir 120.000 ha de la costa este de Port Elizabeth en una zona marina protegida. Las islas del litoral que albergan las poblaciones de cría de alcatraces de El Cabo y la segunda población más grande de pingüinos de El Cabo ya se han incorporado al parque.

Dentro del parque hay dos zonas de descanso: el **Addo Rest Camp** *(tel. 042/233-8600; addoenquiries@sanparks.org; ver pág. 293),* ubicado cerca de la entrada, tiene unos 60 alojamientos de varios tipos. Las actividades incluyen excursiones guiadas diurnas y nocturnas, tanto en coche como a caballo, y también cuenta con piscina y restaurante.

Camp Matyholweni *(tel. 041/468-0916 o 041/468-0918; matyholweni@sanparks.org; ver pág. 293)* es una segunda zona de descanso situada cerca de la ciudad de Colchester, en la carretera N2. Este campamento, al que se puede acceder en coche, está a unos 45 minutos del principal.

Cómo visitar Addo. Puede recorrer sólo las carreteras asfaltadas y de grava del parque (no es necesario un todoterreno a menos que tome una ruta específica para 4x4) o unirse a una excursión organizada. Varios guías realizan este tipo de excursiones de unas dos horas en

Alojamientos en Addo

Darlington Lake Lodge *(tel. 042/243-3673),* en la zona de Darlington Dam del parque, es un hotel íntimo de estilo colonial.

Gorah Elephant Camp *(tel. 011/679-2994)* en Addo, la sección principal del parque, es un campamento de cinco estrellas con tiendas de lujo donde se puede ver a los elefantes mientras se toma el té.

Nguni River Lodge *(tel. 042/235-1022; www.ngunilodges.co.za)* ofrece ocho suites de lujo a orillas de una charca con vistas de la cordillera Zuurberg.

River Bend Lodge *(tel. 042/233-8000, www.riverbendlodge.co.za),* en la zona Nyathi del parque, es un alojamiento de cinco estrellas a la sombra de las montañas.

Hacer surf en Jeffrey's Bay

El surf comenzó a hacerse popular en Sudáfrica en la década de 1960 y la música de los Beach Boys se convirtió en su emblema. Desde entonces, el surf ha crecido de forma pasmosa y algunos lugares de Sudáfrica son famosos entre los surfistas de todo el mundo; para los mejores hay pocos lugares como Jeffrey's Bay.

Haciendo surf en Jeffrey's Bay.

La mayor parte de los surfistas ha oído hablar del surf en Jeffrey's Bay y sonríen cuando piensan en el oleaje, los tubos y las formaciones más consistentes de Sudáfrica. Las olas pueden alcanzar una gran altura, a veces llegan a los 3 m, pero, por sorprendente que parezca, esta bahía también es famosa por su seguridad. Los surfistas peregrinan a playas con nombres tan dispares como Magnatubes, Boneyards y Albatross. En algunos lugares los deportistas pueden disfrutar de hasta tres minutos surcando las olas.

Todos los años, en julio, tiene lugar la Billabong Pro en la **Supertubes Beach.** Aunque se suele retrasar con frecuencia debido a la presencia de tiburones, el torneo atrae a los mejores surfistas del mundo. Aquí se encuentra quizá la ola más larga y consistente de Sudáfrica.

Lo mejor de lo mejor

Muy cerca de Supertubes, delante del Beach Hotel, **Magnatubes' Reef** es famosa por sus olas rápidas que rompen con fuerza en la costa.

En **Boneyards** hay que franquear una pared rápida que baja hacia la zona principal de *takeoff* (se trata del momento en el que el surfista se pone de pie sobre la tabla) en Supertubes. El surfista puede incluso levantarse fuera de Boneyards, atravesar volando unos barriles aterradores

ACTIVIDAD: Aprenda a hacer surf

Los lugares épicos para hacer surf en Sudáfrica quedaron plasmados en una película de culto para los surfistas estrenada en 1966, *Endless Summer*, que convirtió a este país en uno de los destinos obligados para los que buscan la ola perfecta. Para los novatos se han establecido escuelas de surf en la mayor parte de las poblaciones costeras, la más antigua de las cuales es la **Gary's Surf School,** en Ciudad del Cabo. Ahí podrá experimentar el «subidón» de adrenalina en las aguas de Muizenberg. Se pueden tomar clases individuales y es posible alquilar todo el equipo. También se organizan excursiones de un día o una semana. Póngase en contacto con Gary Kleynhans *(34 Beach Rd., Muizenberg, Ciudad del Cabo; tel. 021/788-9839; www.garysurf.com; lecciones de 2 h, incluido equipamiento; $$$$$).*

Para recibir lecciones en la Jeffrey's Bay, póngase en contacto con la **J-Bay Surf School** *(Island Vibe Backpackers, 10 Dageraad St., Jeffrey's Bay; tel. 042/293-4214; www.islandvibe.co.za; lecciones de 2 h, incluido equipamiento; $$$$$).*

Surfear en las cálidas aguas de Durban es toda una experiencia. Pruebe en **Jeep uShaka Surf and Adventure,** en el paseo marítimo de Durban *(tel. 084/823-9470; www.surfadventures.co.za; lecciones de 1 h, incluido equipamiento; $$$$).*

CONSEJO DE EXPERTO

Los tubos que rompen a la derecha de la famosa Supertubes de Jeffrey's Bay son los mejores del mundo. Alquile una tabla en Billabong y zambúllase.

—THOMAS BERENATO
Escritor de National Geographic

y salir en Supertubes. Boneyards puede llegar a tener unas cuantas olas de 3 m cuando en el resto de las playas no hay mucho oleaje.

Albatross es la última parada en una larga serie que recorre la punta de Jeffrey's Bay, lo que permite a algunos surfistas surfear desde Boneyards hasta Albatross. Un trayecto que puede llegar al kilómetro y medio.

Más surf en Jeffrey's Bay

Oyster Bay tiene una playa expuesta con un mar de fondo limpio. Aquí es mejor surfear con vientos ligeros del norte-nordeste.

Seal Point tiene dos secciones muy definidas: una rompiente exterior y una zona rocosa, donde rompe la interior. La interior es más normal, salvo durante la temporada alta, entre abril y septiembre. Es una rompiente amurallada que recorre un saliente de roca durante unos 80 o 100 m. El oleaje exterior tiene que retirarse con frecuencia y rodear el punto exterior antes de llegar a Seals Point.

Un surfista solitario en Big Bay Beach.

Land Rovers abiertos o en camionetas. Es necesario reservar con antelación *(tel. 042/ 233-8621)*. Entre las alternativas podrá elegir entre una excursión al amanecer, cuando puede ver leones cazando, búfalos y kudús; una excursión de todo un día, en la que verá manadas de elefantes, cebras y avestruces, y una excursión nocturna. Otra posibilidad es contratar a un guía local. Suelen estar muy bien informados y le mostrarán con exactitud dónde encontrar esa cría de elefante o ese duiker azul que se muere por ver.

Kenton-on-Sea.

Otra opción es hacer una excursión a caballo. Las pistas ecuestres de Addo van desde el campamento principal hasta la sección **Nyathi** del parque, donde se pueden ver los grandes animales, incluidos elefantes, búfalos cafres, rinocerontes negros y antílopes;

CONSEJO DE EXPERTO

Addo es uno de los mejores lugares de África para fotografiar elefantes. No lleve cítricos en el coche porque a los elefantes les encantan y pueden romperle algo.

—JOHN SEATON CALLAHAN
Colaborador de National Geographic

no hay leones ni hienas. Todas las excursiones a caballo están dirigidas por guías expertos. Hay una excursión de dos horas por la mañana para los principiantes y otra de tres horas por la tarde para los más expertos. También puede recorrer la sección **Zuurberg** del parque, que aunque no ofrece grandes animales, sí le permitirá ver fynbos y un paisaje forestal espectacular. Las pistas son aptas para jinetes de todos los niveles y se pueden hacer excursiones de una, tres o cinco horas.

El senderismo es otra interesante opción en Addo, con alternativas que van desde paseos de una hora por la **Cycad Trail** hasta la **Doringnek Trail,** de cuatro horas, por la cordillera Zuurberg hasta una magnífica charca. Las rutas están muy bien señalizadas; consiga un mapa en las oficinas de Zuurberg, ubicadas a 16 km de la entrada principal del parque. Para los aventureros hay una ruta de dos días y 36 km, la **Alexandria Hiking Trail,** que cruza el campo de dunas más grande del hemisferio sur, así como una playa y un bosque. Las chozas que se encuentran por el camino proporcionan un refugio para la noche. Deberá reservar en Camp Matyholweni. Y por último, la **PPC Discovery Trail** es una corta caminata por el monte bajo del valle en la que puede aprender más sobre las plantas y los animales de la región.

Las playas de Eastern Cape

La costa de Eastern Cape, llamada Sunshine Coast (costa del Sol), es la meca de los entusiastas de los deportes acuáticos. La famosa Jeffrey's Bay (ver págs. 126-127), al oeste de Port Elizabeth, ofrece una larga extensión de playas vírgenes con olas y mareas asombrosas. Aquí se celebra cada año en julio la competición de surf **Billabong Pro** a la que acuden surfistas de todo el mundo. Son playas seguras, perfectas también para bañarse y practicar otros deportes.

La **zona de St. Francis,** al oeste de Jeffrey's Bay, incluye Port St. Francis, St. Francis Bay, Cape St. Francis y Oyster Bay. La ciudad de St. Francis Bay se encuentra en el Cape St. Francis, donde el río Kromme desemboca en el estuario; se conoce como «la pequeña Venecia» por sus canales y vías fluviales artificiales. Las playas son blancas y ofrecen algunos de los lugares más seguros para bañarse y pescar de toda la costa. Al norte de Port Elizabeth, **Kenton-on-Sea** tiene playas hasta donde llega la vista. **Kariega Beach** fue votada mejor playa de Sudáfrica en el año 2000.

Un poco más al este de Kenton-on-Sea, por la carretera de la costa R72, se encuentra **Port Alfred.** En otro tiempo un pueblo tranquilo en la desembocadura del Kowie, en la actualidad puede presumir de un moderno puerto deportivo con islas y canales artificiales. Hay varios arrecifes que ofrecen excelentes oportunidades para bucear. La escuela de submarinismo Keryn's Diving School ofrece sus servicios a los novatos.

Skimboarding

El *skimboarding* nació en California en la década de 1920 y es uno de los deportes extremos que han empezado a cuajar en Sudáfrica.

Se practica con una tabla de fibra de vidrio o de madera muy fina y ovalada *(skimboard)*; sólo hace falta tener buen equilibrio y una playa llana. Corra en paralelo a una ola que esté a punto de romper con la tabla en la mano y cuando el agua se convierta en una película, lance la tabla al agua y salte encima. Si no se cae impresionará a los chavales.

La mayor parte de las playas del Eastern Cape son idóneas para el *skimboarding*, pero los mejores lugares son quizá Kenton-on-Sea y Jeffrey's Bay.

Keryn's Diving School

✉ Small Boat Harbour, Port Alfred

☎ 082/692-6189

Búfalo cafre en la Lalibela Game Reserve.

Sibuya Game Reserve
- Mapa pág. 119
- Kenton-on-Sea, a 130 km al E de Port Elizabeth por la R343
- 046/648-1040
- $$$$$

www.sibuya.co.za

Lalibela Game Reserve
- Mapa pág. 119
- A 90 km al E de Port Elizabeth por la N2
- 041/581-8170
- $$$$$

www.lalibela.co.za

Sibuya Game Reserve

Sibuya, que significa «volveremos», es una reserva de 2.400 ha que alberga a los «cuatro grandes» (menos el león) y a la que sólo se puede acceder en barcaza. El trayecto evocará en el visitante varias escenas de la película *La Reina de África*.

Aparque en la zona de recepción de Kenton-on-Sea. Le llevarán a la reserva y al campamento fluvial en barco, un viaje de 12 km por el estuario del Kariega. La reserva es un campamento de lujo con tiendas instaladas sobre plataformas de madera elevadas en **River Camp;** otra opción es **Forest Camp,** que se considera incluso un poco más lujoso.

La sabana del Eastern Cape, junto con las praderas y zonas costeras, alberga una miríada de animales, entre los que destacan los antílopes (incluido el bontebok y el oribí), las jirafas y las cebras, además de los «cuatro grandes». También es el paraíso de los aficionados a las aves, con casi 300 especies. Busque en especial al esquivo trogón de narina y la rara lechuza común.

Es posible desplazarse con ayuda de un guía profesional, en coche, por el río o andando, pero si lo que busca es descanso y relajación, puede nadar, remar, dar paseos por la playa o limitarse a disfrutar del exuberante entorno.

Lalibela Game Reserve

En la Lalibela Game Reserve se encuentran cinco de lo siete ecosistemas de Sudáfrica, lo que explica su diversidad de flora y fauna. Todo tipo de animales, incluidos los «cinco grandes», las hienas manchadas, las cebras, las jirafas, los antílopes, los hipopótamos y los guepardos, vagan libres por unas 7.500 ha. Es privada y no hay carreteras públicas que recorran la propiedad.

Lalibela dispone de tres alojamientos: **Lentaba Lodge,** ubicado en una colina; **Mark's Camp,** con chalés de paja y piedra; y **Tree Tops,** un campamento con tiendas de lujo colocadas en plataformas elevadas con vistas del valle.

CONSEJO DE EXPERTO

Atrévase a ir a los observatorios de animales en pleno día, puede que le sorprenda la gran cantidad que sale en ese momento y, en todo caso, usted está a la sombra.

—KEVIN HALL
Investigador de campo de National Geographic

En los alrededores

A unos 60 km hacia el interior, en el Settler Country, se encuentra **Grahamstown.** Esta localidad se fundó en 1812 como fuerte militar para proteger de los xhosas a los colonos británicos instalados en la zona, pero las repetidas incursiones de los nativos en las granjas británicas hicieron que muchos colonos renunciaran a sus tierras y se trasladaran a la ciudad. Como resultado, la población aumentó de forma considerable. En la actualidad, Grahamstown cuenta con 100.000 habitantes. El centro urbano constituye uno de sus atractivos, con muchos edificios victorianos y eduardianos, animado además por una multitud de estudiantes de la Rhodes University. La ciudad celebra varios festivales al año. El **National Arts Festival** *(www.nationalartsfestival.co.za),* en julio, atrae a más de 50.000 visitantes para contemplar lo mejor del arte indígena.

Bathurst, 40 km al sudeste de Grahamstown por la R67, es una localidad agrícola fundada en 1820 que se ha convertido en refugio de artistas. Con sus muchos edificios de antiguos colonos, se parece a un pequeño pueblo inglés de principios del siglo XIX. Aquí puede comprar artesanía o asistir a la *oxbraai* (barbacoa); *www.oxbraai.co.za*) que se celebra todos los años en diciembre. La población es también el centro de una de las principales zonas de cultivos de piñas de Sudáfrica. ■

Grahamstown

Mapa pág. 119

Información

63 High St., Grahamstown

046/622-3241

www.grahamstown.co.za

ACTIVIDAD: A rezar

Un paseo por Grahamstown, apodada la «Ciudad de los Santos», provocará un éxtasis a los más espirituales y cierto asombro al viajero laico. Dentro de los límites de la población existen más de 40 lugares de culto, que van desde los más habituales (católico romano o presbiteriano) hasta los menos conocidos (protestante pinkster o apostólico). Hay santuarios para los cienciólogos, mormones, baptistas, episcopalianos etíopes y otros. La iglesia más grande de la ciudad es la Cathedral of St. Michael and St. George *(High St. en Church Sq.),* cuya aguja, de 54 m, es la más alta de Sudáfrica; los servicios dominicales son a las 7.30 y 9.30 h. Incluso si no es usted religioso, la catedral, erigida en 1824, es un bonito monumento, importante desde un punto de vista histórico.

Internarse en el Karoo

Entre el apropiadamente llamado Valley of Desolation (valle de la Desolación) y la cordillera Sneeuberg, el terreno comienza a adentrarse en el inmenso y seco Karoo.

Silueta de un gran kudú en el Mountain Zebra National Park.

Mountain Zebra National Park

- Mapa pág. 119
- N de Port Elizabeth por la N10 y la R61
- 048/881-2427 o 048/881-3434
- $$

www.sanparks.org/parks/mountain_zebra/

Karoo, una palabra khoisan que significa «tierra de la sed», describe la inmensa meseta central de Sudáfrica. Cubre casi una tercera parte del país y se divide entre el Klein Karoo al sur y el Great Karoo al norte. En otro tiempo grandes manadas de antílopes saltadores atravesaban el Karoo en migraciones anuales, pero en la actualidad es un semidesierto que no alberga mucha fauna. Para el visitante, sin embargo, el misterioso arte rupestre y los antiguos fósiles, junto con algunas de las mejores oportunidades del mundo para ver las estrellas, hacen de este territorio un lugar mágico.

Mountain Zebra National Park

Situado al norte de Port Elizabeth, este parque nacional se ha convertido en una reserva fundamental para la cebra de montaña de El Cabo. Cuando en 1937 fue declarado parque nacional, sólo quedaban en la zona 11 ejemplares. Estas cebras se diferencian de las comunes en que sus rayas son más estrechas, carecen de rayas sombreadas y tienen la cara ligeramente anaranjada. Su población actual es de 350 ejemplares.

Otros animales que es posible avistar aquí incluyen el eland, el ñu de cola blanca, el alcelafo caama, el kudú, el antílope saltador, el órix de

El Cabo, el búfalo africano y el rinoceronte negro. La contemplación de los animales se realiza desde el propio automóvil, aunque también se pueden hacer excursiones guiadas *(es necesario reservar; $$$)* y cortas caminatas. Puede alojarse en un hotelito, en una cabaña o en un cámping.

Graaff-Reinet

Graaff-Reinet, la ciudad más antigua de Eastern Cape y la cuarta de toda Sudáfrica, se halla en el corazón del Karoo, a orillas del río Sundays. La fundaron en 1786 el gobernador Cornelius Jacob van de Graaff y su mujer, Cornelia Reinet, y era el centro administrativo para las granjas bóers de los alrededores. Quedan más de 200 edificios de ese primer período, que están en la lista de monumentos nacionales, desde las casas con hastial de estilo holandés de El Cabo hasta las cabañas de los esclavos, pasando por las mansiones victorianas. La **Reinet House** *(Naude con Murray Sts.; tel. 049/892-3801; $)*, la antigua casa del párroco, es ahora un museo que retrata la vida de los primeros colonos. El **Hester-Rupert Art Museum** *(Church St; tel. 049/586-1030; $)*, una antigua iglesia misionera holandesa, muestra pinturas y esculturas contemporáneas. La **Old Library** (Antigua Biblioteca; *Church con Somerset Sts.; tel. 049/892-3801; $)* funciona también como museo, con fotografías, pinturas rupestres y fósiles de la zona.

Aunque Graaff-Reinet se halla en las planicies arenosas y disfruta de unos veranos muy cálidos, está rodeado por el cinturón verde del **Camdeboo Park** *(tel. 049/892-3453; $)*, ubicado a 8 km de Graaff-Reinet por la N9/Murraysburg Road. En el parque verá la **Nqweba Dam** (presa Nqweba) y el **Valley of Desolation** con unas formaciones de roca espectaculares. Es probable que vea antílopes y suricatas por los caminos.

Nieu-Bethesda

A unos 50 km al norte de Graaff-Reinet, en el valle de la cordillera Sneeuberg, esta pequeña aldea se ha convertido en un retiro de artistas, incluido Athol Fugard (n. 1932), cuya obra *The Road to Mecca* se basa en este pueblo.

Nieu-Bethesda se ve deprisa: sólo tiene un par de calles y no hay alumbrado público, aunque sí unas cuantas pensiones, restaurantes, un pub y algunas galerías de arte.

El atractivo principal es la **Owl House** (casa de los Búhos; *River St.; tel. 049/841-1733*), hogar de la excéntrica ermitaña Helen Martins hasta su muerte en 1976. Con la ayuda de Koos Malgas, esta artista visionaria y sin formación transformó su casa y los alrededores en una galería de esculturas únicas de cristal y cemento. ■

Expresiones útiles en afrikáans

ja	Sí
nee	No
dankie	Gracias
asseblief	Por favor
totsiens	Adiós
gesondheid!	¡Salud!
lekker dag!	Que pase un buen día
Verskoon my! Jammer!	Disculpe

Graaff-Reinet

Mapa pág. 119

Información

Church St.

049/892-4248

www.graaffreinet.co.za

Nieu-Bethesda

Mapa pág. 119

Información

Martin St., Nieu-Bethesda

072/558-4883

www.nieubethesda.info

East London y alrededores

Una costa escarpada y varias playas de arena enmarcan los antiguos bantustanes de Ciskei y Transkei, una zona que fue la cuna de muchos líderes negros importantes.

Residentes y visitantes del East London Aquarium.

East London
Mapa pág. 119
Información
Shop 1 & 2 King's Entertainment Center, Esplanade
043/733-6015
www.tourismbuffalocity.com

East London Museum
319 Oxford St. (entrada por Dawson Rd.)
043/743-0686
$

East London

East London es el único puerto fluvial de Sudáfrica, situado en el amplio río Buffalo y llamado con frecuencia Buffalo City. Esta ciudad de 250.000 habitantes cuenta con una población de más de 700.000 en el área metropolitana. Durante las guerras fronterizas entre los británicos, los holandeses y los xhosas, East London fue base de aprovisionamiento. El puerto también atrajo un tropel de nuevos colonos. Entre 1858 y 1862, por ejemplo, unos 3.400 inmigrantes alemanes llegaron a East London y se asentaron en pueblos ya establecidos de la zona de habla xhosa. En el centenario de su llegada, los padres de la ciudad erigieron monumentos conmemorativos que recordaban a los colonos alemanes de East London y King William's Town.

La ciudad aún conserva varios ejemplos de arquitectura del siglo XIX, como el **City Hall** (ayuntamiento; *Cambridge St.*), erigido en 1899, y el **Daily Dispatch Building** *(Caxton con Cambridge Sts.)*, que lleva editando periódicos desde 1897.

Entre los monumentos destaca el **East London Museum,** cuya principal atracción es un celacanto. Esta especie lleva viviendo en el océano Índico 400 millones de años y se creyó que se había extinguido hasta que se redescubrió en 1938. La captura de un ejemplar vivo en el puerto de East London se consideró el hallazgo zoológico más importante del siglo. Entre otras cosas también se expone lo que quizá sea un huevo de dodo o dronte, fósiles y vestigios de huellas humanas.

El **Queen's Park Botanical Garden,** en la zona oeste de la ciudad, tiene un pequeño zoológico con unos 250 animales.

En la Esplanade, el pequeño **East London Aquarium,** construido en 1931, se enorgullece de ser el acuario público más antiguo del país; aquí se pueden ver pingüinos de El Cabo y otros habitantes de las profundidades. Una pasarela de madera que sale del vestíbulo del acuario hacia la zona intermareal es uno de los puntos de la **MTN Cape Whale**

CONSEJO DE EXPERTO

East London es la puerta del Eastern Cape, en su mayor parte sin urbanizar. African Heartland Journeys *(www.ahj.co.za)* ofrece excursiones de cinco días a las colinas de esta región y a los riscos y las playas desoladas del litoral.

–DAVID CASE

Escritor de National Geographic

Route *(tel. 083/910-1028),* la ruta oficial para ver las ballenas, y ofrece una oportunidad fantástica de ver ballenas durante la temporada. Cada año, cientos de ballenas francas australes pasan por aquí entre junio y noviembre, y los rorcuales entre mayo y diciembre. En cuanto se avistan los cetáceos se anuncia haciendo ondear unas banderas azules.

La larga extensión de playas de arena de East London atrae a los bañistas, a los adoradores del sol y sobre todo a los surfistas. Además, desde aquí los visitantes pueden llegar a otros destinos, como la Sunshine Coast (ver pág. 129) y la Wild Coast (ver págs. 138-139), y hacer excursiones al interior, a las montañas Amatola, que todavía conservan parte de las selvas tropicales afromontanas originales.

Nahoon Beach, al norte de la desembocadura del río Nahoon, ofrece kilómetros de playas casi desiertas y sin contaminar, además de unas olas excelentes. El arrecife es un desafío suficiente para los surfistas expertos, de modo que aquí se celebran competiciones nacionales de surf y esquí acuático.

Después del acuario y enfrente de Marina Glen, **Eastern Beach** tiene restaurantes de comida rápida, vestuarios y unas olas impresionantes para los surfistas. Es tan popular que en Nochevieja hasta 400.000 personas se dejan caer por aquí.

En el lado oriental del río Buffalo, **Orient Beach** solía conocerse como Sandy Beach hasta que el barco ruso *SS Orient* encalló aquí en 1907. La playa es muy segura porque los rompeolas del puerto hacen que las olas sean muy suaves. Los visitantes pueden pasear por el Orient Pier, subirse al Water Tube y disfrutar de una piscina infantil, vestuarios y un puesto de refrescos.

Más playas cercanas. La playa de **Bonza Bay** se encuentra junto a la Quinera Lagoon, una laguna en la que podrá pescar, observar a las aves y nadar. Las altas dunas mantie-

Queen's Park Botanical Garden

✉ Turnberry Ave., Bunkers Hill

☎ 043/705-2637

East London Aquarium

✉ Esplanade

☎ 043/705-2637

$ $

www.elaquarium.co.za

King William's Town

Mapa pág. 119

Información

Public Library, Alexandria Rd.

034/642-3391

Steve Biko Garden of Remembrance

Cathcart St. S, girar a la izquierda hasta la primera calle después del puente

043/642-1177 (Steve Biko Foundation)

www.sbf.org.za

nen la zona oculta, lo que da privacidad a las playas.

La playa de **Cove Rock,** al oeste del río Buffalo por la carretera del litoral, no es buena para nadar, pero atrae a surfistas y submarinistas. Las notables formaciones de arenisca proporcionan refugio a las aves marinas que anidan aquí. Es también un buen lugar para pescar y ver ballenas. Un paseo por la playa desde Cove Rock a Lagoon Valley lleva unos 45 minutos.

A **Gulu Beach,** 4 km al oeste de East London, acuden sobre todo los pescadores de caña, pero la playa que hay en la desembocadura del río Gulu ofrece zonas seguras para bañarse y está vigilada.

En **Igoda Beach,** 17 km al oeste de East London, los lugares más seguros para bañarse son las orillas del río. La playa, con sus dunas de arena cubiertas de vegetación y la cercana reserva natural, dispone de senderos para pasear. El pueblo de **Winterstrand** tiene aparcamientos seguros para los que vayan a la playa.

King William's Town

Establecida en 1834 por la London Missionary Society como base misionera a orillas del río Buffalo, King William's Town cuenta hoy día con una población mayoritariamente xhosa del antiguo bantustán de Ciskei. Muchos de los edificios de la ciudad datan de las guerras fronterizas.

El **Amathole Museum** *(Alexandria Rd.)* atesora una gran colección de mamíferos africanos y excelentes muestras de la cultura xhosa. El **Missionary Museum** *(Berkeley St.)* era una antigua iglesia y escuela donde aprendieron a leer y escribir muchos de los profesionales negros sudafricanos. King William's Town, junto con la cercana ciudad de Bhisho (la capital administrativa del Eastern Cape y antigua capital de Ciskei) está muy vinculada a las luchas y protestas de la época del apartheid. Nelson Mandela y Thabo Mbeki son originarios de esta zona.

Steve Biko (ver recuadro superior) está enterrado en el **Ginsberg Cemetery** de King William, renovado y convertido en un Garden of Remembrance (Jardín del Recuerdo).

Steve Biko

Un destacado nativo de esta zona es Steve Biko, nacido en 1946 en el *township* negro de Ginsberg, a las afueras de King William's Town, y activista antiapartheid en la década de 1960 y principios de la de 1970.

Tomó parte en las protestas y las huelgas que culminaron con el levantamiento de Soweto de 1976. Arrestado con frecuencia, Steve Biko murió mientras se encontraba bajo custodia policial en 1977, después de ser retenido durante 26 días en aplicación de la ley antiterrorista.

Nelson Mandela Route

Hijo de un jefe thembu, Nelson Mandela se crió en una comunidad tradicional y lo educaron para que él también se convirtiera en jefe tribal. Fue el primer niño de su familia que asistió a la escuela.

Se licenció en derecho y, junto con Oliver Tambo, abrió el primer bufete negro de Sudáfrica. En la universidad se involucró en política y más tarde contribuyó a formar la liga juvenil del Congreso Nacional Africano. Siempre en primera línea de la campaña de desobediencia civil contra el apartheid, Mandela, después de varios arrestos, fue llevado a juicio en 1964 por sabotaje y fomentar la revolución, y sentenciado a cadena perpetua. Liberado en 1990, continuó protestando contra el apartheid. En 1994, en las primeras elecciones democráticas totalmente representativas, fue elegido presidente de Sudáfrica. Se retiró del gobierno en 1999.

Para cualquiera que desee saber más sobre este gran hombre, que nació en esta zona y que la ha convertido en su hogar, se ha establecido la Nelson Mandela Route, una ruta que recorre los sitios relacionados con su vida *(mandela.wildcoast.org.za/man)*.

La ruta comienza en la **University of Fort Hare,** donde estudió, y continúa luego por la **Healdtown Institution,** en Alice, donde completó su educación. También se visitan **Bhisho,** hogar del gobierno provincial, y los tres lugares que comprende el Nelson Mandela Museum.

Nelson Mandela Museum. Este museo se abrió el 11 de febrero de 2000, en el décimo aniversario de la excarcelación de Mandela. Éste insistió en que el museo no le rindiera homenaje a él sino que sirviera como catalizador para levantar y desarrollar la comunidad de la zona. Las tres ubicaciones del museo son: **Mvezo,** la aldea tribal donde nació; **Qunu,** el grupo de asentamientos rurales donde creció y el magnífico **Bhunga Building,** en Mthatha. En esta última, una exposición narra la vida de Mandela, como se cuenta en su autobiografía, *El largo camino a la libertad.* ■

Interior del Nelson Mandela Museum, Mthatha.

Nelson Mandela Museum

✉ Nelson Mandela Dr. con Owen St., Mthatha

☎ 047/532-5110

🕒 Cerrado dom.

$ Donativo

www.nelsonmandelamuseum.org.za

La Wild Coast

Al norte, por Eastern Cape, entre East London y Port Edward, se extiende la Wild Coast o Costa Salvaje, 350 km apenas poblados. Las orillas, con sus colinas boscosas, sus acantilados cortados a pico, las dunas repletas de vegetación y las playas de arena invitan al visitante a explorarla. Siguiendo los senderos descubrirá asentamientos tradicionales xhosas y aldeas.

Un día de pesca en la costa cercana a East London.

La aldea de **Gonubie,** un término xhosa que significa «baya de la zarza», se encuentra en el estuario del río Gonubie a unos 8 km al nordeste de East London, por la N2. Cuando baja la marea, las charcas de la laguna descubren a sus pequeños ocupantes marinos. Una larga pasarela de madera invita a pasear, al tiempo que protege las dunas del tráfico humano. Hay un mercadillo cada primer y último sábado de mes en la carretera principal.

A unos 75 km al norte de East London, el pueblo de **Haga-Haga** está rodeado por verdes colinas y profundos valles fluviales que descienden hacia las playas. Desde aquí, los aficionados al senderismo pueden seguir la **Wild Coast Trail** inferior, hacia Cintsa en dirección sur y hacia Qora Mouth en dirección norte. Esta bonita pista costera de 86 km se suele recorrer, haciendo noche en ruta, en seis días.

Por la costa hacia el norte

Si se continúa subiendo por la costa, el pueblo de veraneo de **Kei Mouth** se encuentra a orillas del río Great Kei. En el interior, a unos cuantos kilómetros está **Morgan's Bay,** una localidad rodeada de escarpados riscos y separada de Kei Mouth por una reserva natural con una buena playa para nadar y una laguna protegida. Un anticuado transbordador de pontones lleva a los senderistas y a los conductores con sus coches al otro lado del río Kei para seguir por Coffee Bay hacia el legendario Hole in the Wall.

La **Strandloper Trail,** una pista de senderismo de 60 km que se realiza en cinco días, le permite disfrutar de la sensación de soledad en playas casi vírgenes. La pista comienza en Kei Mouth y baja serpenteando hasta Gonubie.

Mazeppa Bay, a 40 km de Morgan's Bay subiendo por la costa, es famosa por su excelente pesca. El pez más grande capturado en la bahía fue un gran tiburón blanco de 791 kg que se pescó en 1981. La playa más popular es **First Beach,** desde donde puede ir caminando por un puente suspendido a 100 m para llegar a la isla de Mazeppa Bay. Las otras dos playas se extienden al sur de la laguna y son ideales para dar largos paseos y buscar conchas.

Hole in the Wall

Este legendario risco de Coffee Bay, costa arriba a unos 80 km de Mazeppa Bay, tiene una gran abertura horadada en el centro por las olas, de ahí su nombre, Agujero en la Pared. Los xhosas lo llaman «lugar del trueno». Con la marea alta y cuando hay tormenta, las olas golpean con tanto estruendo que el impacto se puede oír por todo el valle.

Una leyenda xhosa atribuye el agujero al «pueblo del mar», que parecen humanos pero tienen aletas en lugar de miembros. En cierta ocasión, una hermosa muchacha del poblado fue cortejada por un miembro de este pueblo. El padre de la muchacha se opuso a la relación, pero el pueblo del mar pidió ayuda a un gran pez, el cual golpeó con la cabeza la pared de roca. El pueblo del mar se deslizó por la pared y se llevaron a la chica xhosa.

CONSEJO DE EXPERTO

Pase dos días en una aldea xhosa, aprenderá sus rituales, dormirá en chozas con tejado de paja y brindará por el viaje con un vaso de cerveza casera de maíz.

—DAVID CASE

Escritor del National Geographic.

Wacky Point

Wacky Point, a la derecha de la playa de Kei Mouth, es un buen lugar para hacer surf y donde se celebra todos los años la Wacky Point Surf Competition.

Para los marineros de agua dulce, en Sunray Farm ***(Key Mouth Rd., Haga-Haga; tel. 043/831-1087)*** **organizan excursiones a caballo por la playa hasta la cima del acantilado de Morgan's Bay por la desembocadura del río Kei.**

Port St. Johns

A las montañas Thesiger y Sullivan, que se alzan en la desembocadura del río Umzimvubu, 56 km al este de Coffee Bay, las llaman las puertas de Port St. Johns. Esta ciudad es un imán para *hippies* y mochileros. El atractivo quizá esté en tres buenas playas, una pesca excelente y una historia pintoresca que incluye el contrabando en la época colonial y el cultivo ilícito de cannabis en tiempos más recientes. En las calles oirá los ritmos *kwaito* de los xhosas de la zona o tal vez se encuentre con un *sangoma* (sanador tradicional). ■

La Wild Coast

Mapa pág. 119

Información

043/722-2203; info@wildcoast.org.za

www.wildcoast.org.za

Port St. Johns

Mapa pág. 119

Información

Carretera principal de la ciudad

047/564-1187

www.portstjohns.org.za

Con una rica tradición zulú y el bullicio de la ciudad de Durban, es una región de montañas espectaculares, playas para hacer surf y humedales con una variada fauna.

Durban y KwaZulu-Natal

Una mujer zulú tejiendo sombreros y cestas.

Durban y KwaZulu-Natal

KwaZulu-Natal, a la que los lugareños llaman sencillamente KZN, es la provincia costera oriental más septentrional de Sudáfrica y se extiende desde Eastern Cape, al sur, hasta Mozambique, al norte.

El Amphitheatre, al norte de las Drakensberg.

Este paraíso subtropical permite a los visitantes descubrir la auténtica África. El suelo rojo, las acacias de copas planas, el calor y la humedad, todo se combina para dar a KZN el aspecto de lugares más lejanos y exóticos de África, como la vecina Mozambique o Kenya.

Entre los ríos Tugela y Pongola dominan los asentamientos zulúes tradicionales. Verá un paisaje salpicado de *rondavels* (casas tradicionales africanas) con tejados de paja entretejida y colocadas alrededor de *kraals* de ganado cercados por una empalizada.

Las estrechas tierras bajas que flanquean el Índico al sur se ensanchan al norte y dan paso a una meseta montañosa en la zona central, las Natal Midlands. Dos áreas montañosas distinguen el paisaje: las montañas Drakensberg, en el oeste, y las montañas Lebombo, en el norte. Las Drakensberg son en realidad un muro de basalto que se alza 3.482 m cerca de la frontera con Lesotho. Las Lebombo forman largas cordilleras de roca volcánica que bajan hacia el sur desde Swazilandia.

En los profundos barrancos de la región costera crece el bosque afromontano, que se convierte en las praderas húmedas y las colinas onduladas que se extienden entre el Valley of a Thousand Hills (valle de las Mil Colinas) y las Midlands. Inmensas sabanas dominan la región del norte y la zona de las Drakensberg consiste en su mayor parte en praderas alpinas.

La región costera tiene un clima húmedo y subtropical que se va haciendo cada vez más tropical a medida que se va subiendo por la costa hacia la frontera con Mozambique.

Visitar KZN

El corazón cosmopolita de la provincia es Durban, la tercera ciudad del país y uno de sus puertos más bulliciosos. Desde el final del apartheid, miles de personas han emigrado aquí, convirtiendo el centro urbano en un cú-

PUNTOS DE INTERÉS

mulo de arquitectura moderna, chabolas, edificios victorianos, mezquitas, templos y bazares.

Cerca se hallan las playas de Widenham, Scottburgh, Ramsgate y Marina Beach entre otras. En el Valley of a Thousand Hills residen los zulúes con un estilo de vida tradicional.

Y justo después descubrirá un trozo de la África salvaje: el uKhahlamba-Drakensberg National Park, designado Patrimonio de la Humanidad por la UNESCO por su belleza natural y la diversidad de sus hábitats. Unas 600 superficies rocosas y cuevas contienen las antiguas pinturas rupestres hechas por el pueblo san hace unos 4.000 años. Aquí también está el Hluhluwe-iMfolozi Park, una de las reservas más antiguas del país.

Por la costa, hacia el norte, el iSimangaliso Wetland Park abarca varias zonas protegidas, incluidas las Maphelane y Kosi Bay Nature Reserves, donde la costa subtropical, los humedales y el bosque tropical acogen a una gran diversidad de especies.

Este rincón del litoral se apoda Elephant Coast por las manadas de elefantes que residen aquí. Contémplelos de cerca en la Mkuze Game Reserve, en la esquina nordeste de Zululandia, y en la Tembe Elephant Reserve; ambas ofrecen excursiones para ver la fauna. ■

Durban

Durban recibió su nombre por el gobernador inglés del siglo XIX Benjamin D'Urban. Hasta la construcción del canal de Suez, los barcos británicos tenían que rodear el cabo y Durban era una parada para los funcionarios y miembros del ejército que iban o venían de la India. Incluso se llegó a apodar a la ciudad como «el último puesto avanzado del imperio británico» y la influencia colonial es evidente en su urbanismo victoriano.

El Durban City Hall, construido a semejanza del de Belfast, en Irlanda del Norte.

Durban
Mapa pág. 143
Información
160 Pine St., Ste. 303
031/366-7500
www.durban.kzn.org.za

Con una población de 3,5 millones de personas, Durban es la tercera ciudad de Sudáfrica, además de un próspero centro industrial y el puerto más ajetreado de África.

Durban se mueve al ritmo de una África moderna con una gran mezcla racial, muchas de las cuales llegaron a la ciudad tras la supresión de los controles impuestos por el apartheid. La cultura que la define es la de los zulúes, las tribus guerreras de los «hijos del cielo» que dominaban la zona hasta que los británicos los sometieron a finales del siglo XIX. Hoy alrededor del 63 % de los residentes en Durban habla zulú.

Los numerosos inmigrantes indios también han dejado su sello en la ciudad, con templos hindúes, mezquitas y bazares. Muchos de ellos llegaron hace más de un siglo, contratados para trabajar en los campos de caña de azúcar.

La Golden Mile

El principal atractivo de Durban es su paseo marítimo, la Golden Mile (Milla Dorada), que en realidad mide varias millas (ver págs.

146-147), con sus altos hoteles y sus restaurantes.

Sea World, en el enorme parque de atracciones **uShaka Marine World,** ubicado a los pies de la Golden Mile, es una muestra de lo que se puede encontrar en las bahías y calas más tranquilas de las playas periféricas. Las instalaciones incluyen un acuario de agua salada, un delfinario, una piscina de focas y una colonia de pingüinos. El **Offshore Rocky Reefs Exhibit** alberga peces poco comunes de la costa de KwaZulu-Natal y la **Rocky Touch Pool** le permite tocar estrellas y cohombros de mar. **Exhibits of the Deep Zone** muestra criaturas de las profundidades abisales. Incluso puede ver a los tiburones de cerca en la **Xpanda Shark Cage** del Sea World *($$$$)*.

Aquí también encontrará las típicas atracciones de cualquier parque temático. El Village Walk está repleto de restaurantes y tiendas.

Centro de la ciudad

En el centro, el **City Hall** (ayuntamiento), de estilo neobarroco, es una copia del consistorio de Belfast, en Irlanda, y domina la Francis Farewell Square. El **Natural Science Museum** *(City Hall, 1° piso, Smith St.; tel. 031/311-2256)* está en el mismo edificio y expone una gran selección de mamíferos, aves e insectos africanos. En el segundo piso, la **Durban Art Gallery** expone obras de artistas sudafricanos contemporáneos, incluidos Andrew Verster (n. 1937) y Penny Siopis (n. 1953) y atesora una importante colección de arte y artesanía zulú, además de arte tradicional y contemporáneo europeo. Todos los miércoles a las 13.00 h hay actuaciones musicales de cantos y bailes en la escalinata del edificio del Ayuntamiento.

Junto al City Hall se alza el **Old Court House Museum** de Durban *(Smith con Aliwal Sts.; tel. 031/311-2229)*, que se encuentra en el primer edificio público erigido en Durban en 1866. La exposición se centra en la historia colonial de Natal, así como en algunas de las figuras más importantes de Durban (busque al rey zulú Shaka; ver pág 27).

A una manzana de distancia, en Church Square, se levanta la neogótica **St. Paul's Church** *(Pine St.; tel. 031/305-4666)* y su casa parroquial, erigida en 1853 y reconstruida en 1906 después de un incendio. Varias placas recuerdan a muchos de los primeros colonos. La iglesia también servía como misión para los marineros.

CONSEJO DE EXPERTO

Ver amanecer sobre el Índico desde Durban es una fotografía inolvidable, con pescadores en los muelles, magníficas vistas de los surfistas y el perfil de la Golden Mile.

—JOHN SEATON CALLAHAN
Colaborador de National Geographic

Alrededores de Victoria Embankment

En Victoria Embankment, el **Wilson's Wharf** es un muelle repleto de jóvenes, barcos de alquiler, restaurantes, teatros y tiendas.

uShaka Marine World
- 1 Bell St.
- 031/328-8000
- $$$
- **www.ushakamarineworld.co.za**

Durban Art Gallery
- City Hall, 2° piso, Smith St.
- 031/311-2264/9
- Llame una semana antes para programar la visita

La Golden Mile

La Golden Mile o Milla Dorada –una ostentosa extensión de playa y paseo marítimo de Durban que en realidad mide 6 km– se extiende desde la Bay of Plenty (bahía de la Abundancia) y North Beach hasta South Beach, y discurre paralela al distrito comercial. Tras las arenas doradas se elevan filas y filas de hoteles de lujo.

Las luces de la Golden Mile de Durban.

El nombre deriva de los exploradores portugueses que llamaban a la arena de estas costas «arenas de oro». Las playas están separadas por varios muelles y cuentan con vigilantes todo el año. Las redes colocadas en las aguas profundas evitan que los tiburones se acerquen a los bañistas. La Golden Mile también es muy popular entre los surfistas, sobre todo North Beach, Dairy Beach y la Bay of Plenty, y la South Beach se considera el lugar perfecto para los novatos. Docenas de piscinas, fuentes, toboganes de agua, puestos de recuerdos y tiovivos flanquean el paseo marítimo. Y por todo el camino encontrará vendedores de artesanía zulú.

Inicie el paseo en **Natal Command** ❶, en la esquina de Argyle y Snell Parade, en el extremo norte de la Golden Mile, que se convierte en Marine Parade.

La cercana **Minitown** ❷ *(114 Snell Parade, Lower Marine Parade, North Beach; tel. 031/ 337-7892; cerrado lun.; $)* expone los edificios más interesantes de Durban en miniatura,

Los *rickshaws* zulúes

Súbase a un *rickshaw* zulú pintado con tonos chillones y tirado por un conductor ataviado con coloridas ropas para recorrer el paseo marítimo.

Ver mapa pág. 143
- Natal Command
- 1 km
- 2 horas
- uShaka Marine World

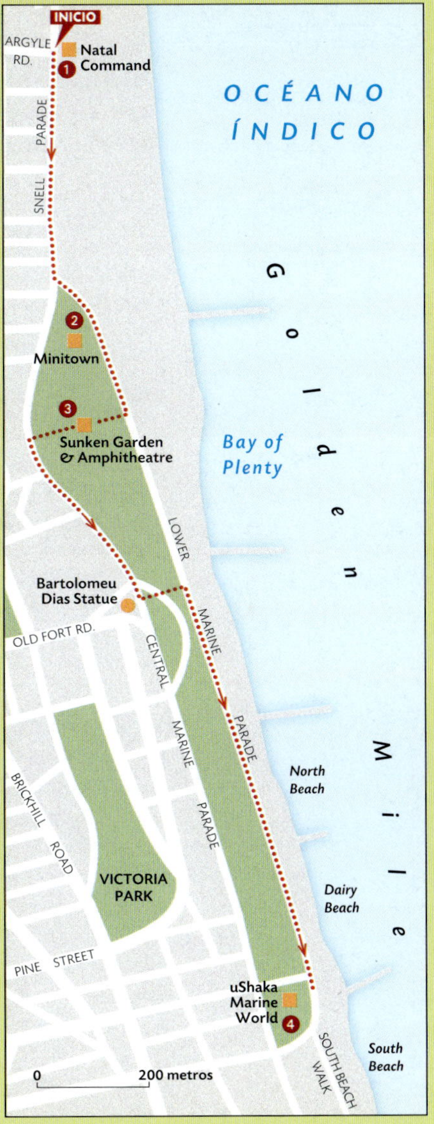

con maquetas a escala 1/25, incluidos un tren y un aeropuerto.

Si se dirige al sur, la **Bay of Plenty** queda a su izquierda; es una famosa playa de surf en la que en julio se celebra el Gunston Surfing Contest; también tiene lugar allí la única competición nocturna de surf del mundo.

Pasee por el **Sunken Garden and Amphitheatre** (Jardín Hundido y Anfiteatro) 3, enfrente del North Beach Garden Court hasta Central Marine Parade. El jardín tiene flores, estanques y fuentes, y si va por la noche lo encontrará iluminado. Si tiene suerte, se encontrará con un concierto en el anfiteatro al aire libre. Los domingos suele celebrarse un mercadillo.

En el cruce con Old Fort Road, una estatua rinde homenaje a Bartolomeu Dias, el navegante portugués que en 1488 llegó hasta Algoa Bay. Se dice que fue quien inspiró a Vasco de Gama para que siguiera adelante. De Gama arribó a la costa de Natal el día de Navidad de 1497.

Vuelva sobre sus pasos hasta Lower Marina Parade y continúe por el paseo marítimo hacia el sur. Al final de la Golden Mile, en South Beach, se encuentra **uShaka Marine World** 4 (ver pág. 145), el parque acuático más grande de África, con una exposición sobre el mundo marino (Sea World), un acuario y otras diversiones. También cuenta con un programa de rehabilitación para animales marinos heridos.

PUNTOS DE INTERÉS

Bay of Plenty • Sunken Garden and Amphitheatre • uShaka Marine World

Bartel Arts Trust Centre

✉ SAS Inkonkoni Bldg., 45 Maritime Place, Small Craft Harbour, Victoria Embankment

☎ 031/332-0468

www.batccentre.co.za

Durban Botanic Gardens

✉ Sydenham Rd., junto a la M8 en Berea

☎ 031/201-1303

www.durbanbotgardens.org.za

El **Bartel Arts Trust Centre** (BAT), un vibrante complejo artístico social, se dedica al arte y la artesanía local que reflejan el legado de KwaZulu-Natal. Estudios abiertos, galerías de arte y restaurantes de última moda animan el ambiente.

Bluebottles

Cuidado con los grumos gelatinosos pegados a la arena de la Golden Mile de Durban. Puede que sean *bluebottles*, que en la jerga de Durban es como llaman a las carabelas portuguesas. Este desagradable invertebrado no es una medusa, como se suele pensar, sino una colonia de minúsculos sifonóforos. Su picadura es especialmente dolorosa y puede provocar la muerte. Su nombre se debe a la vejiga de aire del organismo, utilizada para la propulsión mareomotriz y que se parece a la vela de un antiguo galeón portugués.

Durban Botanic Gardens

Con una extensión de 14,5 ha, los Durban Botanic Gardens son un tesoro de plantas indígenas africanas. Creados en 1851, estos jardines tan bien conservados son la atracción natural más antigua de la ciudad y el jardín botánico más antiguo de África. Las 150.000 especies de plantas se centran en las orquídeas, las cicadáceas y las palmeras, pero también hay una impresionante colección de bromeliáceas y un arboreto de especies africanas, americanas y asiáticas. Se presta especial atención a las plantas en peligro de extinción.

Un lago, un jardín hundido, un vallecito de helechos y un salón de té convierten la visita en una tranquila excursión.

Ubicados entre Sydenham y St. Thomas Hill Roads, a los pies del Berea (un risco que se alza sobre la ciudad) no es difícil llegar a estos jardines desde el centro de la ciudad. Están a sólo unos minutos del Warwick Triangle.

Distrito indio

Los indios constituyen casi el 20 % de los habitantes de Durban y son la mayor población india fuera de Asia, así que no es extraño que su impacto cultural marque esta parte de la ciudad. Los dos minaretes dorados de la **Juma Masjid Mosque** *(Grey St. con Queen St.; tel. 031/306-1774; cerrado dom.)* se elevan sobre este animado barrio. Es la mayor mezquita del hemisferio sur y puede albergar hasta 4.500 fieles. Llame para reservar una visita guiada.

A la vuelta de la esquina, en el estrecho callejón que hay entre Grey St. y Cathedral Rd., en el atestado bazar **Madressa Arcade** verá montañas de especias, telas de colores y otros productos indios. Unos cuantos puestos venden también música africana y misteriosos objetos relacionados con la magia africana.

En Grey Street hay varias tiendas de comida india especializadas en una especie de bocadillo llamado *bunnychow*, que es media hogaza de pan sin miga y llena de carne o algún curry de verduras.

Pesando con cuidado las especias en el Victoria Street Market.

Killie Campbell Museum & Africana Collection

✉ 220 Marriott Rd.

☎ 031/260-1720

🕒 La casa sólo se puede visitar con cita previa

$ $

http://campbell.ukzn.ac.za

En la esquina de Queen y Victoria Streets, los puestos de carne y pescado, frutas y verduras, especias e incienso del colorido **Victoria Street Market** son como un viaje aromático a la India. También encontrará cestas de paja, objetos tallados de madera y muchos otros productos del sur de Asia.

Durban tiene más de 20 templos hindúes. El imponente **Shree Ambalavaanar Alayam Hindu Temple** *(Bellair Rd., Umkumbaan, Cato Minor; tel. 031/311-1111)* está situado un poco más allá del distrito indio, pero merece una visita. Construido en 1883, es el santuario hindú más grande y más antiguo de Sudáfrica.

Killie Campbell Museum & Africana Collection

La Killie Campbell Collection ofrece tres importantes fuentes de investigación de la historia y la cultura de KwaZulu-Natal. Situada en **Muckleneck,** la finca de estilo neoholandés de El Cabo del magnate del azúcar y político de Natal Marshall Campbell (1848-1917), la colección se compone de la Killie Campbell Africana Library (Biblioteca de Temas Africanos Killie Campbell), la William Campbell Furniture and Picture Collection (Colección de Muebles y Cuadros William Campbell) y el Mashu Museum of Ethnology (Museo Mashu de Etnología). Las colecciones las estableció la hija de sir Marshall, Margaret Killie Campbell. Su hermano William donó Muckleneck como depósito para las colecciones de su hermana, que han sido administradas por la

CONSEJO DE EXPERTO

No se puede marchar del distrito indio sin probar el *bunnychow*, un plato local que consiste en un curry servido en una hogaza de pan.

—ROBERTA COCI
Colaboradora de National Geographic

Universidad de KwaZulu-Natal desde su muerte en 1965.

Los temas principales de la **Killie Campbell Africana Library** cubren de forma general publicaciones sobre la historia socioeconómica, política y cultural de KwaZulu-Natal. Las áreas de especialización incluyen las primeras exploraciones y viajes por África, las misiones cristianas, la guerra anglo-zulú, la guerra de los bóers, los levantamientos de Bhambatha de 1906 y los archivos James Stuart, que atesoran las historias orales zulúes.

La **William Campbell Furniture and Picture Collection** expone el mobiliario de Muckleneck de la época en la que la familia aún vivía allí. Algunos objetos son interesantes por la importancia histórica de sus antiguos propietarios. Por ejemplo, un taburete tallado por Dinizulu, el rey zulú, mientras estaba detenido en la isla de St. Helena. Los muebles de estilo holandés de El Cabo figuran entre los mejores que hay en una institución pública fuera de El Cabo. La amplia colección de cuadros incluye tanto arte contemporáneo de artistas negros como Azaria Mbatha (n. 1941), Trevor Makhoba (n. 1956) y George Msimang (n. 1948), como vistas topográficas de la flora y la fauna sudafricanas del siglo XIX realizadas por artistas especializados en temas africanos como William John Burchell (1781-1863), Thomas Baines (1820-1875) y Samuel Daniels (1775-1811).

Interior de la William Campbell Furniture and Picture Collection.

El **Mashu Museum of Ethnology** alberga una magnífica colección de artefactos culturales zulúes, tallas en madera, escultura, cerámica, trajes y trabajos con abalorios. Los estudios de los atavíos africanos indígenas de la artis-

CONSEJO DE EXPERTO

Alrededor de Durban se pueden observar más de 200 especies de aves. Se ofrecen excursiones al Umgeni River Bird Park, un lugar idóneo para verlas en su hábitat.

—CAGAN H. SEKERCIOGLU
Investigador de campo de National Geographic

ta Barbara Tyrrell (n. 1912) se consideran uno de los mejores elementos de la colección.

Umgeni River Bird Park

A sólo diez minutos en coche del centro de la ciudad, el Umgeni River Bird Park es uno de los mejores aviarios y refugios del mundo. Unas 1.000 aves de más de 240 especies diferentes de todo el mundo anidan entre el denso follaje del río Umgeni, a 1 km de la desembocadura. El parque también trabaja en la reproducción de especies poco comunes y en peligro de extinción.

Los numerosos senderos facilitan a los visitantes la tarea de ver turacos, cacatúas, varias especies de loros y otras aves autóctonas. Los pajareras y los recintos abiertos permiten ver guacamayos, cucaburras, tucanes, flamencos y especies amenazadas como la grulla carunculada. En los espectáculos de vuelos *(todos los días a las 11.00 y 14.00 h)* se pueden observar búhos, cigüeñas, tocos y buitres de El Cabo volando en libertad. Durante la época de cría, una ventana permite observar la «guardería», donde el personal alimenta a las crías cada hora.

El Cockatoo Café, en el jardín, ofrece desayunos y comidas ligeras en un entorno de aves de brillante plumaje. ■

Umgeni River Bird Park

Mapa pág. 143

490 Riverside Rd., junto a la M4, dirección Durban norte

031/579-4600

$

www.umgeniriverbirdpark.co.za

La nación de las especias

Cuando los británicos llegaron a Durban en el siglo XIX, llevaron con ellos mano de obra india. Y con ellos llegaron las especias; después de todo, India produce el 86 % de las especias del mundo.

Históricamente hablando, Durban era el mayor puerto de África y, como es natural, tenía un papel muy importante en el comercio de especias. Antes de que se construyera el canal de Suez en 1869, todos los barcos procedentes de Europa rodeaban África y hacían escala en Durban antes de dirigirse a las Indias Orientales.

Por todas esas razones, el visitante encontrará en Durban especias asombrosas y tentadores platos elaborados con ellas. Entre los más famosos figura el curry de Durban, con chiles rojos y pimentón picante (más rojo que su equivalente indio).

Si quiere comprar especias, el Victoria Street Market, en la esquina de Victoria y Queen Streets, es el mejor sitio, con decenas de puestos que despliegan exóticas especias en olorosas pirámides. Algunas son puras (como el azafrán o el pimentón picante) y otras son mezclas locales, como las llamadas «mother-in-law exterminator» (exterminador de suegras) y «honeymoon BBQ» (barbacoa de luna de miel).

Si quiere un tentempié picante, compre unas samosas (una especie de empanadillas) o un *bunnychow*.

Maravillas submarinas

La costa oriental de Sudáfrica, en el océano Índico, calentada por la corriente de Agulhas, ofrece el entorno perfecto para disfrutar de todo tipo de deportes acuáticos. Pero la orilla, los acantilados y las calas de KwaZulu-Natal son quizá los más famosos por los magníficos lugares para bucear y hacer submarinismo.

Buceador y pez escorpión en Sodwana Bay.

Kosi Bay (ver págs. 170) es un estuario de la frontera con Mozambique que consiste en cuatro lagos interconectados y forma parte del iSimangaliso («maravilla» en zulú) Wetland Park, antes conocido como Greater St. Lucia Wetland Park, Patrimonio de la Humanidad de la UNESCO. El parque es famoso por la diversidad de su flora y fauna marinas, y ofrece buenas oportunidades para hacer esnórquel en los arrecifes de coral de la desembocadura del Kosi.

Un poco más al sur está **Sodwana Bay** (ver recuadro pág. 153), que también forma parte de iSimangaliso. Aquí los arrecifes de coral, los más meridionales de África, reciben el nombre de las millas que los separan de la playa: de 2-Mile a 9-Mile. Quizás el más pintoresco sea el coral 7-Mile. Las condiciones en Sodwana permiten bucear todo el año pero el mejor momento es en verano, de noviembre a mayo.

Los buceadores de todo el mundo consideran que **Aliwal Shoal** (ver recuadro pág. 153) es uno de los diez mejores lugares del mundo. Está a 40 minutos en coche al sur de Durban, cerca de Umkomaas. El *shoal* o banco de arena es una duna de arena fosilizada que se encuentra a 4 km de la costa. Bautizado con ese nombre por el *Aliwal*, que naufragó aquí en 1849 (al que siguieron varios más), la zona está llena de salientes y cuevas en las que los buceadores pueden encontrar una amplia variedad de esponjas, corales y peces.

Más al sur de Eastern Cape, en **Protea Banks,** a unos 8 km de la costa de Shelly Beach, los buceadores encuentran otro lugar de fama mundial. A una profundidad de 25 m pueden ver el jaquetón toro, el tiburón tigre y el tiburón martillo en verano, y tiburones toro, tiburones cobre, peces zorro y tiburones blancos en invierno. Las cuevas están llenas de corales duros y blandos.

En la punta de Eastern Cape, en el **Tsitsikamma National Park** (ver pág 114), el primer parque nacional marino de Sudáfrica, los aficionados al esnórquel encontrarán charcas llenas de estrellas de mar, esponjas y moluscos. Las especies de aguas profundas incluyen los tiburones toro y las águilas marinas comunes.

Más allá de KZN

Ciudad del Cabo ofrece excelentes oportunidades para hacer submarinismo todo el año porque la península tiene el frío Atlántico por un lado (mejor en verano) y el Índico, más cálido, por el otro (mejor en invierno). Bucear en el lado frío significa aguas gélidas pero preciosos bosques de sargazos. La costa occidental es fría en todas partes salvo en la **Langebaan Lagoon,** un poco más suave, (ver págs. 90-91), más o menos a una hora en coche de Ciudad del Cabo, en la costa oeste.

Cerca de Mafikeng, en la North West Province, la **Wondergat** (cueva de las Maravillas) es un agujero lleno de agua y un lugar para bucear en el interior del país muy popular. Aquí los buceadores pueden encontrar camarones *Palaemonias* o cíclidos *Tilapia sparrmanii*. La cueva se cierra periódicamente para hacer limpieza, así que compruébelo antes de ir.

Hay escuelas de buceo por todo el país que ofrecen inmersiones de un día, cursos cortos y equipo para alquilar.

CONSEJO DE EXPERTO

La mejor aventura con un animal la puede vivir bajo el agua, al final de Aliwal Shoal. En las inmersiones de Umkomaas, Scottburgh y Park Rynie existe la posibilidad de nadar con tiburones tigre, sin jaula. ¡Es seguro e inolvidable!

—JON MINSTER, *periodista de viajes*

ACTIVIDAD: Los mejores lugares para bucear de KZN

Sodwana Bay y Aliwal Shoal son dos de los mejores lugares para hacer submarinismo en Sudáfrica. Hasta aquí llegan submarinistas de todo el mundo para contemplar la suntuosa diversidad de la vida marina que se despliega antes sus ojos.

SODWANA BAY

7-Mile Reef: simas y pináculos que muestran el magnífico paisaje de la vida marina. Se han identificado más de 1.200 especies de peces. Podrá ver el pez escorpión, el pez globo, rayas y el poco común pez hoja.

Anton's Reef (2-Mile Reef): gran variedad de peces tropicales y corales.

Pinnacles: una inmersión poco profunda que ofrece formaciones de coral.

En las noches de verano las tortugas anidan en las playas. Llame a la oficina de turismo de Elephant Coast *(tel. 035/562-0353)*.

ALIWAL SHOAL

Cathedral: un anfiteatro en el arrecife lleno de rayas, anguilas y tiburones.

El Nebo: un barco hundido cubierto de corales blandos y esponjas.

Raggies Cave: una cueva repleta de tiburones toro.

Contacte con el Aliwal Shoal Dive Centre *(tel. 039/973-2233, www.aliwalshoal.co.za)* o con la oficina de turismo de South Coast *(tel. 039/312-2322)*.

Alrededores de Durban

Durban es el punto de partida perfecto para hacer excursiones. Las playas del norte y el sur de la ciudad cuentan con kilómetros de arena y olas impolutas. Al norte descubrirá aldeas zulúes tradicionales y extensos parques nacionales que albergan una fauna única.

La playa de Margate, ganadora de varios galardones.

Umdoni Coast

Mapa pág. 143

Información

Scott St., Scottburgh

039/976-1364

www.scottburgh.co.za

Hibiscus Coast

Mapa pág. 143

Información

Panorama Parade, Margate

039/312-2322

www.hibiscuscoast.kzn.org.za

Las playas de South Coast

La South Coast es una extensión de 160 km de playas y pueblos de veraneo pegados unos a otros que van desde Durban hasta Port Elizabeth. La costa, que en otro tiempo los zulúes llamaban Ugu («el borde del gran agua»), está jalonada de hoteles y urbanizaciones, de bananos, palmeras, espinos y lianas. Muchas de las playas atraen a visitantes de todo el país.

A unos 45 km al sur de Durban y justo después de la ciudad de Umkomaas se extiende la playa de **Widenham,** ideal para hacer surf y nadar.

Un poco más al sur se encuentra **Scottburgh,** un próspero lugar de veraneo. Tiene una playa vigilada y está equipada con redes para tiburones, por lo que el baño es seguro. Hay magníficas olas para hacer surf, *windsurf* y *body-boarding*. El antiguo puerto de pescadores sigue siendo un paraíso para los amantes de la pesca deportiva.

En **Pennington** puede disfrutar de las tranquilas playas, hermosas bahías y *resorts* de Umdoni Park & Golf Course, Ocean View, Kelso, Sezela, Bazely, Ifafa Beach, Elysium y Mtwalume.

La zona que va desde Hibberdene hasta Port Edward se llama **Hibiscus Coast** por la profusión de hibiscos e incluye Port Shepstone, Shelly Beach, Margate, Southbroom y Port Trafalgar, todos con playas maravillosas y las instalaciones de los mejores complejos hoteleros.

Margate, a 20 km al sudeste de Port Shepstone, cuenta con numerosos complejos hoteleros. La playa, de 1,6 km, ha obtenido la bandera azul, lo que la convierte en una de las mejores del mundo. Abundan las *boutiques* de moda y las tiendecitas con pretensiones artísticas, y al atardecer las terrazas de los restaurantes, bares y clubes de «The Strip» se llenan de vida.

En contraste, **Ramsgate** es un pequeño y tranquilo pueblo al sur de Margate.

Marina Beach, en el extremo sur de la provincia, posee una larga playa de arena y un precioso estanque que dejan las mareas entre Southbroom y San Lameer. Su proximidad a la Trafalgar Marine Reserve y a la desembocadura del río Mpenjati y su laguna la convierten en un atractivo destino.

Valley of a Thousand Hills

A medio camino entre Durban y Pietermaritzburg, el Valley of a Thousand Hills (valle de las Mil Colinas) se halla a los pies de unas colinas que se extienden hasta donde alcanza la vista. Los zulúes aún viven aquí en aldeas tradicionales.

La belleza y la tranquilidad de este valle atraen desde hace tiempo a artistas y artesanos que fabrican objetos de cerámica, sandalias

Valley of a Thousand Hills

Mapa pág. 143

Información

690 T1

031/777-1874

www.1000hills.kzn.org.za

ACTIVIDAD: Hoyo en Uno

La espléndida costa subtropical de KwaZulu-Natal ofrece el marco ideal para uno de los destinos de Sudáfrica más apreciados entre los amantes del golf.

Amanzimtoti *(1 Golf Course Rd., Athlone Park; tel. 031/902-1166)* es el paraíso de los aficionados a los golpes con efecto a la derecha porque muchos de los hoyos lo requieren. Los últimos tres hoyos son duros cuando se levanta el viento. El **Durban Country Club** *(101 Walter Gilbert Rd.; tel. 031/313-1777, www.dcclub.co.za)* tiene dos campos: el Country Club y el Beachwood. Tallados entre las dunas, ambos son difíciles. El **Kloof Country Club** *(26 Victory Rd., Kloof; tel. 031/764-0555; www.kloofcountryclub.co.za)*, entre el cinturón de bruma de las colinas, es un agradable alivio tras la humedad de la costa. Un campo atractivo entre parques con magníficos árboles. El **Margate Country Club** *(Wingate Rd., Margate; tel. 039/317-2340; www.margategolf.co.za)* parece fácil pero es muy complicado; es un campo con obstáculos acuáticos. Los cinco hoyos de par 3 son sorprendentes y muy respetados. El **Royal Durban** *(16 Mitchell Crest, Durban; tel. 031/309-2581; www.royaldurban.co.za)* es llano, pero también uno de los campos más complicados del país a causa del viento. **San Lameer** *(Main Rd., Lower South Coast, San Lameer Estate; tel. 039/313-5141; www.sanlameer.co.za)* está considerado entre los treinta mejores de Sudáfrica. Emplazado en una reserva natural con numerosas especies de aves y otros animales, el campo ofrece muchos obstáculos acuáticos. En el de **Scottburgh**'s *(Taylor con Williamson Sts., Scottburgh; tel. 039/976-0041; www.scottburghgolf.co.za)* el océano Índico es el telón de fondo. El campo tiene calles estrechas con fuera de juego a la derecha y un bosque a la izquierda. El intenso viento ha sido un castigo para muchos jugadores.

Umgeni Steam Railways
- Mapa pág. 143
- Kloof Station
- 031/303-3003 o 082/353-6003
- $$$-$$$$

www.umgenisteam railway.co.za

Isithumba Village
- Mapa pág. 143
- Isithumba Adventure Tourism, District, Road D1004, Botha's Hill
- 031/777-7167 o 073/303-6288

www.isithumba.co.za

cuero, tejidos pintados a mano, etc. Los puestos de la **Old Main Road** en las zonas de Hillcrest y Botha's Hill venden este tipo de artesanía, así como productos frescos, mermeladas caseras, etc.

Para hacer una visita nostálgica del valle, coja el **Umgeni Steam Railways** (ferrocarril de vapor de Umgeni). Este trayecto de una hora desde la estación de Kloof hasta la de Inchanga asciende algunas de las pendientes ferroviarias más pronunciadas de Sudáfrica y atraviesa uno de los túneles más antiguos. La estación de Inchanga, que data de 1893, se encuentra en las Midlands inferiores.

Existen dos aldeas culturales zulúes que reciben a los turistas en la zona de Botha's Hill. En **Isithumba Village,** en la KwaXimba Tribal Authority, unos guías expertos lo acompañan a las casas zulúes. Comparta una comida tradicional, asista a los bailes, observe el trabajo de un *sangoma* (sanador tradicional) y pase la noche en modernos chalés en el Adventure Tourism Center.

Para llegar a la aldea, gire en la Old Main Road después de Monteseel y tome la District Road D1004. Siga la carretera que se adentra en el valle, el centro está a orillas del río Umgeni.

O diríjase al cercano **Phezulu Safari Park** *(5 Old Main Rd., zona de Botha's Hill; tel. 031/777-1000; www.phezulusafaripark.co.za),* donde puede asistir a bailes zulúes tradicionales y visitar los *kraals*. También puede visitar una granja de serpientes y otra de cocodrilos. ■

ACTIVIDAD: Consulte a un *sangoma*

La idea de sentarse frente a un hombre con abalorios y plumas que canturrea, resopla y agita un látigo de cuero mientras tira huesos en su dirección quizá sea intimidante, pero es una experiencia única. Los *sangomas*, o sanadores tradicionales, son una parte integral de la cultura nguni, ya que se dice que poseen el poder de comunicarse con los espíritus de los ancestros, que son reverenciados y guían la vida diaria. Aunque el pueblo nguni hace sacrificios regulares para mantenerlos felices, no siempre se logra el resultado deseado. Es entonces cuando entra en juego el *sangoma*. A través de las voces de los ancestros y con la ayuda de un herbolario, o *iNyanga*, un *sangoma* es capaz de predecir el futuro y diagnosticar y curar enfermedades. Si bien las actividades cuestionables de varios *sangomas* han puesto en entredicho esta tradición, todavía abundan los *sangomas* «buenos» y a menudo se los considera más eficaces que los médicos tradicionales.

Si está buscando guía espiritual para tomar una decisión difícil o desea vivir una experiencia única, pida una cita con el doctor Elliot Ndlovu, en el Fordoun Spa Hotel en las Midlands *(Nottingham Rd.; tel. 033/266-6217; www.fordoun.com; $$$$$ por sesión).* En la zona de Ciudad del Cabo, contacte con Zibonele Tours *(tel. 021/511-4263; www.ziboneletours.com; $$$$$ por excursión),* que realiza una excursión diaria a una *township* que incluye una consulta con un *sangoma* llamado Ndaba. En Johannesburgo, contacte con A Taste of Africa *(tel. 011/482-8114; www.tasteof africa.co.za; $$$-$$$$).*

La verdadera África

La África sin domesticar con montañas escarpadas, sabanas y una fauna maravillosa empieza aquí. Los pueblos tribales y los agricultores llevan una vida sencilla, al ritmo de la naturaleza.

Las espectaculares montañas Drakensberg.

Las Drakensberg

Las montañas Drakensberg («montañas del dragón» en afrikáans), que se extienden a lo largo de 965 km y separan KwaZulu-Natal de Lesotho, abarcan una asombrosa y poco poblada sucesión de praderas alpinas y bosques, cataratas y ríos.

La variedad topográfica de esta pared rocosa, que va de los 1.720 m a los casi 3.500 m, explica la gran diversidad de flora. En las zonas más altas predominan varias especies endémicas de flora alpina y en los valles prevalecen las proteáceas, las cicadáceas, los helechos, los «árboles col» *Cordyline australis* y los *Cladrastis lutea*.

La diversidad de fauna que puebla esta zona es también pasmosa, desde babuinos hasta varias especies de antílopes (eland común, rhebok, redunca, antílope jeroglífico, duiker azul, antílope saltarrocas y oribí), y también chacales, linces y nutrias.

De las 299 especies de aves, 43 son endémicas (10 de ellas de importancia global a efectos de conservación), incluidos la polluela especulada, el lorito robusto, el guión de codornices, el cernícalo primilla, la grulla carunculada y el bisbita pechigualdo. Entre las especies más comunes hay martines pescadores, cigüeñas, secretarios, chotacabras, alcaudones y tejedores.

Las Drakensberg

Mapa pág. 143

Información

036/448-1557,
036/448-2455
o 083/485-7808

www.drakensberg.co.za

Kamberg Game Reserve

- Mapa pág. 143
- Salida de Giant's Castle en la N3, Central Berg
- 033/267-7251 o 031/845-1000
- $

Royal Natal National Park

- Mapa pág. 143
- N. Berg Rd., a 19 km de la R74
- 036/438-6303
- $

Giant's Castle Game Reserve

- Mapa pág. 143
- Salida de Giant's Castle en la N3, Central Berg
- 036/353-3718
- $; visitas de la cueva: $; visitas de los miradores de aves: $$$$$

Vulture Restaurant en Giant's Castle

- Lammergeyer Hide
- Llame a Giant's Castle
- $$$$$ (incluye el transporte al mirador de aves)

CONSEJO DE EXPERTO

El Vulture Restaurant, en Giant's Castle, es un lugar fantástico para ver a los buitres de cerca. Puede extasiarse con la tranquilidad de saber que su dinero está contribuyendo a su conservación.

—CAGAN H. SEKERCIOGLU
Investigador de campo de National Geographic

Se pueden realizar actividades de todo tipo: senderismo, pesca con mosca, observación de aves, equitación o escalada. Incluso se puede esquiar en el sur de las Drakensberg, en Tiffindell (en el Eastern Cape), de finales de mayo a primeros de septiembre.

uKhahlamba-Drakensberg National Park

Buena parte de las montañas Drakensberg y la zona que las rodea componen las 243.000 ha del uKhahlamba-Drakensberg National Park, Patrimonio de la Humanidad de la UNESCO desde 2000; el nombre zulú de esta cordillera significa «almenas de lanzas» y describe los magníficos picos y contrafuertes de basalto de las montañas que la rodean.

Varios parques ya existentes se unieron en 1993 para crear el extenso uKhahlamba-Drakensberg National Park, incluidos el Royal Natal National Park, la Giant's Castle Game Reserve y la Kamberg Game Reserve.

Hay 15 entradas al parque, pero no están conectadas a una única carretera, así que los visitantes deben elegir una zona concreta para hacer senderismo o acampar. **Tendele,** en el Royal Natal National Park y la **Giant's Castle Game Reserve** disponen de alojamientos para pasar la noche.

El arte rupestre de las Drakensberg. Las Drakensberg son también unas de las regiones arqueológicas más importantes de Sudáfrica, con rastros de ocupación humana que se remontan a hace 20.000 años. El pueblo san lleva viviendo aquí en cuevas y refugios desde finales de la Edad de Piedra, y hoy día existen unos 600 puntos donde se pueden ver unas 35.000 imágenes pintadas en la roca que recogen su legado de los últimos 4.000 años.

Es el grupo de pinturas rupestres más concentrado del África subsahariana y son imágenes de gran calidad artística. La sensible interpretación de animales y seres humanos sugiere la compleja conexión del pueblo san con la naturaleza y parece relacionar parte del arte con su religión chamánica. No todo el arte rupestre es prehistórico, las pinturas más recientes datan del siglo XIX y algunas representan los enfrentamientos con los primeros colonos.

Se pueden visitar varios puntos con arte rupestre en el Royal Natal National Park, en la Giant's Castle Game Reserve (hay al menos 50 lugares) y en la Kamberg Game Reserve.

El **Kamberg San Rock Art Trail and Interpretative Centre**

realiza este tipo de excursiones con un guía. Fue aquí donde los arqueólogos encontraron la «piedra Rosetta» san, la clave con la que pudieron desentrañar el simbolismo del contenido espiritual de las pinturas. En el centro se puede ver un documental sobre el pueblo san, y también ponen en contacto al visitante con descendientes de los sans que viven en esta zona.

Royal Natal National Park. Uno de los rasgos geográficos más sorprendentes del norte de las Drakensberg es el **Amphitheatre,** ubicado en el Royal Natal National Park; sus impresionantes paredes, cortadas casi a pico, lo convierten en uno de los destinos preferidos de los escaladores de todo el mundo. El río Tugela cae desde una altura de 914 m en una serie de cataratas que forman las **Tugela Falls,** las más largas de Sudáfrica. Un paseo muy popular termina en el Tugela Gorge (cañón de Tugela).

Giant's Castle Game Reserve. Picos enormes, praderas barridas por el viento y una magnífica colección de pinturas sans son los atractivos de esta reserva de 34.398 ha ubicada al sur del Monk's Cowl.

ACTIVIDAD: Montar a caballo por las Drakensberg

Las montañas Drakensberg ofrecen una experiencia ecuestre única. Los montes de este Patrimonio de la Humanidad ofrecen vistas de pintorescos picos, cataratas y grandes espacios abiertos, y se puede recorrer a caballo las reservas cercanas contemplando jirafas, rinocerontes y un sinfín de especies de antílopes.

Si le interesa la historia, puede hacer una visita guiada a caballo, trotando por los campos de batalla históricos y recorriendo lugares como la Battle of Blood River (batalla del Río de Sangre), donde los *voortrekkers* se enfrentaron a los zulúes en 1838.

Y con más de 600 lugares donde contemplar el arte rupestre san, que en ocasiones se remonta a hace 4.000 años, no faltan senderos que puedan llevarle atrás en el tiempo.

Las excursiones a caballo también le llevarán a modernas aldeas zulúes donde puede observar el estilo de vida de los sudafricanos rurales. Puede incluso que decida tomarse un descanso para consultar a un *sangoma* (sanador tradicional).

Se puede montar por toda la cordillera, donde hay caminos tanto para los jinetes expertos como para los más novatos. Las excursiones van desde paseos en ponis a rutas de dos horas. También se pueden organizar salidas de varios días en la mayor parte de los complejos turísticos de las Drakensberg, con chef y guía incluidos.

Para disfrutar de una experiencia diferente, los excursionistas pueden alquilar llamas capaces de transportar hasta 40 kg de equipo de acampada.

Para hacer las reservas póngase en contacto con su complejo turístico o llame a: Khotso Horse Trails *(tel. 033/701-1502; www.khotsotrails.co.za);* The Northern Horse *(tel. 082/337-8770; www.drakensberghorseriding.co.za);* o Sengani Horse Trails *(tel. 036/352-1595).*

Golden Gate Highlands National Park

Mapa pág. 143

265 km al sur de Johannesburgo

058/255-0012; goldengate@sanparks.org

www.sanparks.org/parks/golden_gate

Permisos para acceder al parque. Los permisos los proporciona la KwaZulu-Natal Wildlife en Pietermaritzburg *(tel. 033/845-1000)* o en Durban *(tel. 031/304-4934)*; o solicítelos también en el Central Drakensberg Information Centre *(tel. 036/488-1207; www.cdic.co.za)*; en Ukhahlamba-Drakensberg Tourism *(tel. 036/448-1557; www.drakensberg.org.za)*; o en Southern Drakensberg Escape Tourism Centre *(tel. 033/701-1471; www.drakensberg.org)*.

Golden Gate Highlands National Park

Encajado entre el borde noroeste de KwaZulu-Natal y Lesotho se encuentra el único refugio de la provincia de Free State, el Golden Gate Highlands National Park. La belleza de estos inmensos contrafuertes (parte de las montañas Drakensberg) convierte a este parque en un lugar que bien merece la pena explorar. El pico más alto, de 2.829 m, es el Ribbokkop. El río Little Caledon forma la frontera sur. Este hábitat de tierras altas abarca 11.600 ha de un entorno protegido único en el que abunda la flora de las praderas montanas y la Highveld, así como bosques afromontanos y praderas alpinas austro-africanas; *Leucosidea sericea* es una especie de hoja perenne muy común. El parque es un paraíso para los amantes de las aves, con 140 especies que incluyen el buitre de El Cabo, el quebrantahuesos, el ibis calvo y el águila marcial. La caza incluye el ñu de cola blanca, el rhebok gris, el antílope saltador, el duiker común, el steenbok, el oribí, la redunca de montaña, el alcélafo común, el eland común y la cebra. También es una zona rica en fósiles. Los embriones de dinosaurio más antiguos descubiertos jamás (del Jurásico, hace entre 190 y 136 millones de años) se hallaron en este parque en 1978.

En el interior del parque el pequeño **Basotho Cultural Village** (Poblado Cultural Basotho) expone aspectos de la vida tradicional de los basothos. Entre las actividades que es posible realizar se incluyen rutas de senderismo hasta lugares donde se puede ver arte rupestre, paseos guiados para descubrir plantas medicinales y excursiones más arduas de dos días a varios picos y miradores.

Operation Rhino

La «Operación Rinoceronte», una iniciativa para salvar al rinoceronte blanco de la extinción, empezó en la década de 1960 en el Hluhluwe-iMfolozi. Los equipos de rescate lograron capturar y reubicar a muchos de ellos. Como resultado, la población de rinocerontes blancos de Sudáfrica ha crecido hasta alcanzar los 6.000 ejemplares.

Hoy día el parque también se centra en salvar al rinoceronte negro, cuyo número ha descendido de 14.000 a 2.550 animales en la última década. Al menos una quinta parte de la población de rinocerontes blancos y negros del mundo viven ahora en esta reserva.

Entre los alojamientos se incluye el Glen Reenen Rest Camp, el Protea Hotel Golden Gate *(www.proteahotels.com/goldengate)*, el Highland Mountain Retreta, Brandwag Hotel *(cerrado hasta marzo de 2010)*, y el Qwa Qwa Rest Camp. Llame *(tel. 012/428-9111 o 082/233-9111)* para obtener información y reservar.

Hluhluwe-iMfolozi Wildlife Park

Entre el extremo septentrional de Zululandia y la Elephant Coast se extiende el espectacular Hluhluwe-iMfolozi Wildlife Park. Llamado así por los ríos Hluhluwe e iMfolozi, la reserva, la más antigua de Sudáfrica, se creó en 1895 y abarca 96.000 ha. La variada topografía de la zona (desde colinas envueltas en brumas hasta sabanas quemadas por el sol, con sus acacias de corteza amarilla y acacias *Acacia tortilis*, las numerosas aldeas zulúes y las plantaciones de caña de azúcar), explica las hermosas vistas de este parque.

Aquí verá a los «cinco grandes» (el elefante, el león, el leopardo, el búfalo y el rinoceronte), así como cocodrilos del Nilo, hipopótamos, guepardos, hienas, ñus, chacales, jirafas, cebras, cobos de agua, nyalas, elands, kudús, impalas, duikers, reduncas, jabalíes verrugosos o facóqueros, potamoqueros de río, mangostas y babuinos.

Aves. El parque es uno de los destinos principales de Sudáfrica para las aves; se han registrado más de 300 especies. La llanura del río Hluhluwe es una de las pocas zonas del país donde se pueden ver juntas especies de bisbita gorgigualdo, bisbita gorgirrosa y bisbita de El Cabo. Otras especies dignas de mención incluyen el avesol africano, la paloma de Delegorgue, el barbudo orejiblanco, el nicator occidental, el apalis de

Un paseo por el Hluhluwe-iMfolozi Wildlife Park.

Rudd y los picabueyes de pico amarillo y de pico rojo.

Caza. Las excursiones en coche las organiza **Hilltop Camp** *(tel. 035/562-0848)*, tanto por la mañana como por la noche. Este campamento, en la sección Hluhluwe del parque, es uno de los más recientes y está al borde de una empinada ladera cubierta de bosques, en la zona alta, con vistas de las colinas y valles de Zululandia. **Mpila Camp** *(tel. 035/ 550-8477)*, en la sección iMfolozi, ofrece sólo excursiones por la tarde.

Además, una red de carreteras bien conservadas que atraviesan todo el parque, con zonas de descanso, permite a los visitantes visitar la reserva en su propio coche y sin necesidad de guía.

Hluhluwe-iMfolozi Park

Mapa pág. 143

Junto a la N2 en la salida de Hluhluwe; cruce la autopista y siga la carretera 14 km hasta la entrada

033/845-1000

NOTA: el Hluhluwe-iMfolozi Park es una zona de malaria, por lo que es necesario tomar precauciones contra esta enfermedad.

Ruta por las Maloti Mountains

Esta ruta le lleva por el atractivo paisaje montañoso de la provincia de Free State, al este, junto a la frontera sudafricana con Lesotho.

El Golden Gate Highlands National Park.

Durante buena parte del trayecto, mientras cruza una y otra vez el río Little Caledon, pasará por tierras de labranza y dejará con frecuencia las nevadas Maloti (alias Maluti) Mountains de Lesotho a su izquierda. Verá espectaculares formaciones de arenisca amarillas, doradas, marrones, rosas y grises bajo la luz que va variando; grupos de tupidos álamos grises e imponentes álamos de Lombardía; campos de color verde brillante con maíz y trigo entre primavera y verano, y de un color marrón tostado en invierno. También puede desviarse un poco para ver magníficas pinturas rupestres de los sans.

Comience en el **Golden Gate Highlands National Park** ❶ (ver págs. 160-161) y disfrute de los imponentes riscos de arenisca que se alzan majestuosos a la izquierda y a la derecha de la carretera cuando sale del parque.

Un trayecto de 18 km por la R712 entre campos ondulados le lleva a la pequeña ciudad de **Clarens** ❷, llamada así por el lugar de Suiza donde Paul Kruger, presidente de la antigua República del Transvaal, murió exiliado en 1904. Ubicada entre colinas bajas, Clarens ha desarrollado su gran potencial como destino turístico en las últimas décadas y los fines de semana se llena de gente. Una plaza cubierta de césped forma el centro de la ciudad y está rodeada por galerías de arte, restaurantes, cafés, bares y tiendas. En la esquina de la plaza encontrará **Clarens Destinations** *(Shop 8, Market St.; tel. 058/250-1189)*, donde le proporcionarán información sobre la ciudad y la región. Si tiene intención de ir a ver las pinturas rupestres de los sans de Schaapplaats (ver más adelante), haga las reservas aquí *($)* y pregunte por el estado de la carretera de grava.

Salga de Clarens por donde entró y tome la R711 hacia Fouriesburg. Después de 2 km, gire a la izquierda donde vea un gran cartel que señale a Kgubetswana y letreros más pequeños, en dirección contraria, que indican Schaapplaats. Un trayecto de diez minutos (6 km) le llevará a la granja **Schaapplaats** ❸ *(tel. 058/256-1176; www.ashgarhorses.co.za)*. Pregunte en la casa por las pinturas rupestres de los sans. Un guía subirá con usted a un valle (un paseo de diez minutos), hasta una gran cueva. Aquí verá magníficas pinturas rupestres, algunas de más de mil años, que representan antílopes y chamanes con cabezas de animales y envueltos en pieles. Debería dar al guía una propina de 5 o 10 rands.

Regrese a la R711 y doble a la izquierda hacia Fouriesburg. Varios kilómetros más adelante, ascenderá por una empinada colina y en la cima verá un cartel que le indica **Surrender Hill** (colina de la Rendición) ❹. Aparque y suba andando. Una placa de bronce explica la historia del lugar. Aquí, en julio de 1900, durante la guerra de los bóers (1899-1902), más de 4.300 bóers se rindieron a las fuerzas británicas. Para ellos fue uno de los mayores reveses de la guerra.

Kilómetro y medio después, un mirador le ofrece una magnífica vista del valle del Little Caledon, con Lesotho y las Maloti Mountains a lo lejos.

A 36 km de Clarens gire a la derecha para entrar en **Fouriesburg** ❺. Cuando llegue a la ciudad, verá a su izquierda el **Masotho Arts & Crafts** *(tel. 072/230-3206)*, donde se venden obras locales de gran calidad. Tómese unos minutos para recorrer Fouriesburg en coche; es una población pequeña, típica del este de Free State, con escuela, edificios municipales y una iglesia construida con la arenisca de color dorado de la zona. Un buen sitio para comer es la Fouriesburg Country Inn *(Reitz con Theron Sts.; tel. 058/223-0207)*, con sus techos de acero y habitaciones de arenisca en la parte de atrás.

PUNTOS DE INTERÉS

Golden Gate Highlands National Park • Clarens • Granja de Schaapplaats • Fouriesburg

Ver mapa pág. 143
➤ Golden Gate Highlands National Park
54 km
Medio día con paradas
➤ Fouriesburg

iSimangaliso Wetland Park

Mapa pág. 143

Información

Se accede a la oficina de información desde Mtubatuba, en la R618. Después del puente, deje la rotonda a la derecha por McKenzie St. Siga hasta la oficina de turismo de St. Lucia y la entrada al parque

www.isimangaliso.com

Además, dos pistas bien señalizadas, una en Hilltop Camp y otra en la sección iMfolozi, dan acceso a los animales a pie.

También es posible realizar paseos guiados, dirigidos por un guardabosques cualificado y armado. Estos cortos paseos diurnos, de unas dos horas de duración, se realizan tanto desde Mpila como desde Hilltop, y se pueden reservar en la recepción de ambos campamentos.

El Hluhluwe-iMfolozi Park también es famoso por las escarpadas **Wilderness Trails** («pistas salvajes») establecidas por Ian Player (el hermano del jugador de golf Gary Player) en la década de 1950. Los senderistas pueden elegir entre cuatro marchas guiadas de una duración de entre dos y cinco días por la vasta red de caminos.

Alojamiento. Ezemvelo KwaZulu-Natal Wildlife (la agencia responsable de gestionar la biodiversidad y los recursos naturales de KwaZulu-Natal) ofrece alojamiento con o sin comidas en los campamentos de Mthwazi, Hilltop, Muntulu y Munyawaneni, en la zona de Hluhluwe. En el área de iMfolozi existen instalaciones parecidas en los campamentos de Masinda, Mpila, Sontuli, Gqoyeni y Hlathikhulu. No se permite hacer cámping en el parque.

iSimangaliso Wetland Park

Conocido antes como el Greater St. Lucia Wetland Park y rebautizado en noviembre de 2007 como iSamangaliso (una palabra zulú que significa «maravilla») Wetland Park, este prístino ecosistema es la tercera zona protegida más grande de Sudáfrica y la primera designada Patrimonio de la Humanidad. Esta reserva de 328.000 ha se extiende a lo largo de 200 km de costa, desde las fronteras de Mozambique, al norte, hasta Maphelane, al sur del estuario de St. Lucia.

Buscando hipopótamos en el St. Lucia Estuary.

El parque incluye varios destinos muy conocidos, incluidos la Maphelane Nature Reserve, la St. Lucia Marine Reserve, Cape Vidal, Mkuze Game Reserve, Sodwana Bay, Lake Sibaya, Rocktail Bay y la Kosi Bay Nature Reserve, lo que lo convierte en una cadena segura para todas sus criaturas.

Saludo zulú

Si le estrecha la mano a un lugareño al estilo zulú, se ganará la aceptación de todos. Se realiza en tres tiempos: un apretón de manos normal, se cambia a una posición de lucha y se regresa al punto de partida. Las tres sacudidas, que se suceden como un solo movimiento, corresponden a la conversación habitual: «Hola», «¿Cómo estás?» y «Bien, ¿y tú?».

Este parque combinado protege cinco ecosistemas individuales pero interdependientes: el sistema marino del océano Índico; el sistema de dunas costeras, que consiste en altas dunas lineales cubiertas de vegetación y bosques subtropicales, praderas costeras y humedales; los lagos de St. Lucia y Kosi Bay, unidos por el estuario, con los cuatro lagos de agua dulce de Sibaya, Mgobezeleni, Bhangazi Norte y Bhangazi Sur; los pantanos Mkuze e iMfolozi y extensas marismas de juncos y papiros; y las Western Shores (Orillas Occidentales), antiguas terrazas costeras y bosques secos de la sabana.

Lo que distingue a este parque es su combinación de costa subtropical, humedales y bosque tropical, que da cobijo a una diversidad mayor de especies de las que se pueden encontrar en reservas más grandes como el Kruger National Park, y el impacto humano en la zona ha sido mínimo. Además de leopardos, gálagos de cola ancha, cercopitecos azules, chacales, hienas, ñus, impalas, reduncas, búfalos, licaones, guepardos, cebras, cocodrilos y rinocerontes blancos y negros, el parque alberga la población más grande de hipopótamos de Sudáfrica. Sólo el St. Lucia Lake alberga más de 800 hipopótamos y 1.200 cocodrilos. Los elefantes se reintrodujeron en 2001. La inmensa variedad de aves incluye unas 521 especies, entre ellas 200 aves acuáticas que anidan y se alimentan en sus costas.

Desde Sodwana Bay hacia el norte el parque incluye no sólo playas, sino también los arrecifes de coral de la costa.

Los rorcuales emigran a lo largo de todo el litoral de KwaZulu-Natal en invierno, entre junio y noviembre. Las tortugas bobas y laúd gigantes ponen los huevos en las playas en verano, de noviembre a marzo.

Otra rareza, el celacanto, una especie acuática que los científicos conocían por los archivos de fósiles y que se suponía extinta, se puede encontrar aquí. De hecho, en noviembre de 2000 se vieron y fotografiaron tres celacantos en un cañón submarino de la costa, cerca de Sodwana Bay, dentro de la reserva marina.

Una chica tsonga.

St. Lucia
Mapa pág. 143
Información
083/584-7473
www.stluciasouthafrica.co.za

Maphelane Nature Reserve
Mapa pág. 143
Frontera sur del iSimangaliso Wetland Park
033/845-1000

Se puede acceder al parque por nueve entradas diferentes y ofrece rutas por la naturaleza, paseos guiados y una red de carreteras para las rutas en coche; también existe la posibilidad de ver ballenas o tortugas, y hacer excursiones en barco y canoa. El **Crocodile Center,** cerca de la ciudad de St. Lucia, sirve de centro de interpretación sobre los cocodrilos y muestra las tres especies africanas: el del Nilo, el africano y el enano.

En todo el parque existen alojamientos dirigidos por varias empresas. Puede reservar por Internet *(www.elephantcoast.kzn.org.za).*

St. Lucia. El pueblo de St. Lucia, la entrada más meridional al humedal y su ciudad de veraneo, se conocía ya en 1822 como destino para disfrutar de la pesca y la fauna y se proclamó reserva en 1895. Aquí es donde los visitantes pueden orientarse y planear sus excursiones por el monte, la sabana, el estuario y las charcas que deja la marea. En temporada alta, la localidad es un lugar turístico lleno de restaurantes atestados de visitantes y tiendas de recuerdos, pero el ambiente es relajado, con monos y algún que otro hipopótamo paseándose por la única calle principal. Los visitantes acuden a practicar la pesca deportiva, tanto desde la costa como desde un barco, y para realizar excursiones de pesca en las que luego se liberan las capturas.

Se puede hacer un viaje en barco por la sección sur del **St. Lucia Lake,** de 36.000 ha *(KZN Wildlife Office, St. Lucia; tel. 035/590-1259; se necesita reserva)*, también llamado los Narrows (Estrechos), en la que avistará, entre otras aves, picargos vocingleros, pelícanos, flamencos, espátulas africanas, garzas y alciones. Los cocodrilos y los hipopótamos se revuelcan cerca de la orilla.

Maphelane Nature Reserve. La sección de Maphelane de iSamangaliso, que se encuentra al otro lado del St. Lucia Estuary, abarca la margen meridional del río iMfolozi, donde el río se adentra en el mar. Esta remota reserva le brinda la oportunidad de dar paseos por el bosque y el monte bajo. Entre las olas de la playa, la pesca también es una actividad muy popular. **Maphelane Camp** dispone de diez cabañas de troncos totalmente equipadas, cada una con dos dormitorios, baño, cocina y comedor. También hay 45 cámpings de caravanas y tiendas con instalaciones sanitarias modernas. Puede encontrar, asimismo, alojamientos más lujosos si así lo prefiere.

Cape Vidal. Cape Vidal es un magnífico campamento costero situado en una bahía protegida al norte de St. Lucia. El cabo, con sus charcas poco profundas y salientes de rocas para bucear, dunas de arena cubiertas de vegetación y unas playas magníficas es una de las escapadas favoritas dentro del iSimangaliso Wetland Park.

El campamento dispone de un amarradero para kayaks de pesca, motos acuáticas y barcos pesqueros de altura. Los pescadores de caña suelen capturar peces como el marlín, el pez vela, el bonito y el dorado. El campamento tiene gasolinera, tienda de recuerdos y una pequeña tienda de alimentación. Los alojamientos sin comidas incluyen cabañas, así como cabañas de pesca y cámpings.

Mkuze Reserve. Mkuze, la esquina nordeste de Zululandia, flanqueada por las montañas Lebombo al oeste, el océano Índico al este y Mozambique al norte, abarca una zona antes habitada por el pueblo shangaan a ambos lados de la frontera mozambiqueña. Esta sección de iSimangaliso tiene una diversidad asombrosa de hábitats, que incluyen la alta montaña, amplias extensiones de sabana y acacias, pantanos y una amplia variedad de bosques, entre ellos un tipo poco común de bosque de arena.

Esta diversidad topográfica explica la variedad de especies animales que habitan el parque, incluidos rinocerontes negros y blancos, elefantes, jirafas, nyalas (un antílope con cuernos en forma de espiral), ñus azules, jabalíes verrugosos, hipopótamos, impalas y kudús. Los guepardos, las hienas, los leopardos y los licaones se ven con menos frecuencia.

CONSEJO DE EXPERTO

Los campamentos de Mkuze son una buena opción, pero cierre bien la tienda para que los monos no le cojan la comida y la ropa. Y NO subestime a los hipopótamos: ¡pueden alcanzarle con toda facilidad!

—KEVIN HALL
Investigador de campo de National Geographic

Se han registrado unas 420 especies de aves y se han instalado tres observatorios para ver la fauna cerca de las cuencas de Kubube, Kamasinga y Kwamalibala. Durante los meses de invierno también es posible avistar grandes concentraciones de animales salvajes en estos abrevaderos. Dos hermosas cuencas, **Nhlonhlela** y **Nsumo,** acogen a hipopótamos, cocodrilos y pelícanos, además de patos y gansos.

Hay 86 km de carreteras que recorrer en busca de la fauna. Se pueden organizar paseos diurnos y rutas nocturnas a través de

Cape Vidal

- Mapa pág. 143
- N de St. Lucia
- 035/590-9012 o 082/841-5953 Reservas: 033/845-1000; info@kznwildlife.com
- $$

Mkuze Game Reserve

- Mapa pág. 143
- iSimangaliso Wetland Park
- 035/573-9004
- $$-$$$$$

Sodwana Bay

- Mapa pág. 143

Información

- Junto a la N2 en la salida de Hluhluwe, carretera SDI hacia Mbazwana durante 80 km
- 035/590-1633

Mantuma Camp *(tel. 038/845-1000)*. El campamento ofrece tiendas de safari, con la comida por su cuenta, y chalés.

Sodwana Bay. Muy popular entre los amantes de la pesca deportiva, el submarinismo y el esnórquel, Sodwana Bay es una extensión remota de Sudáfrica dentro del iSimangaliso Wetland Park. La bahía ofrece profundos despeñaderos cerca de la costa y magníficos paisajes submarinos de flora y fauna marinas que incluyen varios tipos de coral, y hermosas formaciones rocosas.

Los aficionados al submarinismo y el esnórquel encontrarán una gran abundancia de peces tropicales, corales blandos y duros, esponjas, morenas, grandes bancos de peces pelágicos, meros *Epinephelus tukula*, tortugas de carey, tortugas bobas, verdes y laúd y, dependiendo de la época del año, ballenas francas australes, rorcuales, tiburones ballena y delfines.

Este bellísimo lugar garantiza paseos tranquilos por las dunas con una pista de 5 km que llega al **Lake Mgoboseleni.** También hay visitas guiadas para ver tortugas entre noviembre y marzo.

Encontrará alojamiento en **Coral Divers** *(tel. 033/345-6531; www.coraldivers.co.za)*, en cabañas y tiendas de safari. Cuenta con una escuela de buceo en la que se puede alquilar el equipo. El **Mseni Lodge,** en el Sodwana Bay National Park *(tel. 035/571-0284; www.mseni.co.za)* alquila cabañas. **Ezemvelo KZN Wildlife** *(www.kznwildlife.com)* dispone de 20 cabañas con capacidad para entre cinco y ocho personas, con cocina propia. Para recorrer esta costa se requieren vehículos con tracción a las cuatro ruedas; hay que tomar precauciones contra la malaria.

La Kosi Bay.

Lake Sibaya. Este lago, la extensión de agua dulce más grande de Sudáfrica, se encuentra cerca de la costa norte y tiene playas de arena y dunas altas. Las arenas blancas del

CONSEJO DE EXPERTO

Si quiere evitar la multitud de Sodwana, en Kosi Bay podrá practicar el mejor submarinismo y esnórquel de Sudáfrica.

—KATE PARR
Investigador de campo de National Geographic

lago y de las marismas dan paso muy pronto a un bosque denso y cultivos con poblados tradicionales que bordean el parque en esta zona. El lago es el hábitat natural de un buen número de aves, mamíferos y vida acuática, incluida la segunda concentración más grande de hipopótamos y cocodrilos de KZN. Otras especies incluyen la mangosta de cola blanca y la de los pantanos, la redunca, el cercopiteco azul y el duiker rojo y azul.

Estas resguardadas bahías son el hábitat de 279 especies de aves registradas, incluidos el cormorán grande y el carinegro, el martín pescador pío, el martín pescador gigante africano y el martín pescador verde, el picargo vocinglero, la garza, la anhinga africana y la garceta grande.

En Mabibi, cerca del Lake Sibaya, se halla el **Tonga Beach Lodge** *(junto a la N2, a 5 km del lago Sibaya; tel. 035/475-6000; sólo todoterrenos; llame antes para pedir que lo recojan si va en un coche normal)*, emplazado en un hermoso bosque costero de dunas con vistas de la playa.

Rocktail Bay. Rocktail Bay es un exclusivo complejo hotelero que se encuentra junto a una serie de lagos, marismas, arrecifes de coral y playas a medio camino entre Sodwana Bay y la Kosi Bay Nature Reserve. Con 40 km de una costa que no ha perdido su belleza natural, ofrece una experiencia íntima de la playa. El mar cálido atrae a una gran diversidad de vida marina, incluidas las tortugas bobas y laúd que ponen sus huevos en la arena durante el verano. Los tiburones toro se congregan junto a los arrecifes y los delfines mulares juegan entre las olas. Los tiburones ballena suelen acercarse con frecuencia a los barcos y los rorcuales emigran aquí en invierno.

A medio camino entre Sodwana Bay y Kosi Bay, el **Rocktail Bay Lodge** *(tel. 011/883-0747; www.rocktailbay.com)* está construido

Demasiado dulce

Cuando se sobrevuela KwaZulu-Natal se ven los campos de caña de azúcar que se extienden por todo el paisaje. El azúcar es un gran negocio en esta parte del país, con una industria que produce 4.200 millones de rands al año y proporciona miles de puestos de trabajo; sin embargo, ha sido muy perjudicial para el medio ambiente, al provocar la deforestación del terreno. Hace unos cuantos años se calculaba que se necesitaban entre 260 y 430 l de agua para obtener medio kilo de azúcar. Pero en los últimos años la industria ha hecho un gran esfuerzo por respetar el medio natural.

Kosi Bay Nature Reserve

Mapa pág. 143

Desvíese de la N2 en Hluhluwe hacia la R22 en dirección a Sodwana Bay; continúe hasta KwaNgwanase, el pueblo principal de Kosi Bay

035/592-0234

Tembe Elephant Reserve

Mapa pág. 143

Información

N2 hasta el desvío después de Mkuze, una carretera asfaltada lleva a la entrada

031/267-0144

www.tembe.co.za

entre el dosel de árboles de las dunas cubiertas de vegetación.

Kosi Bay Nature Reserve.

Kosi Bay, la zona más septentrional de KwaZulu-Natal, es un sistema de lagos profundos interconectados que cubren 37 km² separados por cañaverales. Un estrecho estuario desagua en el océano en la desembocadura del Kosi. Los lagos albergan cocodrilos e hipopótamos y están separados del océano por altas dunas cubiertas de vegetación.

Esta parte del iSimangaliso Wetland Park consiste en pantanales y manglares, datileras y palmeras, y bosques de sicomoros, que albergan unas 250 especies de aves, muchas de las cuales están en su límite más meridional de distribución, entre ellos el chorlito cangrejero, la polluela, el buitre palmero, el martinete encapuchado y el martinete común, y el martín pescador azur.

Kosi Bay ofrece oportunidades magníficas para practicar la pesca y el esnórquel en los arrecifes de coral cercanos a la costa, que albergan multitud de peces tropicales. Las florestas están habitadas por antílopes jeroglífico, duikers y monos. El visitante puede alojarse en el **Kosi Forest Lodge** *(tel. 035/474-1473 o 072/227-5860)*, en una suite de lujo, en un cámping y en cabañas para quienes prefieran cocinar, gestionado todo por Ezemelo KZN Wildlife. Cuando haga la reserva, asegúrese de tener un mapa detallado para encontrar el camino. Se recomienda utilizar un vehículo todoterreno.

Kosi Bay está en una zona de malaria y es necesario tomar las precauciones correspondientes.

Tembe Elephant Reserve

Esta reserva, situada en la frontera con Mozambique, se estableció en el año 1983 para proteger a los elefantes. En otro tiempo estos animales podían atravesar libremente la frontera entre KwaZulu-Natal y el sur de Mozambique, pero durante la

ACTIVIDAD: Inselo!

Es una invitación zulú para una lucha con palos (un combate ceremonial) y siempre es divertido verlo.

Si bien la lucha zulú con palos existe desde la década de 1780 (la tradición oral se remonta hasta esa época), ha evolucionado a lo largo de los años y el antiguo juego de guerra se ha convertido en un gesto cultural simbólico. Esta lucha es clave en varios ritos de iniciación, como el Thomba, la ceremonia masculina de entrada en la pubertad, y el Umgangela, un concurso intertribal. También se suele usar para resolver disputas. Cada combatiente tiene dos palos, uno para atacar y otro para defenderse. No se permiten los golpes punzantes y la pelea se acaba cuando se produce la primera herida sangrante. Después el vencedor ayuda al perdedor a restañarse las heridas.

Se ha intentado convertir esta lucha en un deporte profesional. El propio Nelson Mandela lo practicó cuando era joven. Puede presenciar estos combates en cualquier visita a una aldea zulú auténtica.

Una de las cabañas de la Tembe Elephant Reserve.

guerra civil mozambiqueña se vieron afectados por la caza furtiva. El parque se abrió al público en 1991 y en la actualidad, con sus 300 km², alberga unos 220 elefantes.

Los variados hábitats de Tembe incluyen densos bosques de Sandveld (sabana mixta de árboles y arbustos), florestas, praderas y pantanos, que proporcionan un hábitat ideal para los elefantes y muchas otras especies. Se han registrado más de 340 especies de aves, incluidos el apalis de Rudd, la garcilla ventrirroja, el chotacabras del Natal y el batis zulú. Los leones se reintrodujeron en el parque en 2002 y además de los «cinco grandes», los visitantes encontrarán hipopótamos, servales, hienas, jirafas, chacales, jabalíes verrugosos, gálagos y varias de las especies más comunes de antílopes.

Una vez en el parque debería dejar el coche en el centro de conferencias. Lo recogerán en un vehículo todoterreno abierto para trasladarlo al pequeño campamento de tiendas de lujo de Tambe. Cada tienda, con baño, está rodeada por la naturaleza y cada noche, alrededor de la hoguera comunal, tendrá la sensación de estar de verdad en África.

Varios guías cualificados realizan las excursiones organizadas matutinas y vespertinas en un vehículo todoterreno abierto. Las excursiones vespertinas se suelen convertir en paseos nocturnos con paradas en los observatorios de elefantes. Un observatorio especialmente gratificante es el de **Mahlasela.** El **observatorio de Ponweni** se asoma a una cuenca del Muzi Swamp (marisma de Muzi). Por cuestiones de seguridad, hay un merendero y una pista para hacer senderismo en **Manungu** que están rodeados de una verja eléctrica para evitar la presencia de grandes animales; también hay una torre de observación en la sección **Gowanini** que ofrece vistas panorámicas de la reserva. ■

CONSEJO DE EXPERTO

En la Tembe Elephant Reserve verá elefantes con colmillos tan grandes que los arrastran por el suelo. El observatorio de Mahlasela tiene agua durante todo el año, por lo que podrá verlos incluso en invierno.

—GABRIELLA FLACKE
Investigadora de campo de National Geographic

Es una sola provincia, pero posee algunas de las joyas más celebradas de Sudáfrica, entre ellas, el Kruger National Park.

Kruger y Mpumalanga

Una familia de guepardos en una de las reservas naturales de Sudáfrica.

Kruger y Mpumalanga

La provincia de Mpumalanga tiene mucho que ofrecer a los turistas. Destacan cuatro alicientes que se encuentran entre los veinte mejores de Sudáfrica: el Kruger National Park, el Blyde River Canyon, Pilgrim's Rest y, en general, las reservas naturales privadas.

El Kruger National Park es sin duda alguna uno de los mejores lugares del mundo para ver animales salvajes. En el buque insignia de Sudáfrica podrá ver los «cinco grandes» (león, leopardo, búfalo cafre, elefante y rinoceronte) en la quintaesencia del safari africano. Pero hay mucho más que hacer: paseos por la naturaleza, excursiones astronómicas, barbacoas al aire libre, por no mencionar que puede relajarse sin más en su cabaña de lujo donde, con toda probabilidad, podrá ver a los grandes animales sin tener siquiera que moverse del sillón.

Al noroeste de Kruger, el Blyde River Canyon (el tercer cañón más profundo del mundo después del Gran Cañón del Colorado, en Estados Unidos, y el Fish Eagle Canyon, en Namibia) es extraordinario por derecho propio. Recientemente rebautizado como Motlatse, sus riscos se elevan de forma espectacular sobre el lecho del río y ofrecen vistas sobrecogedoras.

Diferente pero de igual importancia es Pilgrim's Rest, al sur del cañón, cuya historia se remonta a la década de 1870, cuando se descubrió oro en este pueblo fronterizo. Hoy día todo él es un museo nacional y buena parte de su arquitectura original se conserva intacta. Puede asistir al South African Gold Panning Championships (Campeonato Sudafricano de Búsqueda de Oro), o probar suerte y buscarlo usted mismo.

El terreno

La escarpa de las Drakensberg divide la provincia de Mpumalanga en una mitad occidental (que consiste sobre todo en mesetas altas llamadas Highveld) y una oriental (situada en la Lowveld subtropical, a menor altitud), en la que predomina la sabana arbolada. Las montañas Lebombo, al este, forman la frontera con Mozambique. Las Waterberg, más bajas, son una reserva de la biosfera de la Unesco y ofrecen la oportunidad de ver animales en una zona libre de malaria.

Los hábitats más secos de la Highveld y los húmedos de la Lowveld producen maíz, trigo, sorgo, cebada, pipas de girasol, soja, cacahuetes, caña de azúcar, verduras, café, té, algodón, tabaco y cítricos, además de frutas subtropicales y árboles caducifolios Se practica la silvicultura alrededor de Sabie, en el norte. Los pastos naturales son una gran industria y sus productos principales son la carne de ternera y de cordero, la lana, las aves de corral y los productos lácteos. La minería también es importante y los minerales extraídos

PUNTOS DE INTERÉS

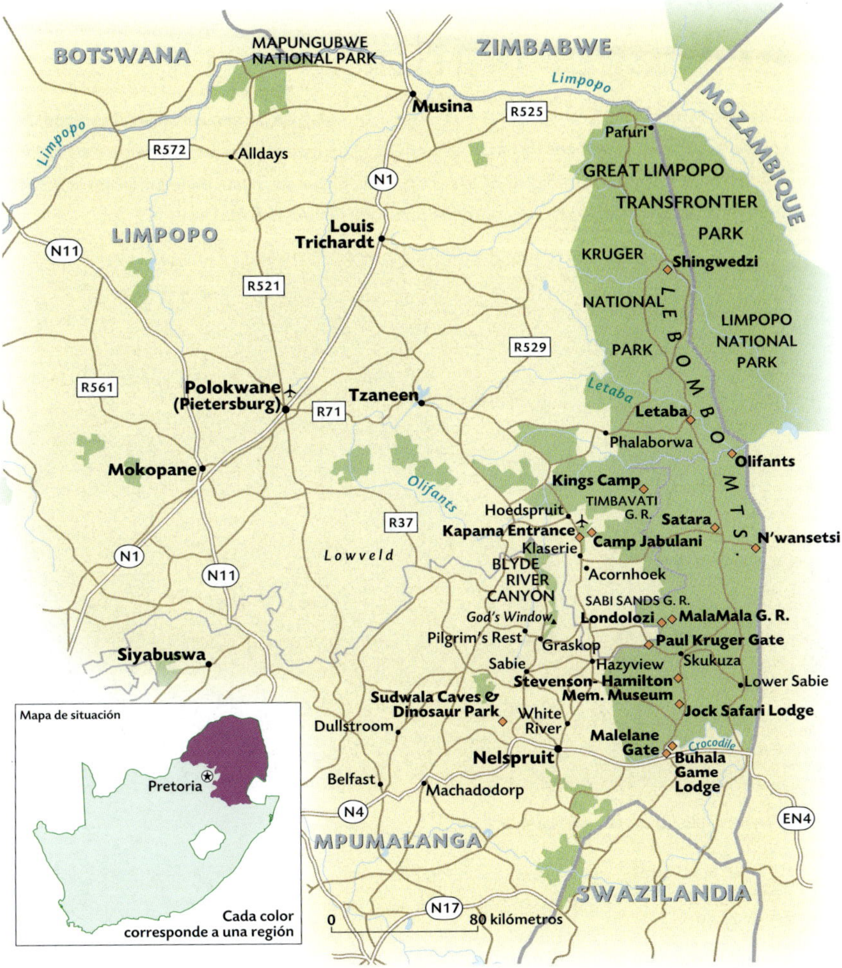

en la zona incluyen el oro, el platino, el sílice, la cromita, la magnetita de la que se extrae vanadio, el zinc argentífero, el antimonio, el cobalto, el cobre, el hierro, el manganeso, el estaño, el carbón, la andalucita, el amianto crisotilo, la diatomita, la piedra caliza, el talco y el esquisto.

La capital de Mpumalanga, Nelspruit, está situada en el exuberante valle del río Crocodile. La ciudad se encuentra en el Lowveld, a unos 360 km al este de Johannesburgo. La mejor época del año para visitar Nelspruit es en primavera y a principios de verano, cuando florecen la falsa caoba y la buganvilla, y llenan de luz y color la localidad. Entre los atractivos se encuentra el Lowveld National Botanical Garden en las orillas del río Crocodile.

El reino de Mapungubwe

Al norte, el visitante no se debe perder el reino de Mapungubwe. Estos restos de una antigua sociedad (una próspera metrópoli de la Edad de Hierro gobernada por un rey africano hace casi mil años) se descubrieron en 1932. En la actualidad es un parque nacional y Patrimonio de la Humanidad que nos proporciona una perspectiva conmovedora de otra vida y otro tiempo. ■

El Kruger National Park

El Kruger National Park, la mayor reserva natural de Sudáfrica, se encuentra en el corazón del Lowveld. Con casi 2 millones de ha de naturaleza, el Kruger se extiende a lo largo de 352 km por la frontera con Mozambique, desde el río Crocodile al sur hasta el río Limpopo al norte. Tiene una anchura de 64 km y comprende una zona de unos 20.000 km².

Grandes animales del Kruger National Park.

Kruger National Park

Mapa pág. 175

Acceso por nueve entradas diferentes, a 410 y 600 km de Johannesburgo por la N1 o N4

012/428-9111 o 082/233-9111

www.sanparks.org/parks/kruger

Kruger está considerado el mejor de los parques nacionales de Sudáfrica. Tiene más especies de mamíferos que cualquier otra reserva natural africana (147 en total) y, según se dice, es el que presenta más biodiversidad de la tierra. Las excelentes infraestructuras de Kruger incluye merenderos, zonas de descanso, charcas y observatorios de animales.

Aquí hallará la magia de la enigmática quietud de África. Verá de primera mano esa belleza primigenia e intacta que tanto cautivó a los primeros cazadores y exploradores. Descubrirá las colinas envueltas en bruma y la tierra salpicada de árboles, acacias, acacias *Acacia nigrescens*, acacias de corteza amarilla y en el norte más seco, árboles del mopane y los majestuosos baobabs. Y si tiene suerte, puede que vea a los «cinco grandes» (elefante, león, leopardo, búfalo y rinoceronte) en su hábitat natural. Y quizá también a los llamados «cinco pequeños» (tortuga leopardo, musaraña elefante moteada, tejedor búfalo de pico blanco, escarabajo rinoceronte y hormiga león). Y si es usted un gran aficionado a las aves, es muy posible que vea también a las «seis grandes» de esta categoría: el cálao terrestre sureño, la avutarda kori, el buitre orejudo, el águila marcial, el cárabo pescador común y el jabirú africano.

El Kruger National Park sigue siendo un sitio casi sin explotar, pero podría haber sido muy diferente. En el siglo XIX, el imperio de la ley no se extendía a las zonas naturales; fueron los buenos tiempos de la caza indiscriminada y la explotación desenfrenada del marfil, cuando casi se acabó con buena parte de la fauna que recorría el actual territorio del Kruger. En 1902, después de la segunda guerra bóer, el mayor James Stevenson-Hamilton fue nombrado primer director de este territorio. En 1926, en un gesto de reconciliación, los británicos (que habían derrotado al régimen de Paul Kruger en las guerras contra los bóers) rebautizaron la reserva con el nombre de Paul Kruger y el Kruger se convirtió en el primer parque nacional de Sudáfrica.

Visitar el parque

Nueve entradas diferentes dan acceso al parque. La de Phalaborwa es la mejor para ir a la sección septentrional. Se recomienda la Orpen Gate para la central y la Paul Kruger Gate y Malelane Gate para la meridional.

Hay muchas formas de disfrutar del parque. Puede atravesarlo con su propio coche o contratar a uno de los muchos operadores turísticos que proporcionan guías. Una práctica red de carreteras de 2.600 km, de los que 697 están asfaltados, serpentea por todo el parque. Una amplia variedad de zonas de descanso, la mayor parte ubicadas en los enclaves más privilegiados del parque, proporcionan un alojamiento cómodo y con frecuencia lujoso al anochecer (dentro de los límites de la reserva sólo se permite explorar entre el amanecer y el atardecer).

ACTIVIDAD: Lo mejor del Kruger

La mayoría de los campamentos ofrecen las siguientes actividades. Contacte con la oficina del parque *(tel. 012/428-9111; www.krugerpark.co.za; reservations@sanparks.org)*.

***Braais* en plena naturaleza:** la excursión para ver animales termina en un campamento iluminado por faroles y hogueras, donde puede disfrutar de una barbacoa entre los sonidos de los animales.

Excursiones para ver animales: por la mañana, a última hora de la tarde o por la noche, puede recorrer los montes en coche.

Lebombo Overland Trail: este ecosafari de 500 km recorre todo el parque en un viaje de cinco días en todoterreno. Esta pista es una de las mejores del sur de África.

Paseos guiados: los guías armados comparten sus conocimientos durante paseos a primera hora de la mañana o última de la tarde (ver recuadro pág. 185).

Pistas de aventura: para quienes no quieren ir donde el resto de la manada, existen cuatro pistas para todoterrenos.

Rutas nocturnas por la naturaleza: para los más aventureros que quieran alojarse en campamentos y desplazarse a pie.

Ver las estrellas en Olifants: excursiones astronómicas y para ver animales en Olifants Camp que incluyen la contemplación de las estrellas del firmamento sur con un telescopio y la posibilidad de ver a los animales nocturnos a la vuelta.

Los «cinco grandes»

Los «cinco grandes» de África son el león, el leopardo, el elefante, el rinoceronte y el búfalo. Su ferocidad cuando los arrinconan, combinada con su poder y coraje, les ganó el respeto de los primeros cazadores, que les dieron su famoso apodo.

Un leopardo dormido en un árbol, uno de sus lugares favoritos también para comer.

Su belleza es cautivadora. Sólo se entiende de verdad el atractivo de estos magníficos animales cuando se los ve en su hábitat natural. Ver a un leopardo en una higuera ribereña al atardecer, encontrarse con una manada de leones devorando una presa o contemplar una manada de elefantes que atraviesa la sabana son experiencias inolvidables.

El **elefante africano** *(Loxodonta africana)*, el mayor mamífero terrestre, es inconfundible. No podrá evitar sentirse maravillado ante el poder y la elegancia de estos sensibles y compasivos animales, con sus estrechos vínculos familiares.

Los elefantes miden entre 3 y 4,5 m y pesan entre 3.630 y 5.990 kg; caminan a 6 km/h, pero pueden llegar a alcanzar los 40 km/h cuando están enfadados o asustados. Son muy inteligentes, y utilizan vibraciones sísmicas con frecuencias de infrasonidos para comunicarse a distancias inmensas.

Los elefantes consumen una media de 45 kg de vegetación al día a consecuencia de un sistema digestivo muy poco eficaz. Con el tiempo, los molares del elefante se desgastan y unos nuevos se adelantan para ocupar su lugar. La última dentadura dura hasta que el elefante tiene 65 o 70 años. Cuando se gastan, el elefante muere de hambre.

Las manadas se componen de hembras de la misma familia y sus crías. Todas las decisiones las toma la más anciana, la matriarca. En ocasiones los machos acompañan a las manadas, pero la mayor parte de los machos adultos se alejan solos y sólo se reúnen con ellas para aparearse. Después de 22 meses, la hembra da a luz a una única cría de 90 cm que pesa unos 20 kg. Unos cuantos días después del parto, la cría ya puede seguir a la manada a pie.

El **león** *(Panthera leo)* es un gran felino carnívoro con pelaje de tono tostado. Los machos tienen una melena pesada y más oscura alrededor del cuello y los hombros. No es de extrañar que los humanos los respeten y teman. Cuando nuestros ancestros recorrían las planicies africanas, eran presa fácil de estos poderosos cazadores. No cabe duda de que los complejos sentimientos que nos inspira el león (y el leopardo) están hondamente arraigados en nuestra psique.

Los leones viven entre 10 y 14 años, y habitan la sabana y las praderas. Una manada se compone de varias hembras de la misma familia y un número más pequeño de machos dominantes. Los leones empiezan a cazar a partir de los dos años. Sus presas son sobre todo ñus, impalas, cebras, búfalos, jabalíes verrugosos, kudús, alcéfalos, órix de El Cabo y elands comunes. Las leonas cazan juntas, rodean a una manada y se lanzan sobre la presa más cercana. El ataque es corto y rápido, con un potente salto final.

Los leones se reproducen a los dos años y paren una camada de entre una y cuatro

CONSEJO DE EXPERTO

El invierno es el mejor momento para fotografiar la fauna de Sudáfrica, cuando la hierba es un poco menos densa. La primera hora de la mañana y la última de la tarde son los mejores momentos.

—SAMANTHA REINDERS
Fotógrafa de National Geographic

crías. El período de gestación es de unos 105 días. Las leonas crían a los cachorros en grupo y los pequeños maman de cualquier leona. En su hábitat natural, la competición por el alimento es feroz y más de tres cuartas partes de los cachorros mueren antes de llegar a los dos años.

El **leopardo** *(Panthera pardus)* es quizá el más eficaz de todos los depredadores terrestres. Posee un temible conjunto de herramientas asesinas: unos músculos poderosos, garras afiladas como cuchillas y unos caninos fuertes y curvos.

El ágil y elegante leopardo presenta unas marcas oscuras parecidas a rosetones en un pelaje amarillo tostado y se encuentra en hábitats tan diversos como el bosque tropical y el desierto. ¡Incluso se han encontrado algunos viviendo a las afueras de las ciudades modernas! Alcanza una altura de entre 42 y 79 cm. Los machos son mucho mayores que las hembras y pesan entre 34 y 90 kg. Los leopardos son depredadores nocturnos, muy sigilosos, y acechan a sus presas antes de echar una última y veloz carrera, y sujetarlas por la garganta ahogándolas con sus poderosas mandíbulas. Aunque alguna vez han capturado presas humanas, por lo general evitan el contacto con las personas. Con todo, los africanos de las aldeas temen a estos animales. Son unas criaturas inmensamente fuertes y ver a un leopardo saltar a un árbol con una gran presa muerta en sus fauces es una experiencia que da una lección de humildad. No es de extrañar que se le conozca como el «príncipe de la oscuridad» y «el asesino silencioso».

El rinoceronte blanco *(Ceratotherium simum)*.

El **búfalo cafre o africano** *(Syncerus caffer)* se cree que es el más peligroso de los «cinco

Unos cachorros de elefante en una reserva privada cerca del Kruger National Park.

grandes», cuando lo hieren los cazadores imprudentes. El novelista Robert Ruark dijo una vez que el búfalo te mira como si le debieras dinero. Y tiene razón. Con la cabeza levantada, los ojos pequeños y desconfiados, los cuernos brillantes y el pelaje de color antracita, los machos viejos te observan con una expresión de desaprobación. Pero son animales poderosos, dueños de una grandeza inmensa y férrea. Incluso los leones los tratan con respeto y no tienen muchos enemigos naturales. Es cierto que los leones matan y comen búfalos, pero hace falta más de un león para derribar a un macho grande.

Una manada de búfalos se compone de varias hembras con sus crías. Los machos forman grupos de solteros, y los machos viejos *(kakulis)* suelen vivir solos. Tras 11,5 meses de gestación, las hembras paren a su primera cría cuando tienen cinco años y ocultan a los recién nacidos en el campo antes de permitirles unirse a la manada. Los adultos rodean entonces y protegen a los pequeños manteniéndolos en el centro del grupo. A los dos años, los machos dejan a su madre y se unen a los grupos de solteros.

En África viven dos especies de **rinocerontes:** el negro *(Diceros bicornis)* y el blanco *(Ceratotherium simum)*. Los nombres no se refieren al color sino a la anchura del hocico y la boca. El negro, que come arbustos y hojas de los árboles, tiene un labio estrecho y prensil, mientras que el blanco, que come hierba, tiene una boca ancha (*wyd* en afrikáans, que se pronuncia «vait», parecido al *white* inglés), de ahí el nombre. Ambos presentan un par de cuernos en el hocico. Estos animales tienen una altura parecida, unos 1,6 m, pero el blanco pesa el doble que el negro. Los cazadores furtivos estuvieron a punto de acabar hace años con ellos, ya que sus cuernos son muy apreciados. El del negro se utiliza en Oriente Medio para hacer mangos de dagas ceremoniales y en Extremo Oriente como afrodisíaco.

Los rinocerontes negros, considerados agresivos, atacan porque tienen muy mala vista. Incluso se dice que se lanzan contra los troncos de los árboles. Los adultos son solitarios y sólo se reúnen para aparearse. El apareamiento no sigue un patrón estacional, pero las crías suelen nacer al final de la estación de lluvias. La gestación dura entre 15 y 16 meses. La única cría que nace pesa entre 35 y 50 kg y puede seguir a su madre con sólo tres días de vida. Madre y cría permanecen juntas durante dos o tres años.

La época seca del invierno es el mejor momento para ver la fauna. La hierba está baja y la mayor parte de los árboles y arbustos carecen de hojas. Llueve muy poco y es fácil ver a los animales sedientos cuando bajan a las charcas por la mañana y por la noche.

Skukuza

Es el mayor de los campamentos de Kruger y ofrece una amplia variedad de instalaciones: restaurante, cajero, tienda, cibercafé, gasolinera y biblioteca.

Skukuza, «aquel que barre», era el apodo que los tsongas le pusieron al mayor James-Stevenson Hamilton, el primer director de Kruger, al que se recuerda por trasladar a muchos de los habitantes locales cuando se estableció el parque. El **Stevenson-Hamilton Memorial Museum** alberga una colección de artefactos históricos interesantes, incluido un cuchillo de monte con el que el guardabosque Harry Wolhuter mató al león que lo atacó en 1903. También se conserva la piel del león.

Letaba Elephant Hall

Igual de fascinante es el museo del elefante en el Letaba Rest Camp. Hace treinta años se veían con frecuencia a siete elefantes macho con colmillos de más de 45 kg atravesando sin prisas el parque Kruger. El director de la época decidió utilizar a estos gigantes para hacer publicidad del magnífico trabajo de conservación del parque. Bautizó a cada macho con un nombre y de forma colectiva los llamó los Siete Magníficos. Cuando estos elefantes murieron, se recuperaron los colmillos y el cráneo, y ahora se exponen en el Letaba Elephant Hall. Los colmillos, un eco de una época anterior a la caza furtiva que diezmó la población de elefantes de grandes colmillos de África, son espectaculares. Nunca

El Shangana Cultural Village, cerca de Kruger, intenta conservar el legado del pueblo shangaan de la zona.

Skukuza

Mapa pág. 175

Por la Paul Kruger Gate

013/735-4153 o 082/802-1204

www.sanparks.org/parks/kruger/camps/skukuza

Stevenson-Hamilton Memorial Museum

Mapa pág. 175

Skukuza Rest Camp, orilla S del río Sabie

012/735-4152

Letaba Elephant Hall

Letaba Rest Camp, al N de Kruger National Park, a 48 km de la entrada de Phalaborwa

013/735-6636

www.sanparks.org/parks/kruger/elephants

Singita Lebombo
✉ A 36 km de la Paul Kruger Gate, a la izquierda por la carretera de grava durante 28 km
☎ 021/683-3424
www.singita.com

Singita Sweni
✉ A 36 km de la Paul Kruger Gate, a la izquierda por la carretera de grava durante 28 km
☎ 021/683-3424
www.singita.com

Sabi Sands Private Game Reserve
Mapa pág. 175
✉ Por la Paul Kruger Gate
www.sabisands.co.za

Singita Ebony
✉ A 36 km de la Paul Kruger Gate, a la izquierda por la carretera de grava durante 28 km
☎ 021/683-3424
www.singita.com

Singita Boulders
✉ A 36 km de la Paul Kruger Gate, a la izquierda por la carretera de grava durante 28 km
☎ 021/683-3424
www.singita.com

olvidaremos a Dzombo, Joao, Kambaku, Mafunyane, Ndlulamithi, Shawu y Shingwedzi.

Alojamiento en el Kruger

En el Kruger National Park hay varios alojamientos que combinan el lujo con espectaculares vistas de animales. Entre los mejores están el **Singita Lebombo** y **Singita Sweni** (ver pág. 300).

Lebombo, situado en lo alto de una colina, es el alojamiento más grande y proporciona unas cabañas magníficamente diseñadas de cristal y acero, ocultas con postes de madera que se funden a la perfección con el entorno. Sweni, más pequeño y con menos cabañas, está más cerca del río y tiene un ambiente más íntimo. En ambos alojamientos el visitante puede disfrutar de unas vistas asombrosas de la fauna desde su propio balcón.

Varios guardabosques expertos le llevan a hacer excursiones por la mañana y a última hora de la tarde, y también se ofrecen paseos guiados e incluso rutas con bicicletas de montaña. Al contrario que en el parque Kruger, en esta concesión se permite que los vehículos salgan de la carretera, de modo que puede seguir a los elefantes o a una manada de leones casi hasta tocarlos. Consulte la pág. 300 para encontrar más opciones.

CONSEJO DE EXPERTO

Alójese en el Exeter River Lodge, en Sabi Sands, con vistas al río Sand. Verá a los «cinco grandes» cuando salga de excursión, cenará cordero del Karoo en el *boma* de madera y podrá nadar en una piscina privada.

—ERIN MONRONEY
Investigadora y escritora para NG Kids

Alojamiento en Sabi Sands

Sabi Sands Game Reserve, en la linde sudoeste del parque Kruger, es, con sus 65.000 ha, la reserva natural más exclusiva de Sudáfrica. En ella se encientran muchos de los alojamientos más lujosos del país, incluidos **Singita Ebony** (ver pág. 300), situado entre ébanos gigantes y con nueve suites de lujo, y **Singita Boulders** (ver pág. 300), con 12 suites.

Londolozi es un hospedaje muy recomendable. Este alojamiento se encuentra en Sabi Sands y se dice que proporciona la mejor experiencia de todo el sur de África. Los animales están acostumbrados a los todoterrenos y sus probabilidades de ver a los «cinco grandes» (incluido al esquivo leopardo) son excelentes. Los aficionados a las aves disfrutarán de más de 40 especies de aves rapaces y junto al río Sand encontrarán al monarca paraíso africano, al cosifa de Heuglin, al suimanga acollarado y al vinagro africano.

Cenas al aire libre a la luz de la luna, desayunos a la carta en plena naturaleza, excursiones para contemplar las estrellas y una copa nocturna en la pista de aterrizaje serán habituales durante su estancia.

Entre las opciones de alojamiento de Londolozi destacan el **Tree Camp,** encaramado sobre el río Sand; **Founder's Camp,** oculto en un denso bosque fluvial del río Sand, y el recién renovado **Pioneer Camp.**

un *boma* rodeado de juncos) acompañado por el sonido de los tambores. MalaMala ofrece safaris fotográficos y todo tipo de excursiones. También se pueden contratar safaris a pie con un guía armado.

Hay tres campamentos que ofrecen alojamiento: **MalaMala Main Camp,** cuyo estilo sin pretensiones y tradicional y sus vistas, lo convierten en la mejor elección; el íntimo **Rattray's,** cuyo edificio principal alberga una terraza con un telescopio y una zona común con un bar; y el lujoso **Sable Camp** *(tel. 013/735-9200; www.malamala.com/sable)* en el extremo sur del campamento principal.

Una de las reservas de caza privadas cercanas al Kruger National Park.

MalaMala Game Reserve

Aclamada internacionalmente, esta reserva, ganadora de varios premios, es una de las reservas privadas más antiguas de la región. MalaMala se caracteriza por una atención sin igual a los detalles. Tras una excursión de buena mañana en vehículos todoterreno abiertos y dirigida por renombrados guías, puede relajarse en la piscina o descansar en la terraza hasta el almuerzo.

Los chefs de MalaMala convierten cada comida en una tentación y podrá cenar (bajo las estrellas en

Camp Jabulani

Camp Jabulani combina un alojamiento de lujo con una experiencia inolvidable. El campamento está construido en una reserva de los «cinco grandes» que incorpora el **Hoedspruit Endangered Species Centre,**

Londolozi

✉ A 36 km de la Paul Kruger Gate, a la izquierda por la carretera de grava durante 28 km

☎ 013/735-5653

www.londolozi.com

MalaMala Game Reserve

Mapa pág. 175

✉ Desde la Paul Kruger Gate, 37 km hasta el cartel de MalaMala, a la izquierda por la carretera de grava durante 29 km

☎ 013/735-9200

www.malamala.com

Rattray's en MalaMala

✉ MalaMala Game Reserve, 4 km río Sand abajo tras dejar el campamento principal.

☎ 013/735-3000

www.malamala.com/rattrays

Camp Jabulani

Mapa pág. 175

✉ Kapama Game Reserve

☎ 012/460-5605

www.campjabulani.com

Hoedspruit Endangered Species Centre

✉ R40 entre Klaserie y Hoedspruit

☎ 015/793-1633

$ $$$

www.wildlifecentre.co.za

Timbavati Game Reserve

Mapa pág. 175

Desde Hoedspruit, gire a la derecha por la R40 y siga 8 km; gire a la izquierda al llegar a Timbavati y a la derecha en Kings Camp; siga 6 km hasta la reserva

015/793-2436

$$$

www.timbavati.com

Kurisa Moya Nature Lodge

N1 a R71 hacia la Universidad de Limpopo y gire a la izquierda en el cartel del lodge. Siga 26 km hasta la entrada del lodge

015/276-1131

www.krm.co.za

CONSEJO DE EXPERTO

Kurisa Moya Nature Lodge, en Magoebaskloof Forest Reserve, proporciona al visitante una gran experiencia en una selva tropical. No se lo pueden perder los entusiastas de la vida al aire libre y los aficionados a las aves.

—CAGAN H. SEKERCIOGLU
Investigador de campo de National Geographic.

conocido por su contribución a la conservación de la fauna y donde puede ver de cerca guepardos y otras especies en peligro de extinción. Puede probar la fascinante experiencia de hacer un safari a lomos de un elefante, incluso uno nocturno. Todos los elefantes de Jabulani han sido rescatados y recuperados, y el visitante tendrá la oportunidad de meterlos en sus establos por la noche. Otras actividades incluyen las excursiones para ver los animales y vuelos en globo.

Timbavati Game Reserve

Esta reserva privada, situada junto al parque Kruger, al norte de Sabi Sands, ofrece la oportunidad de ver a los «cinco grandes» (hay 40 especies de mamíferos en total). Entre las muchas opciones de hospedaje está **Kings Camp** (ver pág. 301). El campamento está enfrente de una charca que recibe la visita de muchas especies de animales día y noche.

Los safaris a pie por la naturaleza tienen lugar justo después del desayuno. ■

Clientes en Londolozi, uno de los alojamientos pioneros de la industria ecoturística.

ACTIVIDAD: Un paseo por la naturaleza

No hay mejor modo de disfrutar de las imágenes y los olores de la naturaleza africana que recorrerla a pie. Mientras que una excursión en coche espolea sobre todo el sentido de la vista, una caminata estimula los cinco sentidos.

Un paseo guiado en el Singita Lebombo.

A pie verá menos animales grandes, ya que tienden a camuflarse entre los matorrales y la hierba alta al acercarse los humanos. Sin embargo, un guardabosques experto podrá señalarle todo tipo de cosas pequeñas que el visitante suele perderse al ir en coche. Cosas como las huellas características de los depredadores y los diversos tipos de antílopes: la huella redonda del elefante, las marcas de cuatro dedos que deja el hipopótamo, etc. El guardabosques puede que le muestre un grupo de rastros, arbustos rotos y manchas de sangre que indican una lucha mortal por la noche, o los cuernos y los huesos blanqueados por el sol que dan fe del trabajo de buitres y hienas.

Un paseo por la naturaleza le brinda la oportunidad de aprender más sobre aves, insectos y reptiles, y sobre las muchas especies de arbustos, árboles, enredaderas, flores y hierbas que crecen en la sabana arbolada. Descubra los usos prácticos de las plantas indígenas, cómo hacer una buena soga con tiras trenzadas de corteza y qué especies curan el dolor de cabeza o el dolor de estómago.

Parte de la emoción de una caminata por la sabana estriba en el pequeño riesgo que se corre. Si hay depredadores y grandes mamíferos, siempre irá acompañado por un guardabosques armado. Pero hable con ellos y averiguará que pocas veces han tenido que disparar. El visitante debe, sin embargo, obedecer sus instrucciones al pie de la letra para saber cómo comportarse durante el paseo y qué hacer si se encuentran con un animal peligroso.

Para disfrutar de una experiencia auténtica, únase a una ruta de varios días. **Siyabona Travel** *(tel. 021/424-1037; www.siyabona.com)* ofrece una amplia variedad de rutas por la naturaleza en el parque Kruger y en reservas privadas de la zona, que van desde los cinco a los dos días.

En los alojamientos de lujo del Kruger National Park **Singita Lebombo** y **Singita Sweni** (ver pág. 182) los guías le llevarán a dar paseos de una o varias horas hechos a su medida.

El **Kruger National Park** ofrece paseos matutinos y vespertinos que parten de la mayoría de sus campamentos, varias rutas de tres noches y excursiones en bicicleta de montaña que salen de Olifants Camp. Para obtener todos los detalles y encontrar consejos útiles sobre qué equipo y ropa necesitará durante una ruta por la naturaleza, pinche en la pestaña de *Activities* del Kruger National Park de la página web de los parques nacionales sudafricanos *(www.sanparks.org)*.

Otros lugares de interés

Al salir de Kruger descubrirá otras muchas manifestaciones de África. La tierra es espartana y árida, o pródiga y exuberante. Envueltas en brumas, las ciudades históricas dan fe de una historia que las ha dejado de lado.

Con unos 240 millones de años, las Sudwala Caves son las más antiguas del mundo.

Sudwala Caves

Mapa pág. 175

Desvíese de la N4 por la R539 (Sabie) hacia Pretoria y recorra 8 km hacia las Sudwala Caves. Después de salir de la R539, cruce el río Houtboschloop y suba (1,6 km) por la montaña

013/733-4152

$

www.sudwalacaves.co.za

Sudwala Caves

Estas cuevas se formaron hace unos 240 millones de años, lo que las convierte en las cuevas conocidas más antiguas del mundo. Continúa siendo un misterio quién las descubrió. Se han encontrado herramientas de principios, mediados y finales de la Edad de Piedra, lo que indica que los humanos ya utilizaban estas grutas como refugio hace miles de años. En tiempos más recientes, hace unos 200 años, las usaron como refugio los swazis bajo el mando de Somquba, uno de los hijos del rey Sobhuza I, cuando huía de su hermano Mswati, que pretendía matarlo.

Se han estudiado unos 5,5 km de los pasajes de Sudwala y las exploraciones continúan. En la actualidad hay abiertos unos 594 m a los turistas. La cámara más grande es la **Owen Hall,** una sala circular (18 m de altura y 65 m de diámetro) que recibe el nombre del hombre que desarrolló y abrió las cuevas como atracción turística en 1965.

En las cuevas hay varias estructuras de calcio con nombres como **Lowveld Rocket** (cohete del Lowveld), **Samson's Pillar** (columna de Sansón) y **Screaming Monster** (Monstruo Gritando). Owen Hall tiene aire acondicionado natural y eso, junto a la extraordinaria acústica de la cueva, la convierte en un lugar espectacular para las producciones teatrales. Asistir a una ópera o una obra de teatro aquí constituye una experiencia inolvidable.

Las Sudwala Caves son de propiedad privada y sólo se puede acceder a ellas con visitas organizadas. Hay recorridos de una hora por el mundo subterráneo varias veces al día. El primer domingo de cada mes tiene lugar el Crystal Tour, de cinco horas. Esta visita lleva a los visitantes más aventureros a recorrer más de 1,6 km de las cuevas hasta la espectacular **Crystal Chamber** (cámara de Cristal) y sus cristales de aragonito. Hay partes de la gruta en las que tendrá que trepar por túneles estrechos, a veces llenos de agua. Necesitará ropa y zapatos resistentes, y se requiere una edad mínima de 16 años. Para visitarla deberá inscribirse con dos semanas de antelación.

Las Sudwala Caves se formaron hace unos 240 millones de años, lo que las convierte en las más antiguas del mundo.

Ubicado junto a las cuevas, el **Sudwala Dinosaur Park** usa maquetas de animales prehistóricos de tamaño real y científicamente precisas (los antiguos reptiles anfibios y de aspecto mamífero, dinosaurios, mamíferos extintos y hombres prehistóricos) para contar de una forma gráfica y cautivadora la historia de la evolución de la vida en la Tierra. Una experiencia educativa y divertida para toda la familia.

Dullstroom

Dullstroom, que está a sólo tres horas de Johannesburgo de camino a Kruger, se ha convertido en un lugar turístico por su idílico paisaje, sus incontables tiendas de antigüedades y cachivaches,

Guerra bóer

Durante la segunda guerra de los bóers (1899-1902), los soldados británicos diezmaron Dullstroom como parte de su campaña de tierra quemada. Los hombres que no fueron asesinados pasaron a la clandestinidad para intentar librar una guerra de guerrillas contra los británicos. Las mujeres y los niños sufrieron un destino peor: se les obligó a ir a campos de concentración de la vecina Belfast, donde muchos perecieron. En la ciudad, una estatua y un jardín recuerdan a los que murieron. Aproveche una de las frías mañanas (Dullstroom está a 1.964 m) para dar un paseo por la localidad y escuchar el crujido de sus zapatos sobre la tierra seca que pisaron los bóers.

Sudwala Dinosaur Park
Mapa pág. 175
Junto al aparcamiento de las Sudwala Caves
013/733-4152
$

Dullstroom
Mapa pág. 175

Pilgrim's Rest
Mapa pág. 175
Información
Main St.
013/768-1060
www.pilgrims-rest.co.za

sus pubs y cafés pintorescos, y su ambiente relajado y cordial. Pero esta pequeña ciudad sigue siendo famosa sobre todo por ser el principal destino de la pesca con mosca de Sudáfrica. Tanto los profesionales como los aficionados acuden a pasar el fin de semana y disfrutar alrededor de los muchos embalses de truchas.

Joven con las cuentas y el atavío tradicionales de los ndebeles.

Pilgrim's Rest

Toda la ciudad es monumento nacional. En cierto sentido, Pilgrim's Rest es un fósil viviente: su visita lleva al viajero atrás en el tiempo, a la época de la fiebre del oro del antiguo Transvaal.

Supuestamente la localidad recibió ese nombre (Descanso del Peregrino) de un modo bastante peculiar. Según la leyenda, en 1873 un buscador de oro recorría las colinas que rodean la zona. En un lugar llamado Pilgrim's Creek (riachuelo del Peregrino) vio unas enormes pepitas de oro que resplandecían entre el agua del arroyo. Encantado, gritó: «¡Al fin puede descansar el peregrino!». La voz se corrió con resultados predecibles. Los depósitos aluviales de oro de Pilgrim's Rest resultaron ser los mejores de Sudáfrica y allí acudieron buscadores de oro de todo el mundo. Pero cuando al fin se agotó el filón, la población quedó desierta. En 1972 el gobierno sudafricano compró el asentamiento y lo declaró monumento nacional.

La naturaleza única de Pilgrim's Rest se conservó gracias a un programa de restauración y reforma de los antiguos edificios, incluidas las cabañas de tejado de hojalata de la ciudad.

Muchas de las construcciones originales construidas con metal ondulado y madera siguen en pie en la calle principal, incluyendo tiendas, museos y el **Royal Hotel,** de estilo victoriano tardío *(tel. 013/768-1100)*, uno de los más conocidos de Sudáfrica. Puede explorar casas como **Alanglade** *($)*, amueblada con buenas piezas de la década de 1920 y en la que residía el director de la Transvaal Gold Mining Estate Ltd.

El **House Museum** *($)*, un típico edificio de Pilgrim's Rest, expone muebles y ejemplos del estilo decorativo de la época vic-

ACTIVIDAD: La locura del oro

No es que Pilgrim's Rest carezca de encanto, pero estos pueblos remotos empujan a preguntarse qué atrae a una persona a un lugar perdido y polvoriento como éste.

La respuesta está en el suelo. Desde el descubrimiento de oro en 1873, casi todo lo que ocurre aquí gira alrededor de este esquivo metal. La ciudad celebra el **South African Gold Panning Championships** (Campeonato Sudafricano de Búsqueda de Oro) en septiembre. Puede buscar oro en el **Diggins Museum** *(R533, a 2 km al S de la ciudad; $)* o hacerlo por su cuenta. Lleve una batea a un arroyo (no muy rápido pero tampoco estancado) de unos 15 cm de profundidad. Llénela de grava y agítela con un movimiento circular bajo el agua al tiempo que quita los trocitos de musgo y barro hasta que sólo quede un sedimento fino. El oro es más pesado que la mayor parte de los demás sedimentos, así que se irá al fondo de la batea. Tantee en busca de las pepitas. No se hará rico, pero lo pasará bien.

toriana tardía. El **War Memorial** *(Main St.)* rinde homenaje a los soldados de Pilgrim's Rest y la región circundante que combatieron en las dos guerras mundiales.

En el **Information Centre** *(Main St.)* encontrará folletos y mapas, y puede adquirir entradas para las visitas guiadas de la localidad y los museos. También descubrirá exposiciones de especímenes geológicos, fotografías y objetos relacionados con las minas de oro; el personal de la oficina le indicará cómo probar suerte (ver recuadro).

Blyde River Canyon

El cañón del río Blyde (rebautizado recientemente con el nombre de Motlatse) es una de las grandes maravillas del continente africano y visita obligada para los viajeros. Su extraordinaria belleza natural es realmente única y las vistas son asombrosas.

De unos 50 km de longitud, el cañón es el segundo más grande de África y el tercero del mundo (tras el Gran Cañón del Colorado, en Estados Unidos, y el Fish River Canyon de Namibia). Se formó cuando Gondwana, el antiguo supercontinente, se partió hace unos 200 millones de años y las fuerzas tectónicas desprendieron de África Madagascar y la Antártida. La masa del inmenso y poco profundo mar que se extendió entonces hasta más allá de la actual ciudad de Pretoria fue inclinando poco a poco el borde quebrado del continente para formar el cañón.

La R532, señalada con claridad, discurre paralela a las partes más espectaculares del cañón. Conocida por lo general como **Panorama Route,** la R532, que recorre los agrestes límites del norte de las montañas Drakensberg, es una de las carreteras más bellas de Sudáfrica.

La ruta comienza en el pueblo de Graskop e incluye Bourke's Luck Potholes, God's Window y los Three Rondavels. Donde el rápido río Blyde se encuentra con el Ohrigstad, procedente del oeste, unos ingenieros con conciencia ecológica han construido la discreta **Blyde Dam** (presa Blyde)

Blyde River Canyon

Mapa pág. 175
E de Vaalhoek, junto a la R532

Bourke's Luck Potholes, en la cabecera del Bourke River Canyon.

en un cuello de botella bajo la confluencia. En las inmediaciones del cañón abunda la fauna. Cerca de la brecha del cañón, en las planicies, verá cebras, ñus azules, cobos de agua y kudús. En el lago formado por la presa se pueden divisar cocodrilos e hipopótamos y en las alturas, reduncas de montaña, mientras los damanes se escabullen por las paredes del cañón.

Existen miradores por todo el cañón y hay numerosas pistas para hacer senderismo, montar a caballo o en bicicleta de montaña. Para encontrar los mejores miradores y las plantas forestales más exóticas, el visitante más aventurero debería huir de las multitudes y subir entre las nubes hasta el brumoso bosque tropical. Llévese algo de comer y beber para el trayecto, porque la zona puede ser muy húmeda y llegar al bosque tropical supone una caminata escarpada y ardua. Pero una vez que llegue allí, disfrutará como nunca con la belleza del paisaje y del bosque en sí.

A unos kilómetros de Graskop hay una pequeña carretera circular que lleva al bien llamado **God's Window** (Ventana de Dios), donde disfrutará de una de las mejores vistas del mundo. El nombre se debe al asombroso paisaje que se extiende a sus pies, a 900 m. Bosques indígenas poco frecuentes se aferran a los costados del barranco y unos acantilados vertiginosos se precipitan hacia el Lowveld y sus enormes reservas de animales.

Las **Bourke's Luck Potholes** o cuevas de la Suerte de Bourke *(a 35 km al N de Graskop por la R532; tel. 013/769-6019)* se llaman así por Tom Bourke, un buscador de oro del siglo XIX que reclamó una parcela cerca. Aunque Bourke tuvo razón al predecir que se descubrirían abundantes depósitos de oro en las inmediaciones, su terreno nunca dio nada.

El **Bourke's Luck Visitor Centre** *(R532; tel. 031/761-6019)* describe los interesantes elementos naturales y sociohistóricos de esta zona y es el punto de partida de los cómodos 685 m que llevan a las cuevas.

Se necesitaron muchos milenios para formar estas grutas. Donde el río Treur confluye con el Blyde, los remolinos resultantes de agua, arena y roca horadan grandes grutas cilíndricas en el mismísimo lecho del río. Una red de senderos y puentes peatonales permite a los visitantes explorar estas cuevas, algunas de las cuales tienen 5,5 m de profundidad. Una pista circular de 137 m, que pueden utilizar las personas con problemas de movilidad, parte de la oficina de información y

CONSEJO DE EXPERTO

El río Blyde atraviesa la roca que separa las Drakensberg de las selvas de la Lowveld. Haga *rafting* por los rápidos y pase junto a extraordinarios anfiteatros y riscos de color esmeralda.

—CERIDWEN DOVEY
Escritor de National Geographic

muestra los líquenes encontrados en esta zona.

Los **Three Rondavels,** a 14 km al norte de las Bourke's Luck Potholes, son un lugar pintoresco y muy popular del río Blyde. Aquí se alzan, como centinelas que protegiesen las espectaculares vistas, unas gigantescas rocas redondas que se parecen de forma sorprendente a las chozas indígenas *(rondavels)*.

El Blyde River Canyon está al el norte de Mpumalanga y la mejor forma de llegar es volar hasta Phalaborwa y hacer en coche el resto. O aún mejor, combine una visita al Kruger National Park con la opción de alquilar un coche. *(Salga del Kruger National Park por la Phalaborwa Gate, diríjase a Mica y después a Ohrigstad, atraviese el Abel Erasmus Pass y luego tome el desvío de la R532 hasta Graskop).*

Siyabuswa

En el corazón cultural de Mpumalanga se encuentra una pequeña *township* que se estableció en la década de 1970 y que sigue teniendo gran importancia para el pueblo ndebele, que todavía vive aquí de la forma tradicional. En el norte de Sudáfrica y al otro lado de la frontera con Zimbabwe viven tres grupos diferentes de ndebeles. Se trata de un pueblo cordial y famoso por sus diseños polícromos, utilizados tanto en sus casas como en la ropa, y por su artesanía.

Tierras más lejanas: el reino de Mapungubwe

Mapungubwe se halla en el norte de Sudáfrica, en las fronteras con Zimbabwe y Botswana, en la provincia de Limpopo. Estas extensas planicies están llenas de baobabs, muchos centenarios, y grandes e imponentes inselbergs de arenisca. En la cima de uno de estos contrafuertes está el reino de Mapungubwe, uno de los enclaves culturales y arqueológicos más importantes de Sudáfrica. Mapungubwe se declaró patrimonio nacional en 2001 y se añadió a la lista del Patrimonio de la Humanidad de la UNESCO en 2003.

Entre los años 950 y 1300 de nuestra era, Mapungubwe era un punto clave en el comercio de los *dhows* (embarcación de vela

Siyabuswa

Mapa pág. 175

Información

A 10 km al E de Marble Hill

El rinoceronte de oro de Mapungubwe

El más famoso de todos los hallazgos de Mapungubwe es el rinoceronte de oro. En su fabricación, la lámina de oro se sujetó con puntas diminutas a una plantilla o modelo de madera cuidadosamente tallado. El artefacto, considerado ahora como representativo de esta civilización, ha dado su nombre a la Orden de Mapungubwe, una de las órdenes nacionales recién creadas de Sudáfrica.

El rinoceronte es una talla bellísima. El artista supo plasmar la pesada masa del animal con gran habilidad. Es una obra de arte de aspecto asombrosamente moderno y se puede contemplar en el Mapungubwe Museum *(Old Arts Building, Lynwood Rd., Pretoria; tel. 012/420-3146)* de la Universidad de Pretoria. Se usó la misma técnica para hacer el cuenco y el cetro, ambos de oro, que se descubrieron en Mapungubwe en la misma tumba que el rinoceronte.

Los arqueólogos han analizado el contenido de un antiguo basurero (conocido como K2) para conocer con detalle la dieta y el modo de vida de los habitantes de Mapungubwe.

El rinoceronte de oro, de patas cortas y un solo cuerno, descubierto en 1933.

de origen árabe) que recorrían el océano Índico. El oro aluvial del imperio de Monomotapa de Zimbabwe se transportaba por tierra a través de Mapungubwe hasta la costa, cerca de Sofala, donde lo compraban los mercaderes árabes del Golfo Pérsico.

Antes de que fuera abandonado en algún momento del siglo XIV, Mapungubwe se había convertido en el mayor reino del África subsahariana. Después, el cambio climático originó la emigración al Gran Zimbabwe. Los restos de los palacios y de los asentamientos sobreviven casi intactos. Los valiosos artefactos, incluido el famoso **rinoceronte de oro** (ver recuadro superior) son de una belleza impresionante y de gran importancia histórica. Cuando se descubrió Mapungubwe, al principio los arqueólogos mantuvieron en secreto su ubicación exacta para evitar el saqueo de sus muchos ornamentos de oro. Los artefactos datan de la época de los *dhows* y también incluyen loza, cuentas de cristal para comerciar, objetos chinos de celedón, figuras de cerámica, restos orgánicos, marfil, hueso tallado y cobre y hierro refinados.

Mapungubwe da fe de la existencia de una civilización africana que floreció antes de la colonización occidental. Gracias a una próspera producción agrícola, comerciaban con lugares tan alejados como la India y China.

Las pruebas arqueológicas indican que la población de Mapungubwe era de unos 5.000 habitantes. Fue una de las primeras sociedades del sur de África que estuvo estratificada por clases, con una amplia brecha entre ricos y pobres, que ocupaban zonas diferentes del reino.

Mapungubwe se descubrió en 1932 y la excavación continúa; en la Universidad de Pretoria se conserva una suntuosa colección de artefactos hechos de oro y otros materiales. Las pruebas de la diferenciación por clases se hallaron en algunas de las 23 tumbas excavadas. Los artículos de lujo de cobre y oro, así como cuentas de cristal importado, acompañaban los cuerpos de tres individuos enterrados como miembros de la realeza, sentados erguidos y mirando hacia el oeste. Lo que también demuestran estos hallazgos es que en el sur de África se estaba tallando y fundiendo oro en una fecha muy temprana. Los hallazgos de Mapungubwe y de la vecina excavación K2 son típicos de la Edad de Hierro. Los artesanos creaban objetos con cerámica, marfil, hueso, huevos de avestruz, conchas, hierro, cobre y oro.

Una visita a Mapungubwe

Mapungubwe se halla en un parque nacional repleto de fauna con magníficos alojamientos. El **Leokwe Camp,** el campamento principal, en la sección oriental, está ubicado en lo que en otro tiempo era el *kraal* natural de piedra donde se guardaba el ganado del rey.

Hay una buena **oficina de información** y varios guías llevan a los visitantes a la elevación de arenisca sobre la que está Mapungubwe. La subida, por escalones de madera, puede ser bastante dura. El parque también ofrece excursiones organizadas para ver la fauna, paseos por las copas de los árboles hasta un observatorio de animales y un merendero en la confluencia de los ríos Shashe y Limpopo, en la frontera de Sudáfrica, Botswana y Zimbabwe.

Para ahondar en el tema, recorra la **Route of Lost Kingdoms** (Ruta de los Reinos Perdidos), desde el interior del Kruger National Park, atravesando Mapungubwe hasta el pueblo de Allydys. ■

Kingdom of Mapungubwe National Park

Mapa pág. 175
N1 hasta la R572 en Musina, 68 km hasta la entrada
012/428-9111
$$

www.sanparks.org/parks/mapungubwe

En esta vasta región interior se encuentran la ajetreada y cosmopolita Johannesburgo y la distinguida capital del país, Pretoria.

Johannesburgo y el interior

Una residente del Lesedi Cultural Village con el traje tradicional.

Johannesburgo y el interior

Johannesburgo, la capital de la provincia de Gauteng (en sotho «lugar de oro»), es una de las 40 mayores zonas metropolitanas del mundo. La región circundante (desde el *township* de Soweto hasta los parques nacionales o los pueblos rurales) proporciona sobradas razones para visitar el interior de Sudáfrica.

Johannesburgo se construyó sobre sueños de riquezas fabulosas y todavía hoy la codicia inspirada por el descubrimiento de oro en el siglo XIX sigue impulsando a la más rapaz de las ciudades africanas. Hay una crueldad en ella que se manifiesta no sólo en los encarnizados tratos empresariales de la que es testigo, sino también en sus estratosféricas estadísticas de delincuencia. De hecho, hoy día Gauteng es, con mucho, la provincia más rica de Sudáfrica y puede presumir de tener la mayor economía de la África subsahariana.

Johannesburgo (conocida como Jo'burg por los blancos más ancianos y como Egoli o Jozi por los negros y los jóvenes blancos) es una ciudad cosmopolita. Después de que el ANC llegara al poder en 1994, Sudáfrica se abrió al resto de África y llegaron a Johannesburgo inmigrantes de todo el continente para hacer fortuna. Cuando el centro de la urbe empezó a cambiar, los grandes negocios abandonaron lo que en otro tiempo era el CBD (Central Business District) y se dirigieron al norte, a las afueras, para escapar del caos urbano. Pero el centro de la ciudad empieza a revivir poco a poco y sin duda se convertirá de nuevo en un entorno próspero. El transcultural Newtown Cultural District, junto con el Market Theatre y el MuseuMAfrica, es el precursor de este renacimiento.

Si le gustan las compras, coja las tarjetas de crédito y diríjase al mayor centro comercial de Johannesburgo, Sandton City. El cercano Hyde Park es quizás el más prestigioso y entre los dos encontrará sucursales de muchas de las principales marcas de productos de lujo.

El interior

No lejos de Johannesburgo se halla el *township* de Soweto, creada durante la época del apartheid como lugar donde se obligaba a vivir a los trabajadores inmigrantes, pero que en la actualidad es un centro cultural lleno de vida. La capital oficial y administrativa de Sudáfrica, Pretoria, con sus museos, la encantadora arquitectura de Herbert Baker y sus magníficos restaurantes, está a sólo 40 minutos en coche por autopista.

PUNTOS DE INTERÉS

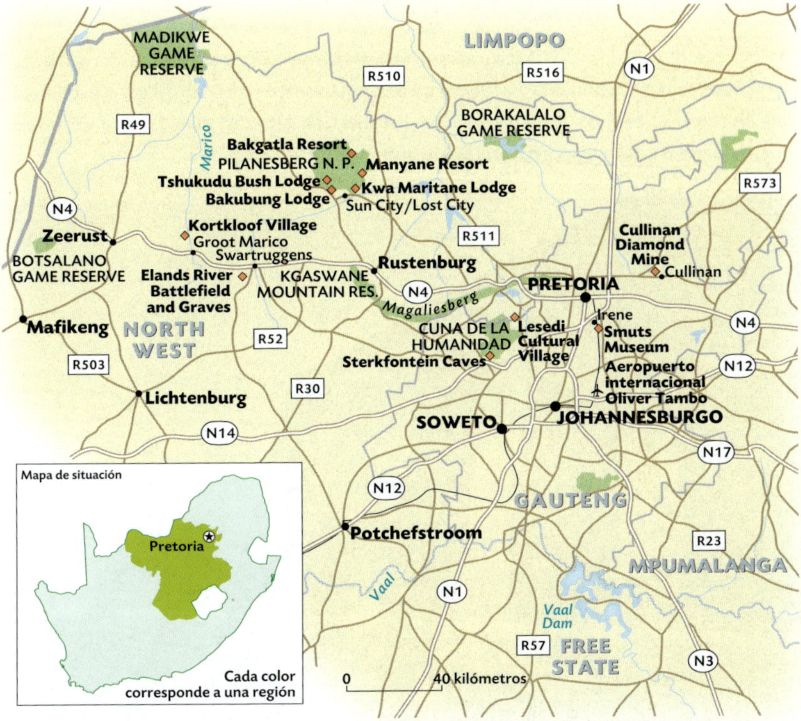

Johannesburgo también está cerca de la Cuna de la Humanidad, donde el visitante puede investigar los orígenes del ser humano (algunos de los descubrimientos paleontológicos más asombrosos del mundo se han hecho aquí) o visitar la austera y hermosa zona de Magaliesberg.

La ostentosa Sun City se encuentra a dos horas en coche de Johannesburgo. No lejos de los hoteles, restaurantes, casinos y campos de golf de esta ciudad vacacional está el Pilanesberg National Park, un volcán extinto con un lago central que atrae a los «cinco grandes», y el Lesedi Cultural Village (Poblado Cultural Lesedi), donde podrá conocer las diferencias culturales entre las tribus sudafricanas.

Y para cambiar de ritmo por completo, visite las tranquilas y polvorientas localidades de Groot Marico y Zeerust, en las que se respira el ambiente de tiempos ya desaparecidos.

Una pequeña advertencia

Johannesburgo es, por desgracia, famosa por su índice de criminalidad, así que nunca deje de prestar atención a su entorno. Escuche los consejos sobre dónde ir. Los guardias de seguridad del Central Improvement District (CID), con uniformes verdes y amarillos, se colocan en casi todas las esquinas de las zonas conflictivas. Incluso así, es mejor recorrer el centro en una visita organizada. Evite parecer un turista (no saque el mapa en cualquier esquina) y aléjese de zonas como Hillbrow, Berea y Yeoville. Los asaltos a conductores son comunes, pero los accidentes de tráfico lo son más. Conduzca con cuidado, con las ventanillas cerradas y el seguro puesto. No recoja a nadie. Si se detiene en un semáforo en rojo y alguien se acerca corriendo al coche, no dude en violar las normas de tráfico para escapar. ■

Johannesburgo

Johannesburgo, situada a 1.737 m de altitud, es la ciudad de África que más transformaciones ha sufrido. Aunque continúa luchando contra su reputación de metrópoli peligrosa y asediada por los crímenes, es la mayor del país (con seis millones de habitantes) y puede presumir de una mezcla cultural e idiomática gracias al fin del apartheid y a la llegada de inmigrantes.

El Central Business District se refleja en el cristal de un edificio de oficinas.

Johannesburgo

Mapa pág. 197

Información

Rosebank Mall, Upper Level, Baker y Craddock Sts.

011/327-7000

www.gauteng.net

Central Business District

Hay dos Central Business Districts, o distritos centrales de negocios: el antiguo CBD, que está situado en el centro de la ciudad, y el nuevo CBD, ubicado en Sandton, uno de los barrios más acomodados de Johannesburgo, al norte de la metrópoli.

Esta extraña proliferación de distritos de negocios es el resultado de la gran revolución social que vive en la actualidad Sudáfrica. Durante el apartheid, el antiguo CBD se clasificó como zona sólo para blancos, lo que significaba que las personas negras podían trabajar en la ciudad pero se les prohibía vivir allí. Cuando se abolió la Group Areas Act (Ley de Zonas Grupales) en 1991, la población negra más desfavorecida invadió el centro urbano, tomando con frecuencia edificios enteros. Muchos de los recién llegados carecían de empleo y eran desesperadamente pobres y, casi de forma inevitable, se disparó el índice de delincuencia.

El antiguo CBD y la zona circundante estaban compuestos en un principio por propiedades muy atractivas, pero el traslado a gran escala de numerosas empresas y comercios, que abandonaron el antiguo CBD para instalarse en los barrios del norte, junto con el brusco incremento del índice de criminalidad, la congestión del tráfico urbano y el inadecuado transporte público, hicieron bajar mucho los precios inmobiliarios.

El gobierno provincial de Gauteng tiene su sede en el antiguo CBD y se están llevando a cabo iniciativas para remodelar esta parte de la ciudad. El Ayuntamiento de Johannesburgo ha instalado cámaras de circuito cerrado y se dice que la presencia de estos vigilantes silenciosos ha reducido el índice de delitos de forma notable, pero no del todo. Varios de los edificios históricos también se han convertido en bloques de apartamentos y los promotores esperan que eso contribuya a atraer a residentes nuevos y más acomodados a la zona. El proceso de aburguesamiento y remodelación continúa.

A pesar de los altibajos del CBD, Johannesburgo continúa siendo el principal centro de la radio y la televisión del país, y varias revistas y periódicos se editan todavía en el centro urbano o en las inmediaciones. No obstante, algunas emisoras ya se han mudado al norte o están a punto de hacerlo. Justo a las afueras del CBD, en Auckland Park, está la sede de la South African Broadcasting Corporation (SABC).

El antiguo CBD posee un encanto africano vibrante y ofrece a los visitantes un cúmulo de contradicciones típicamente llamativas y a veces extrañas. Los rascacielos de cristal se alzan sobre aromáticos bazares indios en los que predomina el olor dulce de la alholva y el cardamomo. Las *boutiques* atestadas anuncian trajes ostentosos junto a tiendas africanas de *muti* (medicina), donde los sanadores tradicionales dispensan consejos, remedios de hierbas y alguna que otra pata de

ACTIVIDAD: Un partido de rugby

Uno de los acontecimientos de los que más se enorgullece Sudáfrica ocurrió el 24 de junio de 1995, cuando Nelson Mandela, vestido con una camiseta de rugby de los Springbok, le entregó el trofeo de la Copa Mundial de Rugby al equipo sudafricano. Sudáfrica, una democracia nueva, el primer anfitrión en solitario del torneo y además campeona del mundo, al fin se había unido como nación y el país entero celebraba un deporte que durante muchos años estuvo reservado a la minoría blanca. El rugby es sin duda una parte importante de la cultura sudafricana y ver un partido en el ya famoso Ellis Park Stadium, donde se disputó la final de la Copa del Mundo en 1995, es una experiencia inolvidable para cualquier aficionado. En *www.ellispark.co.za* podrá ver el calendario de competiciones y obtener información sobre la reserva de entradas. Ellis Park está situado en la confluencia de las Currey y Staib Streets, en Doornfontein, Johannesburgo. Para los partidos más importantes hay aparcamientos gratuitos donde puede dejar el coche y desde allí lo trasladan al estadio. Dentro del estadio hay puestos de comida y bebida, así como ocho pubs.

Carlton Centre
50 Commissioner St.
011/308-1331
$

Standard Bank Gallery
Simmonds y Frederick Sts.
011/631-1889
Cerrado dom.
www.standardbankgallery.co.za

babuino, muy apreciadas por aquí. Los vendedores callejeros venden fruta y el inconfundible olor de las «russians» (una popular salchicha picante) asándose sobre braseros de carbón se eleva en el aire, que surcan los reactores que despegan del aeropuerto internacional Oliver Tambo.

Diagonal Street (ver pág. 207) y el **Newtown Cultural Precinct** (ver pág 205) son zonas que combinan lo mejor del presente multiétnico con una actitud optimista sobre el futuro. Es esta sorprendente convivencia (la camaradería con la más absoluta modernidad) lo que da al antiguo CBD su incomparable atractivo. A pesar del deterioro urbano, tienen la mayor densidad de rascacielos de África, incluido el **Carlton Centre,** de 223 m de altura, que sigue siendo el más alto del continente y ofrece una maravillosa panorámica de la ciudad desde el mirador **Top of Africa.** Y para una visión de otro tipo, el Carlton Centre también alberga la **Standard Bank Gallery,** donde podrá ver lo mejor del arte contemporáneo sudafricano.

Sandton y Rosebank

El nuevo CBD está situado en el selecto Sandton, el territorio de los nuevos ricos, un distrito comercial cosmopolita, ultramoderno y lleno de vitalidad y ambición. Decididamente inclinado hacia todo lo que proceda de Europa y Estados Unidos, este distrito corporativo, comercial y residencial, ubicado en la parte norte de la zona metropolitana de Johannesburgo, se considera la «milla cuadrada más rica de África», el eje económico del continente. La Bolsa de Johannesburgo se trasladó a Sandton

El perfil de Johannesburgo, dominado por la Hillbrow Tower.

CONSEJO DE EXPERTO

Dé un paseo por la Fourth Avenue de Parkhurst, con sus eclécticas tiendas de antigüedades y su variedad de restaurantes. No deje de desayunar o comer en el Nice, donde la cesta de huevos es mi debilidad dominical.

—ROBERTA COCI
Colaboradora de National Geographic

hace varios años y la siguieron importantes instituciones financieras y compañías tecnológicas. En Sandton se pueden ganar o perder fortunas.

Sandton es pura ostentación y *glamour*. Tiene hoteles magníficos (el Michelangelo, por ejemplo; ver pág. 301), estupendos restaurantes para todos los gustos, desde tailandeses hasta cantoneses o franceses, y centros comerciales deslumbrantes (Sandton City, Hyde Park) que ofrecen de todo a quienes gustan de hacer alarde de su riqueza.

En Sandton también abundan las discotecas, los locales de música, los *spas*, las librerías, las galerías, las tiendas de antigüedades y los concesionarios de coches de lujo. En las zonas residenciales circundantes, como **Hyde Park,** las mansiones y sus cuidados jardines están resguardados tras altos muros de seguridad, y en los caminos de entrada se acumulan relucientes vehículos de lujo.

El cercano **Rosebank** es igual de animado, aunque tiene un ambiente más multicultural que Sandton. Ha conseguido combinar con éxito una zona comercial próspera con un entorno muy agradable, donde se puede acudir a trabajar, de compras o a algún lugar de ocio. En el compacto Rosebank todo está al alcance de la mano y tanto visitantes, como residentes y trabajadores pueden ir caminando a todas partes.

Además de ser una zona empresarial, Rosebank ofrece una amplia gama de locales de ocio y entretenimiento: terrazas, restaurantes, mimos y artistas callejeros, discotecas, galerías de arte, cines, hoteles de lujo (incluido el Grace, ver pág. 301) y centros comerciales en los cuales también se celebran mercadillos semanales. Hay uno especialmente bueno, el **African Crafts Market** *(Baker St. con Craddock Ave.)*, que vende objetos horrendos para turistas junto con antigüedades de Mali y Senegal. El **Zone@Rosebank** *(177 Oxford St.; tel. 011/788-1130; www.thezoneatrosebank.co.za)*, uno de los mejores centros comerciales de los barrios residenciales del norte, cuenta con un cine y varias carísimas tiendas de lujo.

Sean cuales sean sus gustos (ver arte, gastar dinero en ropa, ir al cine o dar un paseo), seguro que Rosebank tiene algo para usted. Este barrio presentaba una notable arquitectura *art déco* y aunque, por desgracia, algunos de los mejores edificios han sido demolidos, aún se conservan varios sorprendentes ejemplos de preciosas fachadas formales.

Restaurante Nice

✉ 14th St. con 4th Ave.

☎ 011/788-6286

🕒 Cerrado lun. A, sáb.-miér. C

La música en Johannesburgo

La variedad de tradiciones musicales que se pueden escuchar hoy en Johannesburgo no tiene precedentes. África es inmensa y sus culturas diversas, y aquí es posible encontrar muchas de las principales formas musicales africanas. A la puerta de cualquier restaurante puede oír a un músico de Zanzíbar tocar la guitarra con los ritmos de las islas del Índico, mientras que, calle abajo, los sonidos de Kenya, Nigeria o Mali dominan la noche.

La música de Vusi Mahlasela fue una inspiración para muchos dentro del movimiento contra el apartheid.

Hay muchos locales que ofrecen música en directo, así como el discotequero *kwaito*, un *hip hop* local que triunfa en los *townships*.

Carfax *(39 Pim St., Newtown; tel. 011/834-9187)* es un imán para la vanguardia cultural y artística de la urbe. El vívido caleidoscopio de estilos musicales y formas de arte que se muestran en este club dan fe de que para los artistas Johannesburgo es hoy día la meca de África. Y en Carfax no hablamos sólo de música. Es un lugar que encarna la gran revolución cultural que se vive en Sudáfrica, por lo que no es extraño que se anuncie como el local más progresista de la escena artística sudafricana.

A sólo diez minutos en coche de Carfax está **Bassline** *(10 Henry Nxumalo St.; tel. 011/838-9145)* en el Newtown Cultural Precinct. El logotipo de Bassline declara «Confiamos en la música» y esta fe en la integridad de la buena música y en los músicos entregados es lo que ha propiciado el éxito continuado de este local. La profunda creencia en el poder de la melodía, de la letra y la composición para unir, aliviar e inspirar es lo que constituye uno de los valores centrales de Bassline. La mayor parte de las noches el visitante podrá oír *hip hop*, *kwaito* o cualquiera de los otros géneros musicales mutantes.

En Melville encontrará el **Roxy's Rhythm Bar** *(20 Main St., Melville; tel. 011/726-6019)*, una institución musical de Johannesburgo que lleva casi 20 años ofreciendo música en directo. Desde su inauguración, por el escenario del Roxy's, como lo llaman cariñosamente los habituales, han pasado todos los talentos musicales neófitos de Sudáfrica. En la zona de Melville vive una población estudiantil bastante joven, cuyo gusto musical es ecléctico y sofisticado, pero su umbral de aburrimiento es también notoriamente bajo. Así que Roxy's no tardó en convertirse en un vivero de grupos jóvenes con ideas musicales revolucionarias que satisfacían a un público impaciente por escuchar nuevos sonidos.

Vaya al norte, hasta el moderno Sandton y encontrará **The Blues Room** *(Village Walk en Rivonia Rd. con Maud St., Sandton; tel. 011/784-5527)* un club nocturno que está muy de moda. Este local, uno de los más modernos de la ciudad, atrae como un imán a la élite musical más glamurosa de Johannesburgo. Aquí verá más Prada que en Carfax o en Bassline, y la quisquillosa clientela exige no sólo buena música, sino también buena comida.

CONSEJO DE EXPERTO

El Oppikoppi Music Festival, que se celebra en agosto a sólo dos horas de Jo'burg, es el mejor lugar para disfrutar de una buena mezcla de música sudafricana. Es una experiencia cultural auténtica.

—SAMANTHA REINDERS
Fotógrafa de National Geographic

En The Blues Room el ambiente es sofisticado y relajado, y los estilos musicales van desde un *blues* francamente bueno hasta el rock de toda la vida pasando por el jazz fusión. Aquí no se trata de un sonido puro, crispado o duro, sino de lograr la perfección y dominar la técnica como un virtuoso. Es un local para músicos profesionales, donde el refinamiento, la técnica y la sutileza de la interpretación son primordiales. Aquí se reúnen amantes de la música de todos los colores y credos, un público que comparte un gran oído y que a la vez sabe apreciar la genialidad transcultural.

Letrero del Bassline, el popular local de Johannesburgo, y su credo musical.

Johannesburg Art Gallery
✉ Klein St., Joubert Park
☎ 011/725-3130
🕒 Cerrado lun.

Johannesburg Art Gallery

La Johannesburg Art Gallery está situada en Joubert Park, en el margen del antiguo Central Business District. Aunque el barrio que rodea la JAG no es uno de los mejores, hay un aparcamiento seguro cerca.

La creadora de la colección de la JAG fue la gran entendida y coleccionista de arte lady Florence Phillips, esposa del terrateniente y magnate minero Lionel Phillips, y a quien todos conocían como Florrie. Cuando su marido y ella residían en la finca Arcadia, en Johannesburgo, a principios del siglo XX, Florrie apoyó la artesanía y cultura local, y fue una importante mecenas, tanto de artistas famosos como de los que luchaban por salir adelante. Trabajó sin descanso para crear el JAG, un sueño que se hizo realidad en 1916. Utilizó fondos donados por su marido y estableció la primera colección del museo.

La visita al museo. Al entrar en este elegante edificio de tres plantas diseñado por sir Edward Lutyens, puede elegir entre 15 salas diferentes. La colección de la galería es tan amplia que sólo se expone una décima parte, pero esa fracción seguirá alejándolo del sol durante horas, a menos, claro está, que se quede en los jardines de esculturas.

La **colección de arte africano** del museo es insuperable, con pinturas, esculturas, fotografías, grabados, nuevos medios, vídeos e instalaciones que van desde el siglo XIX hasta la época contemporánea. Encontrará obras maestras de Gerard Sekoto (1913-1993), pionero del arte negro urbano; de Alexis Preller (1911-1975), cuyas obras combinan el surrealismo con el arte africano de Swazilandia y Zaire; y del escultor y pintor Sydney Kumalo (1935-1988), el cual se inspira en Henry Moore y Marino Marini, así como en las tradiciones africanas.

Obras de artistas africanos en la Johannesburg Art Gallery.

Market Theatre

Uno de los puntos más destacados del Newtown Cultural Precinct es el Market Theatre, donde podrá disfrutar de algunos de los mejores espectáculos de teatro, danza y música de Sudáfrica. El edificio que alberga este complejo fue en otro tiempo un mercado (de ahí el nombre) de productos frescos indios. La restauración comenzó en 1975, cuando un grupo de artistas comprometidos recaudaron fondos para salvar este viejo edificio, con las estrambóticas torres gemelas eduardianas en la entrada. Ellos mismos hicieron buena parte del trabajo de restauración.

El complejo incluye el Main Theatre, el Barney Simon Theatre y el Laager Theatre. Albergó teatro protesta durante los años de la lucha contra el apartheid y fueron muchos los grandes nombres que actuaron aquí: Athol Fugard, Mbogeni Ngema, Barney Simon, John Kani, Winston Ntshona y Pieter-Dirk Uys, entre otros.

Se pueden hacer visitas guiadas del Market Theatre con cita previa.

Aquí también descubrirá una amplia variedad de objetos tradicionales que incluyen las **colecciones Brenhurst** y **Jacques** de tocados, palos, obras con abalorios y cajitas de rapé. Este tipo de piezas se descuidaron durante la época colonial y la del apartheid, en un momento en el que imperaba una definición más limitada de «arte superior».

Asimismo, encontrará una variedad impresionante de **obras europeas** de autores como Picasso, Degas, Pissarro y Monet. Había un cuadro de El Greco pero fue robado en 2002. Aquí puede ver pinturas holandesas del siglo XVII, telas británicas y europeas de los siglos XVIII y XIX, arte del siglo XIX y contemporáneo de Sudáfrica, y una selección representativa del arte internacional del siglo XX.

Newtown Cultural Precinct

Situado en lo que en otro tiempo era una zona hundida, el Newtown Cultural Precinct (también conocido como el Newtown Management District) se está convirtiendo en un centro cultural sofisticado y lleno de vida que palpita con una combinación africana única: energía y un talento artístico en plena efervescencia. Aquí se muestra el vibrante renacimiento del arte y la artesanía africanas, el teatro y una incalculable mezcla de formas de arte híbridas que en realidad no tiene un nombre colectivo. «Arte callejero» quizá sea lo que mejor lo define.

Cada sábado un pintoresco **mercadillo** con un ambiente africano único cobra vida junto al Market Theatre. Los puestos venden artesanía y curiosidades, ropa, antigüedades, telas estampadas, esculturas y objetos realizados con abalorios.

Este centro cultural abarca una zona que se extiende entre las instalaciones y líneas ferroviarias al norte, la autopista M2 al sur, West Street al este y Quinn Street al oeste. Recuerde estar siempre alerta en temas de seguridad personal, evite el consumo excesivo de alcohol y no camine por estas calles solo por la noche.

Market Theatre
✉ 56 Margaret Mcingana St.
☎ 011/832-1641
www.markettheatre.co.za

MuseuMAfrica
121 Bree St.
011/833-5624
Cerrado lun.

MuseuMAfrica. Situado junto al complejo del Market Theatre, en el antiguo mercado de frutas y verduras, MuseuMAfrica es uno de los mejores museos de historia y cultura africanas. Da un buen repaso a la compleja historia geológica, social, política y económica de Sudáfrica, e incluye muestras geológicas, así como reproducciones de chozas, herramientas, artesanía y ropa de las etnias y tribus sudafricanas. Hay una exposición permanente de los **«Treason Trials»** (1956-1961), los Juicios por Traición, en los que anuncios radiofónicos, titulares periodísticos y entrevistas en vídeo muestran al visitante los famosos juicios que metieron, entre otros, a Nelson Mandela entre rejas en Robben Island (ver págs. 69, 72-73). Otra exposición, **«Johannesburg Transformations»,** incluye una choza en la que puede entrar, un barracón de mineros y un *shebeen* (bar ilegal) de la década de 1950.

El museo también alberga el **Bensusan Museum of Photography,** que expone los avances de la industria fotográfica, y el **Museum of South Africa Rock Art,** sobre el arte rupestre san.

Chinatown

Del mismo modo que hay dos Central Business Districts, también hay dos Chinatowns en Johannesburgo; una en Commissioner Street, cerca del antiguo CBD y otro en Derrick Avenue, en Cyrildene.

A comienzos del siglo XX, la «Primera Chinatown» creció en el extremo occidental de **Commissioner Street,** donde vivían los inmigrantes chinos de la provincia de Guangdong y donde tenían sus almacenes, lavanderías, tiendas, casas de té y restaurantes, algunos de los mejores justo a la sombra de la comisaría de John Vorster Square. Sigue habiendo restaurantes y comercios excelentes en esta zona, pero debido al deterioro urbano la comunidad china se ha ido mudando poco a poco a la «Segunda Chinatown», en **Cyrildene.**

Cyrildene era antes una zona predominantemente judía, pero ya hace tiempo que el chino mandarín ha sustituido al yiddish como lengua franca y la hilera de restaurantes chinos y tiendas exóticas de **Derrick Avenue** es el resultado. Ambas aceras de la avenida están flanqueadas de salones de belleza, herbolarios, tiendas de comida asiática y sitios para comer tan sencillos como auténticos. Puede disfrutar de delicias de Guangzhou (Cantón) y Shanghai, y probar los *dim sum* y una crujiente pechuga de pollo

CONSEJO DE EXPERTO

Asegúrese de dejarse caer por la tienda de tés Chinese Tea, en el nº 28 de Derrick Av., donde puede comprar regalos únicos y cargar las pilas con una buena taza recién hecha.

—ROBERTA COCI
Colaboradora de National Geographic

Uno de los muchos restaurantes de Derrick Avenue, en Chinatown.

asado, lonchas picantes de cerdo frito, fideos chinos y una gran variedad de platos de gambas y pescado con los que se le hará la boca agua.

Comer en Chinatown. Los restaurantes de la Chinatown de Cyrildene incluyen el veterano **Long Men** *(41 Derrick Ave., Cyrildene; tel. 011/622-6861)*, que utiliza ingredientes frescos que varían a diario para crear una cocina básicamente cantonesa. Recomendamos el *dim sum*. En el extremo sur de Derrick Avenue hay dos restaurantes excelentes especializados en *dumplings* (una especie de bolas de masa, normalmente rellenas, cocidas al vapor): el **Ching In** *(35 Derrick Ave., Cyrildene; tel. 082/502-6456)* y el **Northern Dumpling Shop** *(extremo S de Derrick Ave.)*.

La comida es estupenda. Pero una advertencia: si no habla chino, puede que tenga que pedir la comida por señas.

Diagonal Street y Fordsburg

Diagonal Street, en el CBD, sólo podría existir en África. A la sombra de la antigua **Johannesburg Stock Exchange** (la Bolsa de Johannesburgo), una hermosa y moderna construcción de cristal azul y acero que se alza sobre los tejados de esta antigua calle, hallará un sinfín de herboristerías africanas. Puede curiosear entre la mercancía –pieles disecadas de varano, cuernos, trozos de corteza de árboles *muti* (medicinales), cráneos, huesos, cuentas y pulseras «mágicas»– antes de comprar una medicina tradicional que (como le asegurará el propietario) es un remedio infalible para cualquier cosa, desde el asma a la tuberculosis. Puede que incluso haya un *sangoma* (sanador tradicional) a mano que le asegurará que puede predecirle el futuro «lanzando los huesos». Y todo eso en pleno día y en una calle de una ciudad del siglo XXI.

Museum of Man & Science
14 Diagonal St.
011/836-4470
Cerrado dom.

Típico del barrio es el **Museum of Man & Science,** que en realidad no es un museo sino una tienda que se hace llamar «El rey del *muti* y los remedios de hierbas y homeopáticos». El «museo» recibe la visita constante de los turistas, quienes, por lo general, prefieren comprarse un buen diseño auténticos un 30 % o un 40 % más baratos que en Rosebank o Sandton. Este lugar es famoso por sus tejidos: algodón, telas sintéticas de colores chillones y seda. Los precios marcados son una simple indicación, ya que se da por hecho que el comprador debe regatear.

Fordsburg alberga muchas tiendas del sur de Asia y almacenes de comida.

Oriental Plaza
Bree y High Sts., Fordsburg
011/838-6752
Cerrado dom.
www.orientalplaza-fordsburg.co.za/

bastón y otras curiosidades antes que la piel seca de un mono.

El barrio de Fordsburg se ha convertido en uno de los mejores lugares para disfrutar de la cultura del sur de Asia, y si le gustan los currys paquistaníes, éste es su lugar. La comida india vegetariana es igual de buena. En el **Oriental Plaza** *(rodeado por las Bree, Malherbe, Lilian y Main Sts.; tel. 011/838-6752)* los musulmanes y los hindúes coexisten en armonía, impulsados por el objetivo común de conseguir beneficios. Este complejo alberga unas 300 tiendas donde puede comprar de todo. Encontrará objetos de

Si pasea por este complejo su sentido del olfato se verá asaltado por aromas deliciosos. Las tiendas de especias (una de las mejores es **Akhakwaya Spice Centre,** *Shop S263; tel. 011/836-9280*) las venden recién molidas.

Comer en Fordsburg. Hay una gran variedad de restaurantes. Dos de los mejores son **Al Makka** *(28 Mint Rd.; tel. 011/838-2545)* y **Just Samoosas** *(Shop 186/7; tel. 011/833-1139).* **Jimmy's Killer Prawns** *(41 Central Rd.; tel. 011-836-7237; www.jimmyskillerprawns.com)* está especializado en marisco.

Gold Reef City

La Gold Reef City (como la famosa Lost City de Sun City, ver págs. 233 y 236), a 5 km del centro de la ciudad por la Northern Parkway, es un parque temático. Se erigió en el lugar que antes ocupaba una mina de oro (pozo nº 4 de Crown Mines) y se reconstruyeron calles enteras bastante fieles a las originales, con sus casas de mineros incluidas. Los empleados incluso se visten con trajes del siglo XIX. Pero parece más un producto Disney que historia auténtica.

Las atracciones son muchas. Los niños y los adictos a la adrenalina pueden probar la **Anaconda,** la **Flintstones** (los Picapiedra), la **Miner's Revenge** (Venganza del Minero) y la **Golden Loop.** Si quiere saber cómo se trabaja en una mina de oro, baje a una de las más profundas o contemple las vetas en una vieja mina y vea cómo se hacen los lingotes. También hay un casino, un tren de vapor, un cine 4D y el Apartheid Museum.

Arte en venta

A Johannesburgo llega gente de todo el país por razones económicas y con ellos también diversas formas de arte y artesanía. Máscaras, muñecas, cestas y tallas de madera están entre las obras más apreciadas que puede encontrar.

Visite el mercadillo de Bruma *(cerrado lun.)* para ver unos cuantos ejemplos. El mercadillo de los sábados de Market Theatre (ver pág. 205) se considera el original. También está el Rooftop Market en el centro comercial de Rosebank los domingos, frecuentado tanto por turistas como por lugareños. Y eso es sólo para abrir boca...

CONSEJO DE EXPERTO

Para conocer la accidentada historia de Jo'burg, únase a uno de los paseos históricos de la Parktown Heritage Trust *(www.parktownheritage.co.za)*. Hay rutas diferentes que recorren varias partes de la ciudad.

—ROBERTA COCI
Colaboradora de National Geographic

Apartheid Museum

No se puede entender bien la Sudáfrica de hoy si no se comprende el impacto que ha tenido el apartheid en todo el país. Y eso es lo que pretende este museo. Inaugurado en 2001, se halla en los terrenos de la Gold Reef City, en una zona de 7 ha. El museo lo diseñó un consorcio de arquitectos y las exposiciones las preparó un equipo interdisciplinar de conservadores de museo, cineastas, historiadores y diseñadores. Está ubicado en un jardín trazado para que parezca el paisaje indígena sudafricano.

Los visitantes pueden vivir en sus propias carnes algo de lo que fue el apartheid al entrar en el

Gold Reef City

- ✉ Shaft 14, Northern Pkwy., Ormonde
- ☎ 011/248-6800
- 🕘 Cerrado lun.
- $ $$$

www.goldreefcity.co.za

Apartheid Museum

- ✉ Gold Reef City, Northern Pkwy. y Gold Reef Rd., Ormonde
- ☎ 011/309-4700
- 🕘 Cerrado lun.
- $ $

www.apartheidmuseum.org/

Una de las zonas de exposición del Apartheid Museum.

edificio, donde el personal clasifica a cada uno según su raza y el color de su piel. Un proceso instructivo y un tanto inquietante. Una vez que se «recupere», los visitantes sabrán apreciar el hábil uso de fotografías, paneles, artefactos y relatos personales de lo que era la vida en Sudáfrica.

Las exposiciones, ubicadas en 22 zonas, retratan escenas diarias del apartheid y los monitores de televisión muestran imágenes de «The Struggle» (la lucha) contra el régimen. El museo hace un recorrido muy emotivo por la historia de una opresión racial aprobada por el Estado que concluye con un vistazo a la Sudáfrica posterior al apartheid. Una de las exposiciones consta de 131 sogas que cuelgan del techo y que representan a cada uno de los presos políticos que fue colgado o «murió mientras estaba detenido» durante la época del apartheid. Otras capturan eventos significativos: la masacre de Sharpeville, el juicio de Rivonia, el levantamiento de Soweto y la destrucción del District Six. También retratan los movimientos contra el apartheid que se dieron en el exilio y los boicots deportivos internacionales.

También están aquí todas las personalidades clave: el arquitecto del «Gran Apartheid», H. F. Verwoerd; el «hombre fuerte» de Sudáfrica B. J. Vorster y P. W. Botha, así como Desmond Tutu, F. W. de Klerk, el mártir Steve Biko y, por supuesto, Nelson Mandela.

La muestra culmina con el nacimiento de un nuevo país democrático en 1994 y la toma de posesión de Mandela, «el preso que se convirtió en presidente».

Visita del museo. Las de cuatro horas se hacen los martes, miércoles, jueves y viernes de todo el año; incluyen la recogida en el hotel o donde usted indique. ■

ACTIVIDAD: La lucha contra el sida

África se enfrenta a un temible enemigo cuando se trata de la pandemia del VIH y el sida. Esta trágica enfermedad es una asesina insaciable y a pesar de los esfuerzos para evitar el contagio, el índice de infecciones por VIH sigue aumentando en muchos países africanos. Si a eso añadimos la pobreza y la malnutrición tan extendidas por buena parte del continente, el sida está mutilando la vida y la economía de muchas naciones, y Sudáfrica no es ninguna excepción.

La enfermedad está dejando a millones de niños huérfanos y el número de familias mantenidas por niños en Sudáfrica es una preocupación creciente para el Gobierno. Lo cierto es que no hay recursos suficientes para dar a estos chiquillos la educación y los cuidados que necesitan. Y lo que es más, a diferencia de Estados Unidos y Europa, en Sudáfrica las personas que tienen sida muchas veces no tienen acceso a los medicamentos que podrían permitirles llevar una vida relativamente sana y normal.

Uno de los mayores problemas a los que se enfrenta el país es la falta de trabajadores cualificados y preparados para luchar contra la pandemia en los campos sanitario y del desarrollo. Y eso se debe sobre todo al impacto del propio sida, que ha sesgado la vida de muchos de esos trabajadores cualificados y ha espantado a sus colegas todavía sanos. En los últimos años se ha producido un éxodo en masa de los médicos del país. Muchas naciones de África tienen en la actualidad una media de esperanza de vida de menos de 40 años, con las consecuencias negativas que eso conlleva para la atención sanitaria y el desarrollo económico del país.

Otro de los retos es educativo. El Gobierno ha hecho esfuerzos para incrementar los conocimientos sobre los peligros de contraer sida y las formas de evitarlo. Pero hay que hacer mucho más. Los índices de transmisión siguen siendo demasiado altos.

El papel de los individuos continúa siendo crucial en la batalla contra el sida en Sudáfrica. Los voluntarios pueden ayudar de varias formas, ya sea en el campo de la atención sanitaria, la educación o el cuidado de los niños. Muchos programas contribuyen a aumentar la conciencia pública enviando voluntarios a las comunidades y escuelas para ayudar a informar a la población sobre la pandemia. Los voluntarios individuales pueden colaborar en cualquier etapa de este proceso, desde haciendo carteles a hablando ante grupos de la comunidad.

CONSEJO DE EXPERTO

El sida es un grave problema en Sudáfrica, sobre todo en las relaciones heterosexuales. Así que recuerde: abstinencia, fidelidad y condón.

—RICHARD WHITAKER
Colaborador de National Geographic

Ayudar de modo directo a las familias afectadas por el sida es otro modo de contribuir. Los voluntarios pueden llevar alimentos y ropa, hablar con las familias sobre prevención y proporcionar apoyo. Se necesitan sobre todo profesionales de la medicina para tratar a estos pacientes, y aquellos que tengan conocimientos científicos pueden ayudar en los laboratorios.

Existen muchos programas que proporcionan educación, cuidados sanitarios y ayudas sociales a millones de huérfanos sudafricanos por el sida, así como programas que realizan pruebas de VIH y asesoran a los adultos. No es necesario que los voluntarios tengan ninguna cualificación o habilidad especial para colaborar, aunque deben tener cierto nivel de compasión, paciencia y flexibilidad. Muchos de los afectados de sida necesitan cuidados y aliento para ayudarlos a enfrentarse a la situación y hacer progresos.

Para obtener información sobre cómo puede implicarse, póngase en contacto con la **Nelson Mandela Foundation** *(tel. 011/728-1000; www.nelsonmandela.org)*, la **Treatment Action Campaign** *(tel. 086/136-3448; www.tac.org.za)* o la **Greater Good South Africa** *(tel. 021/794-0580; www.myggsa.co.za)*.

Soweto

Aunque parece una palabra africana, Soweto es en realidad un acrónimo de South Western Townships (*townships* del sudoeste). Situada al sur de Johannesburgo, Soweto se diseñó y construyó en la década de 1950 a petición del gobierno del apartheid como barrio dormitorio para los trabajadores inmigrantes negros de cuyo trabajo tanto dependía la ciudad.

Casas bien cuidadas de la emergente clase media de Soweto.

Soweto

Mapa pág. 197

Información

Walter Sisulu Square of Dedication, Kliptown

011/982-8034 o 082/962-6776

www.sowetotourism.co.za

Una vez comenzada, Soweto creció, sin planificación alguna, hasta convertirse en una colección descontrolada de *townships*. A pesar de los intentos del Gobierno por detenerlos, los trabajadores negros empobrecidos que buscaban trabajo comenzaron a trasladarse a Johannesburgo desde las zonas rurales sin futuro, desde los llamados bantustanes e incluso desde países africanos vecinos.

En la actualidad, Soweto es una ciudad por derecho propio donde viven más de dos millones de personas, la mayor concentración urbana de población negra del continente. Soweto cuenta con la única clínica privada de propiedad negra de Sudáfrica, y su hospital público, el Chris Hani Baragwanath, es el mayor de África. A Soweto cada vez se la conoce más por su ambiente nocturno, donde reina el jazz y el *kwaito* (*hip-hop* de Soweto) en locales como **The Rock** y el **Back Room.**

En Soweto se da una amplia variedad de viviendas, que van desde las chozas de chapa ondulada hasta las mansiones de los nuevos ricos. A los inmigrantes negros se les alojaba en un principio en las denominadas «cajas de cerillas», las cuales tenían cuatro diminutas habitaciones y que todavía se pueden ver por todas partes. Soweto también comprende zonas más acaudaladas de clase media como **Diepkloof,** un poco más allá de Orlando West, y la vecina **Diepkloof Extension,** donde las calles están flanqueadas por árboles y hay buenas escuelas y guarderías.

Una lamentable realidad social son las zonas de chabolas (educadamente conocidas como «asentamientos informales») que se han multiplicado alrededor del *township*. Por desgracia, muchos sudafricanos siguen siendo pobres, carecen de empleo y no tienen más remedio que buscar refugio en este tipo de viviendas.

La lucha contra el apartheid

Mucha gente visita Soweto para conocer mejor las pasadas luchas políticas del *township* y también sus triunfos. Puede enorgullecerse de su historia porque aquí floreció la resistencia contra el régimen del apartheid. Entre los lugares asociados con la lucha por la libertad figuran **Kliptown** y **Freedom**

ACTIVIDAD: Beber en un *shebeen*

Para la mayor parte de la población sudafricana, los *shebeens* (bares sin licencia de los *townships*) son lugares gloriosos. Constituyen un símbolo de poder, de unidad, de rebelión y de una gran noche de diversión. El Gobierno del apartheid intentó excluir a la población negra de cualquier tipo de actividad económica independiente, pero los ingeniosos hombres y mujeres de los *townships* abrieron sus casas a la comunidad para servir todo tipo de brebajes fermentados en el patio trasero.

La prohibición pretendía frenarlos y humillarlos, pero sólo consiguió el desarrollo de una nueva expresión cultural. Los *shebeens* se convirtieron en lugares obligados para celebrar fiestas; en estos locales también tenían lugar reuniones políticas y aquí comenzaron cantantes legendarios como Miriam Makeba. Sin embargo, eran un negocio arriesgado: sufrían la amenaza constante de las redadas de la policía, que siempre implicaban la confiscación del alcohol y con frecuencia el arresto. Aunque tampoco eso detenía a los propietarios, que siempre volvían a abrirlo.

En 1984 el Gobierno del apartheid se dio cuenta de que los *shebeens* eran una fuerza que debía tenerse en cuenta y accedió a conceder 27 permisos. En la actualidad hay varios con permiso para vender alcohol. Sin embargo, todavía se rumorea que los ilegales son los que llevan la batuta.

Para disfrutar de una experiencia auténtica, visite **Wandies Place** *(618 Makhalenele St., Dube Village; tel. 011/982-2796; www.wandies.co.za)*. Wandi Ndaba abrió su *shebeen* en 1981 y tuvo que soportar la amenaza de las redadas policiales durante una década antes de que por fin le concedieran los permisos en 1991. Ahora Wandi ofrece un buen restaurante y un bar distinto que nadie se debería perder.

La mayoría de los recorridos por los *townships* ofrecen visitas a *shebeens*; ver recuadro pág. 214.

ACTIVIDAD: Visitar un *township*

Durante la época del apartheid, a los negros (así como a los indios y a otros no blancos) se les obligaba a vivir en *townships* ubicados en las afueras de las zonas urbanas. Una gran parte de la población urbana sigue viviendo en estas entidades separadas, muchos de ellos en viviendas que carecen de electricidad y otras comodidades básicas. Muchos turistas se pueden pasar un mes en Sudáfrica sin poner el pie en estos *townships*. Sin embargo, un recorrido por una de ellas ofrece la posibilidad de conocer mejor la realidad sudafricana.

Descubrirá que puede ocupar su tiempo con un sinfín de actividades. Tanto si curiosea por herbolarios, como si se toma una copa en un *shebeen*, hace compras en tiendas situadas en casas particulares, va a escuchar música en directo o simplemente charla con los residentes de la zona, con toda seguridad una visita a un *township* le proporcionará una perspectiva de una cultura diferente.

Una de las compañías que puede llevarle a hacer un recorrido de un día por Soweto es **Themba Day Tours & Safaris** *(llame a Pat Duxbury; tel. 011/463-3306; nik@global.co.za; www.sowetotour.co.za/index.html)*. Le ofrece una perspectiva nueva y una visión muy personal de la ciudad negra más grande y vibrante de África.

Si quiere hacer otras visitas en la zona de Johannesburgo, póngase en contacto con **Soweto Tours** *(tel. 011/326-1700; www.soweto.co.za)* o **Vhupo Tours** *(tel. 011/936-0411; www.vhupo-tours.com)*. Para realizar visitas en Ciudad del Cabo, contacte con **Camissa Travel and Tours** *(tel. 083/392-8588; www.gocamissa.co.za)* o **Inkululeko** *(tel. 021/433-2322; www.inkululekotours.co.za)*. El precio de las visitas varía entre los 300 y los 800 rands.

Square *(cerca de Union St. y Boundary Rd., Kliptown)*. Y fue aquí donde la Congress Alliance adoptó el Freedom Charter (Fuero de la Libertad). La Congress Alliance era un grupo de organizaciones que se reunieron en 1955 para diseñar un futuro para todos los pueblos de Sudáfrica. El ANC adoptó después el Freedom Charter como política.

Otra importante institución es la **Regina Mundi Church** *(1149 Khumalo St., Rockville; tel. 011/986-2545; cerrado fines de semana; donativo)*. Entre sus muros tuvieron lugar mítines de protesta, reuniones de personas que se oponían con pasión al apartheid y los funerales de los líderes asesinados.

El barrio de **Orlando West** es el único del mundo que ha sido hogar de dos ganadores del Premio Nobel de la Paz: Nelson Mandela y el arzobispo anglicano Desmond Tutu. La primera **casa de Nelson Mandela** *(Vilakazi St., Orlando West; tel. 011/936-7754; $)*, donde vivió el futuro presidente antes de su arresto en 1962, contiene objetos personales entre los que se incluyen títulos honoríficos. Cerca se en-

El barrio de Orlando West es el único distrito del mundo que ha sido hogar de dos ganadores del Premio Nobel de la Paz: Nelson Mandela y el arzobispo anglicano Desmond Tutu.

cuentra la **residencia de Desmond Tutu** *(Vilakazi St., Orlando West; cerrada al público)* cerca de la **Holy Cross Church,** su parroquia.

Uno de los lugares más conmovedores de Soweto es el **Hector Pieterson Memorial Site and Museum** *(Khumalo y Pela Sts., Orlando West; tel. 011/536-0611; $)*, enfrente de la Holy Cross Church. años. Este trágico acontecimiento puso en marcha la corriente que con el tiempo llevó a la desaparición del apartheid. El monumento conmemorativo y el museo se erigieron en 2002, cerca de donde le dispararon al pequeño Hector. El monumento es una losa de piedra grabada y en el museo verá fotos y películas.

Un «asentamiento informal» en Kliptown, el distrito residencial más antiguo de Soweto.

El 16 de junio de 1976 los colegiales de Soweto se unieron para protestar contra la insistencia del Gobierno en que los profesores utilizasen el afrikáans como idioma preferente en las escuelas de los *townships*. Hubo un gran despliegue de la policía del régimen del apartheid y cuando los niños comenzaron a cantar el himno prohibido del ANC «Nkosi Sikelel' iAfrika» la policía abrió fuego contra ellos. La descarga mató a veinte menores, entre ellos Hector Pieterson, de 12

Soweto es una extensión vibrante, cacofónica e interminable de la que es difícil salir una vez que se está en pleno centro. Con lo cual, y dado que la seguridad puede ser un problema, la mejor forma de conocerlo es con una visita organizada, que suele ser de medio día o un día. También se pueden realizar visitas más especializadas, incluidas las que se centran en el arte, los restaurantes o la medicina tradicional de estos barrios. ■

Pretoria

A sólo media hora de Johannesburgo, la elegante y tranquila Pretoria es la capital oficial administrativa y, de hecho, la capital nacional de Sudáfrica. Ubicada en un rico valle rodeado de colinas, se la llama con cariño la «Ciudad de los Jacarandás» por las hileras de estos árboles que flanquean sus avenidas y que en verano se cubren de flores moradas.

Una estatua de Paul Kruger en Church Square, en el centro de Pretoria.

Pretoria

Mapa pág. 197

Información

Old Nederlandsche Bank Bldg., Church St.

012/358-1485

Con toda probabilidad el valle en el que se situó Pretoria fue colonizado en un primer momento por el pueblo ndebele y más tarde por los refugiados del *mfecane* zulú («el aplastamiento» de las tribus rivales) resultado de las aventuras militares de Shaka en lo que ahora es KwaZulu-Natal y sus alrededores. La ciudad de Pretoria, fundada en 1855, recibió su nombre del líder *voortrekker* Andries Pretorius, el héroe de la batalla de Blood River (1838).

Pretoria es una ciudad especialmente bonita, con amplios bulevares bordeados de jacarandás y un ambiente plácido y tranquilo. Dado que es la capital administrativa del país, cuenta con numerosas embajadas y consulados extranjeros que le dan un ambiente cosmopolita y urbano. Sede de varias instituciones de educación superior, la gran University of Pretoria, la University of South Africa (es una universidad a distancia), la Tschwane University of Technology y el Council for Scientific and Industrial Research (Consejo de Investigación Científica e Industrial), también

La Madeleine

Celebridades, diplomáticos y amantes de la buena cocina acuden en masa a La Madeleine *(122 Priory Rd., Lynnwood Ridge; tel. 012/361-3667; cerrado dom.; almuerzo con reserva)* por su extraordinaria cocina francesa y local, y la decoración de estilo rústico francés. Daniel y Karine Leusch, chefs y propietarios de esta institución de Pretoria, han ganado numerosos premios en las últimas dos décadas. El corto menú cambia con frecuencia, pero es posible que le ofrezcan algo parecido a codorniz deshuesada con salsa de oporto y trufa o solomillo de antílope saltador con salsa de arándanos y peras con miel y vino tinto. No se lo pierda.

es la capital académica extraoficial. La presencia de tantos estudiantes confiere a la ciudad una energía vibrante, sobre todo en zonas como Hatfield, donde proliferan los bares, las discotecas y los restaurantes estrafalarios.

La visita de Pretoria

Por su proximidad, las afueras de Pretoria y Johannesburgo parecen fundirse en una sola pero una vez en el centro urbano hay barrios característicos. En el medio está **Pretoria Central,** el corazón de la urbe, donde se hallan muchos de los edificios históricos. Una estatua del presidente Paul Kruger domina la bonita **Church Square** *(flanqueada por Paul Kruger y Church Sts.)*, que es el eje de Pretoria y está rodeada por el **Old Raadsaal** (Antigua Cámara del Consejo), el **Palace of Justice** y otros edificios.

El imponente complejo del **South African State Theatre** tiene seis teatros y una enorme plaza pública. En él se ofrece teatro de gran calidad, ballet, ópera, cabaré y música clásica. En el Momentum puede ver el trabajo de prometedores productores, directores y actores nuevos. La Opera House tiene capacidad para 1.300 espectadores, mientras que los más pequeños Intimate y Rendezvous están diseñados para representaciones de revistas de variedades. El Drama Theatre da cabida a 640 personas, todas en un único nivel. El Arena es el tercer local por su tamaño.

CONSEJO DE EXPERTO

Si quiere pasear por una zona divertida, vaya a Hatfield, cerca de la Universidad de Pretoria, donde hay muchos lugares para comer, beber y bailar.

—KATE PARR
Investigadora de campo de National Geographic

El cercano **Burgers Park** *(Jacob Maré St., entre Van der Walt y Andires Sts.)* es un magnífico jardín botánico de estilo victoriano con rosales y una casa victoriana que en la actualidad es un restaurante.

Construido en 1884, el modesto y victoriano **Paul Kruger Museum,** al otro lado de Church Square, tiene casi el mismo aspecto

South African State Theatre
✉ 320 Pretorius St.
☎ 012/392-4027
www.statetheatre.co.za

Paul Kruger Museum
✉ 60 Church St.
☎ 012/326-9172
$ $

Busto de Kruger, el gran líder de la resistencia bóer, en el Paul Kruger Museum.

Transvaal Museum of Natural History
Paul Kruger St.
012/322-7632
Cerrado dom.
$

que tenía cuando era la casa de Paul Kruger, presidente de la República de Transvaal entre 1883 y 1902 y líder de la resistencia bóer contra el imperialismo británico.

El interés británico por la República de Transvaal se intensificó tras el descubrimiento de oro en el Witwatersrand en 1886, lo que desencadenó la guerra de los bóers (1899-1902). En los campos de concentración abiertos por los británicos murieron miles de hombres, mujeres y niños bóers junto con sus trabajadores africanos.

La casa alberga muebles de la época, fotografías y objetos personales. Observe los dos leones de piedra de la terraza, que regaló el magnate minero Barney Barnato al presidente Kruger por su cumpleaños. Las exposiciones del museo adyacente trazan la vida de Kruger.

Muchos de los estadistas y celebridades de Sudáfrica están enterrados en el cercano **Heroes' Acre** *(Church St. y D. F. Malan Dr.)*, en el Church Street Cemetery. Los árboles plantados en el siglo XIX dan sombra a unos agradables paseos.

Si bien es relativamente seguro pasear por esta ciudad, es necesario un coche o un taxi para salvar las distancias grandes.

Transvaal Museum of Natural History

Fundado en 1892, este museo se encuentra en el centro de Pretoria. Delante de su impresionante entrada hay una enorme ballena y varios esqueletos de dinosaurios. El interior, de arenisca, está diseñado alrededor de salas de exposición amplias y espaciosas.

Las exposiciones incluyen información sobre importantes fósiles de homínidos del Cradle of Humankind World Heritage (la Cuna de la Humanidad; ver págs. 226-231), con los fósiles de la fauna asociada. Entre las demás colecciones del museo hay fósiles de anfibios, peces, reptiles y plantas del Karoo; reptiles mamíferos del período de transición Pérmico tardío (también hallados en el Karoo) y grandes colecciones de mamíferos, aves y reptiles, además de invertebrados, sobre todo escarabajos y mariposas.

Pero el objeto más famoso del museo es una réplica en escayola del **cráneo de la «señora Ples»** (de *Plesianthropus*, que significa «casi humano»), el apodo que le dieron los periodistas. El cráneo lo desenterró Robert Broom, del Transvaal Museum, en las cuevas de Sterkfontein en 1947 (ver recuadro pág. 23).

En la actualidad se cree que la «señora Ples», de cerebro más bien pequeño, caminaba erguida, y ha sido clasificada como *Australopithecus africanus*, uno de los ancestros más lejanos de la humanidad. Se han descubierto restos de otros miembros de esta especie en Taung, en la provincia North West, y en Makapansgat, en la de Northern Cape. La importancia de estos hallazgos fósiles es enorme, al igual que los realizados por Meave Leakey, la cual descubrió los fósiles de huesos y dientes de *Kenyanthropos platyops*, que se remontan a hace unos 3,5 millones de años y que quizá sean un género completamente nuevo de ancestros. También es importante el descubrimiento que hicieron Ron Clarke, Stephen Motsumi y Nkwane Molefe, de la Universidad del Witwatersrand, en las cuevas Sterkfontein: se trataba de un esqueleto fósil de uno de los ancestros simios de los humanos y al que se ha atribuido una edad de 3,3 millones de años.

La visita del museo. Las interesantes exposiciones se han diseñado para que el pasado cobre vida con cierto dramatismo. El museo ofrece una amplia variedad de programas y visitas guiadas para estudiantes y visitantes, tanto nacionales como extranjeros. En el **Discovery Centre** *($; sólo con cita previa)* los más jóvenes descubrirán la historia natural con una experiencia interactiva que pone en juego los cinco sentidos. Una exposición especialmente popular es una reconstrucción de un dinosaurio *Deinonychus*, una de las «estrellas» de *Parque Jurásico*.

En el Transvaal Museum of Natural History se siente una especie de asombro sagrado ante

Queso

Aunque en Sudáfrica la industria del queso ya lleva establecida algún tiempo, durante los últimos años ha crecido la fabricación artesanal. Casi la mitad del queso del país se produce alrededor del Western Cape (por la influencia europea y la suavidad del clima), pero se pueden encontrar fabricantes por todas partes, incluida Pretoria. Los quesos suaves son los tradicionales, pero últimamente ha salido al mercado una serie de mezclas originales y más fuertes elaboradas en queserías pequeñas. Pruebe el *bokmakiri*, un queso blando de leche de cabra recubierto de pimienta y ajo.

la complejidad y las maravillas de la creación. Y en ningún sitio queda más patente que en las exposiciones permanentes, como **Genesis I: Hall of Life** (sala de la Vida), situada en el primer piso. La exposición cuenta la extraordinaria historia de cómo

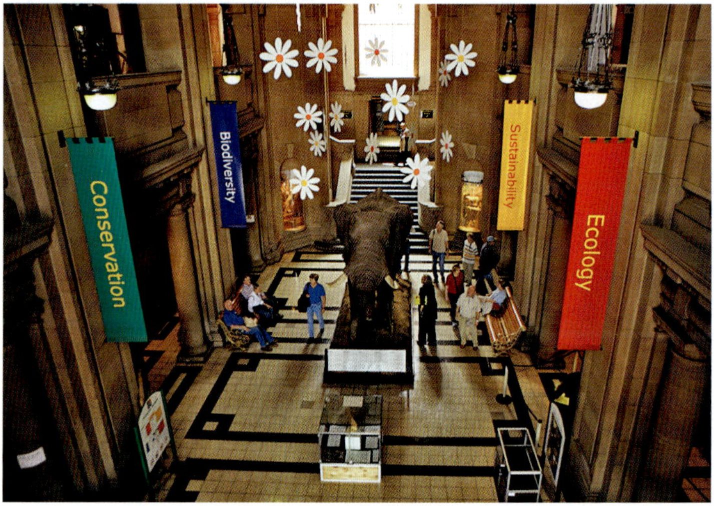

El Transvaal Museum alberga impresionantes colecciones de historia natural.

se originó y desarrolló la vida en nuestro planeta, y recrea el proceso desde las primeras algas de hace 3.500 millones de años hasta la biodiversidad del presente.

La **Mammal Hall** (sala de Mamíferos) se centra en la evolución de los mamíferos, aunque también incluye exposiciones que hablan de los dinosaurios y de los sorprendentes reptiles con aspecto de mamíferos del Karoo. Aquí se muestran reproducciones de cráneos de homínidos, incluido el *Australopitecus africanus* (la «señora Ples»). La exposición trata de explicar que, basándonos en las actuales y complejas pruebas de los fósiles de homínidos, es difícil elaborar un mapa claro de las relaciones entre los humanos contemporáneos y sus ancestros.

La **Austin Roberts Bird Hall** (sala de las Aves Austin Roberts), que presenta casi 870 de las aves del sur de África, se llama así por el autor del libro más conocido de Sudáfrica sobre aves (publicado por primera vez en 1940, todavía sigue editándose), el cual fue un antiguo director del Transvaal Museum. La numeración de *Birds of Southern Africa* de Roberts se utiliza para identificar a los cientos de aves expuestas.

Geoscience Museum. El aficionado a las rocas que se esconde en su interior se llevará una alegría cuando el Geoscience Museum, que se encuentra en el Transvaal Museum, le dé la bienvenida al fascinante mundo de las piedras preciosas y semipreciosas. La colección del museo procede de las excavaciones geológicas de todo el país, que no son pocas. Junto con exposiciones cautivadoras hay explicaciones fáciles de entender de la ciencia que se oculta tras los diamantes, geodas, fósiles y meteoritos. También hay información sobre el cráter del meteorito Tswaing, que está a sólo 40 km de distancia.

Pretoria Art Museum

En este museo de arte, ubicado en Arcadia Park, en la parte este de la ciudad, verá una colección de arte sudafricano que cambia a menudo. El énfasis se pone en los llamados viejos maestros: Pieter Wenning, J. H. Pierneef, Frans Oerder, Anton van Wouw, Hugo Naudé, Irma Stern y Maggie Loubser. El arte internacional se centra en la obra gráfica de Europa y Estados Unidos. Hay visitas guiadas.

Union Buildings

Cualquiera que viera el discurso de toma de posesión de Nelson Mandela como presidente de Sudáfrica habrá vislumbrado los Union Buildings que se alzaban tras él (en el lugar donde pronunció su discurso se iba a erigir una estatua en su honor, pero al final se colocó en la Mandela Square de Sandton). Los Union Buildings miden 285 m y son la obra maestra del arquitecto británico Herbert Baker (1862-1946), que diseñó muchos de los edificios públicos de Sudáfrica. Ubicados en una colina llamada Meintjies Kop, en el barrio de Arcadia, la estructura está construida con arenisca dorada. El edificio central cuenta con una columnata que se curva alrededor de un anfiteatro (donde se encontraba Mandela). Dos alas representan los dos idiomas, inglés y afrikáans, a los que se les concedió la oficialidad en el momento de la unión, en 1910, un simbolismo que ya no es relevante en la nueva Sudáfrica, con sus once idiomas oficiales.

Con dos cúpulas gemelas a ambos lados de la columnata central, estanques ornamentales, fuentes, esculturas y balaustradas dentro y alrededor del anfiteatro, de los Union Buildings emana una confianza serena y comedida.

CONSEJO DE EXPERTO

En el zoológico de Pretoria puede ver de cerca la fauna africana y algunas especies en peligro de extinción, una buena forma de familiarizarse con los animales antes de ir de safari.

—CAGAN H. SEKERCIOGLU
Investigador de campo de National Geographic

El complejo se encargó cuando se unió el país y se terminó tres años después. Desde entonces, los Union Buildings han albergado la rama ejecutiva del Gobierno y el despacho del presidente de la república se halla aquí.

No se permite la entrada del público pero puede comer en los maravillosos jardines.

Pretoria Art Museum
✉ Schoeman y Wessels Sts., Arcadia
☎ 012/344-1807
$ $
www.pretoriaartmuseum.co.za

National Zoological Gardens of South Africa

232 Boom St.

012/328-3265

$$ (incluye acuario y parque de reptiles)

www.nzg.ac.za

National Zoological Gardens of South Africa

También conocido como Pretoria Zoo, es el zoológico más grande de Sudáfrica y el único que tiene categoría nacional. La colección de animales del zoológico comenzó de forma modesta en el año 1899 con sólo 46 animales, incluidos un serval, dos suricatas, una víbora bufadora y dos lirones de El Cabo. Un pequeño comienzo para un complejo que en la actualidad ocupa una parcela de 85 ha y cuenta con el reconocimiento internacional.

El zoológico ha crecido muchísimo y hoy en día alberga 202 especies de aves, 93 de reptiles, 209 de mamíferos, 4 de invertebrados y 7 de anfibios, con un total de más de 9.000 ejemplares de casi todos los continentes. Una nota interesante: el primer rinoceronte blanco del mundo que nació en un zoológico lo hizo en éste.

En estos extensos terrenos el visitante verá los «cinco grandes», así como takines, osos Kodiak, gibones cantores, antílopes y tigres de Bengala, por nombrar sólo algunos de los que residen en el zoológico. Unos 13 km de pasarelas enlazan las diferentes zonas; las personas con menos energía o quienes tengan algún problema de movilidad pueden alquilar un cochecito de golf y desplazarse con comodidad entre los animales. Otra opción es subirse al funicular, desde donde disfrutará de una perspectiva a vista de pájaro del zoológico.

Zoos satélite

El jardín zoológico administra tres instalaciones satélite: iLichtenburg en la provincia North West, Mokopane en Limpopo y el Emerald Animal World Facility en Vanderbijlpark. Estas instalaciones añaden 7.600 ha más al total y sirven como centros de cría y reproducción de numerosos animales, tanto indígenas como exóticos.

Flamencos en el zoológico de Pretoria.

Apúntese a una visita por la noche *($$$$)* para estudiar el comportamiento de los animales nocturnos; un guía le enseñará cosas sobre las lechuzas, los elefantes, los leones y los pandas rojos. También se pueden realizar acampadas *($$$)* que le permitirán despertarse con el rugido del rey de la selva, el león.

El zoológico también cuenta con el mayor **acuario** del país emplazado en el interior, donde podrá ver de cerca tiburones toro, anguilas eléctricas, pirañas y medusas. Los peces tropicales que recorren los arrecifes de coral son una de las atracciones más populares. Hay visitas vespertinas organizadas.

El zoológico incluye un **parque de reptiles** (vaya a ver los cocodrilos), una **granja** y la tercera mejor colección de Sudáfrica de plantas exóticas. Hay un restaurante y un merendero en la orilla del río Apies.

Klapperkop Fort & Military Museum

Como respuesta a los disturbios civiles sufridos una década antes del estallido de la guerra de los bóers (la sublevación de Jameson y los disturbios en Johannesburgo), se construyó Klapperkop Fort. Se alza a gran altura sobre Pretoria, la ciudad que debía proteger (aunque se dice que jamás se disparó un tiro desde el fuerte). La construcción empezó en diciembre de 1896 y duró un año. La subida hasta la cima de la colina para llegar a la fortaleza bien merece el esfuerzo. El Museo Militar expone objetos inusuales y tendrá una vista espectacular.

Voortrekker Monument & Museum

Sobre una pequeña colina a las afueras de Pretoria se alza el Voortrekker Monument, inaugurado en 1949 y un icono nacional para los *afrikaners* sudafricanos. Rinde homenaje a los miles de *voortrekkers* (pioneros) que dejaron la Colonia de El Cabo entre 1834 y 1854 para independizarse de los británicos. Se llamó la Gran Marcha (ver pág. 26).

Alrededor del perímetro del edificio, en el muro de granito, hay tallada una cadena de 64 carretas que representan la batalla de Blood River, en la que se enfrentaron los *voortrekkers* y los zulúes.

En el inmenso **Hall of Heroes** 27 bajorrelieves crean un grandioso friso de 91 m que ilustra la Gran Marcha, así como la vida diaria de los *voortrekkers* y los zulúes. El retrato de los sudafricanos indígenas es parcial e inexacto, pero aun así el friso es impresionante.

CONSEJO DE EXPERTO

El Cenotaph Hall del Voortrekker Monument está diseñado para que una vez al año, el 16 de diciembre, el sol se cuele por la cúpula e ilumine el cenotafio y las palabras «Ons vir jou, Suid-Afrika» (Nosotros para ti, Sudáfrica).

—SAMANTHA REINDERS
Fotógrafa de National Geographic

Klapperkop Fort & Military Museum

- Johann Rissik Dr.
- 012/460-3235
- Cerrado sáb.-dom.

Voortrekker Monument & Museum

- Voortrekker Monument Heritage Site, Eeufees Rd., Groenkloof
- 012/326-6770, 012/325-7885, o 012/325-0477
- $$$

www.voortrekkermon.org.za

Smuts Museum
- Jan Smuts Ave., Irene
- 012/667-1176
- $

Cullinan Diamond Mine
- 95 Oak Ave., Cullinan
- 012/305-2649
- $

En el **Cenotaph Hall** encontrará el punto central del museo, un cenotafio que rinde homenaje a Piet Retief y a todos los demás *voortrekkers* que murieron durante la Gran Marcha. Las banderas de diferentes repúblicas *voortrekkers* decoran la sala y varias vitrinas contienen reliquias de la época.

A pesar de la carga ideológica del monumento, sigue siendo importante desde el punto de vista histórico. En un intento por demostrarlo, Nelson Mandela lo visitó en 2002 entre amenazas del derechista AWB (un grupo paramilitar que defiende la supremacía blanca). Se habla de construir un museo histórico que prescinda de las implicaciones políticas del movimiento *voortrekker* y se centre en su historia.

CONSEJO DE EXPERTO

Si quiere hacer un viaje realmente especial, reserve un paseo en globo en Life Ballooning *(www.lifebalooning.co.za)*, en Cullinan, que se puede acompañar de una visita a la Cullinan Diamond Mine.

—ROBERTA COCI
Colaboradora de National Geographic

Cerca de Pretoria: el Smuts Museum

En el pueblo de Irene, al sudeste de Pretoria, encontrará la granja de Doornkloof, donde el ex primer ministro Jan Smuts (1870-1950) residió tras su jubilación. Convertida en museo, se exponen objetos que van de lo histórico a lo sentimental, así como algunos relacionados con la botánica, una de sus grandes pasiones.

Cullinan Diamond Mine

Es la tercera mina de diamantes más rica de Sudáfrica, cuatro veces mayor que el Big Hole (Gran Agujero) de Kimberley. Está en activo y se ofrecen visitas por la superficie y bajo tierra. Verá copias de los diamantes más famosos descubiertos aquí (incluido el Taylor-Burton). La antigua casa victoriana del director de la mina, la **Oak House** *(103 Oak Ave.; tel. 012/305-2364)* se ha convertido en un pequeño hotel. ■

El Cullinan

Famosa por ser la fuente de los únicos diamantes azules del mundo, la Premier Diamond Mine, a 40 km al este de Pretoria, se abrió en 1902. A los tres años se descubrió en ella el diamante Cullinan, de 3.106,75 quilates (621,35 g), el más grande jamás encontrado. Cien años más tarde la mina cambió de nombre para pasar a ser la Cullinan Diamond Mine en honor a su famosísimo hallazgo. Además de unos 96 brillantes pequeños, se han tallado nueve gemas grandes a partir del Cullinan, la mayor de las cuales se conoce como la «Estrella de África». Hoy día todas son propiedad de la familia real británica y algunas forman parte de las joyas de la corona.

ACTIVIDAD: Los voluntarios y la fauna

Sudáfrica es famosa por su prolífica y variada fauna, pero, como ocurre en todo el mundo, su estilo de vida moderno ha afectado a la naturaleza. A pesar de las muchas reservas naturales y faunísticas del país, muchas de las especies indígenas continúan librando una lucha por su supervivencia, una lucha en la que los voluntarios siempre son bienvenidos.

Babuinos en el Kruger National Park.

Si le atrae la ecología, hay muchas opciones para trabajar como voluntario con la fauna de Sudáfrica. Desde rastrear elefantes hasta marcar tiburones blancos, desde limpiar pingüinos hasta monitorizar leones, nunca faltan aventuras por una buena causa.

Por lo general, los programas de voluntarios se financian a sí mismos, hay que pagar cierta cantidad por el alojamiento y la comida, y seguir una serie de turnos. Los programas oficiales pueden durar entre 1 y 12 semanas, aunque muchas organizaciones, sobre todo en las ciudades, aceptan unas cuantas horas de trabajo voluntario. La mayor parte implica un buen nivel de entrenamiento, lo que lo convierte en una experiencia que vale la pena y además es una forma maravillosa de aprender sobre la naturaleza in situ mientras se hace una contribución ecológica.

Uno de esos programas es el **Enkosini's Kariega Game Reserve Project.** En una, dos, tres o cuatro semanas, se adiestra a los voluntarios en temas de conservación y supervivencia en la naturaleza por medio de marchas por el campo, acampadas y salidas diurnas y nocturnas para ver la fauna. Los participantes en el programa (o «directores de conservación», como se los conoce) tienen la oportunidad de trabajar en medio de los «cinco grandes». Puede que tengan que monitorizar a las presas que matan los leones, rastrear hienas o realizar estudios sobre cualquiera de las especies de la granja. Este programa también está implantado en la comunidad y los voluntarios pasan un día a la semana enseñando en una escuela local que carezca de fondos. El tipo de trabajo determina la clase de alojamiento. Si decide rastrear elefantes en el desierto, tendrá que acampar; si está trabajando con pingüinos en Ciudad del Cabo, podrá regresar a su hotel por la noche. La mayor parte de los programas proporcionan un alojamiento compartido, con unas instalaciones decentes y comida.

Hay una gran variedad de alternativas a la hora de elegir las tareas, desde limpiar rediles de animales y construir recintos, hasta rastrear y monitorizar, investigar o incluso bucear con tiburones blancos, en una jaula, por supuesto.

A los viajeros les resultará más fácil trabajar a través de una organización que les reserve el viaje y el alojamiento, y les aconseje sobre el programa más adecuado para ellos. Póngase en contacto con una de las siguientes: **Enkosini Eco Experience** *(tel. 082/ 442-6773; www.enkosiniecoexperience.com)* o **Aviva Wildlife Conservation and Community Projects** *(tel. 021/557-4312; www.aviva-sa.com)*. Los precios varían en función del tipo y la duración del programa.

La Cuna de la Humanidad

Bajo la tierra quemada del oeste de Gautang un complejo de cuevas dolomíticas de piedra caliza contiene los restos fosilizados de nuestros ancestros homínidos. Esta zona es interesante desde el punto de vista geológico, pero desde una perspectiva genealógica resulta impresionante.

Exposiciones de la Cuna de la Humanidad, yacimiento donde se han realizado algunos de los hallazgos paleoantropológicos más importantes del mundo.

Cuna de la Humanidad

✉ A 40 km al O de Johannesburgo por la R400, justo a la salida de la R563 Hekpoort Rd.

☎ 011/355-1400

$ $$-$$$

www.cradleofhumankind.co.za

Comprender de dónde venimos es clave para entender quiénes somos. Tener una imagen clara del entorno que fue nuestro primer hogar y comprender las presiones evolutivas que nos convirtieron en *Homo sapiens* (y no en bonobos) nos ayudará a definir lo que significa ser «humanos». Esa definición debe basarse en hechos empíricos: pruebas fósiles, capacidad craneal, dentición y fisiología. Y por eso es tan importante la Cuna de la Humanidad (*Cradle of Humankind* en inglés), también conocida como Maropeng, que en setswana significa «el lugar donde vivimos una vez». Es fundamental para comprender quiénes y qué somos.

A 40 km al oeste de Johannesburgo se extiende un valle de unas 47.000 ha. El paisaje no tiene nada de especial: espinos, arbustos, afloramientos rocosos, inselbergs bajos. El sol abrasa la tierra, invierno y verano. Un lugar azotado por los vientos, casi yermo se podría pensar, y que no se parece en nada al jardín del Edén. Y sin embargo, esta zona (Sterkfontein y la Cuna de la Humanidad) es una de las fuentes más ricas de África de fósiles homínidos. El valle contiene al menos 40 depósitos de fósiles, de los que se han excavado 13.

Los descubrimientos fósiles realizados en Sterkfontein nos indican que nuestros primeros ancestros vivieron en este valle y zonas colindantes hace unos tres millones de años. Un Prometeo ancestral prosperó en este lugar: en la colindante Swartkrans hay pruebas del primer uso documentado del fuego, hace ya 1,3 millones de años. Más del 40 % de los fósiles homínidos descubiertos en África se han encontrado en Sterkfontein y en las inmediaciones, más de 500 en total, junto con miles de herramientas de piedra.

La zona incluye **Bolt's Farm,** donde se han encontrado pruebas de felinos parecidos a *Dinofelis* (tigre «dientes de sable»); **Haasgat,** donde hay pruebas fósiles de antepasados de los monos arborícolas de 2,8 millones de años de antigüedad, y **Gondolin,** donde desde 1979 se han descubierto 90.000 fósiles de numerosas especies. No es de extrañar que esta zona fuera declarada Patrimonio de la Humanidad en 1999. Seis años después se decidió incluir la zona, geográficamente distinta pero paleontológicamente asociada, de Taung, en la provincia de North West.

Sin embargo, la relevancia de Sterkfontein no radica sólo en el volumen o la diversidad de los fósiles, sino en el hecho de que en la Cuna de la Humanidad se han realizado tres de los hallazgos de fósiles homínidos más significativos de todos los tiempos. El primero es el **«Niño de Taung»,** un cráneo desenterrado en Taung en 1924 por canteros que trabajaban para la Northern Lime Company y cuya importancia fue reconocida en primer lugar por el profesor Raymond Dart (lo consideró una nueva especie). El segundo es la **«Señora Ples»** (posiblemente el *Señor* Ples según las nuevas investigaciones llevadas a cabo por Francis Thackeray, del Transvaal Museum), que se remonta a hace unos 2,5 millones de años y la encontró Robert Broom en 1947 en Sterkfontein. Y el tercero es **«Little Foot»** (Pequeño Pie), descubierto por Ron Clarke y Phillip

CONSEJO DE EXPERTO

Un pícnic es una excelente manera de disfrutar de la Cuna. Prepare la merienda y elija una zona bonita, o bien que el restaurante le organice una cesta, con su servicio de camarero y todo.

—ROBERTA COCI
Colaboradora de National Geographic

Tobias en 1995, también en Sterkfontein. Comprender la naturaleza e importancia de cada uno de estos hallazgos le ayudará a apreciar la de la Cuna de la Humanidad y por qué cualquier viaje a Sudáfrica debe incluir esta visita.

El «Niño de Taung»

Hasta el descubrimiento del profesor Dart del «Niño de Taung», al que llamó *Australopithecus africanus* (simio del sur de África), se pensaba que la humanidad había evolucionado en Asia. La opinión imperante se basaba en parte en un cráneo hallado en Inglaterra, el «Hombre de Piltdown», con una gran capacidad craneal pero rasgos primitivos similares a los de los simios. La idea de que la humanidad tuviera un origen africano era un sacrilegio paleontológico. La sorprendente hipótesis de Dart (y el hecho de que el hombre de Piltdown resultara ser una falsificación muy bien hecha) lo cambió todo. La interpretación de Dart de que el «Niño de Taung» representaba a una especie de pequeños homínidos ancestrales que caminaban erguidos y que habían vivido hace 2,6 o 2,5 millones de años fue revolucionaria. Su afirmación de que la condición de bípedo y el uso de herramientas de precisión precedieron al desarrollo de un cerebro grande trastocó todas las teorías aceptadas sobre la evolución humana.

El antiguo sistema de cuevas de Sterkfontein, Patrimonio de la Unesco.

La «Señora Ples»

El grado de conservación de la «Señora Ples» es extraordinario, y es fácil comprender por qué el descubrimiento de este cráneo provocó tanto escándalo cuando se anunció. En Sterkfontein había habido ciertos problemas relacionados con las fechas; a diferencia de los hallazgos de homínidos del África oriental, los de Sudáfrica se datan con pruebas estratigráficas y restos asociados de fauna, ya que la zona no es volcánica. Parece que la «Señora Ples» vivió hace unos 2,5 millones de años, en un momento en el que en esa zona los bosques, las florestas y las praderas lo invadían todo.

Aunque el descubridor del cráneo, el Dr. Broom, en un principio acuñó un nuevo género, *Plesianthropus*, para su hallazgo, ahora se cree que el cráneo es el más completo de la especie *Australopithecus africanus* (la misma que el «Niño de Taung»), que quizá sea nuestro ancestro común. Más tarde se tomó la decisión de reclasificar todos los fósiles de Sterkfontein como *Australopithecus africanus transvaalensis* (es el mismo género y especie que el fósil de Taung, pero una subespecie separada). El descubrimiento es importante porque proporcionó más pruebas fósiles y validó la afirmación de Dart de que *Australopithecus* precedió a todos los demás fósiles homínidos *(Homo erectus, Homo neanderthalensis)* y era con toda probabilidad un «eslabón perdido» directo entre los homínidos del Plioceno, *Homo habilis*, y nosotros.

«Little Foot»

Hay muchos hallazgos paleontológicos que parecen una combinación de azar y simple accidente, lo que Carl Jung llamaba «sincronismo». Ese fue el caso del tercer fósil. Ron Clarke, el descubridor de «Little Foot», estaba examinando fósiles excavados en la década de 1970, en Sterkfontein, cuando se encontró con unos huesos del pie. El corte limpio de los fósiles le sugirió que el resto de los huesos del pie quizá todavía se encontraran en Sterkfontein y en 1998 se demostró que tenía razón. Con posterioridad apareció un esqueleto homínido en la brecha calcárea y se descubrieron un cráneo completo y fragmentos de huesos del brazo, el pie y la pierna. Los demás restos del esqueleto

ACTIVIDAD: Una excavación arqueológica

Dada la abundancia de fósiles que hay en Sudáfrica, una visita a una de las excavaciones arqueológicas activas del país es una prioridad absoluta. Si bien ver los tesoros expuestos al público, como la famosa «Señora Ples», es una experiencia increíble, no hay nada mejor que la emoción de ver in situ cómo se desentierra la historia.

Hay varias opciones para observar y participar en excavaciones arqueológicas. Antes cerrado al público, Maropeng, en la Cuna de la Humanidad, ahora ofrece visitas privadas a la famosa excavación de Swartkrans, donde se han encontrado fósiles de homínidos. Los científicos que están excavando el lugar dirigen las visitas y ofrecen a los visitantes la poco habitual oportunidad de observar una excavación arqueológica en pleno funcionamiento. En Swartkrans se descubrió el mayor ejemplo de *Australopithecus robustus*, una especie que se extinguió hace casi un millón de años. También es célebre internacionalmente por el hallazgo de la primera prueba del uso del fuego controlado.

Tras una breve introducción, la excursión sale a pie de Sterkfontein hacia Swartkrans. Allí, los científicos llevan a los visitantes por la excavación y les ofrecen una visión de conjunto de la historia de Swartkrans mientras les explican los trabajos que se están realizando en ese momento. La visita concluye en un anfiteatro de hierba y con una elegante comida al aire libre.

Póngase en contacto con Maropeng *(tel. 014/577-9000; www.maropeng.co.za)*. Las visitas *($$$$$)*, que se realizan dos veces al mes, se limitan a 12 personas.

Maropeng Visitor Centre

En la D400 junto a la R563, justo al N del cruce entre la N14 y la R563.

014/577-9000

$$$

www.maropeng.co.za

se están excavando en la actualidad. «Little Foot» es el australopiteco más completo que se ha encontrado hasta hoy. Aunque en un principio se estimó que vivió hace entre 3,5 y 3 millones de años, podría tener más de 4 millones de años, según sugiere un estudio más reciente: uno de los fósiles de australopiteco más antiguos del mundo y el más antiguo de Sudáfrica.

Se considera que el hallazgo de «Little Foot» reviste la misma importancia que el del «Niño de Taung» de Dart, el de «Lucy» *(Australopithecus afarensis)* de Donald Johannson, las huellas de homínidos de Laetoli de Mary Leakey y el descubrimiento del esqueleto del «Chico de Turkana» *(Homo erectus)* hecho en Nariokotome, en Kenya, en 1984.

La visita del yacimiento

El **Maropeng Visitor Centre** es un brillante diseño arquitectónico por derecho propio y ganador del premio del British Guild of Travel Writers al mejor proyecto turístico del mundo; incluye exposiciones interactivas, restaurantes, un mercado y un anfiteatro con presentaciones culturales.

Al centro, que parece un montículo que se alza sobre la tierra circundante, se accede a través de una pasarela. Es el llamado Tumulus, diseñado para que parezca un antiguo túmulo. Al entrar, el visitante comienza un viaje atrás en el tiempo, no sólo el humano, sino también a una época anterior a la existencia de vida en la Tierra. El viaje al pasado incluye un trayecto en barco a un lago subterráneo que lo lleva a hace cuatro mil millones de años, cuando se formó el planeta. El recorrido continúa a través de exposiciones que cobran vida gracias a espectáculos audiovisuales, efectos de sonido, con tecnología tan vanguardista como la de cualquier parque temático, y muestras. Le enseñan cómo se formaron las cuevas de Sterkfontein y explican la evolución humana usando cinco modelos de homínidos para ilustrar el proceso evolutivo. En la salida del Tumulus hay una encantadora «Children's Dig» (Excavación Infantil) que simula un lecho de fósiles.

Un poco más abajo del centro de interpretación se hallan las **Sterkfontein Caves,** las excavaciones más conocidas de la Cuna de la

Lugares protegidos por la UNESCO

Sudáfrica cuenta con ocho lugares en la lista del Patrimonio de la Humanidad de la UNESCO, más que ningún otro país africano. La UNESCO (United Nations Educational, Scientific and Cultural Organization) intenta salvaguardar diferentes enclaves en beneficio de la humanidad. En todo el mundo hay 878, la mayor parte de ellos en Europa.

En Sudáfrica, la Cuna de la Humanidad, Robben Island, Mapungubwe y el Richtersveld se consideran todos lugares de gran importancia cultural. El iSimangaliso Wetland Park, las zonas protegidas de la Cape Floral Region y el Vredefort Dome (un cráter) son relevantes desde el punto de vista natural. El uKhahlamba-Drakensberg Park se considera importante tanto a nivel cultural como natural.

El primero en ser incluido en la lista fue el iSimangaliso Wetland Park (1999). En 2007 entró en la lista el Richtersveld.

En el Maropeng Visitor Centre conocerá la historia de los orígenes de la humanidad.

Humanidad, donde se encontró a la «Señora Ples», al «Niño de Taung» y a «Little Foot». Las visitas guiadas, que comienzan en la superficie y lo llevan a las entrañas de la tierra, duran más o menos una hora. Una **exposición** muestra una reconstrucción de una cueva excavada y detalla la historia de su formación y de los fósiles descubiertos.

En el complejo sólo hay otra cueva abierta al público, la **Wonder Cave** (Cueva Maravillosa). En su enorme cámara se ven bellísimas formaciones geológicas (algunas estalactitas y estalagmitas alcanzan los 15 m) que se cree que tienen 2,2 millones de años. Puede bajar en el ascensor o, los más aventureros, hacer *rappel*. También es posible visitarla por la noche, el momento perfecto para conocer a los murciélagos que habitan en la cueva.

Además de las cuevas

La Cuna de la Humanidad ofrece mucho más que las cuevas, como numerosas granjas de animales salvajes, tiendas, restaurantes y hoteles. La **Rhino and Lion Nature Reserve** es de propiedad privada y cuenta con 600 animales que incluyen rinocerontes blancos, leones, guepardos y licaones.

También puede visitar la **Old Kromdraai Gold Mine,** una de las primeras minas de la zona de Johannesburgo donde se descubrió oro en 1881. Durante la visita, de una hora, se entra por un gran agujero en un lado de una colina y se atraviesan los túneles excavados hasta el corazón de la montaña. Con un casco en la cabeza, el visitante comprende de verdad lo que debía de ser la vida de un minero a comienzos del siglo XX.

Los aficionados al arte pueden recorrer el **Crocodile Ramble** *(tel. 014/577-9323; www.theramble.co.za)* a lo largo del río Crocodile, que incluye la Cuna de la Humanidad y la Hartbeespoort Dam. La ruta en coche incluye estudios, galerías, puestos de artesanía, así como alojamientos y granjas de animales. ■

Wonder Cave

- Mapa pág. 197
- Cuna de la Humanidad, junto a la Kromdraai/Broederstroom Rd., Kromdraai Conservancy
- 011/957-0106
- $$

Old Kromdraai Gold Mine

- Mapa pág. 197
- Cuna de la Humanidad; gire a la derecha para salir de la N14 entre los desvíos de la M47 y la R563
- 011/957-0211
- $$

www.oldkromdraaigoldmine.co.za

Tierra adentro

Al alejarnos de las ciudades nos adentramos en la nada. El interior de Sudáfrica es una tierra elemental, anclada en el pasado. Puede reflexionar todo lo que quiera sobre la lacónica poesía de la concepción de la humanidad, pero no se olvide de ponerse crema para el sol.

Una bailarina en el Lesedi Cultural Village.

Lesedi Cultural Village

- Mapa pág. 197
- Por la R512 hacia Sun City, a 10 km al N del aeropuerto Lanseria
- 012/205-1394
- $$$$$

www.lesedi.com

Lesedi Cultural Village

Para turistas con tiempo limitado, el poblado de Lesedi («luz» en sesotho) brinda una oportunidad de disfrutar de algunas de las culturas indígenas de Sudáfrica. Este «poblado viviente» multicultural alberga cinco aldeas tradicionales: zulú, ndebele, xhosa, pedi y basotho. Varias familias de cada uno de estos grupos étnicos viven allí de forma permanente.

Los visitantes que acuden a la aldea pueden ir a pasar el día o quedarse a pasar la noche también. Las visitas diurnas comienzan a las 11.30 o a las 16.30 h. Mientras que la visita de la mañana dura unas tres horas, la de la tarde suele ser más larga y más espectacular; cuando empieza a anochecer en Lesedi, los tambores comienzan a sonar y la noche cobra vida con cantos tradicionales y figuras que bailan, iluminadas por hogueras que arrojan sombras sobre la sabana circundante.

Ambas visitas diurnas incluyen un espectáculo audiovisual,

CONSEJO DE EXPERTO

Si está buscando baratijas para llevarse a casa, la mayoría de los puestos que hay en la Hartbeespoort Dam, cerca de Pretoria, le proporcionan la oportunidad de encontrar algo interesante.

—KATE PARR

Investigadora de campo de National Geographic

un recorrido guiado de las aldeas zulú, basotho, xhosa y pedi, y una comida africana servida en el restaurante **Nyama Choma** («El mejor festín africano»), con cabida para 200 comensales. El restaurante, con su decoración genuinamente africana, comprende tres zonas: Sudáfrica, África oriental y norte de África. El tema africano se ha ampliado en los últimos tiempos con la inauguración de una nueva sala, la Nile Room, que sirve cocina de esa parte del continente: cuscús y platos con menta y el toque aromático del comino y el cilantro. Después de comer, si le apetece, relájese fumando en un narguile, una pipa oriental que enfría el humo al hacerlo pasar por un depósito de agua.

Una noche en la aldea. Si opta por pasar la noche en Lesedi, se dará cuenta de que la hospitalidad africana es cálida y acogedora, y que los modales tradicionales son impecables. A su llegada le recibirá la familia en cuya casa se va a alojar. Se han construido habitaciones para huéspedes que ofrecen una oportunidad única: puede alojarse con una familia africana tradicional y hacerlo en cuartos con todas las comodidades, baño incluido. El cabeza de familia será su escolta personal, mentor y guía durante el tiempo que pase en la aldea y responderá a cualquier pregunta que quiera hacerle.

ACTIVIDAD: Desde el aire

No se pase todo el tiempo que esté en esta zona visitando la artificial Sun City, apúntese a hacer un viaje en globo. Gracias a su clima cálido y seco, el interior de Sudáfrica es uno de los mejores lugares del mundo para hacer excursiones en globo. Pruebe los Bill Harrop's Original Ballon Safaris *(www.balloon.co.za)*.

El parapente también es muy popular y uno de los mejores lugares para lanzarse está en la Hartbeespoort Dam; póngase en contacto con la South African Hang Gliding and Paragliding Association *(tel. 012/668-1219; www.sahpa.co.za)*.

Si prefiere algo menos arriesgado, tome el teleférico Hartbeespoort Cableway *(tel. 012/253-1706; $)* para disfrutar de las vistas de la Hartbeespoort Dam desde la cima de la montaña.

Sun City

A tan sólo dos horas en coche al noroeste de Johannesburgo, en lo más profundo de las agrestes montañas Pilanesberg, descubrirá un ostentoso complejo de vacaciones y ocio muy al estilo de Las Vegas, se trata de Sun City.

Sun City

Mapa pág. 197

190 km al NO de Johannesburgo

014/557-1000

Trenes de lujo

El mundo de los trenes de lujo, al igual que el de los cruceros, está dominado por la nostalgia de la época dorada de los viajes: cristal centelleante, paneles de caoba, buena cocina y un buen cóctel para disfrutar del atardecer.

Una máquina de vapor atraviesa el Transvaal oriental.

En Sudáfrica todavía se puede experimentar ese incomparable *glamour* y ese lujo en el Blue Train o en el Rovos Rail.

Blue Train

Impregnado de misticismo, el Blue Train ha transportado durante el curso de más de medio siglo a líderes de Gobierno, presidentes, reyes, princesas y miembros de la nobleza, en un marco discretamente lujoso y sin ostentaciones, distinguido, elegante y romántico. La cocina preparada por los chefs del Blue Train es impecable y todas las comidas van acompañadas por los mejores vinos que pueden ofrecer los viñedos de Sudáfrica.

Durante el día puede sentarse ante su escritorio o relajarse en un cómodo sillón en la privacidad de su propia suite, todo ello sin dejar de contemplar en ningún momento el magnífico paisaje de África. Por la noche llegará el mayordomo para convertir su salita en un espacioso dormitorio con una cama hecha a medida y con sábanas de algodón puro y edredones. Muchas de las suites ofrecen camas de matrimonio. Para contribuir a la sensación de lujo y suntuosidad, en los baños hay azulejos de mármol y accesorios dorados.

En el pasado, el Blue Train sólo realizaba la ruta entre Pretoria y Ciudad del Cabo, pero hoy en día también va a muchos otros sitios: hay recorridos entre Pretoria y Durban, y entre Pretoria y el Bakubung Game Lodge. El tren también está disponible para alquilarlo para otros destinos ferroviarios en Sudáfrica.

Puede ponerse en contacto con Blue Train *(tel. 012/334-8459 o 021/449-2672; info@bluetrain.co.za; www.bluetrain.co.za).*

El vagón mirador de uno de los trenes de lujo de Rovos Rail.

Rovos Rail

Rovos Rail opera con tres trenes espectaculares. Disponen de vagones modernos pero también tienen coches clásicos que datan de las décadas de 1920 y 1930, cada uno de ellos restaurado para cumplir con los más altos estándares, con paneles de madera, objetos de estilo eduardiano y todas las comodidades de la vida moderna. De los dos comedores, ambos reformados con gran gusto, el más formal comenzó a dar servicio en 1911 y en él abundan los excesos posteduardianos, con arcos y columnas de teca acanalados. En general, la decoración tradicional y los muebles de época crean un ambiente majestuoso y elegante, sin olvidar que las máquinas Tiffany que tiran de los trenes se construyeron en 1893.

El alojamiento del Rovos Rail es, por decirlo en una sola palabra, lujoso. Cada una de las suites es para dos personas, están amuebladas con una cama de matrimonio o con dos camas, y disponen de un espacioso saloncito. Las suites de lujo, de 11 m^2, restauradas con gran gusto, también ofrecen un alojamiento para dos personas con cama de matrimonio o dos camas, además de un saloncito y un baño. Con unos 16 m^2, las Royal Suites (suites reales) ocupan casi la mitad de un vagón e incluyen un baño con bañera y accesorios victorianos.

Los chefs de talla mundial se aseguran de que las comidas a bordo sean impecables, con unos magníficos vinos sudafricanos para regar cada plato. Los menús se pueden elaborar de acuerdo con requisitos especiales si se avisa con antelación. El viajero puede disponer de servicio de habitaciones siempre que lo requiera.

Las rutas del Rovos Rail incluyen algunos de los paisajes más románticos y espectaculares del sur de África. Puede elegir entre Ciudad del Cabo-Pretoria (deteniéndose en Matjiesfontein y Kimberley), el viaje de seis días entre Ciudad del Cabo y las cataratas Victoria, que atraviesa Zimbabwe, o bien viajes en el Shongololo Express, que ofrece una serie de opciones «de aventura», incluida la Southern Cross Adventure (Aventura de la Cruz del Sur), que recorre nueve países del extremo sur del continente: Namibia, Sudáfrica, Lesotho, Swazilandia, Mozambique, Zimbabwe, Botswana, Zambia y Tanzania. Puede pedir itinerarios detallados.

Contacte con **Rovos Rail** *(tel. 012/553/8000 o 021/421-4020; marielle@rovos.co.za o sandy@rovos.co.za; www.rovos.co.za).*

Sun City Hotel
✉ Sun City Resort
☎ 014/554-5110

www.suninternational.com

Cabanas
✉ Sun City Resort
☎ 014/557-1580

www.suninternational.com

Cascades
✉ Sun City Resort
☎ 014/557-5840

www.suninternational.com

The Palace of the Lost City
✉ Sun City Resort
☎ 014/557-4301

www.suninternational.com

Lo construyó el magnate hotelero sudafricano Sol Kerzner, que quería crear un casino en lo que entonces era el bantustán de Bophuthatswane, unas de las varias zonas reservadas para los negros durante la época del apartheid. Sun City se abrió oficialmente en 1979 y se convirtió en símbolo oficial del sentimiento antiapartheid cuando los músicos estadounidenses y británicos rompieron el boicot cultural para tocar allí. En la actualidad Sun City ofrece máquinas tragaperras, conciertos de rock, locales de *topless*, dos campos de golf de 18 hoyos diseñados por Gary Player, etc.

Cuatro hoteles ofrecen diferentes estilos y atracciones (ver págs. 304-305): el ostentoso **Sun City Hotel;** el elegante y sofisticado **Cascades,** con jardines y fuentes; el **Cabanas,** ideal para unas vacaciones familiares, y el extraordinario **The Palace of the Lost City,** que parece sacado de un cuento de hadas. Está adornado con frescos y techos pintados a mano que retratan los animales y las culturas de Sudáfrica.

Otras instalaciones de Sun City incluyen el **Valley of the Waves,** un parque de olas artificiales. También se puede practicar el tiro con arco o el tiro al plato bajo la supervisión de entrenadores, disfrutar de los *quads* por una ruta natural o montar a lomos de un elefante en el Pilanesberg National Park.

CONSEJO DE EXPERTO

El Pilanesberg National Park, a dos horas en coche al oeste de Jo'burg, está lleno de grandes animales y menos atestado que el parque Kruger, en especial entre semana.

—CAGAN SEKERCIOGLU
Investigadora de campo de National Geographic

En el suntuoso The Palace of the Lost City.

Falsa profecía

En 1856, una chica xhosa de 14 años llamada Nongqawuse afirmó haber visto unos espíritus mientras se bañaba. Le habían dicho que si el pueblo xhosa mataba todo su ganado y destruía sus cultivos, los antiguos guerreros xhosas se alzarían de entre los muertos el 18 de febrero de 1857 y expulsarían a los colonos británicos. Y cuando terminaran, repondrían los cultivos y el ganado, y, además, acabarían con las enfermedades y la vejez. Los xhosas habían sufrido mucho a causa de los británicos. Alentados por sus jefes, se tomaron en serio la profecía de Nongqawuse y destruyeron todos sus alimentos, incluidas unas 400.000 cabezas de ganado. Se suponía que el día del ajuste de cuentas llegaría anunciado por un sol rojo como la sangre, pero el 18 de febrero no trajo consigo ningún color solar extraño. Sin comida, y sin que hubiera aparecido tampoco ningún guerrero fantasmal, entre 25.000 y 75.000 xhosas perecieron de hambre y fueron muchos los que recurrieron al canibalismo. Nongqawuse consiguió salvarse porque huyó y se entregó a los británicos, quienes la internaron en Robben Island.

Pilanesberg National Park

Ubicado en la caldera de un volcán apagado, el Pilanesberg National Park, de 55.000 ha, comprende barrancos cubiertos de frondosos bosques, la típica sabana arbolada y praderas onduladas, así como el **Mankwe Lake,** que está situado en el cráter del volcán. El parque ocupa una zona que es de transición entre la lluviosa Lowveld al este, y el árido Kalahari al oeste, lo que provoca una inusual coexistencia de especies vegetales, mamíferos y aves. Especies de zonas húmedas como los castaños de El Cabo y los bulbules naranjeros se dan junto a animales de zonas áridas como los bulbules castaños de ojos pardos, las hienas pardas y las acacias *Acacia erioloba*. También es muy extraño que los impalas y los antílopes saltadores se encuentren en el mismo espacio, como aquí, ya que los primeros prefieren zonas más húmedas y los últimos las regiones secas.

La Pilanesberg Game Reserve, como también se la llama, abrió sus puertas en 1979 después de uno de los mayores ejercicios de reubicación de fauna hechos por el país, que supuso el traslado de animales de todo el sur de África. En la actualidad estos valles fluviales tapizados de bosques son el hogar de unos 10.000 depredadores, carroñeros y diferentes tipos de herbívoros. Aquí pueden verse leones, leopardos, rinocerontes blancos y negros, elefantes y búfalos, es decir, los «cinco grandes». Otras especies incluyen a las tímidas y nocturnas hienas pardas, los guepardos, las martas cibelinas, las jirafas, las cebras, los hipopótamos y los cocodrilos.

Hay casi 200 km de carreteras excelentes para que pueda conducir su propio coche o unirse a excursiones con guías profesionales, y muchos observatorios y miradores para salir a estirar las piernas o para comer en plena naturaleza. También verá que

Pilanesberg National Park

Mapa pág. 197
Enfrente de Sun City
014/555-1600
$-$$

www.pilanesberg-game-reserve.co.za

Pilanesberg es un refugio para los animales salvajes.

existen numerosos asentamientos de la Edad de Piedra y de la Edad de Hierro repartidos por el parque, algunos de los cuales se pueden visitar con cita previa.

Debido al carácter de transición del entorno, Pilanesberg constituye un lugar excelente para observar a las aves y aquí se han observado más de 300 especies. En **Manyane,** al este, puede entrar en un inmenso aviario en el que verá de cerca unas 80 especies diferentes de aves indígenas. En la **Manyane Complex's Walking Area** aprenderá mucho sobre este entorno en una pista que podrá hacer por su cuenta.

Hay otras muchas maneras de disfrutar del entorno natural de Pilanesberg. En el Elephant Back Safari, el visitante se sube a lomos de un elefante y recorre el parque durante una hora. También existe la posibilidad de ver la fauna a vista de pájaro en un safari en globo. Los visitantes que se alojen en el Bakgatla Resort o en Manyane pueden participar en excursiones nocturnas, al amanecer o a última hora de la tarde.

Para alojarse el parque dispone de tres lodges de lujo y de dos complejos hoteleros. **Tshukudu Bush Lodge** *(tel. 014/552-6255; www.legacyhotels.co.za)* ofrece un buen alojamiento en pleno corazón de Pilanesberg, con un correcto equilibrio entre la sencilla rusticidad y un cierto lujo. **Bakubung Lodge** *(tel. 014/552-6000; www.legacyhotels.co.za)* con su propia piscina de hipopótamos, ofrece la comodidad y tranquilidad de cualquier hotel y está cerca de Sun City. En el opulento **Kwa Maritane Lodge** *(tel. 014/552-5100; www.legacyhotels.co.za)* puede asomarse a las extensas planicies de Pilanesberg. El familiar **Manyane Resort** *(tel. 014/555-1000; www.goldenleopard.co.za)* se encuentra junto a las puertas de entrada a Pilanesberg y cuenta con chalés con techo de paja de estilo africano. Y por último, el **Bakgatla Resort** *(tel. 014/555-1000; www.goldenleopard.co.za)* dispone de tiendas de lujo situadas en céspedes inmaculados, chalés de estilo colonial e instalaciones para celebrar congresos que pueden dar cabida hasta a 250 clientes.

Swartruggens y alrededores

Este encantador pueblo de estilo europeo se fundó en 1875 en torno a las granjas Scheepersrus y Brakfontein. Forma parte del **Marico District** y se halla a unos 40 km al este de Groot Marico.

El nombre Swartruggens (casi imposible de pronunciar de forma correcta si no habla afrikáans) significa «riscos negros» y proviene del aspecto de las colinas que rodean el pueblo. En la actualidad Swartruggens es el típico asentamiento de la sabana africana, con ranchos de ganado, campos de trigo y tabaco, y reservas naturales, que son las principales actividades de la zona. Los que tengan el valor suficiente pueden subirse a lomos de las grandes aves en la **granja de avestruces African Game and Art** y el resto puede echar un vistazo en la tienda de curiosidades.

CONSEJO DE EXPERTO

Vaya a visitar el encantador Groot Marico, hogar del famoso escritor Herman Charles Bosman, que compuso algunos relatos legendarios.

—KATE PARR
Investigadora de campo de National Geographic

En la zona hay varias **minas de diamantes** todavía en funcionamiento, a pesar de que la primera se descubrió en 1932. Infórmese en la oficina de turismo.

Visite el **Elands River Battlefield and Graves,** donde se libró una encarnizada batalla durante la guerra de los bóers, entre el 4 y el 16 de agosto de 1900.

Otro lugar que merece la pena, sobre todo para los aficionados al senderismo, es la **Kgaswane Mountain Reserve,** situada en las laderas septentrionales de las montañas Magaliesberg, al oeste de Rustenburg. Un valle espacioso, encajonado entre dos cordilleras, forma el corazón del parque, el cual es hábitat de una gran variedad de animales que se puede contemplar al recorrer una de las muchas y magníficas pistas de senderismo. Hay dos rutas que duran dos días y otras dos más cortas entre las que elegir. Los aficionados a las aves disfrutarán de las 250 especies que alberga la reserva y a los ecologistas les alegrará ver la colonia de cría de buitres de El Cabo.

Groot Marico

Como el Oeste americano, Groot Marico, en la N4 entre Swartruggens y Zeerust, es un ejemplo de vida que imita al arte. En la actualidad, esta zona es, en muchos sentidos, una encarnación de la obra del gran escritor sudafricano Herman Charles Bosman, que dio clases aquí en una escuela de habla afrikáans. En *Marico Revisited* escribió sobre la ciudad: «No hay ningún otro lugar que conozca que tenga un ambiente tan cargado, tan extraña y oscuramente impregnado de esa sustancia vital que constituye el auténtico sello de Sudáfrica».

Swartruggens
Mapa pág. 197

Kgaswane Mountain Reserve
Mapa pág. 197
O de Rustenburg
014/533-2050
$-$$$$$
www.tourismnorthwest.co.za

Groot Marico
Mapa pág. 197
Información
Main St.
014/503-0085
www.marico.co.za

Las mejores obras de Bosman son lectura obligatoria para cualquiera a quien le interese Sudáfrica en general, y la zona de Marico en particular. Los libros son peculiares, irónicos, extrañamente conmovedores e hilarantes, y con frecuencia bastante oscuros.

Groot Marico significa «Gran Marico» en afrikáans, un nombre muy poco apropiado, porque en realidad es un pueblo diminuto que apenas ha cambiado desde fianles del siglo XIX. Tal vez Groot Marico sea pequeño, pero es un lugar que se alza por derecho propio en la historia y la cultura de esta parte del país.

El pueblo lo fundaron los *voortrekkers* bóers en la década de 1850 y en la zona hay pinturas rupestres que realizaron los primeros sans. Aquí también puede encontrar las ruinas de la **primera misión de David Livingstone** en Mabotsa. Pero el encanto de Groot Marico reside en compartir la vida rural del *afrikaner*, la comida, la bebida, la conversación y la hospitalidad. Y para hacerlo es necesario quedarse un par de días en uno de los sencillos hoteles de la zona. Quizás el mejor sea el **Botshabelo Guest House** *(junto al río Marico, a 2,5 km de Groot Marico; tel. 014/503-0085)*, que tiene cinco habitaciones con baño. Otra buena elección es **Angela's Groot Marico Guest House** *(Fakkel y Houkoers Sts.; tel. 014/503-0082)*, que ofrece un par de habitaciones dobles y un par más grandes para varias personas *(family bedrooms)*, todas con baño. Y quienes quieran conocer el auténtico Marico, pueden alo-

ACTIVIDAD: Un paseo por las copas de los árboles

La cordillera Magaliesberg tiene unos inconcebibles 2.400 millones de años, lo que la convierte en una de las más antiguas del mundo. Es el sueño de cualquier historiador, con las primeras especies de humanos que se encontraron en esta zona y los campos de batalla del siglo XIX que se pueden explorar. Pero su inusual belleza suele pasar desapercibida a causa del valor histórico de la zona. Puesto que es una barrera entre las zonas más bajas del *bushveld* del norte y las más frías de la Highveld, es un punto de encuentro natural para un número inmenso de especies. ¿Qué mejor modo de explorar esta riqueza que hacerlo a vista de pájaro? En medio del Ysterhout Kloof, uno de los barrancos más espectaculares de la cordillera, encontrará el Magaliesberg Canopy Tours.

Basada en una idea de los biólogos de los bosques de Costa Rica, esta visita por las copas de los árboles es un medio de acceder a vistas de la flora y la fauna inaccesibles de otro modo. En esta visita el viajero «se desliza» por un sistema de cables a través de las copas. Durante dos horas y media le pondrán un arnés, lo suspenderán de un cable y lo transportarán por el barranco con guías que ahondarán en la historia y la ecología de la zona en una experiencia inolvidable. Póngase en contacto con Magaliesberg Canopy Tours *(tel. 014/535-0150; www.magaliescanopytour.co.za; $$$$$)*.

También pueden hacer este tipo de excursiones en el Tsitsikamma Forest *(tel. 042/281-1836; www.canopytours.co.za)* en la Garden Route y en Karkloof en KwaZulu-Natal *(tel. 033/330-3415; $$$$$)*.

El río Marico cerca de Groot Marico.

jarse en la **Riverstill Guestfarm,** situada a 8 km del pueblo, junto a la orilla del río. Tiene cabañas con cocina, pero el propietario prepara la comida para los clientes si lo solicitan por adelantado.

Otros atractivos de Groot Marico incluyen un crucero al atardecer por la presa, la **Marico Bosveld Dam** *(tel. 014/252-1303)*, y también puede probar los *potjiekos*. Aunque el plato no parece muy prometedor (*potjiekos* se traduce literalmente como «comida de la olla»), es un guiso delicioso cocinado sobre hogueras de madera de espino en ollas tradicionales de tres patas.

La oficina de información del pueblo puede organizarle una visita del **H. C. Bosman Living Museum** *(Paul Kruger St.; tel. 083/272-2958)*, que se halla en una reproducción de la escuela de la zona donde el escritor dio clases en 1926. Aquí se cuece el pan en un horno exterior junto con los *potjiekos*, se cuentan historias junto a la hoguera y se realizan actuaciones, lecturas y musicales.

El **Herman Charles Bosman Festival** tiene lugar todos los años en el mes de octubre, y durante todo el año hay fines de semana dedicados a Bosman.

Zeerust y alrededores

Situado en el Marico Valley, en la N4 (la principal carretera entre Sudáfrica y Botswana), a unos 240 km al noroeste de Johannesburgo,

Kortkloof Village

El idioma indígena que se habla en la zona de Groot Marico es el tswana y la tribu homónima gestiona el Kortkloof Cultural Village *(tel. 018/642-1312)*, en el distrito de Groot Marico. Los que trabajan aquí realizan artesanía tswana tradicional, incluidos muebles y tallas realizados con la madera de los árboles indígenas. Otras formas de artesanía incluyen los bordados, la cerámica y el trabajo con cuentas. Podrá, además, degustar la comida tradicional.

Zeerust

Mapa pág. 197

Información

Public Library

018/642-3713

Botsalano Game Reserve

Mapa pág. 197
50 km al N de Mafikeng en la frontera con Botswana
018/386-8900
$-$$$$

Zeerust es uno de los núcleos comerciales de esta zona. La ciudad se llamó así por Casper Coetzee, a quien a mediados de la década de 1860 se le encargó que construyera un fuerte y una iglesia en este lugar. Tras su prematura muerte, la localidad tomó el nombre de Coetzee se Rust (Descanso de Coetzee), que después se acortó a Zeerust.

Zeerust es una ciudad polvorienta y un tanto venida a menos, aunque era una población llena de vida en la época en la que Herman Charles Bosman enseñaba en Groot Marico. Las historias de Bosman mencionan con frecuencia el *mampoer*, el potente licor que se destila aquí a partir de los melocotones. La graduación alcohólica del *mampoer* puede ser del 64 %. Existe la posibilidad de organizar **visitas guiadas del *mampoer*** llamando a la oficina de turismo de Groot Marico (ver pág. 239). Estos recorridos son una excelente forma de disfrutar de la vida local, además de degustar esta estupenda bebida.

Los atractivos históricos de Zeerust incluyen la **Church of St. John the Baptist** (iglesia de San Juan Bautista), un monumento nacional construido en 1873, y la **Lutheran Dinokana Mission Lehurutshe,** que alberga un cuadro de Cristo que data de 1889, el año de fundación de la iglesia.

Retroceda aún más en el tiempo con una pequeña excursión a **Marula Kop,** un asentamiento de la Edad de Hierro que está a unos 50 km al norte de Zeerust. Allí encontrará un muro de piedra muy poco común y pruebas de que allí se fundía el hierro y los cultivos se hacían en terrazas. Antes de irse de Zeerust, no olvide visitar **Ouma se Kombuis** (La Cocina de la Abuela) para probar la auténtica cocina casera afrikáans. Las tartas de leche y la *ginger beer* (una especie de gaseosa de jengibre) casera son deliciosas. También podrá ver una cocina antigua y equipamiento agrícola de la época. Póngase en contacto con la oficina de turismo de Groot Marico *(tel. 014/503-0085; info@marico.co.za; www.marico.co.za).*

Las historias de Bosman mencionan con frecuencia el *mampoer*, el licor que se destila a partir de melocotones. Contiene alrededor de un 64 % de alcohol. Para probar su autenticidad préndalo con una cerilla: si arde con una llama azul, es auténtico.

En la zona de Mafikeng, justo al sur de Zeerust, hay más de 400 especies de aves. Muchas se pueden ver en la **Botsalano Game Reserve,** 50 km al norte de Makifeng, en la frontera con Botswana. En Botsalano hace ya años que se está llevando a cabo con gran éxito un programa de cría para rinocerontes blancos y negros. Esta pequeña reserva no tiene ninguna pretensión, no es nada turística y ofrece una muestra poco común de una África no estropeada por la mano del hombre. Hay una considerable población de grandes herbívoros (bú-

Marico Eye Fountain

Es una fuente de 17 m de profundidad de la que brota el agua del río Marico, uno de los pocos perennes de esta zona seca. Es tan pura que la visibilidad es de unos 18 m, lo que la convierte en uno de los puntos favoritos para los fanáticos del buceo en tierras del interior. Son populares las zambullidas nocturnas y los buceadores comentan la increíble belleza subacuática que se encuentran. Los entusiastas acampan en Marico Eye, en plena naturaleza.

falos, jirafas, alcelafos, elands comunes y kudús, entre otros), que se pueden ver con toda comodidad desde una buena red de carreteras.

Otras opciones para ver la fauna cerca de Zeerust incluyen el sencillo **Moretele Tented Camp** *(junto a la R511; tel. 012/252-0131)*, a orillas del río Moretele, que brinda a sus clientes fantásticas oportunidades de pescar caballa de Atka con mosca. En esta zona (que está libre de malaria) se han registrado más de 350 especies de aves. El alojamiento es en diez tiendas de safari. No hay electricidad.

Madikwe Game Reserve

La Madikwe Game Reserve debe su existencia a una iniciativa de defensa de la naturaleza llamada Operation Phoenix (Operación Fénix). En 1993 este proyecto reubicó más de 8.000 animales en el parque. Tres años más tarde se introdujeron los depredadores, primero guepardos, después licaones, seguidos de hienas, y al final, leones, que llegaron de los parques de Etosha y Pilanesberg. Ese mismo año se trasladaron 180 elefantes desde Gonarezhou, en Zimbabwe. El comportamiento de estos paquidermos a la hora de reproducirse no se ha visto afectado y la población de elefantes en estos momentos alcanza los 250 individuos.

En Madikwe viven unos 12.000 animales. Están presentes todos los depredadores, así como los rinocerontes negros y blancos, los búfalos, las jirafas, las cebras y una gran población de antílopes. Se han registrado más de 350 especies de aves. El terreno está formado por praderas abiertas y sabanas arboladas, salpicadas por afloramientos rocosos y cerros aislados. Podrá ver la fauna habitual en los vehículos abiertos guiados por profesionales.

El alojamiento en Madikwe es magnífico. Entre las alternativas destaca el **Jaci's Safari Lodge** *(tel. 014/778-9900; www.madikwe.com)*, con vistas a una charca a orillas del río Marico; el **Buffalo Ridge Safari Lodge,** de cinco estrellas *(tel. 011/805-9995; www.buffaloridgesafari.com)*, encaramado sobre un risco y con espléndidas vistas; y el **Jaci's Tree Lodge** *(tel. 014/778-9900; www.madikwe.com)*, que cuenta con ocho de las llamadas «casas en los árboles», cada una a unos 4 m sobre el suelo, construidas alrededor de enormes árboles *Combretum imberbe* y árboles del sándalo. ■

Madikwe Game Reserve

✉ En la R49, a 100 km de Zeerust

☎ 018/350-9931 o 018/350-9932

$ $-$$

www.madikwe-game-reserve.co.za

Marico Eye Fountain

✉ Nacimiento del río Marico

☎ Marico Ramble Tours, 014/503-0100

Un reino de maravillas naturales que encierra dunas de arenas blancas, fuentes cristalinas, cuevas ancestrales y campos de flores silvestres.

Northern Cape

La Goegap Nature Reserve en todo su esplendor.

Northern Cape

Es la provincia más grande pero también la menos poblada de Sudáfrica y se extiende hacia el sur desde el río Gariep (Orange). Flanqueado al oeste por las frías aguas del Atlántico, la mayor parte del Northern Cape es un semidesierto cubierto de maleza y salpicado de pequeñas colinas rocosas, que incluye el Kalahari, Namaqualand y Richtersveld. Es una zona de vivos contrastes, con un verano abrasador y un invierno glacial.

Camellos en el Kalahari, el auténtico todoterreno para los safaris por el desierto.

De esta región recordará cielos inmensos y paisajes infinitos, imponentes acacias *Acacia erioloba*, enormes nidos de tejedores, los rugidos de los esbeltos leones del Kalahari, parques nacionales y una increíble variedad de flores silvestres.

Los sans, el primer pueblo que ocupó el Northern Cape, fueron expulsados poco a poco por los colonos europeos y las tribus africanas que emigraron hasta aquí. Los pocos sans auténticos que quedan continúan viviendo en la región. Toda la zona, sobre todo junto a los ríos Gariep y Vaal, conserva numerosas pinturas rupestres realizadas por los sans. También es una provincia muy rica en fósiles.

La minería siempre ha sido muy importante y cuando se descubrieron diamantes en el siglo XIX en Kimberley (la capital de la provincia) el crecimiento económico y de población fue muy rápido. Los atractivos del Northern Cape incluyen las zonas que rodean Alexander Bay y Kimberley, donde se extraen diamantes; el Kgalagadi Transfrontier Park, una reserva de animales que está a caballo entre la frontera de Sudáfrica y Botswana; y la ciudad de Kuruman, con sus cristalinas aguas de manantial y la misión donde se conocieron David Livingstone y su futura esposa, Mary Moffat. Pero lo más espectacular es Namaqualand en primavera (finales de agos.-sep.), cuando, si las lluvias han sido buenas, el campo estalla con los amarillos, blancos, morados y rojos de los millones de margaritas y plantas carnosas en flor.

No es posible cultivar mucho en el seco Northern Cape, salvo en una estrecha franja irrigada por el río Gariep al norte, sobre todo alrededor de Kakamas y Upington. La producción principal son uvas, tanto pasas como de

PUNTOS DE INTERÉS

mesa; en la región se está elaborando también cada vez más buen vino de mesa.

El norte se compone sobre todo del desierto de Kalahari, hogar del enorme antílope saltador del Kalahari y del órix de El Cabo, y son características las dunas de arena roja y la sabana seca con sus acacias.

Pocas zonas de la provincia disfrutan de más de 40 cm de lluvia al año. En el oeste, la mayor parte cae en invierno, mientras que el este recibe la mayor parte del agua de espectaculares tormentas a finales de verano. Muchas zonas son muy cálidas. Las temperaturas más altas de Sudáfrica se registran en la frontera con Namibia. La temperatura máxima en verano a veces alcanza los 40 °C. Sutherland, por otro lado, es el lugar más frío del país y registra con regularidad temperaturas por debajo de los –10 °C. Las condiciones frías y despejadas han convertido a Sutherland en un importante centro astronómico, con varios observatorios importantes. Los inviernos del Northern Cape suelen ser gélidos y despejados, y en el sur puede llegar a hacer un frío glacial. ■

Kimberley

Situada en una zona seca y polvorienta del Northern Cape y reducida a una sombra de lo que fue, Kimberley conserva, no obstante, una mística que se remonta a la época en la que era la capital del mundo de los diamantes.

En 1866, un adolescente que jugaba junto al río Gariep (Orange), cerca de Hopetown, encontró un guijarro que brillaba que resultó ser un diamante. Otros hallazgos por la misma zona en 1871 provocaron la fiebre del diamante, que atrajo a miles de mineros y trabajadores. Dos años después, las barracas y chozas diseminadas fueron declaradas pueblo, que se bautizó con el nombre del secretario británico de Estado para las colonias, John Wodehouse, conde de Kimberley. El pueblo creció y no tardó en convertirse en ciudad, la más grande del interior.

El «Big Hole» y, junto a él, Kimberley, la ciudad a la que dio nacimiento.

A lo largo de los años, Kimberley ha sido la «primera» varias veces: la primera localidad del hemisferio sur que tuvo iluminación eléctrica en las calles (1882); el hogar de la primera escuela de minas del país (1896); y también se abrió allí la primera escuela de vuelo del país (1913).

La encantadora **Railway Station,** la estación que hay junto al centro de la ciudad, en Florence Street, es una de las paradas de los trenes de lujo gestionados por **Rovos Rail** y **Blue Train** (ver págs. 234-235).

El «Big Hole» y el Kimberley Mine Museum

La mina más grande de Kimberley, el llamado **«Big Hole»** (Gran Agujero), es una visión asombrosa. Aunque ahora está lleno de agua hasta unos 174 m de la cima, el agujero tiene en realidad una profundidad de 800 m. Durante 43 años, de 1871 a 1914, cuando se dejó de extraer mineral, se sacaron nada menos que 2.720 kg

CONSEJO DE EXPERTO

Kimberley es famosa entre los aficionados a las aves por el recientemente descubierto bisbita de Kimberley. Hace falta ser un experto para distinguirlo de los otros bisbitas.

—CAGAN H. SEKERCIOGLU
Investigador de campo de National Geographic

de diamantes del «Big Hole». Tiene una superficie de 13 ha.

Situadas alrededor del «Big Hole» hay varias atracciones relacionadas que forman un museo y oficina de turismo y que incluyen miradores, exposiciones históricas y edificios de metal ondulado de la antigua Kimberley. Una visita a este pueblecito de buscadores de diamantes es como volver a la época en que Barney Barnato (1852-1897) y Cecil John Rhodes eran los reyes, y los diamantes estaban allí para quien los quisiese.

En estas antiguas calles reconstruidas se pueden visitar edificios como la academia de boxeo de Barney Barnato, una tienda de tabaco, un banco, una iglesia y bares y restaurantes que todavía funcionan. La empresa De Beers Consolidated Mines, que ha financiado buena parte de la renovación, expone el antiguo vagón privado de los directores de la compañía y una reconstrucción de una granja de la época. Si quiere, puede cribar gravilla y quizá incluso hallar su propio pedrusco.

Uno de los puntos culminantes es la plataforma suspendida (del tamaño exacto de la parcela de un minero del siglo XIX) desde la que es posible asomarse a las profundidades del «Big Hole».

En la **Diamond Vault** (cámara de los Diamantes) hay varios miles de diamantes auténticos, entre ellos el «616» y el «Eureka». La primera piedra (con un nombre no muy imaginativo) pesa 616 quilates y es el diamante octaédrico sin cortar más grande del mundo, mientras que el segundo (en griego «lo encontré») lo halló un adolescente en 1866.

Se puede ir desde el ayuntamiento al «Big Hole» a bordo de un tranvía centenario restaurado. Los tranvías hacen el recorrido a diario de las 9.00 a las 16.15 h.

Otros lugares de interés

Los **Ernest Oppenheimer Memorial Gardens** *(Jan Smuts Blvd.)*, enfrente del Civic Centre, rinden homenaje a Ernest Oppenheimer (1880-1957), un magnate de los diamantes muy conocido y patriarca del inmenso imperio empresarial y minero Oppenheimer. Fue también el primer alcalde de Kimberley. Un busto de Oppenheimer domina el **Miners Memorial,** también llamado Diggers Fountain, que está esculpido en forma de cinco mineros con los brazos levantados que sujetan una criba gigante de las que se utilizaban para separar los diamantes de la gravilla.

La cercana **Duggan-Cronin Photo Gallery** expone la obra del fotógrafo irlandés y empleado de De Beers Alfred Martin Duggan-Cronin (1874-1954). Entre 1919

Kimberley

Mapa pág. 247

Información

Diamantveld Visitor Centre, 121 Bulfontein Rd.

053/832-7298

Cerrado dom.

The «Big Hole»/ Kimberley Mine Museum

Tucker St.

053/830-4417

www.thebighole.co.za

Duggan-Cronin Photo Gallery

Egerton Rd.

053/839-2743

Abierta lun.-vier.; fines de semana con cita previa

Donativo

McGregor Museum
- Atlas St.
- 053/839-2722
- Cerrado dom. mañanas
- $

Pioneers of Aviation Museum
- Gen. Kan ver der Spuy Dr.
- 053/839-2700
- Cerrado festivos
- Donativo

Kimberley Africana Library
- 63-65 Du Toitspan Rd.
- 053/830-6247
- Cerrado sáb.-dom.

Wildebeest Kuil Rock Art Centre
- R31 entre Kimberley y Barkley West
- 053/839-7069 o 082/222-4777
- $

www.museumsnc.co.za

Aun así es grande

El «Big Hole» de Kimberley se ha vendido durante mucho tiempo como la mayor excavación hecha a mano de la tierra, pero eso se terminó en 2005, cuando el historiador local Steve Lunderstedt descubrió que la mina de Jagersfontein, excavada a mano hasta los 200 m, es más profunda. Afirma que Kimberley nunca se molestó en comprobar lo que se dice en sus folletos turísticos y nadie lo había cuestionado.

y 1939 este hombre hizo muchas fotos de los trabajadores que llegaban de todo el sur de África para trabajar en las minas de Kimberley. Duggan-Cronin también viajó a los territorios de donde procedían las personas a las que fotografiaba. Su colección de 6.000 imágenes es única en el mundo y documenta variaciones de atuendo, marcas faciales y peinados de los pueblos indígenas de la región. Dado que muchas de estas marcas culturales han cambiado o desaparecido con el tiempo, las fotografías de Duggan-Cronin han adquirido una considerable importancia histórica.

Un sanatorio fundado en 1897 por Cecil Rhodes alberga ahora el cercano **McGregor Museum.** Después de servir como hotel y más tarde como escuela, este chocante edificio (que todavía conserva en muchas habitaciones la misma decoración de 1900) se abrió oficialmente como museo en 1976. El McGregor Museum y las salas de exposición adyacentes describen la historia local y natural. Las exposiciones abarcan la Prehistoria, la fiebre de los diamantes, el asedio de Kimberley durante la guerra de los bóers (1899-1902) y la flora y fauna de la zona.

El **Pioneers of Aviation Museum,** parte del McGregor Museum, se encuentra en el lugar de la antigua escuela de vuelo de la ciudad. Las exposiciones incluyen fotografías de los comienzos de la aviación y una reproducción del biplano Compton-Patterson, en el que se adiestraban los primeros pilotos.

La majestuosa casa **Dunluce** (antes conocida como Lillianville) es un buen ejemplo de la arquitectura doméstica del período victoriano tardío. Donada al McGregor Museum en 1975, sólo se puede recorrer en visitas organizadas.

Para los bibliófilos, la **Kimberley Africana Library** (Biblioteca Africana de Kimberley) alberga una gran colección de libros y documentos sobre el sur de África. Un tesoro de la colección es la traducción de la *Biblia del rey Jacobo* al tswana, obra del misionero Robbert Moffat (suegro de David Livingstone).

A unos 14 km al noroeste de Kimberley el **Wildebeest Kuil Rock Art Centre** muestra los grabados rupestres de los sans, los habitantes aborígenes del sur de África (antes conocidos como bosquimanos). Una película de 25 minutos hace una introducción muy útil y después, un paseo de 0,8 km lleva a la colina sagrada salpicada con más de 400 grabados rupestres. Los paneles informativos y los comentarios de los audioguías resultan una gran ayuda mientras lo recorre. También se pueden hacer visitas guiadas. ■

El desierto de Kalahari

El desierto de Kalahari, un lugar implacable de enormes distancias salpicado por las siluetas de los baobabs y donde viven unas cuantas tribus sans nómadas, se extiende por la frontera con Namibia. El nombre proviene de la palabra tswana *kgala*, gran sed. Y cuando se ven las dunas rojas e interminables, apenas interrumpidas por algún arbusto, el nombre adquiere mucho sentido.

En la Tswalu Kalahari Reserve.

Kuruman

Kuruman (216.000 habitantes), en la N14 entre Johannesburgo y Upington, es la principal ciudad del desierto de Kalahari. Debe su existencia a un sorprendente manantial conocido como Gasegonyane (que significa «calabacita de agua») o The Eye (El Ojo), del que manan 20 millones de litros de agua pura y cristalina al día. La agricultura (posible gracias a The Eye) y la minería de manganeso, hierro y minerales son la base de la economía local.

En **Maruping,** cerca de Kuruman, la London Missionary Society comenzó a construir una misión en 1816. Poco después de 1820, Mothibi, jefe de los aproximadamente 10.000 batswanas que vivían en la zona, le dio permiso al misionero escocés Robert Moffat y a su mujer Mary para que trasladaran la misión a su ubicación actual en Seodin, también cerca de Kuruman.

En Seodin, Moffat aprendió setswana y, con ayuda, emprendió la enorme tarea de traducir

Kuruman

Mapa pág. 247

Información

Main St.

053/712-1001

www.kuruman kalahari.co.za

Kuruman Moffat Mission

✉ Moffat Ln., siga los carteles desde Hotazel Rd.

☎ 053/712-2645

Wonderwerk Cave

✉ 43 km al S de Kuruman, en la R31 Daniëlskuil-Kimberley Rd., en la granja Wonderwerk

☎ 082/832-7226

www.museumsnc.co.za

la *Biblia del rey Jacobo* a ese idioma. Pero primero tuvo que desarrollar un sistema de escritura con ese propósito. La obra terminada se imprimió en 1857 en una prensa manual que todavía funciona hoy en día. La versión de Moffat fue la primera Biblia completa impresa en el continente africano.

En la **Kuruman Moffat Mission,** Robert Moffat, ayudado por Robert Hamilton y muchos lugareños, construyó una enorme iglesia de piedra que durante muchos años fue la estructura más grande de la estepa. Uno de sus visitantes más famosos fue el misionero convertido en explorador David Livingstone. Aquí conoció a la hija de Robert y Mary Moffat, que también se llamaba Mary, con la cual se casó más tarde. Al ver la nueva iglesia, se dice que Livingstone comentó que era lo bastante sólida «como para soportar que la cañonearan».

Restaurada por la Kuruman Moffat Mission Trust, la iglesia y la antigua misión original no son sólo monumentos congelados en el tiempo. En la actualidad el complejo funciona como centro ecuménico para el uso de grupos de la comunidad y de la United Congregational Church of South Africa, de la amplia región de Kuruman.

ACTIVIDAD: Una excursión en camello

Para disfrutar de una aventura en camello a sólo 40 km de la frontera con Namibia, póngase en contacto con Thinus o Landa Conradie en Koppieskraal Guest Farm *(tel. 084/564-4613 o 082/336-9110; koppieskraal@gmail.com)*. El abuelo de Landa le compró en un principio los camellos a la policía de Upington y en la actualidad Landa y su marido hacen safaris de 30 minutos y de dos horas en camellos que descienden de esos primeros animales. También se ofrece una excursión de dos días con acampada.

Wonderwerk Cave

En este lugar se halla una profunda cueva que se adentra en la colina y donde ya llevan varios años haciendo excavaciones e investigando. Se ha revelado como un récord arqueológico de ocupación humana casi continua a lo largo de decenas de miles de años, casi hasta la actualidad. Los visitantes pueden aprender más sobre la cueva y su entorno en las exposiciones que hay en un pequeño museo cercano a la excavación. El público también puede visitar la cueva y se hacen visitas guiadas.

Si desea quedarse unos días, se pueden alquilar tres chalés con derecho a cocina y también hay una zona para cocinar.

Witsand Nature Reserve

En medio de lo que parece un mar interminable de la típica arena roja del Kalahari destaca esta isla extraordinaria de 2.500 ha de arena blanca y brillante.

Los geólogos creen que este extraordinario oasis de blancura es el resultado de una cuenca de cuarcita que forma un depósito natural de agua bajo las dunas. Los vientos predominantes llevan la arena roja del Kalahari a la cuenca. Los óxidos que dan a esa arena su característi-

Descendiendo por las «arenas rugientes» de la Witsand Nature Reserve.

co color rojizo son filtrados con el tiempo por las lluvias y la elevada capa freática habitual en la cuenca de cuarcita, dejando atrás los finísimos granos de sílice que provocan esta llamativa y prístina blancura.

El sistema de dunas tiene unos 10 km de longitud y casi 5 km de anchura, y alberga las famosas «arenas rugientes del Kalahari». Testigos fiables confirman que las dunas emiten siniestros rugidos cuando las molestan los hombres y el viento, sobre todo durante el tiempo cálido o seco. Según el folclore, las dunas sólo rugen durante los meses que contienen una «R» (sep.-abril). Sin embargo, la arena tiene que estar cálida y seca para rugir y en ocasiones se ha oído el rugido también durante los otros meses.

Aparte de su inusual blancura y sus efectos de sonido, la Witsand (White Sand, Arena Blanca) Nature Reserve es un hermoso parque natural repleto de aves. Aquí se han visto más de 170 especies de aves, incluidos la ganga Namaqua, el tejedor sociable y el ave rapaz más pequeña de África, el halconcito africano. El parque cuenta con un observatorio de aves hundido en una charca aislada donde los aficionados a las aves y los fotógrafos pueden verlas (y demás animales) a su misma altura cuando van a calmar su sed. Abunda el órix de El Cabo, el alcélafo caama, el antílope saltador, el duiker común y el steenbok, y también se ha establecido una pequeña manada de kudús.

No se pierda el **Botanical Meander,** una pista que puede hacer por su cuenta. Recorre 3,3 km y le guía por el típico paisaje del Kalahari con información sobre más de 40 especies vegetales, cada una de las cuales está numerada. La pista también incluye un pequeño museo exterior y un merendero que está a la sombra.

En la **oficina de información** encontrará exposiciones sobre la arqueología local e historia natural, además de libros, vídeos y revistas

Witsand Nature Reserve

- Mapa pág. 247
- A 275 km al NO de Kimberley por la R64, carretera Groblershoop (de grava) y la vía de acceso Witsand (de grava).
- 053/313-1061 o 083/234-7573
- $-$$$$$

www.witsandkalahari.co.za

Kenhardt
Mapa pág. 247
Información
Municipality, Park St.
054/651-6500

Upington
Mapa pág. 247
Información
Kalahari Oranje Museum Complex, 4 Schröder St.
054/332-6064

que le proporcionan más información. Una pequeña tienda vende algunos alimentos básicos. Se ofrecen actividades como ciclismo y surf en las dunas y cerca también hay una ruta para 4x4 (gestionada por Witsand pero no en la reserva misma) que pondrá a prueba sus habilidades como piloto de todoterrenos en las arenas del desierto.

Las instalaciones incluyen diez chalés con techo de paja y derecho a cocina (considerados de cuatro estrellas), cámpings para tiendas y caravanas, un cámping para mochileros y merenderos para los visitantes que sólo acuden a pasar el día. No hay restaurante, pero se puede solicitar un *catering* por adelantado.

Para llegar a la reserva desde Kimberley, atraviese Griquatown hacia Upington por la R64 y gire en Griquatown hacia Groblershoop. Continúe 80 km hacia Groblershoop y luego doble a la derecha por la carretera de grava en el cartel de Witsand. Siga los carteles a lo largo de 45 km hasta Witsand.

Verneuk Pan

El desierto de Kalahari fue durante muchos siglos el feudo de los primeros habitantes de Sudáfrica, los bosquimanos (los sans). Conseguían vivir en este duro entorno recogiendo plantas comestibles y cazando. Todavía hay pequeños grupos de sans que siguen viviendo cerca del Kgalagadi Transfrontier Park y se pueden visitar los restos de asentamientos permanentes cerca de la ciudad de **Kenhardt,** en el Verneuk Pan, en la granja Bitterputs.

En 1929 Malcolm Campbell viajó a Verneuk Pan para intentar batir el récord del mundo de velocidad en tierra, pero su tentativa no tuvo éxito.

Upington

Situada a orillas del río Gariep (Orange), la ciudad de Upington se fundó en 1884 y recibió el nombre del fiscal general de El Cabo, Thomas Upington. Es la capital no oficial del Northern Cape. Aquí se estableció una misión en 1875 que con el tiempo se convirtió en un pueblo. En la antigua ubicación de la misión se alza el **Kalahari Oranje Museum Complex** *(4 Schröder St.; tel. 054/331-1373; cerrado sáb.-dom.; donativo)*, con información sobre los habitantes originales y sobre la historia de la zona.

Dos **estatuas de animales** conmemoran el pasado de la ciudad: un burro *(al final de Schröder St., en el complejo del museo)* rinde tributo al papel que desempeñó esta humilde bestia en el desarrollo de los primeros tiempos de la ciudad, y un camello con su

CONSEJO DE EXPERTO

En Verneuk Pan busque a los *karretiemense*, carreteros que van de granja en granja usando burros como medio de transporte. Deténgase a hablar con ellos para comprender en profundidad esta zona.

—SAMANTHA REINDERS
Fotógrafa de National Geographic

jinete *(entrada de Schröder St., delante de la comisaría)* recuerda los años anteriores a los 4x4, cuando las patrullas del imponente Kalahari se hacían en camello.

A las afueras de la ciudad, la **South African Dried Fruit Cooperative** *(32 Industrial Rd.; tel. 054/337-8800)* es la segunda mayor cooperativa de fruta seca del mundo y es famosa por sus pasas sultanas. Cálida en invierno, Upington es una buena parada para los viajeros que se dirijan a las Augrabies Falls, a las reservas de animales de Northern Cape, al desierto de Kalahari, a Namibia y al Fish River Canyon, ya que dispone de excelentes alojamientos, restaurantes y tiendas.

Antes de irse, visite las **Orange River Wine Cellars** *(32 Industrial Rd.; tel. 054/337-8800; www.orangeriverwines.com; cerrado lun.)*, unas bodegas donde podrá degustar los variados vinos que se elaboran con las uvas de los viñedos de las orillas del Gariep. Es la mayor cooperativa del país y exporta a Estados Unidos y Europa.

Spitskop Nature Reserve

Esta reserva de 5.641 ha, de las que 3.000 están abiertas al público, ubicada al norte de Upington, se llama así por un *kopje* (colina de cima plana) de granito que se alza dentro de sus límites.

Existen varias maneras de visitar la reserva. Puede recorrer en su propio coche, con toda comodidad, los 37 km de buenas carreteras de grava y detenerse a ver los animales a través de un telescopio desde el mirador protegido que hay en la cima de **Spitskop Hill.** O bien, si se siente con energías, anímese a caminar por una o más de las tres pistas de senderismo, cada una de una longitud diferente. En la más larga, los senderistas pasan la noche en una cabaña.

Los visitantes acuden a ver la fauna que habita este paisaje semiárido de afloramientos rocosos y planicies arenosas, y también la profusión de flores silvestres que brotan tras las lluvias de verano.

Spitskop Nature Reserve

- Mapa pg. 247
- A 13 km al N de Upington de camino al Kgalagadi Transfrontier Park
- 054/332-1336

La colina rocosa que da nombre a la Spitskop Nature Reserve.

Los bosquimanos o sans

Los bosquimanos o sans llevan milenios viviendo en el noroeste de lo que ahora es la actual Sudáfrica. Las pruebas fisiológicas y óseas indican que sus modernos descendientes presentan un marcado parecido con los integrantes de la antigua cultura sangoense, un pueblo de cazadores-recolectores que habitaban en la zona meridional del continente a partir del Paleolítico tardío.

Arte rupestre contemporáneo en el pequeño pueblo de Andriesvale.

Se ha dicho que los sans son como un «Adán» genético porque su ADN tiene los marcadores más antiguos de la humanidad. De todos los grupos humanos, parece que son los que menos han cambiado, genéticamente hablando.

Ahora que sus antiguos terrenos de caza y de recolección se han reducido de forma considerable, muchos sans viven en asentamientos. Pero todavía quedan algunos grupos en el Kalahari que siguen llevando el mismo modo de vida de sus ancestros: buscan plantas comestibles, raíces, bayas e insectos, y cazan animales salvajes con arcos y flechas. Usan las cáscaras de huevo de avestruz como forma de almacenaje. Los melones del desierto y las raíces y bulbos de ciertas plantas son una fuente vital de agua. Los sans hablan un idioma que es único por su variedad de chasquidos (varios de los cuales han pasado a algunos idiomas locales africanos).

Por tradición, los sans son un pueblo nómada aunque las pruebas arqueológicas demuestran que se asentaron durante períodos de tiempo prolongados allí donde el alimento era abundante. Sus viviendas van desde simples refugios para defenderse de las lluvias hasta asentamientos más sólidos alrededor de una fuente de agua permanente durante los meses secos, a lo largo de los cuales los hombres desarrollaron sus habilidades para la caza. Durante la estación de las lluvias, la recolección de plantas comestibles por parte de las mujeres se convertía en la opción más fácil. Puesto que se movían con mucha frecuencia, los sans no tenían muchas posesiones. Tal vez llevaran palos para rebuscar en la tierra, un poco de leña, cáscaras de huevo de avestruz o un cabestrillo para sujetar al bebé; o armas, como una honda de cuero y arcos y flechas, y una manta.

Arte san

Los sans son famosos sobre todo por su extraordinario arte. Las antiguas pinturas sans y los grabados rupestres se pueden encontrar en cuevas y salientes rocosos de toda la mitad meridional de África. Sus interpretaciones de animales, cazadores y criaturas, que parecen mitad humanas, mitad bestias (se cree que son representaciones de hechiceros, chamanes o sanadores) son de una viveza extraordinaria. Las pinturas, de feroz belleza, se han ejecutado con una habilidad artística consumada que da fe de la afinidad casi mística que tenían los sans con los animales de los que tanto dependían para conseguir alimento y sobrevivir.

Los sans dejaron de pintar hace mucho tiempo, pero algunos grupos del Kalahari aún practican rituales que evocan la imaginería de las pinturas rupestres. En ceremonias que duran toda la noche, las mujeres dan palmas y cantan mientras los hombres se mueven alrededor de una hoguera con bailes tradicionales cada vez más frenéticos. Mientras tanto, un chamán se sume en un trance y, aparentemente doblado de dolor, intenta entrar en el mundo espiritual. Otras veces quizá se esfuerce por transformarse en animal para absorber su poder místico y curar a los enfermos, hacer que llueva o atraer presas. Algunas de las figuras de las pinturas sans (representaciones surrealistas de figuras con cabezas no humanas irregulares) sugieren ese estado alterado.

Se ha escrito mucho sobre el arte rupestre de los sans. La obra reciente más interesante es *The Mind in the Cave*, una obra profunda y erudita escrita por David Lewis-Williams, catedrático del Rock Art Research Institute de la University of the Witwatersrand. ■

Artesanía tradicional de la comunidad san.

Rafting en los rápidos del río Gariep.

Éste es el auténtico Kalahari: seco, con inmensos cielos de color azul pálido e interminables llanuras de arena. En un día despejado, el altísimo pico de Spitskop se puede ver a 40 km de distancia. En los tiempos de las carretas de bueyes, se dice que Spitskop era un lugar de encuentro y descanso para muchos viajeros.

En Spitskop habitan unas cuantas variedades de antílopes: órix de El Cabo, elands comunes, alcélafos caama, steenboks y grandes manadas de antílopes saltadores. Otros mamíferos incluyen las cebras y especies más pequeñas como las mangostas, los suricatas y las ardillas terrestres, y reptiles como víboras bufadoras, cobras de El Cabo y tortugas. También se puede ver aquí un número importante de aves: gangas Namaqua, alcaudones fiscales, azores, avutardas kori y avestruces.

El **Kalahari Monate Lodge** *(Theuns y Truia Botha, directores de la Spitskop Nature Reserve; tel. 054/332-1336; teuns@intekom.co.za)*, situado frente a la entrada, ofrece todo tipo de comodidades.

El río Gariep

El Gariep (Orange), el más largo de los ríos de Sudáfrica, nace en las montañas Drakensberg de Lesotho. Desde allí fluye hacia el noroeste por Sudáfrica a lo largo de 2.187 km. Tras unirse a su afluente principal, el Vaal, cerca de Kimberley, el Gariep continúa por el yermo desierto del Kalahari y Namaqua, en el Northern Cape, y forma las **Augrabies Falls** (ver pág. 259), unas espectaculares cataratas, antes de desembocar en el Atlántico, en la Alexander Bay.

Como es natural, el *rafting* y el piragüismo son deportes muy populares en el río Gariep, sobre todo después de que las lluvias de marzo y abril transformen las aguas en una rápida y emocionante corriente. Haga un safari de varios días haciendo *rafting* por el río cuando serpentea por el **Richtersveld Transfrontier National Park** (ver

CONSEJO DE EXPERTO

En el Augrabies Falls National Park busque a la endémica lagartija plana de Broadley. Los machos tienen la cola de color rojo brillante, la cabeza y el cuerpo azul y las patas delanteras amarillas.

—RES ALTWEGG
Investigador de campo de National Geographic

págs. 268-269), con sus magníficas vistas del desierto montañoso. Los rápidos que hay sobre las Augrabies Falls proporcionan la experiencia contraria: un viaje acelerado que pone los pelos de punta y el corazón a cien (ver recuadro inferior).

Augrabies Falls National Park

Con su espectacular cañón y las enormes formaciones de granito, el Augrabies Falls National Park es espectacular en cualquier época del año, pero, cuando el Gariep está crecido y cae rugiendo desde una altura de 56 m sobre las cataratas principales, es abrumador. *Aukoerebis* en el idioma local khoi significa «lugar de gran ruido», un nombre muy apropiado.

Si bien hay muchas cosas que hacer en el parque, ver las cataratas debería ser lo primero. Intente ir al atardecer, está más fresco y la luz que se va desvaneciendo resalta los colores de las rocas circundantes. Existen varios miradores que se asoman a las cataratas y al barranco. Para disfrutar de un gran panorama del parque, trepe a la cima de la **Moon Rock** (roca de la Luna).

Augrabies Falls National Park

- Mapa pág. 247
- A 40 km al NO de Kakamas
- 054/452-9200
- $$

www.sanparks.org/parks/augrabies.co.za

ACTIVIDAD: *Rafting* por el río Gariep

El río Gariep, de 2.187 km, ofrece una aventura sin igual al viajero. Baja desde las montañas Drakensberg hasta el océano Atlántico, en Alexander Bay, a lo largo de un paisaje especialmente espectacular cuando atraviesa el desierto de Richtersveld. Las orillas del río están llenas de piedras semipreciosas y sorprendentes formaciones rocosas, junto a las cuales merodean numerosos animales pequeños y primates; el número de aves que se ve en sus orillas también es extraordinario. Puesto que no hay hipopótamos ni cocodrilos en el río, es perfecto para el piragüismo recreativo y el *rafting*.

Se pueden hacer varias excursiones y las más populares son los paquetes de cuatro a siete días con la comida y el equipamiento de acampada incluido. En esta excursión el visitante recorrerá entre 40 y 160 km, dependiendo de los niveles del agua y las condiciones, y durante el número de días que elija. La mayor parte de las empresas utilizan canoas hinchables para dos personas. Estas propuestas proporcionan una oportunidad única y repleta de aventuras: podrá nadar, hacer senderismo, bañarse, ver aves y otros animales y, por supuesto, salvar los rápidos.

Para hacer las reservas póngase en contacto con **Umkulu Safari & Canoe Trails** *(tel. 021/853-7952; www.umkulu.co.za)* o **Felix Unite** *(tel. 021/404-1830; www.felixunite.com)*.

Un viaje de siete días le saldrá por unos 2.500 rands.

Augrabies es un lugar de temperaturas extremas. La sombra está muy solicitada y las criaturas pequeñas se esconden bajo afloramientos rocosos y árboles, o en madrigueras.

Otros aspectos interesantes. Si bien es relativamente pequeño (55.000 ha), el Augrabies Falls National Park alberga una variedad considerable de flora y fauna. Se pueden ver antílopes saltadores, elands comunes, antílopes saltarrocas, kudús, steenboks y órix de El Cabo. Los depredadores y carroñeros incluyen caracales, gatos salvajes africanos, zorros orejudos, chacales de lomo negro y leopardos. El amenazado rinoceronte negro también vive aquí y las jirafas de Augrabies han desarrollado un pelaje más pálido que en otros lugares a causa del excesivo calor. Los damanes y dos tipos de mangosta, la de cola gruesa y la delgada, están entre los mamíferos más pequeños que se encuentran aquí.

El río y la naturaleza que lo rodea son un paraíso para los aficionados a las aves. Entre las especies locales están los inseparables de Namibia, las jacanas africanas, los abejarucos, los tejedores enmascarados africanos, los tejedores sociables y los cormoranes; también verá garzas goliat, garzas reales, garzas cabecinegras, pigargos y águilas cafres, así como martines pescadores píos, martines pescadores gigantes africanos y martines pescadores verdes, gansos del Nilo, ánades negros africanos y tarros de El Cabo.

Los pescadores pueden contar con caballas *Barbus kimberleyensis* y *Labeobarbus aeneus*, bagres, *Neochanna diversus* y besugos.

Durante su excursión en canoa o por los rápidos, es muy probable que vea babuinos amarillos, monos verdes, liebres de los matorrales, ardillas terrestres, leopardos, caracales, gatos salvajes africanos, zorros orejudos, zorros de El Cabo, chacales y nutrias de El Cabo.

Los namas son los habitantes originales de esta zona y algunos todavía conservan su forma tradicional de vida. Busque sus características *matjieshuise* (casas de esteras) con forma de iglú y hechas de esteras de juncos colocadas sobre un armazón, muy apropiadas para el antiguo estilo de vida nómada de los namas y el entorno local. Los juncos de las esteras se expanden en invierno para impedir la entrada de la lluvia y el viento, y se encogen en verano para dejar pasar las brisas.

ACTIVIDAD: Disfrutar de las Augrabies Falls

En este parque no hace falta guía, pero con uno se mejora la experiencia. Es muy recomendable la aventura Gariep 3-in-1, en la que los senderistas hacen *rafting* por 3 km del río, recorren a pie 4 km por los cañones y salvan en bicicleta de montaña 12 km para regresar al campamento.

Más intensa es la Klipspringer Hiking Trail. A lo largo de tres días (dos noches en cabañas), un guía le lleva por un circuito de 39,5 km. Haga las reservas para ambas excursiones en el tel. 012/428-9111 (o en *www.sanparks.org/tourism/reservations*).

Cebras en la Tswalu Kalahari Reserve.

Hay varios cámpings, chalés y cabañas repartidos por el parque. Las reservas deben hacerse a través de la página web *(www.sanparks.org/parks/augrabies.co.za)*.

Tswalu Kalahari Reserve

Propiedad de la familia Oppenheimer, la Tswalu Kalahari Reserve se halla en la mayor concesión privada del sur de África y atiende de las necesidades del viajero exigente. El objetivo de la reserva es «que el Kalahari vuelva a ser lo que era», y por reintroducir guepardos y licaones en la reserva ganó el premio World Wildlife Fund a la «mejor conservación de una especie amenazada».

Tswalu es un lugar muy exclusivo. El número de clientes se restringe a 30, todos ellos mimados por un personal muy atento. Como es natural, Tswalu también puede presumir de contar con lo último en alojamientos de lujo. El *motse* («poblado» en tswana) está diseñado para fundirse con su entorno y consiste en sólo ocho espaciosos *legaes* («hogares» en tswana) amueblados con suntuosidad. Las instalaciones de lujo incluyen una bodega excepcional y un chef privado que elabora una cocina extraordinaria.

Entre las dunas rojas de Tswalu se pueden ver muchas especies de animales: cobos de agua, topis, kudús, elands comunes, búfalos, nyalas, cebras, ñus,

Cuándo ir

El mejor momento para visitar Tswalu es en invierno *(abril-agos.)*, cuando los días son templados y soleados.

Tswalu Kalahari Reserve

Mapa pág. 247
A 300 km al NO de Kimberley
011/274-2299
$$$$$
www.tswalu.com

Un órix de El Cabo, uno de los habitantes del Kgalagadi Transfrontier Park.

impalas, guepardos, leopardos, leones, hienas y rinocerontes blancos y negros. Hay varias opciones para salir a contemplar la fauna: a caballo, en vehículos de safari o en un paseo guiado.

Algunos de los puntos más destacados de los esfuerzos ecologistas que se hacen en Tswalu incluyen la reintroducción del león del Kalahari, el guepardo y el amenazado licaón, así como el rinoceronte negro del desierto, en peligro de extinción (la reserva alberga un tercio de la población de rinocerontes negros del desierto). Las más de 70 especies de mamíferos que viven aquí también incluyen la marta cibelina, el antílope ruano y especies del Kalahari como el órix, el antílope saltador y el suricata. Tswalu ofrece salidas nocturnas para ver cerdos hormigueros, proteles, puercoespines, hienas pardas y otras criaturas nocturnas.

La Tswalu Kalahari Reserve también es famosa por sus aves. Se han registrado más de 200 especies, y aunque la falta de árboles significa que hay menos aves grandes, sí se han visto águilas, buitres dorsiblancos africanos y buitres orejudos. Quizá vea azores lagartijeros pálidos, halconcitos africanos, avutardas kori, gangas Namaqua, búho manchados y gonoleks de Burchell.

Kgalagadi Transfrontier Park

El Kgalagadi abarca 3,6 millones de ha a ambos lados de la frontera entre Botswana y Sudáfrica. En 1999, los dos países acordaron crear esta zona de conservación de la naturaleza, el primero de los parques transfronterizos del sur de Sudáfrica, fusionando el Gemsbok National Park de Botswana y el Kalahari Gemsbok National Park de Sudáfrica. Unas normas comunes rigen en toda la zona y los visitantes pueden moverse con libertad entre ambas fronteras dentro del parque.
A pesar del duro entorno (Kgala-

CONSEJO DE EXPERTO

El Kgalagadi Transfrontier Park es el sueño de cualquier fotógrafo. No dude en estar el primero por la mañana para captar los rayos del sol que refulgen entre el polvo levantado por las manadas de antílopes saltadores.

—SAMANTHA REINDERS
Fotógrafa de National Geographic

gadi es el origen de la palabra Kalahari, o «tierra sedienta»), aquí tiene su hogar una gran variedad de animales, algunos adaptados de forma única al desierto, como el órix de El Cabo y el león del Kalahari, con su melena negra. La inmensidad del parque permite la migración estacional de las manadas de elands comunes, alcélafos caama, antílopes saltadores y ñus azules. Entre las más de 200 especies de aves, los secretarios, las águilas y los buitres son sólo unas cuantas. Además del león, entre los depredadores se encuentra el leopardo, el guepardo y la hiena.

Los campamentos de **Mata Mata, Twee Rivieren** y **Nossob,** en el lado sudafricano del parque, proporcionan alojamiento en cabañas y chalés. Todos venden gasolina y comida (Twee Rivieren tiene su propio restaurante) y ofrecen excursiones nocturnas. En la actualidad también hay campamentos en plena naturaleza más lujosos. **Bitterpan Bush Camp** se encuentra en la ruta para 4x4 y el **Kalahari Tented Camp** está cerca de Mata Mata. ■

Kgalagadi Transfrontier Park

- Mapa pág. 247
- A 260 km al N de Upington por la R360
- 054/561-2000
- $$$-$$$$$

www.sanparks.org/parks/kgalagadi

La curiosa vida de los suricatas

Lo primero que llama la atención de los suricatas *(meerkats)* es su nombre, que en afrikáans significa «gatos del lago». Estos pequeños animales, miembros de la familia de las mangostas, no son demasiado aficionados a los lagos y tampoco hay muchos lagos en el árido hábitat del Kalahari. Pero la incongruencia es digna de estos animalitos.

Los suricatas son criaturas extremadamente sociables. Viven en clanes de unos 20 miembros y su existencia diaria gira alrededor de la búsqueda de comida. Aunque son sobre todo insectívoros, comen casi de todo. Viven en colonias que parecen hormigueros y se pasan buena parte del tiempo en túneles, y si no están mirándonos, están siendo infieles a su pareja o comiéndose a sus crías. Este infanticidio ocurre cuando la hembra alfa intenta eliminar las camadas de otras hembras rivales. Aparte de estos desagradables hábitos, son una especie muy colaboradora que designa amas de cría y canguros para vigilar a los grupos de recién nacidos. Más tarde, los adultos enseñan a sus crías técnicas de supervivencia, incluido cómo comer escorpiones.

Buena parte de lo que sabemos sobre los suricatas se debe al Kalahari Meerkat Project. Con base en la Kuruman River Reserve desde 1993, se dedica a estudiar las implicaciones sociales a largo plazo de la curiosa forma de vida de los suricatas. Dado que tienen una esperanza de vida de entre 12 y 14 años, es necesario un estudio a largo plazo. Visite *www.kalahari-meerkats.com* para obtener más información.

Namaqualand

Yerma y remota, Namaqualand sigue atrayendo a decenas de turistas durante la breve estación de las flores. Un día de sol, los campos cubiertos de un sinfín de tonalidades existe sólo en términos de espacio y color. Este severo paisaje también es famoso por atractivos menos pasajeros, como sus colinas veteadas de colores cobrizos y sus curiosos pueblos mineros.

La Goegap Nature Reserve en la estación de las flores.

Springbok
Mapa pág. 247
Información
Voortrekker St.
027/712-8035

Springbok

Aunque en un primer momento no lo parezca, Springbok, la ciudad principal de Namaqualand, quizá sea tan ágil como su tocayo de cuatro patas. (*Springbok* es el nombre en inglés del antílope saltador.) El asentamiento original se construyó en 1850, durante la fiebre de la minería, y desde entonces se ha convertido en la capital improvisada de la zona. Mediante una combinación de tenacidad y suerte, Springbok se ha subido al carro de la industria turística y ha florecido a lo largo de los años, mientras que otros pueblos surgidos en la misma época desaparecieron al cerrar sus minas.

La localidad está encajonada en un valle entre los montes graníticos de las Klein Koperberge («pequeñas montañas de cobre»). Junto a la N7, Springbok se halla a unos 120 km de la frontera con Namibia y 600 km al norte de Ciudad del Cabo. Cuenta con numerosas tiendas, restaurantes y alojamientos; se recomienda reservar durante la temporada de las flores (agos.-sep.), cuando la ciudad está atestada.

Si necesita un respiro de la sobredosis floral, también hay otros atractivos. La **Blue Mine** *(Voortrekker Rd., enfrente de la gasolinera Agenbag; tel. 027/744-1000; se pueden solicitar visitas organizadas en el Okiep Country Hotel)* se abrió en 1852. Aunque ya hace mucho que cerró, aún atrae a muchos visitantes con sus pozos azules. También está en la ciudad el **Namaqualand Museum** *(Monument St.; tel. 027/718-8100; cerrado sáb.-dom., oct.-junio; donativo)*. Situado en una antigua sinagoga, expone artefactos locales tanto naturales como históricos.

A 8 km al este de la localidad por la R64 se halla la **Simon van der Stel Mine** *(solicite una visita organizada en la Namaqua Regional Tourism Office, frente a la gasolinera Agenbag, Voortrekker Rd.; tel. 027/712-8035)*, donde el antiguo gobernador extraía cobre en 1685. Si se examina de cerca, aún se pueden ver las pintadas de su equipo.

Goegap Nature Reserve

La Goegap Nature Reserve, a unos 16 km de Springbok, abarca unas 15.000 ha de planicies arenosas salpicadas de afloramientos de granito. La granja, Goegap, se integró en la reserva en 1990, con lo que su tamaño aumentó de forma considerable. Como ocurre en toda Namaqua, la principal atracción son las flores silvestres anuales de mil colores que alfombran los campos en primavera y comprenden la mayoría de las 581 especies vegetales de la región. También verá una gran variedad de criaturas salvajes, desde lagartos y tortugas hasta insectos y pequeños mamíferos. Las 94 especies de aves que se han registrado incluyen el avestruz, el búho de El Cabo, el águila cafre y el alcaraván de El Cabo.

Los visitantes deberían tener en cuenta que las flores pueden ser un poco temperamentales. Se abren sólo cuando el tiempo es cálido y soleado. El mejor momento para verlas son las horas del mediodía, de 11.00 a 15.00 h. Las flores giran hacia la luz, así que asegúrese de ponerse entre ellas y el sol.

Goegap Nature Reserve

✉ A 16 km al E de Springbok

☎ 027/718-9906

$ $-$$$$$

ACTIVIDAD: Las flores silvestres

Si tiene la suerte de estar en Sudáfrica durante la estación de las flores de Namaqualand, no debe perderse una visita al Northern Cape. Pero una advertencia, las flores pueden ser esquivas. Para empezar, su estación es muy corta, pero, además, dependen de las lluvias del invierno y pueden florecer en cualquier momento entre julio y octubre. Lo mejor es llamar al parque o a uno de los hoteles de la zona para que le hagan una predicción de cuándo van a salir las flores o que le confirmen si lo harán.

La forma más fácil de ir a ver las flores es volar a Upington o Ciudad del Cabo y desde allí puede hacer una pintoresca ruta en coche por los diversos enclaves. Para más información, llame al Namaqua National Park (ver pág. 266).

¿O por qué no contempla las flores desde un caballo? Namaqualand Horse Trails *(S de Springbok por la N7; llame a David o a Anne Barnes; tel. 027/718-3583)* realiza excursiones a caballo dirigidas por guías por unas pistas especialmente hermosas.

Namaqua National Park

Mapa pág. 247
A 67 km al S de Springbok por la N7
027/672-1948
$-$$

www.sanparks.org/parks/namaqua

Hondeklipbaai

Mapa pág. 247

Un **centro de información** proporciona más datos sobre la vida en Namaqua, mientras que en el **Hester Malan Wildflower Garden** verá una amplia variedad de plantas carnosas. Se puede mover por la reserva de diferentes modos, por una ruta para 4x4, en un coche normal por el circuito turístico de 17 km, a pie en dos cortos paseos naturales, o sobre dos ruedas por las pistas para bicicletas de montaña. Entre los animales que se ven aquí figuran los steenboks, los antílopes saltadores, los antílopes saltarrocas, los órix de El Cabo, las cebras de Hartman y los zorros orejudos.

CONSEJO DE EXPERTO

Reserve en el pequeño hotel de la Goegap Nature Reserve en verano u otoño, cuando hay menos turistas, y recorra la ruta de senderismo a primera hora de la mañana.

—CARSTEN SCHRADIN
Investigador de campo de National Geographic

Namaqua National Park

Situado a unos 67 km al sur de Springbok, este parque nacional recién abierto se diseñó para conservar las plantas y los animales de Namaqua que estaban amenazados por las tierras de cultivo. Existe la posibilidad de hacer senderismo, conducir y disfrutar de una merienda en la reserva. Al igual que el resto de la región, es mejor visitarla durante agosto y septiembre, cuando el paisaje cobra vida con una variedad pasmosa de flores silvestres.

El parque sólo está abierto durante la estación de las flores, todos los días entre las 8.00 y las 17.00 h. **Skilpad Rest Camp**, en el parque, ofrece cuatro chalés, cada uno con cabida para tres o cuatro personas. En el parque en sí no hay alojamiento. Un quiosco a la entrada vende aperitivos y comidas ligeras.

Hondeklipbaai

Hondeklipbaai se fundó en 1846 como puerto de mar. Desde aquí, el cobre extraído en Okiep, cerca de Springbok, se enviaba a Europa. En un principio las carretas de bueyes arrastraban el mineral por los 105 km que separan las minas de la costa. Sin embargo, cuando se perdieron varios barcos cargados de cobre debido a las espesas brumas

Origen de un extraño nombre

Nadie sabe con exactitud cómo recibió su peculiar nombre Hondeklipbaai (bahía de la Roca del Perro). Una leyenda dice que los aldeanos acabaron con una jauría de perros salvajes que los amenazaban cerca de una roca. Un segundo relato dice que junto a la comisaría solía haber una roca, una roca que más tarde hizo estallar un rayo, que parecía un perro sentado. Ambas historias parecen en realidad leyendas urbanas.

y al habitual mar picado que hay en esta parte de la costa, se construyó un ferrocarril desde las minas hasta Port Nolloth, en la década de 1870, y Hondeklipbaai perdió su razón de ser. En la actualidad el pequeño asentamiento es una base desde la que salen barcos pesqueros y las dragas que buscan diamantes cerca de la costa. También sirve como lugar de veraneo para los agricultores del interior que acuden aquí a pasar el verano.

La pesca, en concreto la de la langosta, es una parte importante de la economía del pueblo. Las inmersiones están muy controladas, pero si quiere probar suerte, puede obtener un permiso en Springbok.

En agosto y septiembre, cuando florecen las flores silvestres, merece la pena recorrer con el coche una de las rutas turísticas de las inmediaciones del pueblo; las carreteras circulares que salen de la N7 son las mejores. El *Aristea*, que naufragó en 1945 y se encuentra junto a la playa al sur del pueblo, es un lugar precioso para contemplar el atardecer.

Diamond Coast

Hasta no hace mucho toda la costa noroeste de Sudáfrica, rica en diamantes, formaba parte de la Sperrgebiet, o Zona Restringida, prohibida para todo el mundo salvo para los empleados y directivos de las minas de diamantes. En la actualidad, aunque los desplazamientos siguen controlados y se necesitan permisos, algunas partes de la costa de los diamantes (ver recuadro pág. 268) están abiertas a los turistas.

Port Nolloth

Port Nolloth surgió en 1854 como destino de las carretas (y más tarde del ferrocarril) que transportaban mineral de cobre a la costa y como puerto para pequeñas embarcaciones. En la actualidad este pueblo es el único lugar de veraneo auténtico de la «costa de los Diamantes».

En Port Nolloth puede tomar el sol o pasear por playas impolutas, o quizá probar suerte con una caña desde la costa. Se pueden obtener licencias de pesca en la oficina de turismo de Port Nolloth, que está

La primavera en el Namaqua National Park.

Port Nolloth

Mapa pág. 247

Información

Junto al ayuntamiento

027/851-1111

www.portnolloth.co.za

ACTIVIDAD: Una visita a la Diamond Coast

La «costa de los Diamantes» sigue siendo una zona restringida. Sin embargo, algunas partes son ahora accesibles para los turistas. Se pueden hacer las tres rutas siguientes.

Shipwreck Route o ruta de los naufragios *(sale a las 9.00 de Koingnaas Caravan Park o Noup)*. Esta pista por la zona restringida de minas de diamantes le lleva por playas blancas y resplandecientes para visitar varios barcos hundidos antiguos (entre ellos un buque de carga chipriota y un vapor brasileño) en esta peligrosa parte de la costa. Verá varios muladares de finales de la Edad de Piedra por el camino y puede que incluso vea una ave en peligro de extinción: el ostrero negro africano. Como los otros recorridos descritos aquí, la ruta de los naufragios dura cuatro horas.

Strandveld Route o ruta de las playas *(sale a las 9.00 de Koingnaas Caravan Park o Noup)*. También ubicada dentro de la zona restringida, la ruta Strandveld lleva a los participantes en un trayecto espectacular por las dunas yermas de arena amarilla. Podrá ver duikers comunes, antílopes saltadores, órix de El Cabo, steenboks y pequeños mamíferos como suricatas y zorros orejudos, y también avestruces en una reserva privada de 30.000 ha. Aquí crece una amplia variedad de plantas (bulbos y plantas carnosas), incluidas varias especies endémicas.

World of Diamonds Mine Tour o visita al mundo de los diamantes *(sale a las 8.00 de la oficina de turismo de Kleinzee)*. En ella se muestra el intrigante proceso de extracción de los diamantes. Siempre que lo permitan los calendarios de producción, se le dejará subir a bordo de la enorme draga, una máquina que desplaza hasta 70 t de tierra a 200 m en 60 segundos. El recorrido incluye una visita a una enorme colonia de unos 350.000 osos marinos de El Cabo.

Para más información, póngase en contacto con **De Beers** *(tel. 027/807-2999; www.coastofdiamonds.co.za)*.

Richtersveld Transfrontier National Park

Mapa. pág. 247

Por la N7 desvíese en Steinkopf y acceda por Port Nolloth y Alexander Bay; los últimos 80 km son de tierra

027/831-1506

$-$$$$$

www.sanparks.org/parks/richtersveld

junto al ayuntamiento. Si no consigue capturar su propio pez, puede comprarles el pescado (siempre que haya existencias) a los pescadores de la zona. Además del turismo, las actividades económicas principales del pueblo son el procesamiento de la langosta y el dragado de diamantes en el mar.

Los residentes del informal asentamiento local, Sizamile, ofrecen visitas culturales en las que puede ver sus chozas y hogares. El guía lo pondrá al día sobre las últimas novedades del asentamiento y le hablará de su cultura e historia, así como de los desafíos a los que todavía se enfrenta. También le mostrarán las actividades económicas a pequeña escala, como centros de día, huertos y granjas de pollos, y le darán la oportunidad de echar un trago del whisky de Namaqualand en el *shebeen* del barrio. Llame a la oficina de turismo de Port Nolloth para pedir información.

En **Lekkersing,** al nordeste de Port Nolloth por la R382, un grupo de la comunidad hace demostraciones de la artesanía local de los nama: los *velskoenes* (calzado de cuero sin curtir), *riempie* (correas de cuero) y las gorras y casas de esteras de la zona.

Richtersveld Transfrontier National Park

South African National Parks y el pueblo nama de la zona (tras una sentencia judicial que sentó precedente) gestionan el Richtersveld Transfrontier National Park en sociedad. Es un entorno extremadamente seco y duro que obtiene buena parte de su humedad de la densa niebla que se extiende casi todas las mañanas desde las gélidas aguas del Atlántico. Algunas especies de plantas únicas de esta zona se han adaptado a estas condiciones tan concretas, a pesar de las cuales en el Richtersveld se da una variedad asombrosa de pequeños mamíferos, reptiles, aves y plantas.

Para desplazarse por el parque es mejor hacerlo en 4x4, aunque se permiten furgonetas y otros vehículos altos. El único sitio donde puede comprar provisiones y gasolina es en la tienda local *(cerrada sáb.-dom.)* en Senderlingsdrift. La opción principal para alojarse en el Richtersveld es acampar en uno de los cinco lugares bien señalizados: Richtersburg, Kokerboomkloof, De Hoop, Potjiespram y Tatasberg & Ganakouriep Wilderness Camps. También hay alojamientos de lujo en el **Arieb Guest Cottage,** que ofrece diez camas, cinco habitaciones y dos baños. ■

CONSEJO DE EXPERTO

El Richtersveld National Park ofrece una pista de 760 km para 4x4 ideal para levantar una tormenta en el desierto. Las excursiones guiadas son una opción de abril a septiembre, pero la pista está señalizada, de modo que puede recorrerla solo.

—ROBERTA COCI
Colaboradora de National Geographic

Un 4x4 recorre las dunas de la Diamond Coast.

INFORMACIÓN PRÁCTICA

Preparándose para una excursión en globo en el Pilanesberg National Park.

PLANEAR EL VIAJE

Cuándo ir

La época más aconsejable para viajar a Sudáfrica depende de dónde se quiera ir y de lo que se pretenda hacer. La mayoría de los destinos presentan una gran afluencia de público en los períodos de vacaciones escolares, es decir, desde finales de junio hasta julio y desde principios de diciembre hasta mediados de enero. En verano (dic.-marzo), en el Kruger National Park y en las reservas de caza de Mpumalanga y KwaZulu-Natal hace mucho calor y el grado de humedad es muy alto, de modo que es mejor visitar estos lugares en primavera (sep.-oct.), cuando además es posible ver animales recién nacidos, o en invierno (junio-agos.), cuando la vegetación es más escasa y hay mayor visibilidad. Por lo que respecta a Western Cape y la Garden Route, se recomienda viajar a estas zonas de marzo a abril, aunque si se va en busca de playa y calor hay que ir en enero o febrero. El invierno es la mejor época para disfrutar del árido Northern Cape; el verano es aquí abrasador. Los turistas que viajan a las regiones costeras del oeste o del noroeste suelen hacerlo a finales de agosto y en septiembre, cuando florecen las plantas silvestres. Las playas y los complejos hoteleros costeros de KwaZulu-Natal, calurosos y atestados de gente en verano, presentan un clima más suave y resultan más agradables en otoño (abril-mayo) y primavera (sep.-oct).

Clima

En la mayor parte del territorio sudafricano la estación de las lluvias es el verano. La excepción es el área del cabo sudoeste, que tiene clima mediterráneo, con inviernos húmedos y veranos secos y muy calurosos. En la Highveld (meseta alta) los veranos son muy calurosos, con tormentas por la tarde, mientras que los inviernos son secos y soleados con algunas heladas nocturnas. En la Lowveld (meseta baja) y a lo largo de la costa nordeste reinan condiciones subtropicales, con un clima húmedo y caluroso y fuertes lluvias en verano; los inviernos son cálidos y secos. En todo el Karoo y en la zona norte interior, el invierno es extremadamente seco y soleado durante el día y muy frío por la noche. Las temperaturas medias diarias máxi-

ma y mínima y las precipitaciones medias mensuales en forma de lluvia en ciudades de las distintas regiones climáticas son las siguientes (información del South African Weather Service):
Ciudad del Cabo (mediterráneo)
enero: 26 °C-16 °C, 15 mm
julio: 18 °C-7 °C, 82 mm
Durban (subtropical)
enero: 28 °C-21 °C, 134 mm
julio: 23 °C-11 °C, 39 mm
Johannesburgo (Highveld)
enero: 26 °C-15 °C, 125 mm
julio: 17 °C-4 °C, 4 mm
Kimberley (Karoo, meseta interior)
enero: 33 °C-18 °C, 57 mm
julio: 19 °C-3 °C, 7 mm
Nelspruit (Lowveld)
enero: 29 °C-19 °C, 127 mm
julio: 23 °C-6 °C, 10 mm
Consulte: *www.weathersa.co.za* para una información meteorológica más detallada y para previsiones en ciudades y regiones.

Qué llevar

El turista ha de llevar dinero para poder comprar o alquilar cualquier cosa que necesite: ropa, medicinas, equipamiento para cámping o excursionismo, cámaras y accesorios, y vehículos. Una buena idea es llevar un cinturón para guardar el dinero, preferiblemente un modelo que pueda ocultarse bajo la ropa, a fin de mantener a buen recaudo también los pequeños objetos de valor. Para las visitas y excursiones puede servir una mochila ligera. En Sudáfrica son muy pocos los establecimientos que exigen ropa formal, así que no son necesarios, en el caso de las mujeres, zapatos de tacón ni vestidos y, en el caso de los hombres, traje y corbata. Si está pensando en realizar un safari por alguna área remota del país, asegúrese de llevar ropa apropiada, marrón, verde oliva o caqui, así como prismáticos, botas de senderismo, mochila, cantimplora, gorro para el sol, protector solar y cualquier medicina que necesite (incluidos antipalúdicos, si viaja a la Lowveld y a la costa nordeste).

Seguros de viaje

Contrate en su país de origen un seguro que cubra posibles retrasos y cancelaciones de viaje, pérdida o robo de dinero y pertenencias, enfermedad o lesión. No obstante, si ha olvidado hacerlo, puede contratar una póliza en alguna de las grandes compañías aseguradoras de Sudáfrica. En caso de pérdida, robo o agresión, denuncie inmediatamente el hecho en la comisaría de policía más cercana. Se le tomará declaración y se le entregará un número de expediente, que necesitará para realizar cualquier reclamación a la compañía de seguros. Pida recibo de cualquier artículo por el que pueda tener que realizar una reclamación.

Formalidades de entrada

Para entrar en Sudáfrica se necesita pasaporte, con una validez de al menos seis meses desde la fecha de llegada. Los turistas con pasaporte de países de la Unión Europea pueden visitar Sudáfrica sin visado durante un período máximo de 90 días. Los procedentes de otros países deberán informarse en el consulado sudafricano más próximo antes de emprender viaje.

No es necesario vacunarse de ninguna enfermedad antes de entrar en Sudáfrica, salvo si el viajero procede de un país donde existe fiebre amarilla, en cuyo caso se le requerirá un certificado de vacunación. Aunque no es obligatorio, siempre que se tenga intención de viajar a tierras remotas es recomendable vacunarse contra la hepatitis A y el tifus.

Los mayores de 18 años pueden introducir en Sudáfrica los siguientes artículos sin necesidad de declararlos en la aduana: 50 ml de perfume y 250 ml de agua de colonia; 1 l de licor o bebida alcohólica y 2 l de vino; 200 cigarrillos, 50 puros y 250 g de tabaco; y otros artículos, hasta un valor de 3.000 rands (el resto de los artículos hasta un valor de 12.000 rands tendrán un recargo del 20 % en la aduana). Está prohibido introducir narcóticos. No está permitido entrar ni salir de Sudáfrica con más de 5.000 rands en metálico.

Festivales y ferias

Cada día son más numerosos en Sudáfrica los pueblos y las ciudades que organizan ferias de arte o gastronomía para atraer a los turistas. Para más información, puede usted consultar la prensa local. Entre los principales eventos figuran los siguientes: para los amantes de la danza, **Dance Umbrella** *(Johannesburgo, mediados de feb.-mediados de marzo; www.at.artslink.co.za/~arts/umbrella)* ofrece, durante todo un mes y en distintos locales, espectáculos de danza y artes plásticas de Sudáfrica. Todos los años, en Semana Santa, con motivo del gran **Rand Show** *(Nasrec, al sur de Johannesburgo; www.randshow.co.za)*, se organizan ferias profesionales, ferias de atracciones, exhibiciones de animales y conciertos de música pop. El **National Arts Festival** *(Grahamstown, última semana de junio-1ª semana de julio; www.na fest.co.za)* es el mayor festival de música, teatro, danza y artes plásticas que se celebra en el país. El **Stellenbosch Wine Festival** *(1.ª semana de agos.; www.wineroute.co.za/festival.asp)* ofrece la posibilidad de degustar una amplia variedad de vinos locales. Cuando las ballenas vuelven al cabo sudoeste para reproducirse, el **Hermanus Whale Festival** *(finales de sep./principios de oct.; www.whalefestival.co.za)* lo celebra con música, mercadillos de arte y eventos ecológicos. En *www.southafrica.info/travel/cultural/festivals.htm* puede encontrar una lista completa, mes a mes.

Lecturas recomendadas

Son muchos los libros que el turista puede leer antes de viajar a Sudáfrica o durante su estancia allí para hacerse una idea del país, de su historia, de sus gentes y de su cultura. *South Africa: A Modern History*, de R. Davenport y C. Saunders, le permitirá conocer lo imprescindible. *Commando*, de Deneys Reitz, es un relato clásico sobre la guerra de los bóers desde el punto de vista de estos últimos. *I Write What I Like*, de Steve Biko, y la autobiografía de Nelson Mandela, *El largo camino hacia la libertad*, ofrecen una aproximación al pensamiento de dos grandes líderes sudafricanos. *Plains of Camdeboo*, de Eve Palmer, es un magnífico libro sobre los fósiles y la vida en el Karoo. Los relatos cortos de Herman Charles Bosman, de los que se han publicado distintas ediciones, son de obligada lectura si se pretende comprender el humor sudafricano. Otra selección de obras excelentes de la larga lista de buena literatura sudafricana puede ser la siguiente: M. Chapman (editor), *The Paperbook of South African English Poetry*; J. M. Coetzee, *Esperando a los bárbaros* y *Desgracia*; Athol Fugard, *Selected Plays*; Antjie Krog, *Country of My Skull*; Es'kia Mphahlele, *Down Second Avenue*; Alan Paton, *Cry, the Beloved Country*; Richard Rive, *Buckingham Palace, distrito sexto*; Olive Schreiner, *Story of an African Farm*; e Ivan Vladislavi, *The Restless Supermarket*.

CÓMO LLEGAR A SUDÁFRICA

Casi todos los turistas extranjeros llegan a Sudáfrica en avión, aunque algunos cruzan la frontera en coche desde uno de los países vecinos. Casi ninguno llega por mar, excepto los pasajeros de cruceros.

En avión

El principal centro de tráfico aéreo del país es el aeropuerto internacional O. R. Tambon de Johannesburgo, aunque las compañías internacionales vuelan también al aeropuerto internacional de Ciudad del Cabo y al aeropuerto internacional de Durban. Desde España, Iberia ofrece vuelos directos de Madrid a Johannesburgo y vuelos con escala a Durban y Ciudad del Cabo. También es posible volar a Sudáfrica desde España, haciendo escala, con las compañías South African Airways, British Airways, KLM, Lufthansa, Swiss, Egyptair, Olimpia Airways, Tap Portugal y El Al Israel Airlines. Desde España, la duración estimada del vuelo es de unas 10 horas si es directo, y puede prolongarse hasta 20 horas según las escalas.

Todos los aeropuertos internacionales de Sudáfrica están gestionados por ACSA (Airports Company of South Africa), que cuenta con mostradores de información en llegadas internacionales y nacionales. Se aconseja a los turistas que hagan uso únicamente de personal de asistencia y de servicios de taxis y autobuses que lleven en lugar visible el logotipo o la licencia de ACSA. Los aeropuertos de Johannesburgo, Ciudad del Cabo y Durban están siendo actualmente objeto de importantes reformas con vistas a la Copa Mundial de Fútbol de 2010. Para entonces, se prevé que el aeropuerto de Durban pase a llamarse aeropuerto internacional King Shaka y que sea trasladado del sur al norte de Durban.

En todos los grandes aeropuertos operan taxis y autobuses autorizados por ACSA: pregunte en el mostrador de información. **Magic Bus** *(tel. 011/548-0822; www.magicbus.co.za)* es un operador de confianza que ofrece servicio de transporte entre cada uno de los tres principales aeropuertos internacionales y el centro de la ciudad correspondiente.

En los aeropuertos de Johannesburgo y Ciudad del Cabo existen consignas para el depósito temporal de equipajes.

Páginas web útiles:
Airports Company of South Africa: *www.acsa.co.za*
British Airways: *www.ba.com*
Egyptair: *www.egyptair.com*
El Al Israel Airlines: *www.elal.co.il*
Iberia: *www.iberia.com*
KLM-Royal Dutch Airlines: *www.klm.com*
Lufthansa: *www.lufthansa.com*
Olympia Airways: *www.olympic-airways.gr*
South African Airways: *www.flysaa.com*
Swiss: *www.swiss.com*
Tap Portugal: *www.flytap.com*

En coche

Algunos turistas entran en Sudáfrica en coche desde los países vecinos: Namibia, Botswana, Mozambique, Swazilandia o Zimbabwe. En *www.home-affairs.gov.za/land_border_posts.asp* puede consultarse una lista muy completa de puestos fronterizos, con números de teléfono y horarios de apertura y cierre.

CÓMO DESPLAZARSE

En avión

Sudáfrica es un país de considerable extensión, de modo que viajar en avión es una buena opción para turistas que dispongan de un tiempo limitado. La compañía aérea nacional, South African Airways (SAA), realiza vuelos entre todas las ciudades y grandes poblaciones del país, mientras que sus líneas subsidiarias Airlink y South African Express cubren con aviones pequeños los vuelos a muchos destinos regionales, incluidas localidades próximas al Kruger National Park, como Nelspruit, Phalaborwa y Hoedspruit; George, en el corazón de la Garden Route; Margate, en la costa sur de KwaZulu-Natal; y Upington, punto de partida para las excursiones al Kgalagadi Transfrontier Park o al río Gariep (antiguo río Orange).

En los últimos años se han creado en Sudáfrica pequeñas compañías independientes que compiten con SAA en los servicios de las principales rutas aéreas entre Ciudad del Cabo, Johannesburgo y Durban. Al igual que sus equivalentes internacionales, recortan los costes cobrando a los pasajeros las bebidas y los refrigerios servidos durante los vuelos. Algunos de estos operadores realizan también vuelos a Port Elizabeth, George, East London y Nelspruit. Las compañías con mejor reputación entre estos operadores menores son Kulula, 1Time y British Airways (que opera en Sudáfrica a través de Comair). Si reserva con antelación por Internet y está dispuesto a viajar a horas que no sean punta encontrará buenas ofertas.

Para los vuelos nacionales, los pasajeros han de presentarse en el aeropuerto una hora antes. En Sudáfrica la industria aeroportuaria está bien regulada y se caracteriza por un riguroso cumplimiento de los horarios y por un excelente historial en cuanto a seguridad.

Páginas web útiles:
1Time: *www.1time.aero*
British Airways/Comair: *www.ba.co.za*
Kulula: *www.kulula.com*
South African Airways: *www.flysaa.com*

En coche

La mayor parte de las ciudades sudafricanas no cuentan con un servicio de transporte público seguro y eficaz a disposición de los turistas. Por ello, muchos viajeros optan por alquilar un coche para desplazarse por la ciudad o para viajar por el país. En Sudáfrica se conduce por el carril izquierdo de la calzada. Se acepta cualquier permiso de conducir, siempre y cuando esté impreso en inglés y lleve la firma y la fotografía de su propietario. Los conductores con licencia de conducir redactada en otro idioma deben conseguir el permiso internacional antes de viajar a Sudáfrica.

El país posee una buena –en algunos tramos incluso excelente– red de carreteras asfaltadas y de grava. Las carreteras principales se denominan *national roads* (carreteras nacionales), indicadas en las señales y los mapas como N1, N2, N3 y así sucesivamente, mientras que las *regional routes* (carreteras regionales), señalizadas como R43, R62 o R306, conducen a las carreteras nacionales o enlazan ciudades dentro de una región. Aunque, en general, las carreteras «N» son anchas y las «R» más estrechas, no siempre es así. La página web de la South African Automobile Association, en su sección sobre «Viajes y rutas», ofrece un completo informe semanal sobre los trabajos que se están llevando a cabo en las carreteras y sobre el estado de las mismas en todo el país.

Uno de los mayores placeres de conducir por Sudáfrica reside en abandonar la carretera y explorar alguna de las numerosas rutas laterales y carreteras secundarias que cruzan el país, a menudo a través de áreas de una asombrosa belleza natural. El turista también puede conducir su propio coche o un vehículo de alquiler en un safari por alguna de las reservas de caza nacionales o privadas. La mayor parte de ellas pueden recorrerse con un coche corriente, aunque algunas requieren un vehículo 4x4.

En Sudáfrica operan numerosas compañías internacionales de alquiler de coches, como Avis, Budget y Hertz, con oficinas en los aeropuertos internacionales y en las grandes ciudades. También es posible obtener buenas ofertas en las compañías locales de alquiler, como Tempest and Imperial.

Dado que Sudáfrica es un país muy extenso, con grandes distancias entre las ciudades, cuando vaya a alquilar un vehículo, es aconsejable firmar un contrato sin límite de kilometraje. Antes de aceptar un coche de alquiler, inspecciónelo detenidamente en busca de arañazos o abolladuras. En caso de encontrarlos, éstos deben figurar en el contrato de alquiler, con objeto de que al entregar posteriormente el vehículo no se los carguen a usted. Si tiene intención de recorrer muchos kilómetros por carreteras con muchos baches o sin asfaltar (por ejemplo, por reservas de caza), infórmese previamente sobre cualquier posible limitación en este sentido.

Conduzca con cuidado. Algunos conductores sudafricanos no respetan demasiado las normas de circulación y los requisitos para que un vehículo circule son mucho menores que en la mayoría de los países occidentales. En muchas zonas, especialmente en las rutas menores que discurren por el campo, las carreteras no están debidamente protegidas, de modo que los animales salvajes o domésticos pueden de repente cruzarlas a su antojo. Por esta razón, así como por motivos de seguridad general, es preferible no recorrer grandes distancias de noche. Nunca recoja a gente que esté haciendo autostop. No se detenga, ni tan siquiera ante lo que le pueda parecerle un accidente: hay criminales que simulan tales situaciones para asaltar y robar a los turistas.

Páginas web útiles:
South African Automobile Association: *www.aa.co.za*
Avis: *www.avis.co.za*
Budget: *www.budget.co.za*
Hertz: *www.hertz.co.za*
Imperial: *www.imperialcarrental.co.za*
Tempest: *www.tempestcarhire.co.za*

En transporte público

Las ciudades de Sudáfrica que próximamente contarán con un sistema de metro que podrá ser utilizado por los turistas son Ciudad del Cabo, con un tren de cercanías, y Gauteng, donde se está construyendo el Gautrain Rapid Rail Link (enlace ferroviario rápido). De estas dos redes, sólo el Gautrain recorrerá bajo tierra una distancia considerable.

La red ferroviaria de Ciudad del Cabo, gestionada por Metrorail, une el centro de la ciudad con las afueras y las localidades de alrededor. Su página web (*www.capemetrorail.co.za*) facilita planos, horarios, información sobre las estaciones, noticias sobre retrasos y detalles de contacto. Los billetes sencillo y de ida y vuelta pueden adquirirse en la mayoría de las estaciones. La línea más utilizada por los turistas es la que recorre la Península del Cabo en toda su longitud, desde el centro de la ciudad hasta Simon's Town, con paradas intermedias. Se trata de una manera económica de desplazarse hasta los campos de rugby y de críquet de Newlands, a las playas de False Bay y a las piscinas naturales de Muizenberg, St. James, Kalk Bay, Fish Hoek, Clovelly y Simon's Town. La línea viene bien también para ir a contemplar los pingüinos a Boulders, al otro lado de Simon's Town. El tramo entre Muizenberg y Simon's Town es especialmente interesante, ya que las vías discurren bordeando el agua, con hermosas vistas sobre el océano.

Se recomienda a los turistas que compren billetes sólo para los vagones de primera clase, pues están menos llenos y son más seguros. En la red de Metrorail se han registrado problemas de seguridad, razón por la cual en la actualidad viajan guardias en los trenes. Aunque es poco probable que tenga problemas, recuerde que el sistema no es del todo seguro.

La otra línea de Metrorail que el viajero puede utilizar es la que une Ciudad del Cabo con Stellenbosch, el centro de los Winelands.

El proyecto Gautrain (*www.gautrain.co.za*) comunicará el centro de Johannesburgo, Sandton, el aeropuerto internacional O. R. Tambo y Pretoria mediante un enlace ferroviario rápido. La línea Johannesburgo-Sandton discurrirá bajo tierra.

El sistema está todavía en construcción: se estima que el enlace Sandton-aeropuerto estará terminado a mediados de 2010 y el resto para mediados de 2011. El viaje desde el aeropuerto hasta Sandton durará apenas 15 minutos y el viaje de Johannesburgo a Pretoria unos 40 minutos.

En autobús

Los enlaces entre las grandes ciudades y las pequeñas localidades están bien cubiertos y son frecuentes. Se trata de una opción bastante económica para el turista, aunque, dado que a menudo se trata de grandes distancias, puede convertirse en una agotadora experiencia. En general, los precios para viajes de grandes distancias son proporcionalmente más económicos que los viajes en autobús entre núcleos próximos. Si usted no dispone de vehículo propio y desea viajar por su cuenta, el transporte en autobús puede ser la única manera de llegar a algunos de los destinos más pequeños y remotos de Sudáfrica.

Las principales compañías de transporte interurbano son Greyhound, Intercape, Translux y SA Roadlink. Todas ofrecen autobuses con asientos reclinables y aire acondicionado. Greyhound y SA Roadlink cuentan con servicio de reserva por Internet; para Intercape y Translux puede hacerlo por teléfono o en sus oficinas.

Un servicio muy práctico para el turista con presupuesto ajustado es el Greyhound Travel Pass, que ofrece a los viajeros la posibilidad de viajar sin limitaciones 7 o 15 días a lo largo de un período de 30 días, o bien 30 días de viaje en un plazo de 60 días (ver página web más adelante para precios y condiciones).

En la actualidad, ninguna ciudad sudafricana, excepto Ciudad del Cabo, cuenta con un sistema de autobuses fiable para los turistas, aunque esto podría cambiar con vistas a la Copa del Mundo de Fútbol en 2010. En Ciudad del Cabo, un servicio de utilidad para el turista es la línea que cubre cada 10 o 15 minutos la distancia entre el Victoria and Alfred Waterfront y la principal estación de trenes. También existen autobuses del operador Golden Arrow (*www.agbs.co.za*) que cubren casi toda el área de Ciudad del Cabo, aunque sólo son recomendables para el turista las líneas que van del centro de la ciudad a Hout Bay por Sea Point y Camps Bay.

Páginas web útiles:
Baz Bus: *www.bazbus.com*
Greyhound: *www.greyhound.co.za*
Intercape: *www.intercape.co.za*
SA Roadlink: *www.saroadlink.co.za*
Translux: *www.translux.co.za*

En tren

La modalidad de transporte ferroviario más utilizada por los turistas en Sudáfrica es la de los caros y lujosos trenes que recorren algunas rutas estables en el sur. Rovos Rail ofrece distintos viajes de lujo. Sus trenes cubren regularmente el trayecto entre Pretoria y Ciudad del Cabo y, con una frecuencia menor, se dirigen de Pretoria a Durban o a las cataratas Victoria, en el vecino Zimbabwe, o de Ciudad del Cabo a George. Rovos ofrece, asimismo, viajes en tren todo el año desde Ciudad del Cabo a Dar es Salaam en Tanzania, y de Pretoria a Swakopmund, en Namibia.

El lujoso Blue Train viaja semanalmente de Ciudad del Cabo a Pretoria, y viceversa.

Tanto Rovos Rail como Blue Train ofrecen al viajero todo tipo de comodidades.

No se recomienda a los turistas que utilicen el sistema interurbano de trenes. Gestionados por la compañía Shosholoza Meyl, son lentos, poco eficientes y, en muchos trayectos, poco frecuentes. Estos trenes cubren los trayectos entre Ciudad del Cabo y Johannesburgo y viceversa cuatro veces a la semana y, con menor frecuencia, entre Ciudad del Cabo y Durban, Ciudad del Cabo y East London, Johannesburgo y Port Elizabeth, y Johannesburgo y Nelspruit. Si toma uno de estos trenes, reserve plaza en clase turista con un compartimento para cuatro.

Páginas web útiles:
Blue Train: *www.bluetrain.co.za*
Rovos Rail: *www.rovos.co.za*
Shosholoza Meyl: *www.spoornet.co.za/ShosholozaMeyl*

En taxi

La palabra «taxi» tiene en Sudáfrica dos significados distintos. Por un lado se refiere a uno de los miles de minibuses que ofrecen transporte popular para cubrir ciertas rutas dentro de las áreas urbanas o entre éstas. Aunque mucha gente utiliza estos taxis-minibuses a diario con total seguridad, no son recomendables para los turistas que no conozcan Sudáfrica.

Por otro lado, «taxi» tiene también el mismo significado que en cualquier otra parte del mundo: un coche con taxímetro que lleva a la gente al destino deseado. Estos taxis no pueden tomarse por la calle mientras circulan, pero pueden encontrarse en paradas específicas en los principales aeropuertos del país, en el centro de las ciudades y en los lugares más turísticos, como el Victoria and Alfred Waterfront en Ciudad del Cabo. Por otro lado, también es posible reservar un taxi para que lo recoja a usted en un hotel, una tienda o un restaurante y lo lleve a su destino. No existen compañías nacionales de taxis. Para no elegir una compañía poco recomendable, es preferible que el turista solicite el taxi en su hotel o en el restaurante.

CONSEJOS PRÁCTICOS

Comunicaciones

Sudáfrica cuenta con una excelente infraestructura de comunicaciones y ofrece un buen servicio postal, conexión a Internet y otros sistemas de telecomunicación.

Correos. Los servicios postales corren a cargo de la South African Post Office. Las oficinas de correos están señalizadas con un logo rojo-blanco-azul que muestra un sobre abierto. Los sellos se compran en las oficinas de correos. Las grandes superficies comerciales venden sellos por pliegos. Las oficinas de correos no sólo tramitan la correspondencia ordinaria, sino que también ofrecen servicios de correo exprés, paquete postal y servicios de mensajería. Las modalidades de servicio y sus tarifas pueden consultarse en la página web de la oficina de correos (algo complicada para un turista). Por ejemplo, una postal para Europa costaría 4,20 rands por correo aéreo y 2,5 rands por correo ordinario, y una carta pequeña 4,90 rands por avión y 4,15 rands por correo ordinario. La correspondencia general con el nombre completo del destinatario puede ser enviada a cualquiera de las principales oficinas postales de las ciudades y grandes poblaciones de Sudáfrica para su posterior recogida. El turista deberá identificarse con el pasaporte para poder retirar su correspondencia.

En la actualidad, la compañía internacional Postnet, con oficinas en todas las grandes ciudades y principales localidades del país, ofrece diversos servicios, antes monopolio de las oficinas estatales de correos.

Páginas web útiles:
Postnet: *www.postnet.co.za*
South African Post Office: *www.sapo.co.za*

Buzones. Las cartas con el franqueo correcto pueden depositarse en los buzones de correos, que son rectangulares y de color rojo (aunque pueden encontrarse aún algunos antiguos buzones cilíndricos). Bajo la abertura para las cartas suele haber una plaquita de latón o plateada en la que figuran los horarios de recogida de las cartas del buzón.

Teléfonos. En la actualidad, en Sudáfrica la telefonía fija es monopolio de Telkom *(www.telkom.co.za)*, aunque está previsto que entre en el mercado otra compañía proveedora de este servicio. Prácticamente todo el país cuenta con centrales telefónicas automáticas y marcación directa.
No obstante, es posible que el turista deba solicitar la asistencia de una operadora para efectuar llamadas de larga distancia, tanto locales como internacionales.
Para llamadas nacionales, cada ciudad tiene su propio prefijo de tres dígitos, y cada número de teléfono local consta de siete dígitos. Así por ejemplo, el número de información al turista de Ciudad del Cabo es 021/487-6800, y el número de información general de Durban es 031/311-1111, es decir, en todos los casos, el prefijo de la ciudad más el número correspondiente. Tenga en cuenta que, llame desde donde llame dentro del país, incluso si lo hace desde la propia ciudad,

deberá marcar el número completo de diez dígitos.

Los números con el prefijo 0800 son gratuitos.

Para realizar una llamada internacional desde Sudáfrica, ver recuadro de la pág. 11.

Existen teléfonos de uso público por todo el país. Busque los colores verde, blanco y azul de Telkom. Los teléfonos públicos funcionan con monedas o, más a menudo, con tarjeta prepago, que pueden ser de 20, 50, 100 y 200 rands y se compran en la mayoría de los cafés y *corner stores* (pequeños comercios de barrio). Las instrucciones para realizar una llamada figuran en todos los teléfonos públicos. Aunque es posible que se utilicen lenguas locales, las indicaciones siempre aparecen escritas también en inglés.

Teléfonos útiles:
Nota: todos estos números son de pago.

1023 Información sobre la guía telefónica
1025 Operador para llamadas de larga distancia dentro de Sudáfrica
10900 Operador para llamadas internacionales
10903 Información para las demás llamadas internacionales

Móviles. Las redes de telefonía móvil cubren la mayor parte del país, aunque en las áreas rurales puede faltar cobertura. Los principales proveedores de servicio son Vodacom, MTN y Cell C, con numerosas oficinas abiertas al público en aeropuertos y ciudades de todo el país.

Los turistas que deseen utilizar en Sudáfrica su propio teléfono móvil deberán consultar previamente al proveedor de su país para saber si les va a funcionar con las redes sudafricanas. En caso negativo, tienen la opción de adquirir a su llegada un pack básico en el aeropuerto y comprar luego una tarjeta prepago por el importe que considere necesario en algún supermercado o café de los que abundan por todo el país. Otra posibilidad es alquilar, a su llegada al destino, un móvil con un contrato prepago.

Páginas web útiles:
Cell C: *www.cellc.co.za*
MTN: *www.mtn.co.za*
Vodacom: *www.vodacom.co.za*

Internet. Sudáfrica cuenta con buenos servicios de Internet, aunque a veces la velocidad se resiente debido a las limitaciones de la disponibilidad de banda ancha. En las grandes ciudades y en los principales destinos turísticos, el viajero con experiencia no tendrá dificultad para acceder a Internet, consultar su *e-mail* o hablar por Skype. Muchos de los hoteles situados en las grandes áreas urbanas ofrecen a sus clientes conexión a Internet y servicio WiFi. Incluso en áreas rurales pequeñas, el turista suele tener la posibilidad de conectarse a Internet.

Medidas y tallas

En Sudáfrica se utiliza el sistema métrico decimal para todas las mediciones de peso, distancia, área, volumen y temperatura.

Ropa de mujer

España	36	38	40	42	44	46
Sudáfrica	87	92	97	102	107	112

Ropa de hombre

España	46	48	50	52	54	56
Sudáfrica	92	97	102	107	112	117

Zapatos de mujer

España	38	39	40-41	42
Sudáfrica	5-5½	6-6½	7-7½	8-8½

Zapatos de hombre

España	41	42	43	44	45	46
Sudáfrica	7	7½	8½	9	10	11

Electricidad

La corriente eléctrica es alterna de 220-230 V. Las tomas eléctricas son para enchufes de dos o tres clavijas redondas. El suministro eléctrico es en general eficaz en las áreas urbanas, aunque puede ser intermitente en zonas rurales aisladas. Eskom, la compañía proveedora de electricidad, está teniendo dificultades para hacer frente a la demanda de energía del país, en rápido aumento. A las horas punta de consumo pueden producirse apagones, por lo que se recomienda viajar siempre con una linterna de pilas.

Etiqueta y costumbres locales

En general, los sudafricanos son afables y de trato amable, aunque en la ciudad la gente puede ser distante. Sobre todo en las áreas rurales y en las poblaciones pequeñas, es costumbre intercambiar con la persona a la que acabas de conocer las fórmulas de cortesía habituales. En el campo es corriente saludar con un gesto de la mano a los transeúntes, que devuelven de igual modo el saludo. En Sudáfrica, las personas de raza negra suelen dar el apretón de manos en tres movimientos: sacudida al estilo occidental, apretón con el pulgar hacia arriba y después de nuevo sacudida al estilo occidental. A menudo dan lo que a un occidental puede parecerle un apretón de manos muy flojo: es un signo de respeto. El turista puede también encontrarse con que, a veces, la gente más tradicional del campo, por consideración, habla en voz baja y sin mirarlo a los ojos.

Festivos

Sudáfrica tiene muchos días de fiesta nacional, en los que bancos, tiendas y oficinas del estado cierran sus puertas (tenga en cuenta que si una fiesta nacional cae en domingo, el día siguiente, lunes, es considerado festivo).

1 de enero (Año Nuevo)
21 de marzo (día de los Derechos Humanos)
Viernes Santo
Lunes de Pascua
27 de abril (día de la Libertad)
1 de mayo (día del Trabajo)
16 de junio (día de la Juventud)
9 de agosto (día nacional de la Mujer)
24 de septiembre (día de la Herencia)
16 de diciembre (día de la Reconciliación)
25 de diciembre (Navidad)
26 de diciembre (día de la Buena Voluntad)

Bebidas alcohólicas

En Sudáfrica, la legislación en materia de bebidas alcohólicas es bastante permisiva. Pueden comprarse cerveza, vino y otras bebidas alcohólicas en las tiendas de licores, que allí se llaman *bottle stores* y que están abiertas en el horario normal de los comercios. En los grandes supermercados se vende vino, pero no licores ni cerveza.

Medios de comunicación

La Constitución garantiza la libertad de expresión y el país cuenta con medios independientes que operan en varias de las 11 lenguas oficiales. La cadena estatal South African Broadcasting Corporation (SABC) ofrece en ocasiones una información política demasiado sesgada, pero su carácter comedido se ve compensado por los medios privados, más enérgicos.

Periódicos. Algunos periódicos en lengua inglesa se venden en Sudáfrica desde hace más de un siglo. Todas las grandes ciudades tienen su propio diario de la mañana y de la tarde en inglés. En Ciudad del Cabo son el *Cape Times* y el *Cape Argus*; en Johannesburgo, el *Citizen, el Sowetan* y *el Mtar*; y en Durban, el *Mercury* y *el Daily News*. Recientemente, los tabloides sensacionalistas han ganado numerosos lectores.

El semanal nacional que ofrece una información más amplia e inteligente es el *Mail & Guardian*, que sale a la venta los viernes, con reportajes en profundidad sobre temas políticos, económicos y culturales. Los principales periódicos nacionales dominicales son el *Sunday Times* de Johannesburgo, una mezcla de sensacionalismo, periodismo de investigación y crítica política, y el periódico de menor tirada pero de buena calidad *Sunday Independent*, que incluye mucho material publicado en diarios del Reino Unido y de Estados Unidos. El área de Durban tiene su propio dominical, el *Sunday Tribune. The Times*, el nuevo diario nacional del *Sunday Times*, es el primer periódico local multimedia, con una completa página web interactiva *(www.thetimes.co.za)*.

Televisión. La emisora nacional emite en sus tres canales, SABC 1, 2 y 3, en varias de las lenguas oficiales. Sin embargo, las noticias en inglés, los documentales, los programas deportivos y las películas se programan en canales distintos. Se aconseja al turista que desee ver programación en inglés que sintonice el canal digital terrestre, e.tv, o los canales de pago M-NET o DSTV. A través de DSTV se tiene acceso a CNN, BBC World y Sky, así como al canal local de noticias 24 horas de e.tv.l.

Internet. El turista puede acceder a información actualizada a través de la página web de los proveedores de Internet iafrica, iol y News24. La página de iol resulta muy útil, ya que ofrece enlaces a las webs de los principales periódicos sudafricanos.

Páginas web útiles:
iafrica: *www.iafrica.com*
iol: *www.iol.co.za*
News24: *www.news24.com*

Radio. La SABC realiza una notable labor de radiodifusión en la mayoría de las lenguas oficiales de Sudáfrica. Cuenta con una buena programación de noticias y programas de entrevistas en su canal de radio SAFM. Existen además otras muchas emisoras comerciales, entre ellas 567 Cape Talk, en el área de Ciudad del Cabo, y 702 Talk Radio, en el área de Gauteng, ambas con noticias, entrevistas y programas de debate durante el día. Existen asimismo en el país numerosas estaciones de radio regionales, que emiten sobre todo música pop; 5FM es la emisora nacional de música más popular.

Dinero

La moneda de curso legal en Sudáfrica es el rand, subdividido en 100 céntimos. Existen billetes de 200, 100, 50, 20 y 10 rands. Hay monedas de color bronce de 5, 10, 20 y 50 céntimos, monedas de níquel-plata de 1 y de 2 rand, y una moneda con el centro de bronce y el borde plateado de 5 rand.

El sistema bancario sudafricano es complejo. Los principales bancos son Standard, First National, Nedbank y ABSA, todos con cajeros automáticos (ATM, *automatic teller machines*) en todo el país. Hay cajeros en todos los aeropuertos y las áreas comerciales, en las calles principales de las grandes ciudades e incluso en las pequeñas localidades. Lo normal es que el turista pueda conseguir moneda local en los cajeros automáticos con las tarjetas bancarias que utiliza en su país de origen, pero de todos modos es conveniente que, antes de emprender viaje, comente en su banco su intención de visitar Sudáfrica.

Se aceptan en general las principales tarjetas de crédito, aunque en las localidades pequeñas deberá comprobarlo antes de comprar. Las más corrientes son Mastercard y Visa, seguidas de American Express y Diners Club. El turista puede cambiar cheques de viaje, dólares estadounidenses y otras divisas en bancos, algunas agencias de viajes y oficinas de cambio. Infórmese de la comisión que le cargarán. Los grandes hoteles también ofrecen cambio de cheques de viaje y dinero en efectivo.

Horarios de apertura

La mayoría de las tiendas y oficinas de las grandes áreas urbanas abren de lunes a viernes a las 8.30 o 9.00 h y cierran a las 16.30, 17.00 o 17.30 h. Abren también los sábados, de 9.00 a 12.30 o 13.00 h. En las localidades más pequeñas y en los pueblos las tiendas pueden cerrar durante una hora para el almuerzo, entre las 12.00 y las 14.00 h, y suelen cerrar los fines de semana.

Los centros comerciales de las grandes ciudades tienen un horario más amplio, abren algún día entre semana por la tarde (especialmente los viernes y en época de vacaciones) hasta las 21.00 o las 22.00 h, y los sábados y los domingos desde las 10.00 o las 11.00 hasta las 16.00 h. Los bancos suelen abrir de 9.00 a 15.30 h entre semana y de 9.00 a 10.30 u 11.00 h los sábados.

La mayoría de las oficinas de correos permanecen abiertas de 8.30 de la mañana a 16.30 h de la tarde. Las gasolineras de las principales carreteras funcionan 24 horas, al igual que las grandes estaciones de las áreas urbanas. Las gasolineras más pequeñas están abiertas de 7.00 a 22.00 h.

Lugares de culto

La mayor parte de los sudafricanos son cristianos, miembros de alguna de las numerosas iglesias independientes africanas o de una congregación anglicana, católica, reformada holandesa, metodista o presbiteriana. Otros pertenecen a iglesias evangélicas. Existen, asimismo, algunas fieles de las religiones islámica, judía, hindú y de las tradicionales religiones africanas minoritarias. Cada uno de estos grupos tiene sus lugares de culto, pero sólo algunos pueden ser visitados por los turistas.

Hora local

Sudáfrica está dos horas adelantada con respecto a la hora del meridiano de Greenwich (GMT + 2). Todo el país se encuentra dentro de la misma franja horaria.

Propinas

Ver pág. 10. Tenga en cuenta que, si conduce su propio coche o un vehículo de alquiler, en cuanto aparque en la ciudad unos improvisados «vigilantes», a veces con un traje de aspecto oficial, se acercarán a usted ofreciéndose para «vigilar» su coche. Cuando vuelva, dependiendo del tiempo que haya pasado y de si hace frío o es de noche, podrá darles una propina de entre 2 y 10 rands.

Viajeros con discapacidades

Aunque la Constitución sudafricana protege expresamente los derechos de las personas con alguna discapacidad, lo cierto es que el país no ha hecho mucho para facilitarles las cosas. No obstante, los edificios públicos de más reciente construcción incorporan rampas de acceso para minusválidos, ascensores y aseos adaptados. En las áreas de aparcamiento público existen plazas reservadas para discapacitados. No obstante, si usted necesita que existan facilidades para discapacitados, deberá consultar por *e-mail* o teléfono antes de emprender viaje.

Epic Enabled *(www.epic-enabled.com)* organiza safaris para discapacitados y diseña recorridos adaptados.

Información turística

Todas las ciudades tienen su propia oficina de turismo. También se puede encontrar información turística en los quioscos de los aeropuertos internacionales. A su llegada a cualquier ciudad de Sudáfrica, busque la oficina de turismo para tener una visión general de la oferta y para conseguir mapas. El número de teléfono de información turística general y seguridad desde cualquier lugar de Sudáfrica es 083/123-2345.

Por lo que respecta a las páginas web de utilidad para recabar información y planear su viaje, *www.southafricaholiday.org.uk* es muy útil, al igual que:

www.sa-venues.com
www.southafrica.net
www.southafrica.info

Oficinas de turismo

Ciudad del Cabo: The Pinnacle, en la esquina de las Burg y Castle Sts. *(tel. 021/426-4260, www.tourismcapetown.co.za).* Este sitio facilita enlaces con oficinas de información de turismo de todas las ciudades de Western Cape.

Durban: Tourist Junction, 160 Pine St. *(tel. 031/304-4934, www.durban.kzn.org.za)*

Johannesburgo: 1 Central Place, en la esquina de las Henry Nxumalo y Jeppe Sts., Newtown *(tel. 011/639-1600; www.joburg.org.za* o *www.joburgtourism.com)*

Pretoria: Tourist Information Center, Church St. *(tel. 012/358-1430).* La página oficial de turismo *(www.tshwanetourism.com)* es muy pobre. Las páginas *www.4pretoria.co.za* o *www.sa-venues.com* son más útiles.

Oficinas de turismo regionales

Eastern Cape: *www.ectourism.co.za*
Gauteng: *www.gauteng.net*
KwaZulu-Natal: *www.zulu.org.za*
Mpumalanga: *www.mpumalanga.com*
Northern Cape: *www.northerncape.org.za*
Northwest Province: *www.tourismnorthwest.co.za*
Western Cape: *www.capetourism.org*

URGENCIAS

Los teléfonos de emergencias son:
Policía 10111
Ambulancias y bomberos 10177
Emergencias nacionales 107
Emergencias desde móvil 112
Seguridad e información turística 083/123-2345

Criminalidad y policía

Si es víctima de una agresión, marque el 10111 y le pondrán en contacto con la comisaría más cercana. Es posible que deba ir a hacer una declaración. Asegúrese de que se le entrega el número de la denuncia, puede necesitarlo para posibles reclamaciones a compañías de seguros. La policía lleva uniforme y gorra azul. Su nivel de preparación no siempre es muy alto, de modo que puede tener alguna dificultad para comunicarse en inglés.

Embajadas y consulados

ESPAÑA
Pretoria
Embajada
337 Brooklyn Rd. Menlo Park
Tel. 00 27 12/460-0123 (desde España)
Tel. 012/460-0123
(desde Sudáfrica)
emb.pretoria@mae.es
Ciudad del Cabo
Consulado general
37 Shortmarket St
Tel. 021/422-2415
conspccabo@mail.mae.es

Objetos perdidos

Es recomendable escanear o hacer fotocopias de documentos como pasaporte, billetes y cheques de viaje. Comunique a la policía y a su embajada la pérdida de documentos. Si ha perdido algún objeto de valor y va a reclamar a su compañía de seguros, deberá poner una denuncia y pedir el númerodel expediente. Si necesita otro tipo de ayuda, llame al tel. 083/123-2345.

Qué hacer en caso de accidente de coche

Si se ve implicado en un accidente de tráfico y hay heridos, llame al número de las ambulancias, 10177, o al de emergencias desde un móvil, 112. Después llame a la policía, al 10111. Quizás le pidan que vaya a prestar declaración. Asegúrese de que le entregan el número de la denuncia, por si se lo solicitara su compañía de seguros.

Si nadie ha resultado herido, no está obligado a llamar a la policía. Si hay testigos, consiga sus datos. Anote también los del otro conductor, incluida su compañía de seguros. Nadie ha de mover su vehículo antes de que llegue la policía. Tenga en cuenta que existen muchas falsas compañías de grúas que acuden rápidamente a la escena del accidente. Siempre que sea posible, llame a la empresa de alquiler del coche o a su compañía de seguros para consultarles antes de tomar una decisión.

SALUD

Hospitales y médicos

En las grandes áreas urbanas los servicios hospitalarios y médicos son de buena calidad. Para encontrar médico o dentista, busque en la guía telefónica local, en el apartado «Medical Practitioners». Si está fuera del horario laboral, un contestador le dará un número de contacto para urgencias. Los hospitales tienen urgencias 24 horas.

Hospitales públicos

Ciudad del Cabo: Groote Schuur Hospital, Main Rd., Observatory *(tel. 021/404-9111).*
Durban: Addington Hospital, Erskine Terrace, South Beach *(tel. 031/327-2000).*
Johannesburgo: Johannesburg General, Jubilee Rd., Parktown *(tel. 011/488-4911).*
Para servicios de urgencias de un hospital privado, las dos mayores compañías son: Netcare *(tel. 011/301-0000; www.netcare.co.za)* y Medi-Clinic *(tel. 021/809-6500; www.mediclinic.co.za).*

Fármacos

En todas las áreas urbanas hay farmacias, algunas abiertas las 24 horas. Los farmacéuticos podrán aconsejarle.

Riesgos para la salud

El sida es un problema grave en Sudáfrica. Es imprescindible tomar medidas y practicar sexo seguro.

Si va a viajar a las áreas de la Lowveld de Mpumalanga y al norte de KwaZulu-Natal, deberá tomar medidas contra la malaria. Recuerde que es necesario que empiece a tomar la medicación una semana antes del viaje, y que después la prolongue cuatro o cinco semanas más. Si es alérgico o no desea tomar esta medicación, deberá cubrirse bien y aplicarse repelente de mosquitos y dormir bajo una mosquitera.

Agua

En general, beber agua del grifo en Sudáfrica no entraña peligro. Si va de acampada, debe preguntar si el agua es potable. Si va de excursión y necesita beber agua de un lago o de un río, debe hervirla o añadirle pastillas potabilizadoras.

No se meta en ríos o lagos sin haber comprobado que sus aguas están libres de esquistosomas y que no hay peligro por la presencia de hipopótamos o cocodrilos.

Hoteles y restaurantes

A principios de la década de 1990 la industria hostelera conoció en África una gran expansión. Hoy en día los visitantes pueden encontrar una amplia variedad de alojamientos y restaurantes en todas las grandes ciudades y en las poblaciones principales. Incluso en el pueblo más pequeño hay algún local donde comer y un *Bed and Breakfast* aceptable o unos apartamentos con cocina. Los estándares en cuanto a limpieza y profesionalidad varían de un lugar a otro, pero puede decirse que, en general, son bastante altos. Por cuanto respecta a los precios, son razonables y ajustados, en relación con los estándares europeos y estadounidenses.

Hoteles

Los términos que se emplean en Sudáfrica para referirse a las modalidades de alojamiento son similares a los utilizados en los países de habla inglesa. En ocasiones, sin embargo, pueden resultar ambiguos. El visitante puede encontrarse así con establecimientos con el calificativo de «hotel», «lodge», «guesthouse» o «country house» que ofrecen instalaciones casi equivalentes o absolutamente distintas. En el año 2000 se creó el Tourism Grading Council, un consejo oficial de turismo para clasificar los alojamientos según una escala de categorías de una a cinco estrellas. En la actualidad, la clasificación es voluntaria y no es exigida por ley. Las definiciones referidas a continuación son las que el consejo de turismo da para los tipos de alojamiento que figuran en la presente guía (*www.tourismgrading.co.za*).

Junto a las instalaciones para el alojamiento de los clientes, el hotel debe disponer de un área de recepción y de un zona de comedor, o de un salón para servir desayunos. Aunque normalmente es en los hoteles donde se prepara la comida para los huéspedes, este servicio puede realizarlo otra empresa.

Lodges. Un «lodge» es un establecimiento que ofrece alojamiento en un entorno natural. En general, las tarifas en una reserva de caza incluyen las comidas y algunas bebidas, y a veces actividades como excursiones o visitas a lugares históricos. (La clasificación considera sólo los servicios propiamente hoteleros.)

Guesthouses. Se trata generalmente de una mansión o casa adaptada para ofrecer alojamiento al visitante, aunque también puede tratarse de un edificio construido directamente para tal fin. Estas «casas de huéspedes» suelen estar gestionadas por el propietario, que vive en el edificio, pero deben contar con zonas públicas para uso exclusivo de los clientes.

Country Houses. Una «country house» es una «guesthouse» a gran escala, normalmente situada en un paraje natural, como por ejemplo cerca de un lago, una reserva o un bosque. Este tipo de alojamiento suele ofrecer los mismos servicios que un hotel.

Cadenas hoteleras. En la lista que se ofrece a continuación no se incluyen, en general, los grandes hoteles que pertenecen a las principales cadenas, como Hilton, Sheraton, Sun International, City Lodge y Protea. Sus características pueden consultarse por Internet respectivamente en:

www.citylodge.co.za
www.hilton.com
www.proteahotels.com
www.starwoodhotels.com/sheraton
www.suninternational.com

Los que deseen buscar alojamiento por su cuenta pueden encontrar excelentes páginas en Internet. Consulte las siguientes:

www.roomsforafrica.com
www.wheretostay.co.za/accommodation
www.sa-venues.com/accommodation
www.south-african-hotels.com

Tenga en cuenta que en Sudáfrica la ley prohíbe fumar en todos los locales públicos cerrados. Dado que la mayoría de los alojamientos son para no fumadores, se indican aquellos hoteles donde está permitido.

Restaurantes

Si hace 15 o 20 años la variedad de restaurantes era muy limitada, actualmente el visitante tiene dónde elegir. Ciudad del Cabo, la zona de Winelands y las ciudades de Western Cape se han convertido en destinos gastronómicos y ofrecen varios restaurantes sobresalientes y docenas de locales con una calidad entre buena y excelente. En temporada alta, especialmente entre mediados de diciembre y mediados de enero, es importante reservar con bastante antelación.

Muchos hoteles han convertido sus antiguos salones para comidas en restaurantes abiertos al público en general. Estos restaurantes funcionan a veces como empresa independiente.

Atrás quedaron los días en los que, en los mejores restaurantes, sólo se servía cocina francesa. La tendencia actual en gastronomía es la cocina de fusión, en la que se utilizan ingredientes sudafricanos pero con un toque internacional. El *sushi* y la cocina asiática de fusión, con influencias de Japón, Tailandia y Vietnam, han empezado también a pisar fuerte en las ciudades. No obstante, el turista se encontrará con que, además de los platos tradicionales de Sudáfrica, aquí podrás degustar también la cocina de la mayoría de los países de Europa occidental y de muchos del Este europeo. Sin embargo, no se sabe por qué razón, los postres tienden a ser poco imaginativos.

Por desgracia, hay que decir que en Sudáfrica, como en muchas otras partes del mundo, el recurso pesquero ha sido mal explotado. El resultado es que ni tan siquiera los restaurantes especializados en marisco pueden servir en todo momento la calidad y la variedad de pescado que en otro tiempo ofrecieron en sus cartas.

La mayoría de los restaurantes ofrecen un menú a la carta, si bien muchos tienen especialidades del día. Algunos ofrecen exclusivamente un menú a precio fijo y otros brindan también la posibilidad de comer a la carta. Muchos restaurantes, sobre todo en las ciudades, tienen su propia página web y a menudo puede consultarse en ella el menú del día. La mayor parte cuenta con una buena relación calidad-precio.

Diversas bodegas de los Winelands en Western Cape ofrecen a los turistas la posibilidad de comprar una cesta de pícnic para disfrutar al aire libre de la naturaleza en los días de primavera o verano.

En la actualidad, es muy raro encontrar en Sudáfrica un restaurante que no tenga licencia para vender, por lo menos, vino y cerveza. Es una práctica habitual que la gente que acude a un restaurante lo haga con su propia botella de vino, incluso una cara, si bien existen algunos establecimientos que no lo permiten. Esta opción de «tráigalo usted mismo» puede ser interesante para los turistas con un presupuesto ajustado, ya que no es inusual que los restaurantes carguen sobre el precio del vino un 100 % o más de su valor. Incluso pagando 2-5 € por el descorchado, el cliente estará ahorrando.

Poco hay que decir sobre las normas en el vestir aplicadas a los restaurantes sudafricanos. Puede decirse que la regla general para las cenas es un estilo «informal pero arreglado», es decir, pantalón largo y polo de cuello abierto para el hombre. Para el almuerzo, en la mayoría de los sitios está permitido el pantalón corto. Si ve escrita la palabra *waitron* cuando come fuera, no se extrañe: muchos restaurantes hazn adoptado este término de género neutro para referirse a camareros y camareras (*waiter* y *waitress* en inglés).

La siguiente lista no refleja si en los restaurantes está o no permitido fumar, pues por ley, en Sudáfrica está prohibido fumar en restaurantes, cafés y bares. Los clientes que lo deseen pueden fumar en un área cerrada.

Existen dos páginas web que ofrecen una detallada información sobre restaurantes. Eat Out *(www.eatout.co.za)* cubre la mayor parte de las ciudades y pueblos, y ofrece opiniones enviadas por los clientes. Dining Out *(www.dining-out.co.za)* no es tan extensa, pero ofrece descripciones más completas.

Tarjetas de crédito

La gran mayoría de los hoteles y restaurantes de Sudáfrica aceptan las principales tarjetas de crédito, especialmente Mastercard y Visa. También suelen aceptarse Diners Club y American Express.

Listado

Los hoteles y restaurantes aparecen clasificados por provincia y precio, y en orden alfabético. En lo referente a accesos para discapacitados, se aconseja consultar previamente.
A (almuerzo) C (cena)

CIUDAD DEL CABO Y LA PENÍNSULA

CIUDAD DEL CABO

CAPE GRACE

$$$$$ * * * * *
WEST QUAY RD., VICTORIA & ALFRED WATERFRONT
TEL. 021/410-7100
www.capegrace.com

El principal atractivo de este hotel, además de sus lujosas habitaciones, es su localización, con vistas a la Table Mountain, el puerto y el Waterfront. El restaurante ofrece una cocina de temporada que es reflejo de la tradición malaya de El Cabo.
120 70

ALGO ESPECIAL

MOUNT NELSON

$$$$$ * * * * *
76 ORANGE ST., GARDENS
TEL. 021/483-1000
www.mountnelson.co.za

El «Nellie» (apelativo local del hotel), con sus palmeras y sus lujosos jardines, lleva más de un siglo ofreciendo bonitas habitaciones cerca del centro de la ciudad. Decorado en elegantes tonos, el hotel incluye desde habitaciones con todas las comodidades hasta suites de lujo, e incluso un ático. Cuenta con varios bares y restaurantes (ver págs. 282-283 a propósito de **The Cape Colony, Oasis y Planet Champagne Bar**).
201

VINEYARD HOTEL & SPA

$$$$$ * * * *
60 COLINTON RD. (DESDE PROTEA RD.), NEWLANDS
TEL. 021/657-4500
www.vineyard.co.za

Rodeado por 2,5 ha de hermosos jardines, con un edificio central centenario y magníficas vistas de la Table Mountain, este hotel es realmente especial. Las habitaciones están decoradas en un estilo moderno. Cuenta con gimnasio, spa y varios restaurantes y bares, entre ellos el galardonado **Myoga** (ver págs. 282-283).
175 210

CAPE HERITAGE HOTEL

$$$$-$$$$$ * * * *
HERITAGE ST., 90 BREE ST.
TEL. 021/424-4646
www.capeheritage.co.za

Encantador hotel, moderno y selecto, que ocupa un viejo edificio (1771) en el centro

histórico de Ciudad del Cabo. Las habitaciones tienen mobiliario de época y suelos de madera maciza de 200 años de antigüedad. Varios buenos restaurantes en las proximidades.
17

METROPOLE
$$$-$$$$$ * * * *
38 LONG ST.
TEL. 021/424-7247
www.metropolehotel.co.za
Hotel moderno y elegante situado en un edificio georgiano restaurado de la Long Street, la calle de moda de la ciudad. Sus habitaciones cuentan con baños de mármol travertino. El **M-Café** del hotel está abierto para desayunos, comidas y cenas.
25 30

THE CULLINAN
$$$-$$$$
1 CULLINAN ST., WATERFRONT
TEL. 021/418-6920
www.southernsun.com
Este atractivo edificio de varias plantas pertenece a la cadena Southern Sun y se encuentra entre el centro histórico y el frente marítimo.
410 15 P

17 ON LOADER STREET
$$-$$$ * * *
17 LOADER ST., DE WATERKANT
TEL. 021/418-3417
www.17loader.za.net
A diez minutos del centro de la ciudad y del Waterfront, este *Bed and Breakfast* está situado en la elegante zona De Waterkant, con sus calles empedradas y numerosos cafés y cafeterías. Desde su azotea se tienen unas magníficas vistas.
9 P

LEEUWENVOET HOUSE
$$-$$$ * * * *
8 KLOOF NEK RD., TAMBOERSKLOOF
TEL. 021/424-1133
www.leeuwenvoet.co.za
Situado en una casa victoriana restaurada. Presenta una cómoda ubicación en el borde de la ciudad, a un paso de la zona de restaurantes de moda de Kloof Street.
15 P

MORNINGSIDE COTTAGE
$$ * * * *
3 THATCH CLOSE, TOKAI
TEL. 021/712-0441
www.morningside-cottage.co.za
Situado en las frondosas afueras de la ciudad, junto a los campos de golf y con una excelente situación para paseos por la montaña, este lujoso hotel ofrece paz y tranquilidad. Todas las habitaciones tienen cuarto de baño. Jardín, solárium y piscina.
5

ALGO ESPECIAL

THE CAPE COLONY
$$$-$$$$
MOUNT NELSON HOTEL, 76 ORANGE ST., GARDENS
TEL. 021/483-1948
www.mountnelson.co.za
Unos techos altos y abovedados y las suaves notas de un piano de cola otorgan a su restaurante un aire colonial. La cocina, entre europea y asiática, se encuentra entre las mejores de Sudáfrica. Pruebe el magnífico cordero o el antílope saltador con salsa negra vietnamita.
90 P

SAVOY CABBAGE
$$$-$$$$
101 HOUT ST., CITY CENTER
TEL. 021/424-2626
www.savoycabbage.co.za
Entre los atractivos de su ecléctico restaurante y su champán-bar cabe destacar sus paredes de ladrillo visto y las vidrieras de sus escaleras. Sus especialidades son las mollejas y el ceviche de *red roman* (un pescado local) con piña, coco y cilantro.
90 P Cerrado C dom., A sáb.-dom.

AUBERGINE
$$$
39 BARNET ST., GARDENS
TEL. 021/465-4909
www.aubergine.co.za
Decoración elegante y cocina clásica con un toque asiático. Pruebe el cordero al aroma de lavanda o el tartar de salmón con guacamole picante. El restaurante y su chef, Harald Bresselschmidt, han ganado muchos premios.
80 Cerrado C dom., A sáb.-mar.; 2 semanas en junio y julio

PRECIOS

HOTELES

El signo **$** indica el precio de una habitación doble en temporada alta.

$$$$$	Más de 220 €
$$$$	150-220 €
$$$	90-150 €
$$	45-90 €
$	Menos de 45 €

RESTAURANTES

El signo **$** indica el precio de una comida de tres platos sin bebida.

$$$$$	Más de 35 €
$$$$	25-35 €
$$$	18-25 €
$$	10-18 €
$	Menos de 10 €

ALGO ESPECIAL

JARDINE
$$$
185 BREE ST., CITY CENTER
TEL. 021/424-5640
Este restaurante, del galardonado chef George Jardine, es uno de los mejores de Ciudad del Cabo.Ofrece especialidades como *risotto* de langosta o vinagreta de ostras.
80 Cerrado C lun., A sáb.-jue.

ALGO ESPECIAL

MYOGA
$$$
VINEYARD HOTEL, COLINTON RD. (DESDE PROTEA RD.), NEWLANDS
TEL. 021/657-4545
www.myoga.co.za
Imagine al galardonado chef Mike Basset en un local magnífico: la combinación es insupe-

rable. Sus platos son una fusión de lo mejor de la cocina local e internacional. Pruebe las gambas tres salsas, el antílope saltador con cilantro y pimienta y, de postre, los «elementos de chocolate». Sea cual sea su elección, disfrutará del festín.
100 P

ANATOLI
$$-$$$
24 NAPIER ST., GREEN POINT
TEL. 021/419-2501
www.anatoli.co.za
Este restaurante destaca por su sorprendente decoración y su mobiliario de Oriente Medio. Ofrece una amplia variedad de platos típicos turcos, desde kebabs hasta pierna de cordero al aroma de naranja y cilantro.
120 Cerrado dom. P

BUKHARA
$$-$$$
33 CHURCH ST., CITY CENTER
TEL. 021/424-0000
www.bukhara.com
A pesar de que el local es parecido a un hangar, Bukhara es uno de los restaurantes de Ciudad del Cabo donde se puede degustar mejor comida india.
250 Cerrado A dom.

OASIS
$$-$$$
MOUNT NELSON HOTEL,
76 ORANGE ST., GARDENS
TEL. 021/483-1948
www.mountnelson.co.za
Siéntese en la terraza junto a la piscina y disfrute de la comida. Dentro, las paredes del comedor, pintadas con grandes hojas verdes, trasladan al interior el ambiente del exterior. El *brunch* de los domingos se sirve con zumo de naranja o vino espumoso y prensa del día.
100 C sólo nov.-marzo
P

YUM
$$
2 DEER PARK DR.,
VREDEHOEK
TEL. 021/461-7607
Yum es un restaurante agradable y con precios razonables, situado al pie de la Table Mountain. Pruebe el pollo cajún con guacamole, chile y cilantro, las pastas al estilo italiano o asiático o los mejillones en curry tailandés.
85 Cerrado A lun.-jue., desayuno lun.-viern.

AFRO CAFÉ
$-$$
48 CHURCH ST.,
CITY CENTER
TEL. 021/426-1857
Con platos representativos de todo el continente, la decoración de este local es cien por cien africana . Los clientes acuden por sus guisos, sus currys picantes, su café y, las noches de los jueves y viernes, por su música en directo.
86 Cerrado C invierno

PLANET CHAMPAGNE & COCKTAIL BAR
$-$$
MOUNT NELSON HOTEL,
76 ORANGE ST., GARDENS
TEL. 021/483-1948
www.mountnelson.co.za
Con su decoración de centelleantes estrellas luminosas en el techo, este bar es un lugar donde relajarse tomando una cerveza o un vino espumoso con Cassis. También se sirven comidas ligeras y canapés. Cuando hace buen tiempo, la terraza ofrece unas bonitas vistas de los jardines del hotel.
40 P

ROYALE KITCHEN
$-$$
273 LONG ST., CITY CENTER
TEL. 021/422-4536
Suba a esta singular hamburguesería de *gourmet*, con un peculiar ambiente interior y paredes empapeladas con partituras. Las hamburguesas son sabrosísimas y se sirven con queso fundido, setas y salsa de chile. Hay opciones vegetarianas.
50 Cerrado C dom.

OBZ CAFÉ
$
115 LOWER MAIN RD.,
OBSERVATORY
TEL. 021/448-5555
www.obzcafe.co.za
Restaurante con un ambiente encantador, suelos de madera y altos techos, el Obz Café es un local excelente para desayunar o tomar algo ligero a mediodía. Una de sus especialidades es el pollo frito con miel y servido sobre puré de chile. Por la noche se ofrecen a menudo espectáculos de teatro alternativo y comedia en directo.
250

OLIVE STATION
$
165 MAIN RD.,
MUIZENBERG
TEL. 021/788-3264
Este singular local combina una tienda de productos selectos y un restaurante, instalado en un viejo vagón de tren con vistas al mar. El menú es típico de Oriente Próximo y ofrece *meze, dolmades, moussaka* y cordero asado, aunque es posible desayunar o tomarse un café con pastas.
80 Cerrado C sólo jue.
P

TONI'S ON KLOOF
$
88 KLOOF ST., GARDENS
TEL. 021/423-7617
Con unos precios muy interesantes, Toni's es muy popular entre los lugareños. Siéntese en la terraza para entretenerse con el ir y venir de la gente mientras come algún plato portugués o mozambiqueño, como las estupendas croquetas de gambas o el tradicional guiso de judías, cerdo, pollo y chorizo.
48

LA PENÍNSULA

THE CELLARS-HOHENORT
$$$$$ *****
93 BROMMERSVLEI RD.,
CONSTANTIA
TEL. 021/794-2137
www.cellars-hohenort.com
Éste es el lugar donde quedarse si se quiere huir del bullicio del centro de la ciudad. Instalado en una antigua casa señorial rodeada de jardines y viñedos, con bonitas vistas a la montaña, este local rebosa elegancia de otro tiempo. Disfrute de cocina internacional y malaya de El Cabo en su sombreada terraza o en el interior, en uno de los dos restaurantes del hotel.
55 45 P

QUAYSIDE HOTEL
$$$-$$$$ * * * *
JUBILEE SQUARE,
SIMON'S TOWN
TEL. 021/786-3838
www.quayside.co.za
Situado en el centro histórico de Simon's Town, este hotel mira al mar y al puerto. Las habitaciones, con vistas al mar o a la montaña, tienen una decoración muy marinera.
26 P

ROCKLANDS
$$
25 ROCKLANDS RD., MURDOCH VALLEY SOUTH, SIMON'S TOWN
TEL. 021/786-3158
www.rocklandsbnb.com
Situado en lo alto de una ladera junto a una reserva natural, este *Bed and Breakfast* ofrece habitaciones a precios razonables, algunas de ellas con cuarto de baño. Desde el patio, las vistas sobre el océano son magníficas.
6

BLACK MARLIN
$$-$$$
MAIN RD., MILLER'S POINT, SIMON'S TOWN
TEL. 021/786-1621
www.blackmarlin.co.za
Este restaurante de pescado y marisco, con vistas al océano, es el lugar ideal en el que pararse a almorzar si está recorriendo en coche la Península. Pruebe la langosta, la rosada de El Cabo, las gambas, el pescado del día o la sopa de langosta. Imprescindible reservar.
180 P Cerrado C dom.

BLUES
$$-$$$
THE PROMENADE, VICTORIA RD., CAMPS BAY
TEL. 021/438-2040
www.blues.co.za
Uno de los locales más populares desde hace años, ofrece una bonita panorámica de la playa de Camps Bay y del océano. Sus especialidades son el pescado y el marisco, las carnes y la comida italiana.
240 P

CHAPMAN'S PEAK HOTEL RESTAURANT
$$-$$$
CHAPMAN'S PEAK DR., HOUT BAY
TEL. 021/790-1036
www.chapmanspeakhotel.co.za
A los lugareños les gusta pasar la tarde del domingo en su terraza, tomando una copa de vino, comiendo algo de pescado y disfrutando de las vistas del mar y la montaña. El plato preferido es el combinado de pescado, gambas y calamares.
90 P

BRASS BELL
$-$$$
KALK BAY STATION, MAIN RD., KALK BAY
TEL. 021/788-5455
www.brassbell.co.za
Situado justo en el límite entre una estación de ferrocarril y el mar, este famoso local consta de varias barras y áreas para comer. El pescado fresco del puerto vecino es la especialidad de Brass Bell, servido a la parrilla, rebozado o con curry.
200

SIMON'S AT GROOT CONSTANTIA
$-$$
GROOT CONSTANTIA ESTATE, GROOT CONSTANTIA RD., CONSTANTIA
TEL. 021/794-1143
www.simons.co.za
En la terraza de la bodega más antigua de Sudáfrica podrá disfrutar de una botella de una cosecha local mientras saborea comida malaya de El Cabo, carne de venado, algún plato de pescado o una ensalada y una hamburguesa.
180 P Cerrado C lun. junio-agos.

WINESENSE
$-$$
KALK BAY MAIN RD., KALK BAY
TEL. 021/788-1869
El principal atractivo de este restaurante-enoteca es que permite degustar distintos vinos locales sin tener que pagar una botella entera. Puede pedir unas tapas o algo más sustancioso, como una carne a la parrilla o el excelente atún a la plancha.
60 Cerrado C dom.

LA COSTA OESTE

CITRUSDAL

HEBRON HIGHWAY HOSPITALITY
$$
ON N7, BAJO EL PIEKENIERSKLOOF PASS (DEL LADO DE CITRUSDAL)
TEL. 022/921-2595
www.hebron.co.za
Pintoresca casa de huéspedes que dispone de habitaciones con baño decoradas con mucho color, cada una de ellas en un estilo distinto. Se sirven desayunos y en su *coffe shop* se dan comidas ligeras.
6 P

PATRICK'S
$-$$
CITRUSDAL CENTRAL SPORTS GROUNDS
TEL. 022/921-3062
El propietario de este restaurante y pub de aire irlandés pesca a menudo él mismo el pescado que ofrece en el menú. Pruebe la rosada de El Cabo, servida con una salsa de queso y gambas. También hay pizzas, escalopes, hamburguesas y postres.
60 P Cerrado A y C dom.-lun.

DARLING

TRINITY GUEST LODGE
$$$ * * * *
19 LONG ST.
TEL. 022/492-3430
www.trinitylodge.co.za
Este agradable hotel de estilo victoriano en crema y verde y adornado con setos de lavanda ofrece habitaciones con edredones de pluma y sábanas bordadas a mano. En el restaurante se sirve trucha con pastel de patata y pierna de cordero, así como vinos de la región de Darling.
8 30 P Cerrado julio

BISTRO SEVEN
$-$$
7 MAIN RD.
TEL. 022/492-3626
Cene fuera, en el jardín de este restaurante ubicado en una casa de campo. Un pequeño bar ofrece bebidas antes y después de comer, mientras que en el

menú predominan los filetes de carne y los guisos contundentes.
36 P Cerrado A lun.-vier., C mar.

EVITA SE PERRON
$
DARLING RAILWAY STATION
TEL. 022/492-2831
www.evita.co.za
Este teatro-restaurante fue creado por Pieter-Dirk Uys (alias Evita Bezuidenhout), todo un icono en Sudáfrica. Tanto la decoración como la cocina son sudafricanas. En el bufé, de precio fijo, pruebe el potente cordero asado, sus ensaladas y verduras y, en verano, las carnes frías. Está abierto para almorzar casi todos los días, pero sólo ofrece cenas los fines de semana, cuando hay actuación (ver pág. 87).
100 P Cerrado A lun.

LANGEBAAN

FARMHOUSE HOTEL & RESTAURANT
$$-$$$
5 EGRET ST.
TEL. 022/772-2062
www.thefarmhouse langebaan .co.za
Con una magnífica situación, en un alto desde el que se divisa la Langebaan Lagoon, este hotel ofrece habitaciones variadas, tanto económicas como lujosas. Entre las especialidades del restaurante destacan el lenguado, los calamares, el rabo de buey y ricos postres. Si es verano, cene en la terraza, si es invierno, dentro junto al fuego.
15 100 P

GECKO BEACH HOUSE
$$-$$$ * * * *
17 BEACH RD.
TEL. 022/772-1586
www.geckobeachhouse.com
Hotel tranquilo situado en la playa. Todas las habitaciones tienen cuarto de baño y la mayoría, vistas a la laguna. Los huéspedes pueden disfrutar de un enorme salón con chimenea.
5 P

DIE STRANDLOPER
$$
EN LA PLAYA, DESDE LA CARRETERA AL CLUB MIKONOS
TEL. 022/772-2490
www.strandloper.com
Muy popular tanto entre los lugareños como entre los turistas, Strandloper es un lugar informal en el que podrá hartarse de pescado asado en la misma playa. Si le parece que no puede más, siempre podrá darse un paseo entre plato y plato. Se recomienda reservar con antelación. Hay menús de precio fijo. No se aceptan tarjetas de crédito.
Cerrado en invierno

BOESMANLAND PLAASKOMBUIS
$
EN EL CLUB MYKONOS
TEL. 022/772-1564
www.boesmanlandfarm kitchen.com
El nombre es afrikáans y quiere decir «cocina de granja de la tierra de los sans». La carta hace honor a su nombre. Cuente con pescado y platos locales, como el delicioso pan hecho al fuego y las tradicionales gachas africanas con salsa de tomate y cebolla. Bufé de precio fijo.
450 A y C mar.-dom. P

PATERNOSTER

BLUE DOLPHIN
$$ * * * *
2 WARRELKLIP ST.
TEL. 022/752-2001
www.bluedolphin.co.za
Bed and Breakfast con vistas a las dunas y la playa. Todas las habitaciones tienen baño, calentador de toallas y vistas al mar. Los huéspedes pueden dejar pasar la tarde tumbados en las hamacas sobre la terraza.
4 P

NOISY OYSTER
$
ST. AUGUSTINE RD.
TEL. 022/752-2196
La West Coast es famosa por su pescado y marisco, y éste es un excelente lugar donde probarlos. Siéntese dentro o, en verano, en su fresco jardín. Pruebe el magnífico pescado fresco preparado al estilo griego, con tomate, ajo y cebolla.
60 P Cerrado A lun.-mar., C dom.-mar.; cerrado junio-julio

VOORSTRANDT RESTAURANT
$$
EN LA PLAYA
STRANDLOPER ST.
TEL. 022/752-2038
Situado en la misma playa, este pequeño restaurante ofrece un bar y bonitas vistas del mar. Como la mayoría de este tipo de locales en la región, el pescado del día es el rey de la carta.
150 P

RIEBEEK-KASTEEL

ROYAL HOTEL
$$-$$$
33 MAIN ST.
TEL. 022/448-1378
www.royalinriebeek.com
Instalado en un bonito edificio del siglo XIX, el Royal ofrece habitaciones decoradas en tonos beis, negros y blancos, todas ellas con baño. Tiene un magnífico jardín, bar y restaurante para cenas.
10 40

OLD OAK MANOR GUEST HOUSE
$$
7 CHURCH ST.
TEL. 022/448-1170
Granja de estilo holandés de El Cabo convertida en casa de huéspedes. Está rodeada de viejos robles y decorada con maderas naturales y antigüedades. El restaurante, Café Felix, sirve cocina sudafricana, con productos frescos y de temporada. Siéntese dentro o en su sombreado jardín.
5 60 P Restaurante cerrado A y C lun. y jue.

THE BARN
$-$$
34 CHURCH ST.
TEL. 022/448-1377
Local encantador, con un patio sombreado por un roble, un buen fuego en invierno y bonitas vistas. La carta ofrece especialidades de comida mediterránea como *meze*, pasta, pato a la naranja, pescado a la parrilla, *risotto* con setas y *butternut squash* (calabaza).
50 P Cerrado A lun.-mar., C dom.-mar.

WESTERN CAPE

CALITZDORP

ROSE OF THE KAROO
$-$$
VOORTREKKER RD.
TEL. 044/213-3133
www.roseofthekaroo.co.za
Las habitaciones son sencillas y tienen buen precio. La tienda de *delicatessen* anexa y el restaurante ofrecen comida típica del país. Pruebe el pastel de pollo con ensalada y verduras locales como plato principal y el *blintz* de queso de postre.
5 · 25 · P · Restaurante cerrado dom.

FRANSCHHOEK

ALGO ESPECIAL

LE QUARTIER FRANÇAIS
$$$$$ * * * * *
16 HUGUENOT RD.
TEL. 021/876-2151
www.lequartier.co.za
Selecto hotel en el corazón de Franschhoek. Las habitaciones y suites, decoradas con exquisitez, se distribuyen en torno a un patio ajardinado con árboles y plantas de lilas. Destacan los detalles, como la calefacción por suelo radiante en los baños y, en invierno, la bolsa de agua caliente estratégicamente colocada en la cama. (Para el restaurante contiguo **Tasting Room**, ver más adelante).
21 · P

LE FRANSCHHOEK HOTEL & SPA
$$$$-$$$$$ * * * * *
16 MINOR RD.
TEL. 021/876-8900
www.lefranschhoek.co.za
Este establecimiento con tejado de paja de estilo holandés de El Cabo y decorado en blanco y colores sobrios ofrece lujosas habitaciones, un *spa* y fabulosas vistas de las montañas de alrededor. Para comer, los huéspedes pueden elegir entre dos restaurantes y también dispone de tienda de *delicatessen*.
79 · 200 · P

LAVANDE DE FRANSCHHOEK
$$-$$$ * * * *
VERDUN RD.
TEL. 021/876-2671
www.ldf.co.za
Hotel de lujo con aire acondicionado, rodeado de campos de lavanda. Este *Bed and Breakfast* de categoría ofrece habitaciones decoradas en agradables tonos pastel y una terraza en la piscina donde los huéspedes pueden relajarse mientras beben algo.
4 · P

SUNNY LANE
$ * * *
30 AKADEMIE ST.
TEL. 021/876-4071
http://sunnylane.za.net
Resulta difícil encontrar alojamiento a buen precio en Franschhoek, pero este establecimiento ofrece habitaciones con mobiliario sencillo, ropa blanca impecable, calefacción por suelo radiante e instalaciones de cocina. Los clientes tienen a su disposición bicicletas de montaña para explorar los alrededores. Depósito con tarjeta de crédito; resto en efectivo.
2 · P

TASTING ROOM
$$$$-$$$$$
16 HUGUENOT RD.
TEL. 021/876-2151
www.lequartier.co.za
Clasificado repetidamente entre los 50 mejores restaurantes del mundo, el Tasting Room ofrece platos de vanguardia, como atún a la plancha con vinagreta de granada o tarrina de jamón y *foie gras* con *panna cotta* de yogur. Puede optar por un menú de cuatro, seis u ocho platos (el último incluye vinos especialmente seleccionados).
48 · P

BREAD & WINE
$$-$$$
MÔRESON WINE FARM, LA MOTTE, HAPPY VALLEY RD.
TEL. 021/876-3692
www.moreson.co.za
Saboree comida de campo, pero de *gourmet*, en este magnífico establecimiento con patio sombreado y rodeado de limoneros y viñedos. Pida venado con setas o atún al estilo bóer con gelatina de chile. Se puede comprar vino, queso, salami y beicon, todo ello de producción local.
70 · P · Cerrado C

HAUTE CABRIÈRE
$$-$$$
CABRIÈRE ESTATE, PASS RD.
TEL. 021/876-3688
www.hautecabriere.com
Fresco en verano y cálido en invierno, este restaurante a modo de cueva está construido en la ladera de una montaña, en la región vinícola de Cabrière (cuyos productos pueden degustarse en la bodega anexa). Se sirve aquí una excelente cocina contemporánea y de fusión.
120 · Cerrado C invierno dom.-juev. · P

REUBEN'S
$$
OUDE STALLEN CENTER, 19 HUGUENOT ST.
TEL. 021/876-3772
Bar y restaurante con vigas vistas de madera en el techo y cocina también a la vista. El mismo menú se sirve para el almuerzo y para la cena, y cambia todos los días. Se ofrece desde caza, como antílope saltador o pintada común, hasta platos de tallarines y pescado al estilo asiático.
150 · P

TOPSI & CO
$$
7 RESERVOIR ST. W.
TEL. 021/876-2952
En medio de los caros restaurantes de gourmet existentes en Franshhoek, Topsi ofrece excelente comida sudafricana a precios razonables. Podrá comer productos de temporada como *bredie*, *bobotie* de mejillones o pescado en escabeche en un agradable entorno.
45 · Cerrado A y C mar. · P

ALGO ESPECIAL

BOSCHENDAL WINE ESTATE
$-$$$
PNIEL RD. (R310), GROOT DRAKENSTEIN

Hotel · Restaurante · Habitaciones · Nº de plazas · P Aparcamiento · Cerrado

TEL. 021/870-4272
www.boschendal.com
El principal atractivo de Boschendal es la belleza del lugar. La bodega ofrece varias posibilidades: un almuerzo elegante con precio fijo en su restaurante; una comida ligera en la terraza de **Le Café**; o una cesta con patés, carne fría y queso para comer sentados en la hierba en **Le Pique Nique**.
120/180 P No hay servivio de pícnic en junio-agos.

GEORGE

THE MANOR HOUSE AT FANCOURT
$$$$$ * * * * *
DESDE LA R404, AL OESTE DE GEORGE
TEL. 044/804-0000
www.fancourt.co.za
Sea o no aficionado al golf, puede hospedarse en este lujoso hotel instalado en el magnífico campo de golf de Fancourt. El hotel, que ocupa una casa del siglo XIX monumento nacional, dispone de seis restaurantes, un *spa* de salud y belleza con sauna, baños turcos y gimnasio.
34 210 P

OAKHURST MANOR HOUSE HOTEL
$$-$$$ * * *
MEADE Y CATHEDRAL STS.
TEL. 044/874-7130
www.oakhursthotel.co.za
Este hotel de estilo rural con tejado de paja está situado en el centro de George y dispone de cómodas habitaciones de luminosa decoración, todas ellas con baño. El restaurante sirve desayunos y cenas.
25 50 P

OLD TOWNHOUSE RESTAURANT
$$
ESQUINA DE MARKET Y YORK STS.
TEL. 044/874-3663
Instalado en una casa solariega de 1848, este establecimiento sirve comida sana con ingredientes frescos. Uno de los mejores platos son las chuletas de cerdo al estilo marroquí con especias y un relleno de queso azul. Entre los postres se incluye un delicioso helado casero.
60 P Cerrado A sáb.-dom., C dom.

MARGOT'S BISTRO
$-$$
63 ALBERT ST.
TEL. 044/874-2950
Este restaurante de tipo *bistrot* está en una casa decorada con vivos colores. Durante el día la carta ofrece platos ligeros de pasta y ensaladas; por la noche, puede usted cenar un estofado mexicano de frijoles o cuello de cordero asado en salsa de vino tinto, con un *blintz* de queso y chocolate de postre.
70 P Cerrado A dom.-lun, C dom.-mar.; 2 semanas en julio

GREYTON

GREYTON LODGE
$$-$$$
52 MAIN ST.
TEL. 028/254-9800
www.greytonlodge.co.za
Tranquilo establecimiento rural que ofrece agradables habitaciones decoradas con color vivos, todas ellas con baño. Desde el jardín arbolado se tienen unas magníficas vistas de las montañas cercanas. En el restaurante se sirven comidas preparadas con productos frescos locales.
15 80 P

ALGO ESPECIAL

254
$$
8 DOMINES BOTHA ST.
TEL. 028/254-9373
Repartido entre las espaciosas habitaciones de una casa antigua con mobiliario de época, este hotel ofrece la mejor comida de la zona. Todos los platos, ya sean currys suaves, pescados o carnes, están preparados con los ingredientes más frescos. No tiene licencia para bebidas alcohólicas, de modo que lleve su propio vino. Se necesita reserva; no se aceptan tarjetas de crédito.
50 Cerrado dom.-mar.
P

OAK & VIGNE
$-$$
DOMINES BOTHA ST.
TEL. 028/254-9037
Muy concurrido en verano por su sombreado patio y en invierno por su agradable fuego, es el lugar perfecto para un desayuno, un *brunch* o una comida ligera. Se ofrecen desayuno inglés y continental y, para el almuerzo, sopas, suaves *quiches*, ensaladas y bocadillosz.
140

HERMANUS

THE MARINE HERMANUS HOTEL
$$$-$$$$$ * * * * *
MARINE DR.
TEL. 028/313-1000
www.marine-hermanus.co.za
Este lujoso hotel, en lo alto de un acantilado, es el mejor situado de Hermanus. Desde las ventanas del salón y del área de restaurantes y desde los jardines pueden verse las ballenas surcar el océano. El tipo de alojamiento va desde habitaciones dobles estándar hasta lujosas suites. Tres restaurantes sirven productos del mar y cocina sudafricana moderna, como solomillo de antílope saltador flambeado.
42 100 P

AUBERGE BURGUNDY
$$$ * * * *
16 HARBOUR RD.
TEL. 028/313-1201
www.auberge.co.za
Admire las vistas desde el balcón de su habitación en este hotel de estilo provenzal, situado cerca del centro de la población y a un paseo del acantilado y del viejo puerto. Las habitaciones tienen un bonito mobiliario en colores suaves. Los amantes del sol disfrutarán en la piscina.
18 P

MISTY WAVES HOTEL
$$-$$$ * * * *
40 FERNKLOOF DR.
TEL. 028/313-8460
www.hermanusmistybeach.co.za
El hotel está situado junto a los mercadillos y tiendas del centro de la población y ofrece

unas magníficas vistas del mar y de las ballenas cuando es temporada. Todas las habitaciones tienen balcón y, algunas, cama con dosel. Desayunos y cena a la carta en el mismo edificio.
24

BROWN JUG
$-$$ * * *
18 MUSSON ST.
TEL. 028/312-2220
www.brownjug.co.za
Le será difícil encontrar precios mejores que los de este *Bed and Breakfast* con jardín y piscina, a apenas tres manzanas del centro de la población y de los puntos de avistamiento de ballenas. Todas las habitaciones tienen baño y dos de ellas, cocina.
3

HARBOUR ROCK
$$-$$$
POR LA WESTCLIFF RD. HACIA NEW HARBOR
TEL. 028/312-2920
www.harbourrock.co.za
Desde este restaurante con bar, situado en un alto sobre el nuevo puerto, los comensales pueden ver cómo las ballenas, cuando llega la época de reproducción, saltan sobre el mar y se dejan de nuevo caer con gran estrépito. La carta ofrece prácticamente todo tipo de pescados y mariscos, cocidos o a la parrilla, así como *sushi* y platos de carne.
130

ALGO ESPECIAL

BIENTANG'S CAVE
$$
POR DEBAJO DE MARINE DR., ENTRE. OLD HARBOR Y MARINE HOTEL
TEL. 028/312-3454
www.bientangscave.com
El Bientang's ofrece una amplia variedad de buen pescado y marisco. Pero lo excepcional es su magnífica ubicación, en una cueva entre las rocas, al borde del océano. En temporada alta, se recomienda reservar.
200 Cerrado C dom.-jue.

ALGO ESPECIAL

HEAVEN
$$
BODEGAS NEWTON JOHNSON, EN LA R360, HEMEL-EN-AARDE VALLEY
TEL. 072/905-3947
www.newtonjohnson.com
Pegado a Hermanus hacia el interior, este establecimiento hace honor a su nombre. Situado en la cima de una colina, entre viñedos, Heaven ofrece magníficas vistas del campo, las montañas y el mar. La comida es estupenda, con especialidades como las pechugas de pollo rellenas de queso y arándanos y la ensalada de pera.
50 Cerrado A lun.

FUSION CAFÉ
$-$$
5 VILLAGE ST.
TEL. 028/312-4277
Desde su patio se tienen unas magníficas vistas de la bahía. La comida está en consonancia con el nombre del establecimiento, pues incluye platos como pizza con queso Brie, *mozarella*, queso azul e higos, hamburguesas cajún, solomillo de vacuno con *risotto* y setas salvajes y tallarines con pollo.
160 Cerrado C lun.

KNYSNA

ALGO ESPECIAL

PEZULA RESORT HOTEL
$$$-$$$$
LAGOONVIEW DR., EASTERN HEAD
TEL. 044/302-3333
www.pezularesorthotel.com
Pezula está situado en el punto más oriental de las dos Knysna Heads, con asombrosas vistas sobre el Índico y la Knysna Lagoon. Sus espaciosas y lujosas suites están decoradas al estilo africano contemporáneo. Amplia disponibilidad de actividades de ocio y deporte, así como de restaurantes, como el **Zachary's** (ver más adelante).
78

THE RUSSEL HOTEL
$$-$$$ * * *
UNITY, GRAHAM Y LONG STS.
TEL. 044/382-1052
www.russelhotel.co.za
Con una localización muy céntrica, a un paseo de los principales lugares de interés, este hotel ofrece habitaciones decoradas en blanco y tonos rojizos, con baños de mármol. Se sirven desayunos previa solicitud.
18

SLEEPERWOOD LODGE
$-$$
15 HILL ST.
TEL. 044/382-7855
www.sleeperwoodlodge.co.za
Situado en un alto, este hotel tiene unas estupendas vistas sobre Knysna y la laguna. Ofrece habitaciones tipo *Bed and Breakfast* y dos apartamentos con cocina. Depósito con tarjeta de crédito; resto en efectivo. El hotel solicita al huésped, a su llegada, un pequeño depósito para cubrir posibles desperfectos o la pérdida de llaves.
8 (2 apartamentos, 4 habitaciones)

ZACHARY'S
$$$-$$$$
PEZULA RESORT HOTEL, LAGOONVIEW DR., EASTERN HEAD
TEL. 044/302-3333
www.zacharys.co.za
Este establecimiento situado en un alto tiene unas maravillosas vistas de la Knysna Lagoon. La carta ofrece cocina contemporánea, como gambas con chile, anís y tomate, lentejas con panceta o pechuga de pato con setas.
80 Cerrado A dom.

DANIELA'S
$$
LEISURE ISLE LODGE, 87 BAYSWATER DR.
TEL. 044/384-0462
www.leisureislelodge.co.za
Las bonitas vistas de las colinas que rodean la Knysna Lagoon son el gran atractivo de este local, ubicado junto a ella. La decoración es animada y elegante y la oferta diaria breve pero excelente, con pescados, carnes y platos vegetarianos.
30 Cerrado dom.

ILE DE PAIN
$-$$
10 THE BOATSHED, THESEN HARBOR TOWN
TEL. 044/302-5707
En este agradable café-panadería comerá rodeado de muchos tipos distintos de pan. Es el lugar perfecto para un desayuno o un *brunch* dominical, y para almorzar.
85 P Cerrado lun. y agos.

OYSTERCATCHER
$-$$
PUERTO DEPORTIVO, KNYSNA QUAYS
TEL. 044/382-9995
Construido sobre pilares de madera en las aguas poco profundas de la laguna, es un buen lugar en el que darse un festín de las famosas ostras cultivadas de Knysna. Además de marisco, la carta ofrece diferentes ensaladas, pescados y platos de pollo.
64 P Cerrado en invierno cuando hace mal tiempo

MONTAGU

MIMOSA LODGE
$$-$$$ * * * *
CHURCH ST.
TEL. 023/614-2351
www.mimosa.co.za
Encantadora casa de estilo eduardiano con habitaciones dobles o suites con vistas a un precioso jardín. El restaurante debe su buena fama a platos como el *combo* de vaca y cordero del Karoo, la sopa de pato y los raviolis con setas.
16 36 P

ROUTE 62 KLOOF FARMSTALL & RESTAURANT
$
1 LONG ST.
TEL. 023/614-2209
Este restaurante abierto en una casa de campo, con jardín anexo al establo, es la parada ideal para una comida ligera. Pruebe el *uitsmijter* (huevos fritos sobre tostada y jamón), las deliciosas *crêpes* rellenas o los pasteles frescos.
110 P

MOSSEL BAY

POINT HOTEL
$$-$$$ * * * *
POINT RD.
TEL. 044/691-3512
www.pointhotel.co.za
Situado en un promontorio rocoso que se asoma al mar, este hotel ofrece habitaciones con baño y balcón con vistas al mar. Son habitaciones de estilo moderno, con toques de color.
52 90 P

CAFÉ GANNET
$$-$$$
BARTHOLOMEW DIAZ MUSEUM COMPLEX, MARKET ST.
TEL. 044/691-1885
www.oldposttree.co.za
El restaurante forma parte del complejo del Dias Museum y está ubicado en uno de los edificios más antiguos de la ciudad. La carta se centra en los pescados y mariscos: ostras, pescado fresco, calamares y algún que otro plato singular, como el filete de tiburón.
150 P

BAHIA DOS VA UEIROS
$$
DIAZ STRAND HOTEL, BEACH BLVD.
TEL. 044/692-8400
www.diazbeach.co.za
Este hotel-restaurante ofrece unas bonitas vistas del océano y de las Outeniqua Mountains. La decoración es delicada y elegante. La comida es de estilo internacional, con platos como langosta marinada con cinco especias o avestruz con ajo y *chutney* de jengibre.
70 P

OUDTSHOORN

MOOIPLAAS GUEST HOUSE
$$-$$$
MOOIPLAAS FARM, DESDE LA R328, 10 KM AL SUR DE OUDTSHOORN
TEL. 044/279-4019
www.mooiplaasguesthouse.co.za
Situada en el corazón de la región de los avestruces, cuenta con habitaciones limpias y decoradas con gusto, todas ellas con baño y algunas con aire acondicionado. La granja participa en visitas organizadas para conocer la cría de avestruces. Depósito con tarjeta de crédito; resto en efectivo.
8 P

QUEENS HOTEL
$$-$$$ * * * *
5 BARON VAN RHEEDE ST.
TEL. 044/272-2101
www.queenshotel.co.za
Se trata de un confortable hotel de aire antiguo que ocupa un bonito edificio victoriano, decorado con muebles de época y alfombras orientales. Todas las habitaciones con aire acondicionado. (Para el restaurante del hotel, **The Colony**, ver más adelante).
40 P

THE CELTIC BUSHMAN
$
29 VAN DER RIET ST.
TEL. 044/272-7937
www.celticbushman.com
Este simpático y agradable *Bed and Breakfast* cuenta con una localización céntrica y precios razonables. Las habitaciones tienen cierto estilo étnico bosquimano. Los huéspedes tienen acceso a la piscina y al jardín. Depósito con tarjeta de crédito; resto en efectivo.
5 P

KALINKA
$$-$$$
93 BARON VAN REEDE ST.
TEL. 044/279-2596
www.kalinka.co.za
La carta de Kalinka ofrece distintos platos de cocina actual con un toque sudafricano. Pruebe el cocodrilo preparado como *sashimi* o *carpaccio*, o el trío de antílipe saltador, kudú y avestruz. A diferencia de muchos restaurantes sudafricanos, este tiene unos deliciosos e imaginativos postres.
80 Cerrado 7 semanas junio-julio P

THE COLONY
$$
QUEENS HOTEL, 5 BARON VAN RHEEDE ST.
TEL. 044 272 2101
www. queenshotel.co.za
El The Colony evoca la elegancia del Viejo Mundo, con mue-

bles de época y mantelerías blancas. La carta ofrece buena comida, como entrantes de gambas y platos principales de cordero, bien cocinados y con buena presentación.
64 Cerrado 7 semanas julio-agos. P

CANGO CAVES RESTAURANT
$-$$
CANGO CAVES CENTER, SCHOEMANS HOEK
TEL. 044/272-7313
Este restaurante sirve desayunos y almuerzos, con unas magníficas vistas del Cango Valley. Al ser la región de los avestruces, la carta se centra en esta carne, preparada de distintas maneras (solomillo, hamburguesas y guisos). También hay otras carnes, como el cordero.
150 P

PAARL

GRANDE ROCHE
$$$$$ * * * * *
PLANTASIE ST.
TEL. 021/863-5100
www.granderoche.co.za
Esta bonita casa de campo del siglo XVIII de estilo holandé de El Cabo se halla en el corazón del Grande Roche. Sus lujosas habitaciones y suites, algunas con terraza privada, están desperdigadas por la propiedad. El restaurante Bosmans sirve comida selecta de carnes típicas del lugar: avestruz, cordero del Karoo y antílope saltador.
34 80 P

PONTAC MANOR
$$-$$$ * * * *
16 ZION ST.
TEL. 021/872-0445
www.pontac.com
Hotel de lujo instalado en un edificio histórico y rodeado de viejos robles y bonitos jardines. Los huéspedes pueden elegir entre habitaciones decoradas con temas africanos y otras más tradicionales. El restaurante ofrece cocina clásica con un toque sudafricano. Se puede comer dentro o fuera, en el patio encalado con unas magníficas vistas de Paarl Rock.
22 45 P Cerrado C dom.

LABORIE
$$
LABORIE WINE ESTATE, TAILLEFERT ST.
TEL. 021/807-3095
www.laborie.co.za
El mejor sitio para comer aquí en verano es la terraza sombreada por robles, con vistas sobre los viñedos. La carta propone pescado, pollo, pasta y comida tradicional sudafricana, con especialidades diarias.
120 P Cerrado 3 semanas en julio

MARC'S MEDITERRANEAN CUISINE & GARDEN
$-$$
129 MAIN RD., PAARL
TEL. 021/863-3980
Una excelente carta de vinos y el empleo exclusivo de productos frescos locales son las características por las que destaca el restaurante Marc's. La carta cambia constantemente, pero ciertos platos se mantienen, como los filetes de carne, la paella y los *meze*.
60 P Cerrado C dom.; 3 semanas en julio

PLETTENBERG BAY

ALGO ESPECIAL

KURLAND HOTEL
$$$$$ * * * * *
THE CRAGS, EN LA N2, 19 KM AL ESTE DE PLETTENBERG BAY
TEL. 044/534-8082
www.kurland.co.za
Este pequeño hotel de lujo, instalado en una casa de campo de 1885 rodeada de verdes prados y viejos robles, está amueblado con antigüedades y decorado con suntuosas telas importadas. En la finca que lo rodea hay un campo de polo y un *spa* totalmente equipado. En el comedor del hotel se sirve cocina de *gourmet*.
12 30 P

PLETTENBERG HOTEL
$$$$-$$$$$ * * * * *
40 CHURCH ST., LOOK OUT ROCKS
TEL. 044/533-2030
www.plettenberg.com
Situado en un promontorio con espectaculares vistas del mar, de las montañas y de las playas, este hotel ofrece alojamiento de lujo. Las habitaciones y suites, todas con aire acondicionado, están decoradas en blanco y suaves colores pastel. Entre las opciones gastronómicas se encuentra el **Sand Restaurant** (ver más adelante).
37 80 P

HALCYON HOUSE
$$-$$$ * * * *
30 RATTRAY HEAD AVE.
TEL. 044/533-2986
www.halcyonhouse.co.za
Casa de huéspedes que ofrece agradables y elegantes habitaciones con desayuno continental. Las habitaciones, todas con baño, tienen vistas al mar o acceso a un bonito patio.
4 P

THANDA VISTA
$-$$ * * * *
8 SUSAN ST.
TEL. 044/533-1796
www.thandavista.co.za
Este *Bed and Breakfast*, próximo a la Keurboom Lagoon, cuenta con cinco lujosas habitaciones con baño, decoradas en tonos cálidos. Los huéspedes pueden hacer uso del salón, de la biblioteca, de la conexión a Internet y de la azotea, desde la que se divisan las ballenas.
5 P

SAND AT THE PLETTENBERG
$$$
PLETTENBERG HOTEL, 40 CHURCH ST., LOOK OUT ROCKS
TEL. 044/533-2030
www.plettenberg.com
Este hotel-restaurante de ambiente marinero ofrece unas impresionantes vistas sobre la bahía. En la carta aparecen *tortellini* de hígado de pato, ceviche de salmón con albaricoque, pato glaseado con sirope de arce y solomillo de antílope saltador con membrillo.
80 P

FRANCO'S KITCHEN
$$
NOEL CENTER, MAIN ST.
TEL. 044/533-3693

Este restaurante se centra en la comida mediterránea e italiana, preparada con sencillez y con productos de temporada. Pruebe los calamares sobre espinacas con tomate, el pescado a la parrilla, la pizza *gourmet* o el *teriyaki* de cordero.
80 Cerrado A lun.-sáb., C dom.-lun. P

FU.SHI/BOMA TERRACE/CHEF'S BAR
$-$$
SHOP 9, THE UPPER DECK, 3 STRAND ST.
TEL. 044/533-6497
www.fushi.co.za
La base de este elegante local es la cocina de fusión internacional y asiática. En la BoMa Terrace podrá comer en la terraza, en el Chef's Bar podrá beber algo o tomar un tentempié a última hora de la noche, y en el restaurante Fu.Shi, saborear platos como las gambas salteadas con *wasabi* y anacardos o el *teriyaki* de carne de vaca con batata.
55 P

RISTORANTE ENRICO
$-$$
MAIN BEACH, KEURBOOMSTRAND
TEL. 044/535-9818
www.enricorestaurant.co.za
En ningún sitio estará más cerca del mar que en este espacioso y alegre restaurante-marisquería italiano ubicado en la playa. Entre sus singulares *antipasti* encontrará kudú con aguacate; como plato principal figuran las tradicionales pizzas, ternera al Marsala y *ossobuco*.
400 P

PRINCE ALBERT

SAXE-COBURG LODGE
$-$$
60 CHURCH ST.
TEL. 023/541-1267
www.saxecoburg.co.za
Relájese junto a la piscina o disfrute de las vistas de la montaña desde el jardín de este hotel que ocupa una casa victoriana de 1865. Dos habitaciones tienen cama con dosel y todas cuentan con baño privado. Los huéspedes pueden hacer uso del salón y de la biblioteca.
7 P

KOGGELMANDER
$$
61 CHURCH ST.
TEL. 023/541-1900
www.koggelmander.co.za
En esta casa del Karoo reconvertida podrá comer dentro o fuera, a la sombra de los árboles. En la carta hay platos tradicionales sudafricanos, como solomillo de avestruz o hamburguesas de cordero, y platos internacionales, como pastel de cuscús o pasta a la *puttanesca*.
35 P Cerrado A lun.

KAROO KOMBUIS
$-$$
18 DEURDRIFT ST.
TEL. 023/541-1110
El nombre significa «cocina del Karoo». Este establecimiento tiene fama por su cocina tradicional de El Cabo. En la carta figuran todos los platos típicos: pastel de pollo, *bredies* y *bobotie*. Una de sus especialidades es la pierna de cordero, muy bien cocinada y presentada. No tiene licencia de bebidas alcohólicas, de modo que lleve su propio vino.
Cerrado C dom. 18 P

ROBERTSON VALLEY

FRAAI UITZICHT 1798
$$-$$$
KLAAS VOODS EAST, DESDE LA R62, ENTRE ROBERTSON Y MONTAGU
TEL. 023/626-6156
www.fraaiuitzicht.com
Se trata de suites y casitas de campo con bonita decoración, situadas a la sombra de viejos robles entre los viñedos de esta finca. El restaurante ofrece buena comida, y la carta incluye platos como *tajine* marroquí de pollo, cordero del Karoo al vino tinto y salmón a la plancha con miel, jengibre y soja.
8 35 P Cerrado junio-agos.

CAFÉ MAUDE
$-$$
BON COURAGE WINE ESTATE, R317, AL ESTE DE ROBERTSON
TEL. 023/626-6806
www.boncourage.co.za
El mayor atractivo de este restaurante con jardín es el viejo y enorme pimentero que da sombra a la terraza. Su selecta carta incluye ensaladas y bocadillos con ingredientes como beicon, semillas de girasol y aguacate.
160 P Cerrado dom.

SEDGEFIELD

ALGO ESPECIAL

TENIQUA TREETOPS
$$-$$$ * * *
DESVÍO A KARATARA/ RUIGETVLEI DESDE LA N2 ENTRE SEDGEFIELD Y KNYSNA, Y CONTINUAR 15 KM
TEL. 044/356-2868
www.teniquatreetops.co.za
Estos alojamientos tipo cabaña con techo de lona, instalados en la copa de los árboles en medio del bosque, permiten vivir una experiencia única. Cada cabaña está equipada con baño y cocina, y tiene una terracita con magníficas vistas. (La estupenda página web de Teniqua describe exactamente cómo llegar hasta sus instalaciones y ofrece abundante información sobre el complejo.)
8 P

TRATTORIA DA VINCI
$$
WOODPECKER MALL, MAIN RD.
TEL. 044/343-1867
Este restaurante, uno de los preferidos por los lugareños, tiene en su cocina a todos los miembros de la familia propietaria. Los platos preferidos son pizza, pierna de cordero, escalope de cerdo con Marsala y salsa de setas, paella y sus excelentes postres.
65 P Cerrado C dom.

SOMERSET WEST

SOMERTON MANOR GUEST HOUSE
$$-$$$
13 SOMERSET ST., BRIDGEWATER
TEL. 021/851-4682
www.somerton.co.za
Esta casa de huéspedes ocupa un edifico con tejado de paja a dos aguas y está decorada con muebles de época y originales obras de arte. Relájese en el

lapa (área abierta para comer) con algún vino de su bodega, o en el jardín. También dispone de jacuzzi, sauna y sala de billar.
12

96 WINERY ROAD
$$-$$$
ZANDBERG FARM, WINERY RD. (DESDE LA R44)
TEL. 021/842-2020
www.zandberg.co.za
Este restaurante, que utiliza sólo productos locales y, siempre que puede, orgánicos, ofrece platos como tallarines con setas, *butternut squash* (calabaza), queso de cabra y semillas tostadas, pato y pastel de cerezas.
100 Cerrado C dom.

LADY PHILLIPS
$$-$$$
VERGELEGEN WINE ESTATE, LOURENSFORD RD.
TEL. 021/847-1346
www.vergelegen.co.za
Podrá sentarse fuera, en la terraza con vistas a los jardines de esta histórica bodega, o dentro, al amor del fuego. La carta ofrece cordero con salsa de romero y patatas gratinadas, pasta con salsa de salmón o mostaza y vino blanco.
100 Cerrado C

STELLENBOSCH

LANZERAC HOTEL & SPA
$$$$-$$$$$ * * * * *
LANZERAC RD.
TEL. 021/887-1132
www.lanzerac.co.za
Esta bodega de 300 años de antigüedad en la que está enclavado este lujoso hotel y *spa* se encuentra a las afueras de Stellenbosch. Las habitaciones tienen una decoración elegante e individualizada. Los visitantes y huéspedes pueden elegir entre distintos locales, interiores y exteriores, para comer y cenar.
48 200

D'OUDE WERF
$$$-$$$$ * * * *
30 CHURCH ST.
TEL. 021/887-4608
www.ouwewerf.com
Fundado en 1802, este histórico hotel está situado en el centro de la ciudad y ofrece lujosas suites con cuarto de baño y mobiliario antiguo. El restaurante, del año 1802, sirve platos tradicionales de la cocina sudafricana, como rabo de buey y *bobotie*.
32 130

DE OUDE RYNEVELD
$$ * * *
71 RYNEVELD ST.
TEL. 021/887-7221
www.deouderyneveld.com
Este coqueto *Bed and Breakfast*, a un paseo de la zona de tiendas y restaurantes, ocupa lo que fueron en el siglo XIX viviendas de esclavos. Las habitaciones, todas con baño, están decoradas en blanco y tonos pastel, con algún toque de color.
8 Algunas habitaciones

LE POMMIER
$$
ZORGVLIET WINE ESTATE, BANGHOEK VALLEY, HELSHOOGTE PASS
TEL. 021/885-1269
www.lepommier.co.za
La terraza ofrece vistas de los viñedos en verano; las habitaciones con chimenea proporcionan calor en invierno. En la carta hay platos tradicionales, como *bobotie* y *malva pudding* (una especie de bizcocho), pero también comida internacional.
100 Cerrado C lun.

VOLKSKOMBUIS
$$
AAN-DE-WAGEN RD.
TEL. 021/887-2121
www.volkskombuis.co.za
Éste es el mejor lugar de Stellenbosch donde se puede probar comida tradicional, como cordero del Karoo, *waterblommetjie, bredie, bobotie*, estofado de rabo de buey o solomillo de kudú. Un restaurante-jardín, **De Oewer**, ofrece comidas al aire libre a orillas del Eerste River.
85

DELHEIM GARDEN RESTAURANT
$-$$
DELHEIM WINE FARM, KNORHOEK RD. (DESDE LA R44)
TEL. 021/888-4607
www.delheim.com
Disfrute del desayuno, del almuerzo o simplemente de un té, rodeado de jardines, en esta bodega. La carta incluye platos ligeros, como bocadillos de jamón o salmón y ensalada, o más sustanciosos, como salchicha *bratwurst* con mostaza casera, curry de pollo malayo o pierna de cordero con salsa de vino y romero.
100

L'OLIVE
$-$$
OUDE HOEK CENTER, ANDRINGA ST.
TEL. 021/887-8985
Entre centros comerciales y tiendas de turistas, L'Olive ofrece la posibilidad de comer dentro del local o fuera, en la acera. La carta se basa en productos de temporada y cambia mensualmente. Podrá elegir entre pescado fresco, pastas y platos de carne preparados con salsa al pesto, ajo y verduras.
64 Cerrado C lun.

SWELLENDAM

HERBERG ROOSJE VAN DE KAAP
$$-$$$ * * *
5 DROSTDY ST.
TEL. 028/514-3001
www.roosjevandekaap.com
Esta casa georgiana con jardín ofrece elegantes habitaciones y buena comida. Su cocina prepara los principales platos malayos de El Cabo, pizzas, carnes y pollo con salsas al estilo francés.
9 46 Restaurante cerrado mediados de dic.-mediados de enero

TULBAGH

THE OLD TULBAGH HOTEL
$$-$$$$ * * * *
22 VAN DER STEL ST.
TEL. 023/230-0071
www.tulbaghhotel.co.za
Un edificio histórico es el que aloja este hotel tradicional que gestiona una familia. Las habitaciones son confortables y los huéspedes pueden disfrutar de la comida en el pub de estilo inglés o en el comedor con chimenea.
5 25

READERS RESTAURANT
$$
12 CHURCH ST.
TEL. 023/230-0087
Esta casa de estilo holandés de El Cabo con tejado de paja, la más antigua (1754) de Tulbagh, acoge huéspedes. La carta, de temporada, ofrece platos como chuletas de cerdo con uvas y cordero con jengibre.
60 P Cerrado A y C mar.; 3 semanas finales de julio

WELLINGTON

DIEMERSFONTEIN
$$-$$$
DIEMERSFONTEIN WINE ESTATE, JAN VAN RIEBEECK DR., R301 ENTRE PAARL Y WELLINGTON
TEL. 021/864-5060
www.diemersfontein.co.za
Esta bodega con jardín y bonitos árboles ofrece alojamiento y comida. En el restaurante, **Seasons,** pruebe la pasta del día o las manos de cordero, regado todo con el renombrado vino de sus viñedos.
21 105 P Algunas habitaciones

WILDERNESS

PALMS WILDERNESS GUEST HOUSE
$$$ * * * *
1 OWEN GRAND ST.
TEL. 044/877-1420
www.palms-wilderness.com
Palms se encuentra junto a los hermosos parajes naturales de Wilderness. Todas las habitaciones cuentan con acceso privado desde un frondoso jardín tropical con piscina. Dispone de restaurante y bodega con área al aire libre.
11 35 P

SERENDIPITY
$$-$$$ * * * * *
FREESIA AVE.
TEL. 044/877-0433
www.serendipitywilderness.com
Situada en el Wilderness National Park, a orillas del río Touw, esta casa de huéspedes tiene vistas a la laguna. Su restaurante, muy reputado, ofrece un menú de cinco platos que cambia a menudo, pero son platos habituales el avestruz, el kudú y el antílope saltador, además de sabrosos postres.
4 30 Restaurante cerrado C dom.; 2 semanas en julio P

EASTERN CAPE

ADDO ELEPHANT N. P.

Para más opciones, ver pág. 125.

MATYHOLWENI REST CAMP
$$
ACCESO DIRECTO DESDE LA N2, A 3 KM DE COLCHESTER
TEL. 042/468-0916
www.sanparks.org/parks/addo/camps/matyholweni/
Matyholweni ofrece alojamiento en bungalós con ducha y aseo, cocina totalmente equipada e instalaciones de barbacoa.
12 P

ADDO REST CAMP
$-$$
JUNTO AL ACCESO PRINCIPAL AL ADDO NATIONAL PARK
TEL. 042/233-8600
www.sanparks.org/parks/addo/camps/addo/
Ofrece varias modalidades de alojamiento, todas ellas con cocina completa: bungalós, habitaciones en casa de huéspedes, casitas de campo o cabañas en el bosque, con cocina totalmente equipada. Una opción más barata es un *rondavel*, con cocina compartida. Dispone de un restaurante a la carta.
46 80 P Varios alojamientos

EAST LONDON

QUARRY LAKE INN
$$ * * * *
QUARTZITE DR., DESDE PEARCE ST., THE QUARRY
TEL. 043/707-5400
www.quarrylakeinn.co.za
Hotel moderno y luminoso, situado a las afueras y con vistas sobre un pequeño lago. Todas las habitaciones tienen balcón o se abren a un jardín y están decoradas en un estilo moderno. El desayuno se sirve en el comedor o en la terraza.
16 P

SMOKEY SWALLOWS
$$-$$$
SHOP 11, CHESS GALLERIA, 20 DEVEREAUX AVE., VINCENT
TEL. 043/727-1349
Este acreditado restaurante ofrece platos como ensalada de gambas, pescado fresco y solomillo de vacuno, así como variados currys indios y platos vegetarianos. Pruebe la *tempura* de gambas y vieiras con helado de aguacate o el delicioso pollo cocinado con mantequilla.
50 P Cerrado dom.

AL MARE
$$
AQUARIUM COMPLEX, ESPLANADE RD.
TEL. 043/722-0287
Situado al borde del océano, con bonitas vistas al mar, Al Mare ofrece una variada selección de platos, entre ellos ensaladas, pastas, pizzas, carnes y combinaciones de pescado y marisco, además de un delicioso helado turco y pastel de queso con cítricos.
80 P Cerrado A sáb.-dom., C dom.

GRAHAMSTOWN

THE COCK HOUSE
$$ * * * *
10 MARKET ST.
TEL. 046/636-1287
www.cockhouse.co.za
Esta casa de huéspedes, ubicada en una casa del siglo XIX declarada monumento nacional, ofrece habitaciones dobles en el edificio principal y en los establos reconvertidos. El restaurante **Norden's,** en el edificio principal, ofrece una buena cocina tradicional sudafricana e internacional, como *carpaccio* de avestruz y solomillo de vacuno a la parrilla en un lecho de espinacas.
9 60 Restaurante cerrado A lun. P

MAXWELL'S
$$
38 SOMERSET ST.
TEL. 046/622-5119
Famoso por sus excelentes carnes locales, Maxwell's ofrece buenos bistecs, aves y pescados. Sus jardines proporcionan un

agradable entorno para los almuerzos. Pruebe el delicioso pastel marroquí suavemente picante.
66 Cerrado A sáb.-lun; C dom.-mar.; cerrado dic.

GRAAFF-REINET

DROSTDY HOTEL
$$$-$$$$ * * *
30 CHURCH ST.
TEL. 049/892-2161
www.drostdy.co.za
El magnífico edificio principal del hotel fue construido en 1806 como *drostdy*, es decir, Palacio de Justicia. Los huéspedes se alojan en las espaciosas habitaciones de época del palacio o de la vecina calle empedrada Stretch's Court. Las comidas se sirven a la luz de las velas en la sala de justicia original.
39 60 P

ANDRIES STOCKEN STRÖM GUEST HOUSE
$$$ * * * *
100 CRADOCK ST.
TEL. 049/892-4575
www.stockenstrom.co.za
Hotel ubicado en una bonita casa victoriana, con habitaciones y suites decoradas con luminosos colores. La carta del restaurante pone especial acento en las comidas regionales e incluye platos como el paté de hígado de avestruz, la ensalada de kudú ahumado con barquillo de sésamo y el lomo de cordero del Karoo.
6 12 P Restaurante cerrado C dom.

JEFFREY'S BAY

SEA WHISPER
$$
62 PETUNIA ST.
TEL. 082/489-9114
www.seawhisper.co.za
Situado en un alto y con amplias vistas sobre el mar, este *Bed and Breakfast* ofrece habitaciones pintadas de blanco con vivos toques de rojo y marrón. Los huéspedes que quieran hacerse sus propias comidas tienen a su disposición una cocina totalmente equipada.
6 P Algunas habitaciones

DE VISWIJF
$$-$$$
55 DIAZ RD.
TEL. 042/293-3921
Situado en el edificio de una antigua fábrica de pescado, este restaurante tiene vistas al mar. En su carta figuran pollo y chuletas ahumadas de cerdo, pero lo mejor es su amplia variedad de platos de marisco y pescado.
120 P Cerrado C dom.

KENTON-ON-SEA

HOMEWOODS
$$$
1 EASTBOURNE RD.
TEL. 046/648-2700
Homewoods goza de una magnífica situación, con una terraza con vistas sobre la playa y la desembocadura del río. La comida se basa en buenos platos estándar: hamburguesas, carne, costillas, calamares rebozados con arroz o patatas fritas. También se ofrecen *bobotie* y curry suave de cordero.
120 P Cerrado A lun., C dom.-lun.

LALIBELA

LALIBELA GAME RESERVE
$$$$
EN LA N2 ENTRE PORT ELIZABETH Y GRAHAMSTOWN
TEL. 041/581-8170
www.lalibela.net
Esta reserva de caza cuenta con tres lujosos hoteles: **Mark's Camp, Lentaba Lodge** y **Tree Tops**. El alojamiento es en todos los casos en bungalós con cuarto de baño y techo de paja o lona, a los que se accede desde jardines que se funden con la vegetación de monte bajo. Cada bungaló tiene su propia terraza para contemplar desde ella la vida salvaje. Comidas incluidas.
21 P

MOUNTAIN ZEBRA NP

MOUNTAIN ZEBRA NATIONAL PARK
$$
A 12 KM DE CRADOCK, DESDE LA R6
TEL. 048/881-2427
www.sanparks.org/parks/mountain/zebra
Ofrece alojamiento en medio del parque nacional, bien en *cottages* con cuatro camas, baño y cocina parcialmente equipada, bien en la casa de tres habitaciones con baño, capacidad para seis personas y cocina totalmente equipada. Dispone de restaurante a la carta con licencia y de tienda de venta de artículos básicos.
20 46 P

NIEU-BETHESDA

MURRAYFIELD GUEST HOUSE
$
GRAVE CON CHURCH ST.
TEL. 049/841-1693
Puede obtener información sobre la famosa Owl House (casa del Búho) de la localidad directamente de la propietaria, Anne, autora de un libro sobre el tema. Las habitaciones disponen de servicio de té y café; desayuno y cena previa petición. Depósito con tarjeta de crédito; resto en efectivo.
3 P

VILLAGE INN
$
JUNTO A LA OWL HOUSE
TEL. 049/841-1635
Un viejo edifico contiguo a la Owl House, el principal atractivo de la localidad, alberga este restaurante, abierto de la mañana a la noche. La comida es buena y sustanciosa, como cordero asado con arroz y curry o chuletas de cordero. También ofrece platos vegetarianos.
30 P

PORT ALFRED

PORTOFINO HOTEL
$$$ * * *
PARK RD.
TEL. 046/624-2223
www.portofinohotel.co.za
La terraza del hotel, que se abre sobre el pequeño puerto deportivo de la localidad, ofrece unas magníficas vistas del océano. Las habitaciones, todas con baño, están decoradas en suaves tonos pastel. Desayuno previa petición.
11 P

GUIDO'S
$-$$
WEST BEACH DR.
TEL. 046/624-5264
Dada su ubicación en la playa, en la desembocadura del río Kowie, Guido's se llena en verano. Las pizzas hechas en horno de leña, el pescado, los bistecs y las costillas constituyen el grueso de la carta.
450 P

PORT ELIZABETH

THE KELWAY HOTEL
$$-$$$ * * * *
BROOKES HILL DR., HUMEWOOD
TEL. 041/584-0638
www.thekelway.co.za
Este hotel de reciente inauguración ofrece habitaciones decoradas en tonos suaves. Su situación en un alto permite tener unas magníficas vistas del mar desde muchas habitaciones y desde la terraza del restaurante del hotel, **Farriagers.**
62 120 P
Algunas habitaciones

MILLBROOK HOUSE
$$ * * *
2 HAVELOCK ST., CENTRAL HILL
TEL. 041/582-3774
www.millbrookhouse.co.za
Situado en una zona tranquila del centro histórico de Port Elizabeth, este *Bed and Breakfast* ofrece habitaciones decoradas con gusto, la mayoría con baño, y conexión a Internet las 24 h.
4 P

34° SOUTH
$$
BOARDWALK COMPLEX, MARINE DR., SUMMERSTRAND
TEL. 041/583-1085
www.34-south.com
Disfrute de las vistas sobre el mar desde la terraza de este restaurante de comida mediterránea y *sushi*. Su extensa carta incluye desde sopas, *meze* y pescado fresco hasta platos a base de carne y jamón.
250 P

WICKER WOODS
$$
MOUNT CROIX, 99 CAPE RD., MILLPARK
TEL. 041/374-8170
Local instalado en una antigua y pintoresca casa que conserva sus bonitos suelos de pino de Oregón y su mobiliario original. La comida incluye entrantes de salmón y rollitos de primavera, platos principales con especias cajún, y postres como las bolas Lindt fritas.
50 Cerrado C dom.-lun.

SIBUYA GAME RESERVE

SIBUYA GAME RESERVE
$$$$
DESDE KENTON-ON-SEA, AGUAS ARRIBA DEL RÍO KARIEGA
TEL. 046/648-1040
www.sibuya.co.za
A Sibuya se llega en un barco que remonta las aguas del río Cariega desde Kenton-On-Sea. El alojamiento es en lujosas tiendas en los campamentos de **River Camp** y **Forest Camp.** Todas las tiendas están instaladas sobre plataformas elevadas de madera y cuentan con mosquitera y cuarto de baño. Las comidas se preparan sobre el fuego al aire libre.
9

DURBAN Y KWAZULU-NATAL

BALLITO

HOTEL IZULU
$$$-$$$$
REY'S PL.
TEL. 032/946-3444
www.hotelizulu.com
Este hotel ofrece alojamiento en lujosas suites. Podrá darse un paseo por los jardines, a la sombra de las palmeras, o dejarse cuidar en el *spa*. Los huéspedes pueden elegir entre distintos locales donde comer.
18 84 P

MOZAMBIK
$$
BOULEVARD CENTER, JACK POWELL ST.
TEL. 032/946-0979
Establecimiento informal al estilo de una cabaña de playa, con paredes ocre y mamparas de cañizo. Su comida portuguesa-mozambiqueña incluye higaditos de pollo *peri-peri*, ensalada de garbanzos y verduras asadas, pollo o gambas a la plancha con ajo o *peri-peri*.
105 P Cerrado A lun., C dom.

CLARENS

ALGO ESPECIAL

SEDIBA LODGES
$$-$$$
A 10 KM DE CLARENS, EN LA R711 HACIA FOURIESBURG
TEL. 058/256-1028
www.sedibalodge.co.za
Sediba consta de tres lujosos lodges con cocina, cuarto de baño y capacidad para seis personas. Dos de ellos están situados sobre una presa de truchas y el tercero en un alto con magníficas vistas. Las casas, perfectamente amuebladas, tienen comedor y salón.
7 P

CLEMENTINES
$$-$$$
315 CHURCH ST.
TEL. 058/256-1616
El luminoso exterior rojo y verde hace juego con el interior, también muy colorido. El patio ofrece magníficas vistas de las montañas de alrededor. Pruebe las gambas con cilantro y Pernod o la sopa *velouté* de pato.
50 Cerrado A y C lun.

CAFÉ MOULIN
$-$$
410 MAIN ST.
TEL. 082/690-1382
Este restaurante con espléndidas vistas de la montaña sirve comida tradicional del país. El precio depende de lo que coma; se puede elegir entre remolacha con pera, pasta con marisco y *butternut squash* (calabaza) con tomates secos.
80 Cerrado A mar.-miér., C dom.-miér. y en invierno

DURBAN

ALGO ESPECIAL

THE ROYAL
$$$$$
267 SMITH ST.
TEL. 031/333-6000
www.theroyal.co.za

Este hotel de portero con librea está situado en el centro de la ciudad y es toda una institución en Durban. Las habitaciones están decoradas en azul real con acabados en madera clara y el hotel alberga varios bares y restaurantes. Los más conocidos son el **Ulundi Restaurant,** que sirve buena cocina india, y el **Royal Grill,** que ofrece comida clásica y contemporánea.
251 P

BEVERLY HILLS
$$$$
71 LIGHTHOUSE RD., UMHLANGA ROCKS
TEL. 031/561-2211
www.southernsun.com
Casi en la playa, con vistas sobre el océano Índico, es el sitio perfecto para una estancia a orillas del mar. El restaurante del hotel, el **Sugar Club,** ofrece vistas panorámicas del mar y sirve comida ligera y platos más sustanciosos, como gambas en leche de coco y costillas asadas.
89 P

SOUTHERN SUN ELAN GENI
$$$-$$$$ * * * *
63 SNELL PARADE
TEL. 031/362-1300
www.southernsun.com
Este gran hotel de playa ofrece espléndidas vistas del océano desde las habitaciones de las plantas superiores. El restaurante del hotel, **Daruma,** con decoración de estilo zen, sirve auténtica cocina japonesa, con una amplia variedad de platos de *tempura* y *sushi.* También cuenta con un restaurante indio y con otro de tipo bufé que sirve desayunos y comidas.
449 380 P

BLUE WATERS HOTEL
$$-$$$ * * *
175 SNELL PARADE
TEL. 031/327-7000
www.bluewatershotel.co.za
Este establecimiento ofrece alojamiento con una buena relación calidad-precio al borde de la playa. Todas las habitaciones tienen balcón con bonitas vistas del océano. Se puede comer a la carta o tipo bufé.
278 250 P

JOAN'S BED & BREAKFAST
$$ * * * *
3 MATHIAS PL., DURBAN NORTH
TEL. 031/563-3220
www.joansbxb.co.za
Este *Bed and Breakfast* de categoría superior está situado muy cerca de los principales lugares de interés turístico, entre el centro de la ciudad y el complejo playero de Umhlanga. Todas las habitaciones tienen acceso privado y aire acondicionado.
7 P

RIDGEVIEW LODGE
$$ * * * * *
17 LOUDOUN ST., BEREA
TEL. 031/202-9777
www.ridgeview.co.za
Decorado en un estilo tradicional, este lodge ofrece habitaciones lujosas y tranquilas junto al centro de la ciudad. Disfrute de su sugestivo jardín tropical y de las bonitas vistas de la ciudad. Se sirven desayunos.
7 P

ALGO ESPECIAL

9TH AVENUE BISTRO
$$-$$$
SHOP 2, AVONMORE CENTER, 9TH AVE., MORNINGSIDE
TEL. 031/312-9134
Este galardonado restaurante está decorado con elegancia y ofrece una carta breve, pero que cambia con frecuencia y que se centra en una cocina continental de fusión. Pruebe el lomo de antílope saltador a la parrilla sobre zanahorias con jengibre, la ternera con ciruelas y setas y la sopa fría de bayas.
65 P Cerrado A sáb.-lun., C dom.

HEMINGWAY'S
$$
131 DAVENPORT RD., GLENWOOD
TEL. 031/202-4906
Decorado en un insólito estilo afrolatino, Hemingway's ocupa las habitaciones y la terraza de una casa totalmente reformada. La comida es internacional e incluye desde caracoles, berenjenas con parmesano y nachos hasta comida italiana y portuguesa, marisco y pescado.
75

OYSTER BAR/ ZENBI SUSHI
$$
WILSON'S WHARF, VICTORIA EMBANKMENT
TEL. 031/307-7883
Colgada sobre el agua en el pequeño puerto deportivo de Durban, la terraza de este establecimiento tiene unas magníficas vistas. Se ofrecen ostras frescas procedentes de Knysna y la costa oeste, así como gambas y una selección de platos de *sushi* y *sashimi.*
60 P

SOCIETY
$$
HOLLIS HOUSE, 178 FLORIDA RD., MORNINGSIDE
TEL. 031/313-3213
Instalado en una bonita casona antigua y decorado con mucho colorido, al estilo del Pacífico, Society ofrece básicamente cocina asiática y de fusión, con platos de *sushi* y tortitas vietnamitas de arroz, lomo de antílope saltador con mango y pato sechuán. En la planta superior, un bar y un salón ofrecen espectáculos en directo.
70 P Cerrado A dom.-lun., C dom.

SPIGA D'ORO
$$
200 FLORIDA RD., MORNINGSIDE
TEL. 031/303-9511
Disfrute del desayuno, la comida o la cena fuera, en la bulliciosa acera, o dentro, en el espacioso y moderno local de este restaurante italiano. El menú ofrece una amplia variedad de comida internacional, con todo tipo de pizzas y pastas, además de platos de pollo y vacuno.
120

BEAN BAG BOHEMIA
$-$$$
18 WINDERMERE RD., MORNINGSIDE
TEL. 031/309-6019

Local luminoso, espacioso y artístico instalado en una casa antigua que es monumento nacional, con bar y patio para comer al aire libre. El menú incluye comidas ligeras (hamburguesas y pizzas) y platos más elaborados de cocina mediterránea y de fusión.
200

INDIAN CONNECTION
$-$$
485 WINDERMERE RD., MORNINGSIDE
TEL. 031/312-1440
www.indian-connection.co.za
En una ciudad con numerosos restaurantes indios, éste es uno de los mejores. Repartido entre las habitaciones de una casa antigua, sirve fundamentalmente platos del norte de la India, como varios tipos de *breyanis* y currys de cordero, pollo y pescado, con los acompañamientos tradicionales.
80 P

LITTLE INDIA
$-$$
155 MUSGRAVE RD., MUSGRAVE
TEL. 031/201-1121
Este restaurante cubre todo el espectro de la cocina india, de norte a sur. Entre los platos del norte se incluyen *breyanis*, *tandoori* y *tikka* de pollo; entre los del sur, desde platos de verduras hasta currys de pescado.
175 P

SNAP WINE BAR
$-$$
41 MARRIOTT RD., BEREA
TEL. 031/309-4160
Este local de moda ofrece más de 70 vinos sudafricanos, 9 de ellos por copas, y organiza actuaciones en directo. En la carta figuran entrantes de cocina mediterránea y hamburguesas selectas, pollo cajún y platos de pescado.
70 P Cerrado A sáb.-lun., C dom.; 2 semanas finales de dic.

MANNA
$
40 MARRIOTT RD., MORNINGSIDE
TEL. 031/309-8581
Bullicioso local para desayunos y almuerzos, con un patio sombreado. Aunque puede que le cueste trabajo llegar hasta su mesa, la comida es sana. Pruebe el rollo de pollo con chile dulce y pimientos asados, la hamburguesa de lentejas al sésamo con mayonesa y remolacha o las sabrosas tortitas de pescado.
100 Cerrado dom.

FREE STATE

HALEVY HERITAGE HOTEL
$$$-$$$$ * * * *
CRUCE DE MARKGRAAFF ST. Y CHARLES ST.
TEL. 051/403-0600
www.halevyheritage.com
Este hotel, situado en el corazón de la ciudad, empezó a funcionar como humilde casa de huéspedes en 1893. En la actualidad ofrece lujosas habitaciones. En los dos restaurantes del hotel se sirven desayunos, comidas y cenas.
21 62 P

DE OUDE KRAAL COUNTRY HOUSE
$$-$$$ * * * *
35 KM AL SUR DE BLOEMFONTEIN POR LA N1
TEL. 051/564-0733
www.oudekraal.co.za.
Instalado en una granja de ovejas, Oude Kraal ofrece habitaciones con chimenea, baño, patio particular y, algunas de ellas, calefacción por suelo radiante. El restaurante tiene un menú de cinco platos de precio fijo, centrado en especialidades sudafricanas.
10 30 P

PROTEA HOTEL
$$-$$$ * * * *
202 NELSON MANDELA DR., BRANDWAG
TEL. 051/444-4321
www.proteahotels.com
Miembro de un grupo hotelero nacional, este establecimiento se encuentra en el centro del área de negocios. Ofrece habitaciones modernas y luminosas, todas ellas con baño y aire acondicionado. El hotel cuenta con un restaurante, el **Amoretta.**
94 65 P

OOLONG LOUNGE
$$
16A SECOND AVE., WESTDENE
TEL. 051/448-7244
El elegante interior de este local, con decoración en blanco, negro y cristal, crea un ambiente internacional. Permanece abierto para almorzar y cenar y, por la noche, para tomar un cóctel. La carta ofrece cocina de fusión oriental, con brochetas tailandesas de carne al curry suave, currys indios y *sushi.*
60 P Cerrado dom.

HOWICK

FERN HILL HOTEL
$$-$$$ * * *
EN LA R103, MIDMAR/TWEEDIE/HOWICK
TEL. 033/330-5071
www.fernhillhotel.co.za
Ubicado entre jardines con viejos árboles, helechos y estanques, este hotel ofrece a sus huéspedes la tranquilidad del campo. El histórico edificio principal fue en origen un puesto de comercio. Las habitaciones están decoradas en colores cálidos. Se sirven desayunos, almuerzos y cenas.
35 65 P

YELLOWWOOD CAFÉ
$-$$
1 SHAFTON RD.
TEL. 033/330-2461
Ubicado en una antigua y agradable casa de labranza con un jardín alrededor, el Yellowwood sirve comidas desde el desayuno hasta la cena. La breve carta de temporada ofrece platos como *Camembert parcels*, rabo de buey y pierna de cordero.
120 P Cerrado lun.

PIETERMARITZBURG

PROTEA HOTEL IMPERIAL
$$-$$$ * * *
224 JABU NDLOVU ST.
TEL. 033/342-6551
www.proteahotels.com
Instalado en un edificio centenario, este hotel ofrece la amplitud de las construcciones de épocas pasadas. Sin embargo, las habitaciones son modernas. El hotel tiene restaurante.
70 120 P

THE BUTCHERY PUB & GRILL
$$
101 ROBERTS RD.
TEL. 033/342-5239
Steak house rústica, especializada en carnes de calidad. La protagonista es aquí la carne, con platos como rabo de buey, pierna de cordero, chuletas, solomillos y codillo. Para almorzar puede pedir algo menos potente, como salchichas con puré de patatas.
200 P Cerrado una semana final dic.

EATON'S ON EIGHTY
$$
80 ROBERTS RD.
TEL. 033/342-3280
Encontrará aquí un ambiente de sencilla elegancia: ladrillo visto, candelabros negros y paredes blancas. Su breve carta ofrece especialidades diarias, entre las que se incluyen pechuga de pollo rellena de setas y jamón, o ternera Wellington con nueces de Macadamia.
40 P Cerrado A sáb.-mar., C dom.-lun.

ST. LUCIA

MAKAKATANA BAY LODGE
$$$$$ * * * *
LOT 1 MAKAKATANA, WESTERN SHORES, ISIMANGALISO WETLAND PARK
TEL. 035/550-4189
www.makakatana.co.za
Se trata del único hotel de gestión privada existente dentro del iSimangaliso Wetland Park. Makakatana ofrece habitaciones con baño y vistas al lago, al bosque o a los humedales. El hotel cuenta con terrazas con hermosas vistas, un salón central, comedor y *boma* (área para cocinar y comer al aire libre).
6 P

UMLILO LODGE
$$ * * * *
9 DOLPHIN AVE.
TEL. 035/590-1717
www.umilodge.co.za
Este agradable y acogedor establecimiento ofrece alojamiento de estilo safari a un paseo de las propuestas turísticas de St. Lucia. Los clientes pueden dejar pasar el tiempo en la terraza junto a la piscina y, previa petición, disfrutar de una comida en el *boma* (área de cocina y restaurante al aire libre).
11

SOUTHBROOM

FIGTREE LODGE
$$-$$$ * * *
30 NORTH RIDGE RD.
TEL. 039/316-6547
www.figtreelodge.co.za
Ubicado entre una frondosa vegetación subtropical, el hotel ofrece cuatro habitaciones con baño. Bonitas vistas desde las terrazas del hotel, unas cubiertas y otras descubiertas. Se sirven desayunos. Depósito con tarjeta de crédito; resto en efectivo.
4 P

TRATTORIA LA TERRAZZA
$$
UMKOBI LAGOON, 17 OUTLOOK RD.
TEL. 039/316-6162
El restaurante goza de una buena situación, con vistas sobre la Umkobi Lagoon y comedor interior para los días de mal tiempo. En la carta figuran platos italianos estándar como pizzas y pastas, pero también chuletones, pescado y pollo.
120 P Cerrado A lun.-mar.; C dom.-lun.; y 2 semanas en abril

UKHAHLAMBA-DRAKENSBERG N. P.

En los complejos turísticos y campamentos gestionados por la organización Ezemvelo KwaZulu-Natal Wildlife se ofrece una amplia variedad de alojamientos. Aquí se facilita sólo una selección de campamentos. La mayor parte de ellos proporcionan alojamiento en bungalós y cabañas independientes, con cocina y barbacoa. Para conseguir una lista completa y más detalles, consulte la página web *(www.kznwildlife.com)*. Tenga en cuenta que todas las reservas han de pagarse por adelantado.

GIANT'S CASTLE CAMP
$$-$$$
DESDE LA N3, A 65 KM DE ESTCOURT Y A 64 KM DE MOOI RIVER
TEL. 036/353-3718
En su mayor parte, la modalidad de alojamiento es en bungalós de dos camas, con baño, cocina totalmente equipada y salón-comedor. Existen asimismo algunos bungalós de cuatro y seis plazas, con el mismo equipamiento. El complejo cuenta con tienda, restaurante y bar.
43 56 P

LOTHENI
$$
A 50 KM DE UNDERBERG, A 62 KM DE NOTTINGHAM RD.
TEL. 033/702-0540
Alojamiento en bungalós independientes, todos ellos con baño y cocina equipada. Los clientes pueden elegir entre bungalós para dos, tres o seis personas. Lotheni cuenta con una tienda en la que se vende todo lo básico.
14 P

THENDELE CAMP
$$
ROYAL NATAL NATIONAL PARK, A 6 KM DE LA PUERTA DE ACCESO
TEL. 036/438-6411
Los visitantes que acuden a Thendele pueden elegir entre bungalós para dos o cuatro personas y cabañas de seis plazas, todos con baño. Los bungalós tienen cocina propia, mientras que en las cabañas un cocinero de la organización prepara la comida. También existe una tienda.
29 P

INJISUTHI
$-$$
SECCIÓN NORTE DE LA GIANT'S CASTLE AREA, A 5 KM DEL ACCESO INJISUTHI GATE
TEL. 036/431-7848
Injisuthi dispone de 15 bungalós independientes, cada uno de ellos con capacidad para cuatro personas. Cada bungaló tiene baño, cocina totalmente equipada y salón con chimenea. Hay una tienda de venta de artículos básicos.
15 P

KRUGER Y MPUMALANGA

BARBERTON

BARBERTON MANOR GUEST HOUSE
$$ * * * *
81 SHEBA RD.
TEL. 013/712-4826
www.barbertonmanor.com
Esta mansión, construida en 1927 según un proyecto del arquitecto Herbert Baker, conserva su aire de época, con techos de acero y grandes chimeneas. Las habitaciones han sido reformadas y todas ellas tienen cuarto de baño.
3

BYE APART ATE
$-$$
27 DE VILLIERS ST.
TEL. 013/712-2846
Ubicado en una vieja casa de Barberton, este restaurante sirve buena comida tradicional, con cierto toque portugués. Pruebe las tiras de carne sazonada o su especialidad, una fuente de marisco y pescado fresco.
100 Cerrado C. mar.

DULLSTROOM

PEEBLES COUNTRY RETREAT
$$$$-$$$$$ * * * * *
LYON CACHET
Y BOSMAN STS.
TEL. 013/254-8000
www.peebles.co.za
Este hotel, que lleva una familia, ofrece lujosas habitaciones, todas ellas con chimenea, cuarto de baño con gran bañera, comedor propio y patio. Peebles dispone de bar y restaurante. Los clientes tienen acceso exclusivo a una de las mayores instalaciones de Dullstroom para la pesca con mosca.
10 35

MRS. SIMPSON'S RESTAURANT
$-$$
194 TEDING VAN BERKHOULD ST.
TEL. 013/254-0088
www.mrssimpsons.co.za
Con una decoración muy *kitsch* como homenaje al duque y la duquesa de Windsor, este local sirve una comida excelente. Pruebe el *carpaccio* de antílope saltador, los mejillones y las gambas al estilo marroquí o las chuletas de cerdo a la parrilla con albaricoques y miel.
60 Cerrado mar.-miér. y C dom.

HAENERTSBURG

RED PLATE
$-$$
161 RISSIK ST.,
HAENERTSBURG VILLAGE
TEL. 083/305-2851
Restaurante decorado con mucho color y dotado de terraza. La carta cambia con frecuencia, pero siempre incluye sopas y pescados. Los platos insignia de la casa son la hamburguesa de cordero con aguacate y el pescuezo de cerdo con manzana, miel y mostaza.
70 Cerrado A y C mar.; miér., vier. C; dom.

HAZYVIEW

BLUE MOUNTAIN LODGE
$$$$$ * * * * *
EN LA R514 HACIA KIEPERSOL
TEL. 013/737-8446
www.bluemountainlodge.co.za
Este lujoso hotel rural dispone de habitaciones decoradas cada una de ellas en un estilo distinto, provenzal, africano o «Camelot», algunas con piscina privada. El restaurante ofrece un menú de cinco platos, que incluye pescado fresco, pasta y platos de venado.
15 34

RISSINGTON INN
$$-$$$ * * * *
EN LA R40, FUERA DE HAZYVIEW
TEL. 013/737-7700
www.rissington.co.za
Tranquilo hotel de techo de paja con habitaciones y suites, instalado en 4 ha de jardines. Las bonitas y espaciosas habitaciones están amuebladas en estilo rústico, con baño y ducha. El restaurante ofrece menú a la carta, que incluye estofado de venado, platos de pollo y de pescado y, como opción vegetariana, pasta de verduras con vermú.
16 40

KRUGER NATIONAL PARK

El Kruger National Park tiene la extensión de un pequeño país, con una amplia variedad de tipos de alojamiento. La mayor parte de los establecimientos se encuentran dentro de la categoría $$, con algunos alojamientos algo más baratos o algo más caros. La lista que se ofrece a continuación es sólo una muestra representativa que cubre las principales áreas del parque. Para más detalles, consultar las páginas sobre el Kruger de la web de South African National Parks *(www.sanparks.org)*, así como el apartado sobre el Kruger National Park, págs. 176-184. Las reservas deben realizarse con antelación y con una tarjeta de crédito.

Southern Kruger

BERG-EN-DAL
$$-$$$$
A 12 KM DEL ACCESO POR MALELANE GATE
TEL. 013/735-6106
Los tipos de alojamiento van de bungalós de tres plazas y casas unifamiliares de seis plazas hasta lujosas casas de huéspedes para un máximo de ocho personas en la mejor ubicación del campamento. Todas las modalidades de alojamiento disponen de cocina y aire acondicionado. El campamento tiene tienda, restaurante y cafetería.
95

SKUKUZA
$-$$$$
A 39 KM DEL ACCESO POR
PHABENI GATE
TEL. 013/735-4152
Skukuza, el mayor de los campamentos del Kruger, tiene la extensión de un pequeño pueblo; sus instalaciones incluyen dos restaurantes, una tienda de *delicatessen*, banco e instalaciones comunes. Ofrece alojamiento en cabañas con techo de paja y baño, alguna de ellas con cocina, en casas totalmente

equipadas o en lujosos chalés con varias habitaciones.
230 270 Varios chalés

Central Kruger

OLIFANTS
$$-$$$$
A 83 KM DEL ACCESO POR PHALABORWA GATE
TEL. 013/735-6606
Dispone de bungalós de dos y cuatro plazas con baño, algunos de ellos con *kitchenette* y otros con cocinas totalmente equipadas, y de espaciosas y lujosas casas con capacidad para ocho personas. Algunos alojamientos tienen cocina y magníficas vistas, de modo que manifieste sus preferencias a la hora de reservar. Dispone de restaurante, tienda y cafetería.
109 56

SATARA
$$-$$$$
A 48 KM DEL ACCESO POR ORPEN GATE
TEL. 013/735-6306
Podrá elegir entre bungalós de dos o tres plazas, con cuarto de baño y cocina, cabañas de cinco o seis plazas con la misma dotación, o tres lujosas casas con una situación privilegiada. El campamento dispone de supermercado, restaurante y tienda.
151 75

LETABA
$-$$$$
A 51 KM DEL ACCESO POR PHALABORWA GATE
TEL. 013/735-6636
Las modalidades de alojamiento son: cabañas y tiendas de campaña equipadas, con instalaciones comunes de baños y cocina; bungalós con baño y cocina, para dos o tres personas; y casas y chalés más grandes. El campamento dispone de restaurante, supermercado y cafetería.
113 44 En algunos alojamientos

Northern Kruger

BATALEUR
$$$
A 140 KM DEL ACCESO POR PHALABORWA GATE
TEL. 013/735-6843
Batalear, uno de los campamentos más pequeños del *bushveld*, ofrece cabañas de cuatro y seis plazas, con cocina equipada. Conviene señalar que no dispone de restaurante y que la pequeña tienda no vende alimentos. Los clientes deben llevar sus provisiones.
7 En algunas

PUNDA MARIA
$$-$$$
A 10 KM DEL ACCESO POR PUNDA MARIA GATE
TEL. 013/735-6873
Dispone de tiendas de campaña equipadas, con baño e instalaciones para cocinar, bungalós de dos y tres plazas con baño, unos con cocina y otros sin, y bungalós más amplios, para seis personas, totalmente equipados. Dispone de restaurante, cafetería y tienda.
31 20 En algunos tipos de alojamiento

SHINGWEDZI
$-$$$$
A 71 KM DEL ACCESO POR PUNDA MARIA GATE
TEL. 013/735-6806
Este campamento ofrece cabañas rústicas de tres plazas con cocina y baños comunes, bungalós independientes para 2-5 personas con cocina cubierta o al aire libre, una cabaña de cuatro plazas y una lujosa casa para tres personas, estas dos últimas totalmente equipadas. El campamento cuenta con tienda, restaurante y cafetería.
66 24 En algunos tipos de alojamiento

LODGES EN EL KRUGER Y ALREDEDORES

Para más opciones, ver págs. 182-184.

LUKIMBI SAFARI LODGE
$$$$$
A 26 KM DEL ACCESO POR MALELANE GATE
TEL. 011/431-1120
www.lukimbi.com
Este hotel, situado en la parte meridional del Kruger National Park, ofrece 16 lujosas suites decoradas en un estilo africano contemporáneo, todas ellas con cuarto de baño, aire acondicionado y terraza con vistas al río, y la mayoría con piscina privada. Todas las comidas están incluidas en el precio
16

SINGITA BOULDERS & SINGITA EBONY
$$$$$
EN SABI SAND RESERVE, A 64 KM DE HAZYVIEW POR LA R536
TEL. 021/683-3424
www.singita.com
En el área de Sabi Sand hay dos hoteles que ofrecen lujosas habitaciones y vistas de la reserva de caza, por encima del Sand River. Todas las suites tienen aire acondicionado y piscina propia, salón con chimenea, cuarto de baño y ducha exterior. El precio incluye todas las comidas.
24

JOCK SAFARI LODGE
$$$$
DENTRO DEL KRUGER, A 35 KM DEL ACCESO DE MALELANE GATE
TEL. 041/407-1000
www.jocksafarilodge.com
Cerca del extremo sur del Kruger, este hotel está dividido en dos complejos, **Main Jock** y **Little Jock**, situados a menos de 1,6 km de distancia. Las lujosas suites, con techumbre de paja y aire acondicionado, tienen baño y ducha exterior y terraza con vistas al río y a la reserva de caza; la mayoría disponen de piscina privada. Las comidas están incluidas.
15

SINGITA LEBOMBO & SINGITA SWENI
$$$$
DENTRO DEL KRUGER, A 64 KM DEL ACCESO ORPEN GATE
TEL. 021/683-3424
www.singita.com
Estos lujosos hoteles se encuentran en el sudeste del Kruger, en la frontera con Mozambique. Las suites, muy bien decoradas, están construidas sobre plataformas elevadas, por lo que ofrecen unas vistas estupendas. Todas las habitaciones tienen aire acondicionado, frigorífico, cuarto de baño y ducha exterior. Las comidas están incluidas.
21

PILGRIM'S REST

MOUNT SHEBA COUNTRY LODGE HOTEL
$$$-$$$$ * * * *
GROOTFONTEINBERG, 561 KT LYDENBURG RD.
TEL. 013/768-1241
www.mountsheba.co.za
Situado en las montañas, este hotel ofrece suites con techos de paja, todas ellas con baño, chimenea y patio con vistas a la reserva natural. Se dan desayunos y almuerzos, y las cenas se sirven en **Chandelier,** el restaurante del hotel.
24 86

SABIE

THE WOODSMAN
$$ * * *
94 MAIN ST.
TEL. 013/764-2204
www.thewoodsman.co.za
Disfruta en este *Bed and Breakfast* de las bonitas vistas del Sabie Valley. Ofrece alojamiento en espaciosas suites, decoradas con mobiliario de época y maderas oscuras. Todas las habitaciones tienen baño y, algunas, balcón con vistas al hermoso valle. Se puede comer en el restaurante **Woodsman.**
12 180

COUNTRY KITCHEN
$-$$
73 MAIN ST.
TEL. 013/764-1901
Este local agradable y tranquilo sirve buena comida sudafricana con un toque moderno y tiene una variada oferta de platos vegetarianos. Pruebe la trucha con mostaza y puré de patatas al estragón o la cazuela de *waterblommetjie* con salsa de brandy y enebro.
40 Cerrado dom.-mar.

TIMBAVATI

KINGS CAMP
$$$$$
A 10 KM DE TIMBAVATI GATE, FUERA DE HOEDSPRUIT
TEL. 015/793-1123
Espaciosas suites con aire acondicionado, convenientemente separadas entre sí y equipadas con un minibar muy bien surtido, terraza privada, duchas interiores y exteriores y un baño de estilo victoriano.
11

TZANEEN

COACH HOUSE
$$$$-$$$$$ * * * * *
OLD COACH RD., EN AGATHA, A 15 KM DE TZANEEN
TEL. 015/306-8000
www.coachhouse.co.za
Situado en un alto, con jardines y buenas vistas, Coach House ofrece lujo del país. Todas las habitaciones tienen terraza privada y baño con calentador de toallas. En el comedor, a la luz de las velas, podrá cenar ostras, trucha local, cordero o su famoso pastel de pollo.
39 130

WHITE RIVER

WINKLER HOTEL
$$ * * *
6 KM AL NORTE DE WHITE RIVER, EN NUMBI GATE RD. (R538)
TEL. 013/751-5068
www.proteahotels.com
Perteneciente a la cadena nacional de hoteles Protea, este hotel está situado entre verdes jardines, junto al Kruger National Park. Todas las habitaciones disfrutan de aire acondicionado, cuarto de baño y balcón con vistas al campo. Se sirven desayunos, almuerzos y cenas.
87

FEZ
$-$$
BAGDAD CENTER, EN LA R40 FRENTE A CASTERBRIDGE FARM
TEL. 013/750-1253
Siéntese a comer en la terraza, con sus olivos y naranjos y sus mesas vestidas con manteles de cuadros azules. La comida es mezcla de cocina norteafricana y marroquí, pero en la carta también hay *sushi.*
80 Cerrado lun. y C dom.

JOHANNESBURGO Y EL INTERIOR

JOHANNESBURGO

GRACE HOTEL
$$$$$ * * * * *
54 BATH AVE., ROSEBANK
TEL. 011/280-7200
www.thegrace.co.za
Lujoso hotel con habitaciones decoradas en un estilo elegante y clásico, con un jardín de estilo inglés en la terraza de la azotea. En el comedor se sirven platos como pato al vino de Oporto con arándanos y pierna de cordero con castañas y en la terraza se ofrece un almuerzo que goza de gran popularidad.
60 105

MELROSE ARCH HOTEL
$$$$$ * * * * *
1 MELROSE ST., MELROSE ARCH
TEL. 011/214-6666
www.africanpridehotels.com
Hotel moderno de ambiente africano, con habitaciones en vivos colores y un bar de piscina con mesas en el agua. El restaurante, **March,** sirve cocina de fusión africana e internacional, como remolacha asada, curry de calabaza o *sashimi* de salmón.
180 110

THE MICHELANGELO
$$$$$ * * * * *
SANDTON S ., SANDTON
TEL. 011/282-7035
www.legacyhotels.co.za
Este moderno hotel de estilo renacentista, situado en el corazón de Sandton, es lo último en confort, con lujosas habitaciones y suites, galería con columnas, piscina interior, solárium de hierba, *spa* y varios bares y restaurantes.
240 305

THE SAXON BOUTIQUE HOTEL & SPA
$$$$$ * * * * *
36 SAXON RD., SANDHURST
TEL. 011/292-6000
www.saxon.co.za
Altos muros, como de fortaleza, rodean el lujoso Saxon. Este selecto hotel situado en las

afueras, al norte de la ciudad, ofrece suites de ambiente africano, varias hectáreas de cuidados jardines, agradables comidas y un *spa*, con baño turco y piscina climatizada.
26

PEECH HOTEL
$$$$ * * * *
61 NORTH ST., MELROSE NORTH
TEL. 011/537-9797
http://thepeech.co.za
Pequeño hotel con habitaciones decoradas en un estilo africano moderno, con edredones de plumas y acceso WiFi sin restricciones. En el restaurante tipo *bistrot* se sirven platos de pescado, avestruz y cordero, preparados con condimentos de la cocina malaya de El Cabo.
10 45 Restaurante cerrado dom.

QUATERMAIN INN
$$$-$$$$$ * * * *
137 WEST RD. S., MORNINGSIDE, SANDTON
TEL. 011/290-0900
www.falstaff.co.za
Situado cerca del centro de Sandton, con un campo de golf en las proximidades, este hotel ofrece habitaciones y suites de sobria decoración. El restaurante **Sel et Poivre** sirve cocina francesa con toques belgas. Pruebe el salmón ahumado o el pato asado servido con salsa de grosella.
104 110

VILLA VITTORIA
$$$
21 MELVILLE RD., HYDE PARK
TEL. 011/788-0708
Se encuentra al norte de la ciudad, en las afueras, entre Rosebank y Sandton, en lo que fuera el consulado británico. Las habitaciones, dobles, con baño y decoradas con maderas oscuras y telas claras, cuentan con camas extra grandes y conexión WiFi. Se sirven desayunos y, previa petición, cenas.
10

COTSWOLD GARDENS
$$-$$$
46 COTSWOLD DR., SAXONWOLD
TEL. 011/442-7553
www.cotswoldgardens.co.za
Este hotel se encuentra en la frondosa zona de Saxonwold, en las afueras de la ciudad, cerca del zoo y de la zona de ocio de Rosebank. Tiene jardín y ofrece alojamiento tipo *Bed and Breakfast* o en habitaciones equipadas con cocina. Hay un PC con conexión a Internet a disposición de los clientes.
4

PREMIERE CLASSE SUITE HOTEL
$$-$$$ * * *
62 CORLETT DR., MELROSE
TEL. 011/788-1967
www.premiereclasse.co.za
Alojamiento a precios razonables cerca de Rosebank y Sandton. Todas las habitaciones son tipo apartamento, con cocina. Desayuno y cena disponibles previa solicitud.
30 Algunas habitaciones

HIGHGROVE GUEST HOUSE
$$ * * * *
1 SIDE RD., MORNINGSIDE, SANDTON
TEL. 011/884-3680
www.high-grove.co.za
De estilo georgiano, este agradable hotelito cuenta con habitaciones decoradas con gusto, con baño y conexión a Internet. Todas tienen vistas al jardín y a la piscina, desde un balcón o un patio. Se sirven desayunos.
8

MELVILLA GUEST HOUSE
$$
75 AUCKLAND AVE., AUCKLAND PARK (EN LA FRONTERA CON MELVILLE)
TEL. 011/726-1325
www.melvilla.co.za
Situado en un barrio tranquilo, pero cerca de los restaurantes y bares de Melville Seventh Street, este hotelito ofrece habitaciones en un estilo africano moderno. Se sirven desayunos.
10

MELVILLE TURRET GUEST HOUSE
$$ * * *
118 SECOND AVE., MELVILLE
TEL. 011/482-7197
www.melvilleturret.co.za
Este hotelito ocupa un edificio histórico centenario y ofrece apartamentos equipados o habitaciones en régimen de alojamiento y desayuno. Unas habitaciones se abren al jardín y otras tienen vistas a la ciudad.
9 Algunas habitaciones

AUBERGE MICHEL
$$$$-$$$$$
122 PRETORIA AVE., SANDTON
TEL. 011/883-7013
Un elegante interior en blanco y negro es la característica principal de este restaurante, uno de los mejores de la ciudad (requiere ropa formal). El menú ofrece cocina francesa, como sopa de langosta con setas y *tortellini* con cilantro, o antílope saltador con gambas y salsa de jengibre.
60 Cerrado A sáb.-lun., C dom.; 3 semanas en dic.

ALGO ESPECIAL

LINGER LONGER
$$$-$$$$
58 WIERDA RD. W., WIERDA VALLEY, SANDTON
TEL. 011/884-0465
Podrá comer en el comedor, lleno de color, o en el cenador del jardín. Su galardonada carta incluye cocodrilo y gambas en curry de mango, ternera, cordero y venado con polenta y ajos asados, o salmón con costra al estilo marroquí.
70 Cerrado A sáb.-dom., C dom.; 2 semanas final dic.

BUTCHER SHOP & GRILL
$$$
LOCAL 30, NELSON MANDELA ST., SANDTON
TEL. 011/784-8676
Restaurante con mucha fama por sus buenas carnes: chuletón, entrecot, solomillo y filetes de cadera, así como costillar de vacuno, chuletas de cerdo y kebabs, todo con una amplia variedad de salsas.
300

ASSAGGI
$$-$$$
POST OFFICE CENTER, 30 RUDD RD., ILLOVO
TEL. 011/268-1370

Espere una cálida bienvenida, manteles blancos almidonados y comida italiana. Assaggi está especializado en *risotti*, con cigalas, setas o espárragos. También puede probar la lasaña de queso Brie o la ternera con parmesano.
90 Cerrado A dom.-lun-; C dom.; 2 semanas final de dic. P

MELVILLE GRILL & ABYSSINICA
$$-$$$
CRUCE DE THIRD AVE. Y SEVENTH ST., MELVILLE
TEL. 011/726-2890
Se trata de dos antiguos restaurantes independientes fundidos actualmente en uno, con decoración del este africano. La carta ofrece carnes a la parrilla y especialidades etíopes y del este de África.
110 P Cerrado dom. en invierno

MOYO
$$-$$$
SHOP 5, HIGH ST., MELROSE ARCH
TEL. 011/684-1477
Este local forma parte de la cadena Moyo de restaurantes de comida africana y ocupa cinco plantas, conectadas por escaleras de cobre y acero. La carta incluye cordero marroquí, currys del este africano y avestruz y pescado sudafricanos.
500 P

YAMATO
$$-$$$
196 OXFORD ROAD, ILLOVO
TEL. 011/268-0511
Se trata del restaurante japonés más auténtico que puede encontrarse en Sudáfrica. Además de *sashimi* y *sushi*, el chef ofrece un *nabemono*, una cazuela en la que los clientes pueden prepararse su plato directamente en la mesa.
120 P Cerrado A sáb.

ZAFFERANO
$$-$$$
PARK HYATT HOTEL, 191 OXFORD RD., ROSEBANK
TEL. 011/280-1234
Este elegante restaurante sirve comida internacional. Figuran en la carta tortilla de alcachofas y jamón de pato con setas y melón a la plancha, así como *ossobuco* y pechuga de pollo rellena.
80 P Cerrado 2 semanas a finales de dic.

GOURMET GARAGE
$$
ATHOLL ST. CENTRE, WIERDA RD. E. CON KATHERINE ST., SANDTON
TEL. 011/883-2226
Local de estilo años cincuenta en el que se sirven todo tipo de hamburguesas: de carne de vacuno, de avestruz, de cordero, de beicon y vegetarianas. También hay filetes, pollo y chuletas de cerdo.
280 P

LEKGOTLA
$$
5 NELSON MANDELA ST., SANDTON
TEL. 011/884-9555
Decoración africana y cocina moderna africana son las características de este establecimiento, cuyo nombre significa «lugar de encuentro». Pruebe los pasteles de pescado con salsa de pimienta verde de Madagascar y el pollo de Zanzíbar con cuscús, chile y tomate.
370 P

SOULSA
$$
16 SEVENTH ST., MELVILLE
TEL. 011/482-5572
Restaurante de moda con comedor en dos niveles y mesas en la acera. Pruebe el *brunch*, servido todo el día, o los rollitos de tofu con especias asiáticas y, después, antílope saltador con salsa de grosella o *tempura* de atún a la plancha con jengibre en conserva.
80 Cerrado lun.

RED CHAMBER
$-$$
68 HYDE PARK CENTER, JAN SMUTS AVE., HYDE PARK
TEL. 011/325-6048
Restaurante chino de sólida reputación en el que se sirve auténtica cocina mandarín. Pruebe la comida de monje con fideos celofán, el pato de Pekín o alguno de los sabrosos platos vegetarianos.
130 P

SOPHIA'S MEDITERRANEAN RESTAURANT
$-$$
LOCAL 311, ROSEBANK MALL, CRADOCK AVE., ROSEBANK
TEL. 011/880-7356
Bautizado en honor de Sofia Loren, cuya imagen aparece en las paredes, este local se centra en el pescado, la cocina mediterránea y las pizzas.
150 P Cerrado C dom.

PILANESBERG NP

Para más opciones ver pág. 237.

PRETORIA

SHERATON
$$$$-$$$$$ * * * * *
CHURCH ST. CON WESSELS ST.
TEL. 012/429-9999
www.starwoodhotels.com/sheraton
Este hotel forma parte de la cadena internacional y cuenta con una céntrica localización, en el tranquilo barrio de las embajadas, con vistas de la ciudad por encima de los edificios del Gobierno (Union Buildings).
175 260 P
Algunas habitaciones

COURTYARD HOTEL
$$$-$$$$$ * * * *
PARK ST. CON HILL ST., ARCADIA
TEL. 012/342-4940
www.citylodge.co.za
Aunque esté pegado al centro de la ciudad, este hotel se encuentra en una finca con jardines. El edificio central es una centenaria casa solariega. Las habitaciones, con baño y cocina, están decoradas con animadas telas. Se sirven desayunos; se puede comer en la habitación.
69 P
Algunas hab.

PREMIER HOTEL PRETORIA
$$$-$$$$$ * * * *
573 CHURCH ST., ARCADIA
TEL. 012/441-1400
www.premierhotels.co.za
Este hotel, inaugurado en 2007, forma parte de la cadena Premier y ofrece habitaciones en el centro de la ciudad, decoradas en blanco y tonos marrones.

El hotel tiene restaurante, **The Ambassador**, donde se sirven desayunos, almuerzos y cenas.
118 96

LERIBA LODGE
$$$ * * * *
245 END AVE., CLUBVIEW, CENTURION
TEL. 012/660-3300
www.leriba.co.za
Este hotel, situado en una zona de 8 ha en la ribera del río Hennops, ofrece la posibilidad de vivir una experiencia única en el campo a cinco minutos en coche de Pretoria. Las habitaciones, con baño, están decoradas al estilo del este africano y tienen bonitas vistas al jardín. En el restaurante del hotel, **Pinotage**, se sirve cocina sudafricana.
58 120 Algunas habitaciones

40 ON ILKEY
$$ * * *
40 ILKEY RD., LYNNWOOD GLEN
TEL. 012/348-3766
www.40onilkey.co.za
Este nuevo *Bed and Breakfast* se encuentra a un par de minutos del centro comercial Menlyn Park de la ciudad, junto a una reserva de aves de 10 ha. Las habitaciones, con baño, están decoradas en tonos miel.
7

MOLOPO VIEW GUEST HOUSE
$-$$
264 MOLOPO AVE., SINOVILLE
TEL. 083/459-7209
www.molopoview.co.za
Disfrute de las vistas del norte de Pretoria desde la terraza de este establecimiento. Las habitaciones están decoradas con sencillez, la mayoría con baño privado y el resto compartido. Se sirven desayunos.
6 La mayoría de las habitaciones

OXNEAD GUEST HOUSE
$ * * *
802 JOHANITA ST., MORELETA PARK
TEL. 012/993-4515
www.oxnead.co.za
Con muy buenos precios, este hotelito se halla en una tranquila zona de las afueras y es un buen sitio donde parar cuando se viaja de norte a sur por la N1. Las habitaciones, decoradas con gusto, tienen cocina propia, aunque el establecimiento sirve desayunos.
10

BRASSERIE DE PARIS
$$$-$$$$
381 ARIES ST., WATERKLOOF RIDGE
TEL. 012/460-3583
Situado en un edificio de diseño de la década de 1960, este local tiene fama por su comida francesa. Su carta es breve y cambia muy a menudo.
40 Cerrado A sáb.-dom., C dom., 2 semanas a finales de dic.

FAIRHILL BISTRO
$$-$$$
849 ARCADIA ST., ARCADIA
TEL. 012/344-0140
www.fairhillbistro.co.za
En este tranquilo local podrá comer dentro o fuera. La cocina es portuguesa, con fuertes influencias mozambiqueñas y mediterráneas. Pruebe el *peri-peri* de marisco o los bistecs de venado, vaca o cerdo.
40 Cerrado A sáb.-dom; C dom.; 4 semanas dic.-enero

IMAGINE RESTAURANT & DELI
$$-$$$
310 EASTWOOD ST., ARCADIA
TEL. 012/342-9281
En este restaurante con tienda los clientes se sirven ellos mismos y pagan al peso. Las cenas son algo más formales y ofrecen platos de cocina mediterránea, como cordero con salsa de Oporto o solomillo de avestruz.
82 Cerrado dom.

WING HIN CHINESE RESTAURANT
$$
BUSINESS SUITE 13B, MAROELANA CENTER, MAROELANA ST., MENLO PARK
TEL. 012/460-6180
Frecuentado por la comunidad china local, Wing Hin sirve bocaditos de cerdo con salsa de almíbar de ciruela, pollo con anacardos, gambas *peri-peri* y carne con setas y salsa de ostras. Hay incluso cerveza china.
150

DIE WERF
$-$$
66 OLYMPUS AVE., FAERIE GLEN
TEL. 012/991-1809
Establecimiento rústico estilo granja a 15 km del centro de la ciudad. Ofrece cocina sudafricana. Hay un contundente pastel de pollo, *bobotie*, guisos servidos en platos esmaltados, callos, filete de lomo de vaca al vino tinto y setas al vino de Oporto. 300 Cerrado A lun.; C dom.-lun.

ZEMARA
$-$$
ARCADIA PARK GALLERIES, PARK ST. CON WESSEL ST., ARCADIA
TEL. 012/344-1526
Es uno de los pocos restaurantes de cocina africana de la zona. El chef es congoleño y ofrece platos como *tilapia* a la parrilla con limón, pollo con nuez de areca y llantén frito.
60

SOWETO

B'S PLACE
$
5541 SHUENANE ST., ORLANDO EAST
TEL. 011/935-1766
Se encuentra en una ampliación de una casa de Soweto de los años treinta y sus paredes están decoradas con recortes de periódicos de momentos históricos. Ofrece especialidades africanas, como *pap* (especie de gachas), carne y salsas picantes. Pruebe la cerveza de sorgo en calabaza. Menú de precio fijo.
35

WANDIE'S PLACE
$
618 MAKHALEMELE ST., DUBE, CRAIGHALL
TEL. 011/982-2796
Wandie's es hoy día toda una institución y uno de los lugares favoritos de los circuitos por Soweto. Se puede comer dentro o fuera y el bufé ofrece comida local: pescado, guisos de vaca, rabo de buey o cordero, *mogodu* (callos) y pollo a la parrilla, o comida vegetariana. Menú de precio fijo.
160

SUN CITY

Situada 190 km al noroeste de Johannesburgo, en la provincia de Northwest, Sun City es un complejo integrado por locales de ocio, restaurantes y cuatro hoteles (presentados a continuación), que ofrecen una amplia variedad de instalaciones y de modalidades de alojamiento.

CABANAS
$$$-$$$$ * * * *
SUN CITY RESORT
TEL. 014/557-1000
www.suninternational.com
Situado en unos verdes jardines que se extienden hacia el lago de Sun City, es el sitio ideal para pasar unas vacaciones familiares. Se puede elegir entre unas amplias cabañas, de cuatro plazas, y cabañas estándar más pequeñas. Ambas ofrecen todas las comodidades necesarias. Cuenta con dos restaurantes, **Palm Terrace** y **Butchers Grill Steakhouse,** y tiene piscina con bar.
380

CASCADES
$$-$$$$ * * * *
SUN CITY RESORT
TEL. 014/557-1000
www.suninternational.com
Sofisticado y tranquilo, con frondosos jardines y fuentes de agua. Las lujosas habitaciones y suites disponen de cuarto de baño-*spa*. El **Peninsula Restaurant** ofrece comida internacional, amenizada con música de piano en directo. Se puede disfrutar de comidas más informales en **Fishmonger.**
243

THE PALACE OF THE LOST CITY
$$-$$$$$ * * * *
SUN CITY RESORT
TEL. 014/557-1000
www.suninternational.com
The Palace of the Lost City, que recrea las historias de Rider Haggard, está decorado con murales, mosaicos y techos pintados a mano, cuya temática son los animales y la cultura de Sudáfrica. Aquí podrá disfrutar de lujosas habitaciones, todas ellas con suntuosos cuartos de baño, sauna y jacuzzi.
338

SUN CITY HOTEL
$$-$$$$$ * * * *
SUN CITY RESORT
TEL. 014/557-1000
www.suninternational.com
Este hotel cuenta con un casino de categoría internacional, varios bares (**Lobby Lounge, Sun Terrace, Harlequins**), restaurantes (**Orchard,** con cocina de Eastern, y **Calabash,** que sirve comida tradicional sudafricana) y otros comedores para todos los bolsillos y paladares.
340

SWARTRUGGENS

WOODRIDGE PALMS BOUTIQUE HOTEL
$$$$$
ENTRE KOSTER Y SWARTRUGGENS POR LA R509
TEL. 014/544-6911
www.woodridgepalms.co.za
Este hotel y centro de salud es un intento de fusión de África y Oriente. Situado en una vasta propiedad de terreno ondulado, ofrece la oportunidad de pasear por la naturaleza y observar las aves. Hay un restaurante en las instalaciones.
7 32

ZEERUST

ZEERUST SELF-CATERING
$$
10A RUST ST.
TEL. 083/777-6670
www.zeerust.za.org
Este establecimiento ofrece lujosas habitaciones decoradas en vivos colores. Los clientes tienen acceso a una cocina totalmente equipada, área de barbacoa, salón y jardín. Se puede fumar. Depósito con tarjeta de crédito; resto en efectivo.
6

NORTHERN CAPE

AUGRABIES FALLS NATIONAL PARK

AUGRABIES REST CAMP
$-$$
A 43 KM DE KAKAMAS POR LA R359, Y LUEGO OTROS 3 KM DESDE LA ENTRADA AL PARQUE
TEL. 054/452-9200
www.sanparks.org/parks/augrabies
Ofrece alojamiento en bungalós con cuarto de baño y aire acondicionado, todos ellos con dos o tres camas individuales, y casas de campo familiares, con capacidad para cuatro personas. Todos los alojamientos tienen cocina. El complejo cuenta con restaurante y tienda.
59 96

DIAMOND COAST

NARIES NAMAKWA RETREAT
$$-$$$$$
STEENVLEI, KLEINZEE
TEL. 027/712-2462
www.naries.co.za
En el corazón de Namakwa, este refugio ofrece habitaciones con cuarto de baño: una casa familiar con cocina y capacidad para cuatro personas; tres casas con techo de paja, construidas al estilo de las cabañas de la zona; y una casa solariega con cinco habitaciones. El precio incluye desayuno y cena.
12

DIE HOUTHOOP
$-$$
STEENVLEI, KLEINZEE
TEL. 027/821-1669
www.houthoop.co.za
Este remoto establecimiento ofrece alojamiento en cabañas rústicas de madera, que son simplemente habitaciones para dormir, o en bungalós con baño y cocina. También existe un hotelito con salón para los huéspedes y restaurante.
9 20

KAKAMAS

VERGELEGEN GUEST HOUSE & RESTAURANT
$$-$$$ * * * *
EN LA N14 ENTRE KAKAMAS Y KEIMOES
TEL. 054/431-0976
Las habitaciones, todas con baño, van del tipo estándar al lujoso. Ofrece vistas de los inhóspitos alrededores semidesérticos y de los verdes viñedos. En el menú figuran especialidades sudafricanas elaboradas con productos locales frescos.
22 85

KGALAGADI TRANSFRONTIER PARK

Kgalagadi es un parque de enorme extensión. A continuación se enumeran sólo aquellos campamentos que ofrecen ciertas comodidades y que no requieren que el visitante tenga que llevar agua y leña. Para más detalles, consulte los enlaces de Kgalagadi de la web de South African Natinal Parks *(www.sanparks.org)*. Las reservas deben realizarse con antelación y mediante tarjeta de crédito. Obsérvese que las distancias reflejadas a continuación se indican en minutos, y no en metros, debido a que las carreteras se hallan en mal estado.

TWEE RIVIEREN
$$
265 KM DE UPINGTON
AL ACCESO AL PARQUE,
Y DESPUÉS OTROS 15 KM
TEL. 054/561-2000
Es el mayor campamento que existe en el parque y ofrece alojamiento en bungalós y casitas familiares con baño y capacidad para dos a seis personas. Todas las modalidades de alojamiento tienen aire acondicionado y están equipadas con una pequeña cocina. Dispone de electricidad las 24 horas del día. El campamento cuenta con un restaurante y una tienda bien surtida. Es el único campamento con cobertura para teléfonos móviles.
31 72

MATA-MATA REST CAMP
$-$$
A 2,5 HORAS DE TWEE RIVIEREN
TEL. 054/561-2000
El alojamiento es en bungalós con cuarto de baño y capacidad para dos a seis personas. Algunos tienen cocina propia y, otros, servicios comunes. Cuenta con una tienda bien surtida, pero no tiene restaurante. Dispone de electricidad 18 horas al día.
6

NOSSOB REST CAMP
$-$$
A 3,5 HORAS DE TWEE RIVIEREN
TEL. 054/561-2000
Nossob ofrece a los visitantes la posibilidad de alojarse en bungalós, en casas familiares o en un hotelito, con capacidad para dos a seis personas. Todos los alojamientos tienen baño, algunos cuentan con cocina y otros con servicios comunes. El campamento dispone de una tienda bien surtida, pero no de restaurante. Hay electricidad 18 horas al día.
16

KURUMAN

TUSCANY GUEST HOUSE
$$
83 MAIN ST.
TEL. 082/423-6311
Habitaciones agradables y decoradas con mucho gusto. Se sirve desayuno continental. Se permite fumar.
6

PORT NOLLOTH

PORT INDIGO
$-$$ * * *
125 KAMP ST.,
MCDOUGALL'S BAY
TEL. 027/851-8012
Bungalós con cocina y capacidad para dos a ocho personas. Casi todos se encuentran en la playa, con vistas al Atlántico. Se sirven desayunos previa solicitud, y todos los alojamientos disponen de zona de barbacoa.
26 Ninguno

VESPETTI
$
BEACHFRONT RD.
TEL. 079/866-9960
Restaurante italiano en el que se puede comer dentro o fuera, con vistas al mar. Entre los entrantes se incluyen calamares a la napolitana e higaditos de pollo salteados; hay también pizzas y pasta.
60 Cerrado lun.

SPITSKOP

KALAHARI MONATE LODGE
$$
13 KM AL NORTE DE UPINGTON
POR LA R360
TEL. 054/332-1336
www.spitskopmonate.com
Este hotel, que ocupa unos 57 km² de reserva natural, ofrece alojamiento en casitas independientes con tejado de paja. Todas tienen cocina equipada y un patio con barbacoa.
6

SPRINGBOK

MOUNTAIN VIEW GUEST HOUSE
$$-$$$ * * * *
2 OVERBERG AVE.
TEL. 027/712-1438
www.mountview.co.za
Vistas a la montaña, al valle y a las rocas de granito es lo que ofrece este hotelito. Cada habitación está decorada de manera distinta y tiene frigorífico y todo lo necesario para preparar té y café. Se sirven desayunos. Almuerzo y cena previa petición.
13

SPRINGBOK HOTEL
$$ * *
VAN RIEBEECK ST.
TEL. 027/712-1161
Hotel tradicional en el centro de la ciudad. Habitaciones con aire acondicionado y baño o ducha. El comedor sirve un sustancioso bufé; hay un jardín para tomarse una cerveza.
28 56

UPINGTON

LE MUST RIVER MANOR
$$ * * *
12 MURRAY AVE.
TEL. 054/332-3971
www.lemustupington.com
Agradable alojamiento con jardines que descienden hasta el río Gariep (Orange). Las habitaciones tienen cuarto de baño, algunas terraza y jardín y, otras, balcón con vistas. Se sirven desayunos. Depósito con tarjeta de crédito; resto en efectivo.
6

LE MUST
$-$$
11 SCHRODER ST.
TEL. 054/332-6700
Decorado en un estilo retro, este restaurante sirve cocina sudafricana de calidad. Pruebe los rollitos de primavera de *bobotie* y *biltong*, la pierna de antílope saltador con salsa de ciruela o, de postre, la exquisita *crème brûlée*.
70 Cerrado A sáb.-dom.

Hotel | Restaurante | Habitaciones | Nº de plazas | Aparcamiento | Cerrado

De compras

La mayor parte de los artículos de precio elevado que hallará en las tiendas son de marcas importadas, que puede encontrar en cualquier otro lugar. Aquí, el placer de ir de compras reside más bien en descubrir el arte y los productos de la artesanía local. Hay muchos creadores de obras de arte al óleo, o con técnica mixtas, así como artistas que trabajan la cerámica, el vidrio, la madera y la piedra. También existe en Sudáfrica una gran creatividad en el terreno del diseño de objetos de alambre galvanizado, de abalorios y de materiales reciclados, como bolsas de plástico y latas de refresco. Incluso los vendedores de los semáforos, en ocasiones, ofrecen objetos de artesanía interesantes.

Mercadillos

Existen mercadillos repartidos por todo el país. Algunos están ubicados en edificios cubiertos y otros se instalan al aire libre. En los lugares donde se concentran los turistas, es decir, en los accesos a la Cape Point Nature Reserve o al Kruger National Park, y en la playa de Durban, por ejemplo, se venden figuras animales talladas y otras curiosidades. La mayor parte de estos artículos proceden de los mismos proveedores, de manera que se encontrará con las mismas cosas en distintos sitios.

Tiendas

Todas las ciudades cuentas con algún gran centro comercial (puede consultar una lista muy completa en *www.mallguide.co.za*). Si le preocupa la seguridad, éstos son sitios seguros para comprar. Pocas son las ciudades con alguna zona de tiendas especializadas; una excepción a este respecto es Ciudad del Cabo, con su Long Street, donde se localizan numerosas tiendas de libros y objetos antiguos. Las localidades más pequeñas cuentan a menudo con tiendas de antigüedades.

CIUDAD DEL CABO

Centros comerciales

Los mejores son: **Canal Walk** *(N1, salida 10, salida Sable Road, a las afueras de Cape Town CBD; tel. 021/555-4433)*, **Cavendish Square** *(Vineyard Rd., Claremont; tel. 021/657-5620)*, **Constantia Village** *(Constantia Rd., Constantia; tel. 021/794-5065)* y **Victoria and Alfred Waterfront** *(tel. 021/408-7600)*.

Mercadillos

Greenmarket Square *(54 Shortmarket St.; tel. 021/423-3266)* es un mercadillo al aire libre de larga tradición, en el que se venden ropa, joyas, velas y artesanía.
Pan African Market *(76 Long St.; tel. 021/426-4478)* ofrece una gran cantidad de objetos artesanales procedentes de todo el continente africano.
The Red Shed Workshop *(Victoria and Alfred Waterfront; tel. 021/408-7860)* es un local cubierto en el que se vende artesanía, especialmente joyas y objetos de madera y de peltre.

Tiendas especializadas

A. R. T. Gallery *(3 St. George's Mall; tel. 021/419-2679)* vende cerámica, vidrio y joyas.
The **Cape Quarter** *(72 Waterkant St.; tel. 021/421-0737)* son unas modernas galerías con tiendas de diseño y las últimas tendencias.
Diamond Works *(Lower Long St. y Coen Steytler Ave., Foreshore; tel. 021/425-1970)* enseña el arte de cortar los diamantes para realizar joyas.
Everard Read Gallery *(3 Portswood Road, Victoria and Alfred Waterfront; tel. 021/418-4527)* vende arte sudafricano.
The Scratch Patch *(Victoria and Alfred Waterfront, tel. 021/419-9429, Dido Valley Rd., Simon's Town; tel. 021/786-2020)* vende piedras semipreciosas baratas. (A los niños les encantan.)

WESTERN CAPE

FRANSCHHOEK. Muchas galerías venden artesanía sudafricana. Visita la **African Art Gallery** *(40 Huguenot St.; tel. 021/876-2960)* o la **Bordeaux Street Gallery** *(42 Huguenot Rd.; tel. 021/876-2165)*.
Bread & Wine *(Happy Valley Rd.; tel. 021/876-3692)* es una tienda de productos de granja en la que se venden vinos y quesos.

HERMANUS. En la Market Square hay un gran mercadillo donde se venden ropa y artesanía.
Wine Village *(Sandbaai y Main Rds.; tel. 028/316-3988)* cuenta con una amplia selección de vinos sudafricanos.

KNYSNA. Las tiendas están en **Boatshed** *(Thesen Harbour Town)* **Knysna Waterfront** *(21 Waterfront Dr.; tel. 044/382-0955)* y **Woodmill Lane** *(entre Rawson, Main y St. George Sts.; tel. 044/382-3045)*.

OUDTSHOORN. Compre huevos y piel de avestruz en **Bushman Curios** *(76 Baron van Rheede St.; tel. 044/272-4497)*.

PLETTENBERG BAY. Old Nick Village *(N2 al este de la ciudad; tel. 044/533-1395)* vende artesanía y antigüedades de calidad.

STELLENBOSCH. Africa Silks *(36 Church St.; tel. 021/882-9839)* por sus telas; **Mirko Jewelry** *(Andringa y Church Sts.; tel. 021/886-8296)* por sus piezas de artesanía; o **Oom Samie Se Winkel** *(La* tienda del tío Samie; *84 Dorp St.; tel. 021/887-0797)*, por su excéntrica mezcla de objetos locales; **Vineyard Connection** *(Muldersvlei Rd. y R44 en dirección a Paarl; tel. 021/884-4360)*, por sus vinos.

EASTERN CAPE

EAST LONDON: Lock Street Gaol *(Fleet St.)*, antigua prisión, hoy día un mercado y tiendas. **PORT ELIZABETH: The Boardwalk** *(Marine Dr., Summerstrand; tel. 041/507-7777)*, joyería, artesanía y artículos de diseño, y **The Bridge Mall** *(Langenhoven Dr.; tel. 041/363-8914)*.

DURBAN Y KWAZULU-NATAL

DURBAN

Centros comerciales

The Workshop *(99 Aliwal St.; tel. 031/304-9894)*, con artesanía, joyas, antigüedades y tiendas de especias; **Berea Centre** *(249 Berea Rd.; tel. 031/202-7888)*; el **Gateway Theatre of Shopping** *(1 Palm Blvd., Umhlanga Ridge; tel. 031/566-2332)*; **Musgrave Centre** *(115 Musgrave Rd.; tel. 031/201-5129)*; **The Pavilion** *(Jack Martens Dr., Westville; tel. 031/265-0558)*; y **The Wheel** *(55 Gillespie St.; tel. 031/332-4324)*

Mercadillos

Amphimarket *(Beachfront, Bay of Plenty; tel. 031/301-3200)*, abierto todos los días, vende artesanía, libros, ropa y CDs.
Victoria Street Market *(Queen y Victoria Sts.; tel. 031/306-4021)* tiene especias, comida, telas y artículos de latón de los vendedores indios de Durban.

Tiendas especializadas

El **African Art Centre** *(94 Florida Rd.; tel. 031/312-3804)* tiene artesanía de KwaZulu-Natal. El **BAT Centre** *(Small Craft Harbor, Victoria Embankment; tel. 031/332-0451)* ofrece arte local.

MIDLANDS

Los interesados en comprar artesanía no pueden dejar de visitar **Midlands Meander** *(www.midlandsmeander.co.za)*, una ruta de arte con más de un centenar de vendedores desde Pietermaritzburg hasta Mooi River.

KRUGER Y MPUMALANGA

La mayor parte de los artículos interesantes se venden en puestos al borde de la carretera del Kruger. Otros establecimientos son:

HOEDSPRUIT: Monsoon Gallery *(R527 al O de la ciudad; tel. 015/795-5114)* ofrece arte y artesanía.

NELSPRUIT: Riverside Mall *(White River Rd.; tel. 013/757-0080)*, con más de 140 tiendas.

VAALWATER: Black Mamba *(Spar Complex; tel. 014/755-3518)* vende artesanía del continente.

JOHANNESBURGO Y EL INTERIOR

CLARENS

Esta pequeña localidad de la provincia de Free Estate es un hervidero de galerías de arte. En la calle principal puede visitar la **Addy Hoyle Gallery** y otras.

JOHANNESBURGO

El **Rosebank Rooftop Market** *(azotea del Rosebank Mall, Cradock Ave.; tel. 011/442-4488)*, con más de 600 puestos, se instala los domingos. **African Craft Market** *(Cradock y Baker Sts.; tel. 011/880-2906)*, adyacente al anterior, abre todos los días. En el **Melville Market** *(Kingsway y University Rds., Auckland Park; tel. 011/482-2118)*, de lunes a sábado, se puede echar un vistazo a multitud de objetos.

Centros comerciales

Hyde Park Shopping *(Jan Smuts Ave., Hyde Park; tel. 011/325-4340)*, **Mall of Rosebank** *(entre Bath y Cradock Aves., Rosebank; tel. 011/788- 5530)* y **Sandton City** *(Sandton Drive y Rivonia Rd., Sandton; tel. 011/217-6000)*.

Tiendas especializadas

Lo mejor en cuanto a arte local e internacional se encuentra en **Goodman Gallery** *(163 Jan Smuts Ave., Parkwood; tel. 011/788-1113)* y en la **Kim Sacks Gallery** *(153 Jan Smuts Ave., Parkwood; tel. 011/447-5804)*. **Collectables** *(32 Tyrone Ave., Parkview; tel. 011/646-4211)* vende joyas, plata, cristal y muebles antiguos. El **Oriental Plaza** *(esquina Bree y Malherbe Sts., Fordsburg; tel. 011/838-6753)* es un buen lugar donde comprar a buen precio telas, ropa y especias.

PRETORIA

Hatfield Market *(Hatfield Plaza, Burnett St.; tel. 012/442-4488)*: todos los domingos, para coleccionables, muebles, joyas y artesanía.
African Diamonds & Jewelry *(Shop 5.3 Hatfield St.; tel. 012/362-6455)*, para artículos de joyería.

Centros comerciales

Hatfield Plaza *(1122 Burnett St., Hatfield; tel. 012/362-5842)*, frecuentado por los jóvenes; **Menlyn Park** *(Atterbury Rd. y Lois Ave., Menlo Park; tel. 012/348-8766)*; **Brooklyn Mall** *(Fehrsen y Lange Sts., New Muckleneuk; tel. 012/346-1063)*; y **Kolonnade Shopping Centre** *(Van der Merwe St. y Zambesi Dr., Montana Park; tel. 012/548-1902)*, con un mercadillo de artesanía y docenas de tiendas.

Ocio

En las últimas tres décadas, Sudáfrica ha avanzado mucho en el desarrollo de espectáculos de producción nacional y, aunque la mayor parte de las películas que se exhiben en los cines son importadas, en las salas de teatro, danza y música predominan las producciones locales. Las manifestaciones culturales de origen europeo, como la ópera, el ballet y los conciertos sinfónicos, reciben ahora menos fondos que antes, aunque todavía se programan con éxito en las grandes ciudades. Los festivales de arte que se celebran por todo el país muestran el gran talento para la interpretación que existe en Sudáfrica.

EN TODO EL PAÍS

Cines

Dos compañías distribuidoras de cine, Ster Kinekor *(www.sterkinekor.com)* y Nu Metro *(www.numetro.co.za)*, cuentan con salas de proyección en toda Sudáfrica, sobre todo en los centros comerciales. Ambas exhiben películas populares, éxitos de Hollywood y algunas producciones de Bollywood.

Para los detalles de la cartelera, consulte su página web. En Ciudad del Cabo, Durban, Johannesburgo y Pretoria, Ster Kinekor cuenta además con los locales Cinema Noveau, en los que se exhibe cine de autor.

Teatros

Barnyard Theatre *(www.barnyardtheatres.co.za)* propone una innovadora modalidad. En los locales de Barnyard el público se sienta en bancos y disfruta de algún espectáculo musical mientras come y bebe.

CIUDAD DEL CABO

Cines

Muchas salas de cine están situadas en **Cavendish Square** y en el **Victoria and Alfred Waterfront** (ver «Centros comerciales» de Ciudad del Cabo, pág. 307). Un singular local de cine independiente, el **Labia** *(68 Orange St., City Center; tel. 021/424-5927; www.labia.co.za)* exhibe tanto películas comerciales como de autor.

Música

El **Buena Vista Social Café** *(81 Main Rd., Greenpoint; tel. 021/433-0611)* programa música latina.
La **Cape Town Philharmonic Orchestra** *(tel. 021/410-9809; www.cpo.org.za)* ofrece con regularidad conciertos de música sinfónica en Artscape, el City Hall y otras sedes.
El **Green Dolphin** *(Victoria and Alfred Waterfront; tel. 021/421-7471; www.greendolphin.co.za)* es un destacado local de jazz.
Long Street es la zona a la que acudir de noche, dada la abundancia de clubs y bares de música grabada y en directo.

Teatros

Artscape *(D. F. Malan St., Foreshore; tel. 021/410-9800; www.artscape.co.za)* ofrece espectáculos de ópera, ballet y teatro en tres escenarios.
Barnyard *(Willowbridge Lifestyle Centre, 39 Carl Cronje Dr., Tygervalley; tel. 021/914-8898)*.
El **Baxter Theatre** *(Main Rd., Rondebosch; tel. 021/685-7880; www.baxter.co.za)* programa música, danza y teatro en tres locales.
Theatre on the Bay *(1A Link St., Camps Bay; tel. 021/438-3301; www.theatreonthebay.co.za)* es un teatro cercano al público, en el que se ofrecen obras locales e internacionales, música y espectáculos de cabaré.

DURBAN

Cines

Las salas de cine se encuentran fundamentalmente en los centros comerciales **Berea Centre, Gateway, Musgrave Centre, The Pavilion** y **The Wheel** (ver «Centros comerciales» de Durban, pág. 308).

Música

BAT Centre *(Small Craft Harbor, Victoria Embankment; tel. 031/332-0451)* ofrece de forma regular conciertos y otros eventos de música en directo.
KZN Philharmonic *(tel. 031/369 9438; www.kznpo.co.za)* interpreta música clásica con regularidad en locales de Durban y en otras localidades de KwaZulu-Natal.
Rainbow Restaurant & Jazz Club *(23 Stanfield Road, Pinetown; tel. 031/702-9161)* es uno de los mejores locales de jazz de Durban.
En **Reform Club** *(198A Florida Rd., Morningside; tel. 083/786-8027)* degustará cócteles y escuchará la mejor música *dance*.

Teatros

El **Elizabeth Sneddon Theatre** *(University of KwaZulu-Natal, King George V Ave.; tel. 031/260-2065)* ofrece producciones de los estudiantes y externas, espectáculos de danza, conciertos de rock y musicales.
El **Playhouse** *(231 Smith St.; tel. 031/369-9596; www.playhousecompany.com)* cuenta con tres locales para actuaciones, obras de teatro, música, ópera y danza.
Barnyard *(Gateway Mall, 1 Palm Blvd., Umhlanga Ridge; tel. 031/566-3045)*.

JOHANNESBURGO

Cines

Pueden encontrarse numerosas salas de cine en los grandes centros comerciales: **Hyde Park Shopping, Mall at Rosebank** y **Sandton City** (ver «Centros comerciales» de Johannesburgo en la pág. 308).

Música

Para escuchar el mejor jazz local, visite **Bassline** *(10 Henry Nxumalo St., Newtown; tel. 011/838-9145; www.bassline.co.za)* o **The Blues Room** *(Village Walk, Rivonia y Maude Sts.; tel. 011/784-5527; www.bluesroom.co.za).*
Catz Pyjamas *(12 Main Rd., Melville; tel. 011/726-8596; www.catzpyjamas.co.za)* es una taberna abierta las 24 horas con actuaciones de música en directo.
La **Johannesburg Philharmonic Orchestra** ofrece conciertos en el Linder Auditorium *(27 St. Andrews Rd., Parktown; tel. 011/717-3223).*

Si lo que busca son clubes y música para bailar, visite el *nightclub* de ambientación marroquí **Shoukara** *(Mutual y Rivonia Blvds., Rivonia; tel. 082/855-2584)*, el **Sudada** *(12 Friedman Dr., Sandton; tel. 011/884-1980)* o el **Venue** *(Melrose Arch; tel. 011/214-4300).*

Teatros

Barnyard *(Shop L205, Cresta Shopping Centre, Beyers Naude Dr.; tel. 011/280-4370).*
El **Civic Theatre** *(Loveday St., Braamfontein; tel. 011/877-6800; www.showbusiness.co.za)* monta obras de teatro, ópera y espectáculos de ballet, así como teatro musical en sus tres locales de actuaciones.
El **Market Theatre** *(56 Margaret Mcingana St.; tel. 011/832-1641; www.markettheatre.co.za)* cuenta con tres locales que montan obras de teatro locales y extranjeras y otros espectáculos artísticos.
El **Teatro at Montecasino** *(William Nicol y Witkoppen Rds., Fourways; tel. 011/510-7000; http://montecasino.tsogosun.co.za)* lleva a escena musicales y otros espectáculos de entretenimiento.
El **Theatre on the Square** *(Shop 121 Nelson Mandela Sq., Sandton; tel. 011/883-8606; www.theatre onthesquare.co.za)* ofrece obras de teatro y actuaciones musicales.

PRETORIA

Cines

Encontrará multicines en los centros comerciales de **Brooklyn Mall** y **Menlyn Park** (ver «Centros comerciales» de Pretoria en la pág. 308).

Música

La **University of Pretoria Symphony Orchestra** *(tel. 012/420-2947; www.upso.up.ac.za)* ofrece obras orquestales en distintos locales de la ciudad.

Entre los clubes de música *dance* se encuentran el enorme **Boston Tea Party** *(Louis y Glen Manor Ave., Menlyn; tel. 012/365-3625)* y el local, principalmente de estudiantes, de nombre **Recess** *(Lenchen St. N y South St., Centurion; tel. 012/663-7862; www.recess.co.za).*

Teatros

El **State Theatre** *(320 Pretorius St.; tel. 012/392-4066; www.statetheatre.co.za)*, las mayores instalaciones de teatro del país, alberga seis locales para espectáculos de ópera, ballet, teatro, cabaré, musicales y festivales de cine.
Barnyard *(tienda UF57, Menlyn Park, Atterbury Rd. y Lois Ave., Menlo Park; tel. 012/368-1555).*

Actividades

Debido a su buena climatología, sus vastos espacios abiertos, playas, reservas de caza, ríos y montañas, Sudáfrica es un destino magnífico para realizar actividades al aire libre. En muchos lugares del país los visitantes pueden contratar actividades de aventura como submarinismo, piragüismo, kayak, *rafting* en rápidos, ciclismo de montaña, escalada, paracaidismo y *rapel*, conocido aquí como *abseiling*. Otras actividades, como el golf, el senderismo, las rutas a caballo, la observación de aves o la pesca con mosca, también están a disposición del turista.

EN TODO EL PAÍS

Getaway es una revista mensual de safaris y viajes, con información detallada sobre turismo de aventura *(www.etaway.co.za).*

South African National Parks ofrece actividades de senderismo, piragüismo, observación de aves y contemplación de estrellas *(www.sanparks.org,* haga click en el enlace *«Activities & Facilities»).*

Wildthing Adventures *(tel. 021/556-1917, www.wildthing.co.za)* ofrece piragüismo, senderismo, *puenting* y safaris.

Ciclismo de montaña

En la página web *www.mtbonline.co.za* encontrará información completa sobre las rutas para bicicleta de montaña que existen en Sudáfrica, así como sobre equipamiento y operadores turísticos que ofrecen estas excursiones.

Escalada

El **Mountain Club of South Africa** *(tel. 021/465-3412; www.mcsa.org.za)* y **Climb ZA** *(www.limbing.co.za)* facilitan información sobre rutas de escalada de todos los niveles.

Golf

En *www.golf-safari.com* encontrará descripciones de los principales campos de golf, con fotos y mapas.

Kayak en mar

PaddleYak *(tel. 021/790-5611, www.seakayak.co.za)*) ofrece excursiones en kayak en Ciudad del Cabo y a lo largo de la costa oeste y de la Garden Route.

Motociclismo

Karoo Biking *(www.karoo-biking.de/en/)* ofrece excursiones en motos BMW.

Observación de aves

Lawsons *(tel. 013/741-2458; www.lawsons.co.za)* organiza circuitos para la observación de aves, mariposas, mamíferos y, en general, de la vida salvaje en KwaZulu-Natal.

Monty Brett *(tel. 033/266-6113; www.sappibrett.co.za)* organiza circuitos para la observación de aves, rutas y safaris.

Pesca con mosca

En *www.flyfishing.co.za* encontrará información detallada sobre la práctica de este deporte en Sudáfrica.

CIUDAD DEL CABO

Deportes de aventura

Downhill Adventures *(tel. 021/422-0388; www.downhilladventures.com)* ofrece rutas en bicicleta, *sandboard*, parapente, *abseiling*, buceo en jaula y excursiones en *quad*.

Abseil Africa *(tel. 021/424-4760; www.abseilafrica.co.za)* es una empresa especializada en rapel en la Table Mountain.

Cape Xtreme *(tel. 021/788-5814; www.cape-xtreme.com)* organiza buceo en jaula para ver tiburones, rutas en bicicleta, jornadas de surf y escalada.

Kayak en mar

Sea Kayak *(tel. 082/501-8930; www.kayakcapetown.co.za)* organiza excursiones en kayak frente a la costa de la ciudad, donde pueden verse ballenas y pingüinos.

Submarinismo

Orca Industries *(tel. 021/671-9673; www.orca-industries.co.za)* ofrece cursos de submarinismo, equipo e inmersiones.

LA COSTA OESTE

Alquiler de barcos

Breede River House Boat Hire *(tel. 028/542-1049; www.houseboathire.co.za).* Empresa con sede en el río Breede, cerca de Swellendam.

Lightleys *(tel. 044/386-0007; www.houseboats.co.za)* ofrece casas-barco totalmente equipadas en la Knysna Lagoon.

Avistamiento de ballenas

Cuando las ballenas vuelven al cabo sur, entre julio y diciembre, diversos operadores ofrecen actividades de avistamiento.

Dyer Island Cruises *(tel. 028/384-0406; www.whalewatchsa.com)* e **Ivanhoe Sea Safaris** *(tel. 028/384-0556; www.whalewatchingsa.co.za)* tienen su base en Gans Baai, cerca de Hermanus.

Ocean Safaris *(tel. 044/533-4963; www.oceansafaris.co.za)* opera desde Plettenberg Bay.

Buceo con tiburones

Distintos operadores ofrecen en Western Cape jornadas de observación del tiburón blanco desde la cubierta de un barco o desde una jaula sumergida en el agua.

Shark Africa *(tel. 044/691-3796; www.sharkafrica.co.za)* tiene su base en Mossel Bay.

White Shark Diving Co. *(tel. 021/461-6583; www.sharkcagediving.co.za)* opera desde Kleinbaai.

Ciclismo de montaña

Mountain Biking Africa *(tel. 044/382-0260; www.mountainbikingafrica.co.za)*, con base en Knysna, organiza excursiones en bicicleta.

Deportes de aventura

Eden Adventures *(tel. 044/877-0179; www.eden.co.za)* en el Wilderness National Park, en la Garden Route, organiza excursiones en piragua, *abseiling*, senderismo y rutas en bicicleta.

Bridge & Bungee Jumping Face Adrenalin *(tel. 042/281-1458, Bloukrans; tel. 044/697-7001, Gourits)* ofrece el salto con cuerda elástica o *goming* más alto del mundo, en los puentes de Bloukrans y del río Gourits.

Forest Canopy Tours *(tel. 042/281-1836, www.tsitsikammacanopytour.co.za)* ofrece deslizamiento seguro de una plataforma a otra mediante tirolinas.

Paracaidismo

Sky Dive Ceres *(tel. 021/462-5666; www.skydive.co.za)*, a tan sólo hora y media de Ciudad del Cabo, ofrece preparación y saltos en tándem.

Rutas para ver flores

Tours & Trails *(tel. 021/762-3530; www.toursandtrails.co.za)* organiza excursiones para contemplar las flores de Namaqualand a finales de los meses de agosto y de septiembre.

Senderismo

Oystercatcher Trail *(tel. 044/699-1204; www.oystercatchertrail.co.za)* es una ruta costera que parte de Mossel Bay.

EASTERN CAPE

Actividades al aire libre

The Edge Resort *(tel. 045/962-1159; www.theedge-hogsback.co.za)*, en Hogsback, ofrece rutas en 4x4, senderismo, ciclismo de montaña y pesca de trucha.

Alquiler de barcos

Lightleys (ver pág. 311) ofrece también casas-barco en el río Kowie con salida desde Port Alfred.

Senderismo

Wild Coast Holiday Reservations *(tel. 043/743-6181; www.wildcoastholidays.co.za)* organiza siete rutas distintas de senderismo por la Wild Coast o Costa Salvaje.

DURBAN Y KWAZULU-NATAL

Actividades al aire libre

Ezemvelo KZN Wildlife *(www.kznwildlife.com, haga click en «eco-tourism» y después en «activities»)*, la organización KwaZulu-Natal Parks ofrece actividades de observación de aves, alquiler de barcos, escalada, senderismo, pesca y rutas a caballo y en bicicleta.

Sani Pass Hotel *(tel. 033/702-1320; www.sanipasshotel.co.za)* organiza rutas en *quad*, pesca, golf y excursiones en 4x4.

Ala delta

Silent Wings *(tel. 039/832-0268; www.silentwings.co.za)* ofrece cursos de aprendizaje en las Midlans y vuelos en ala delta en Western Cape y el interior.

Pesca en aguas profundas

Magnum Charters *(tel. 035/571-0043; www.sodwanabaylodge.com)* organiza viajes por aguas oceánicas para pesca deportiva.

Senderismo

Ukhahlamba-Drakensberg (ver Ezemvelo KZN Wildlife) cuenta con magníficas rutas para la práctica de senderismo.

Submarinismo

PADI 5 Star Dive Centre *(tel. 035/571-6015; www.sodwanabaylodge.com)* ofrece cursos e inmersiones en Sodwana Bay.

Tirolinas

Karkloof Canopy Tour *(tel. 033/330-3415; www.karkloofcanopytour.co.za)* cerca de Howick, ofrece la posibilidad de deslizarse por cables por el bosque.

KRUGER Y MPUMALANGA

Pesca con mosca

Mpumalanga y el área de Dullstroom tienen fama por la pesca con mosca *(www.flyfishing.co.za)*.

Rutas a caballo

Horizon *(tel. 014/755-4003; www.ridinginafrica.com)* organiza rutas a caballo por Limpopo's Waterberg.

Rutas por el monte

El Kruger National Park y los hoteles de las reservas de caza ofrecen excursiones con un guarda forestal experimentado y armado.

Tirolinas

Skyway Trails *(tel. 013/737-8374; www.skywaytrails.com)* ofrece la posibilidad de deslizarse por cables sobre el valle cerca de Hazyview.

JOHANNESBURGO Y EL INTERIOR

Actividades al aire libre

Adventure Addicts *(tel. 012/711-0264; www.adventureaddicts.com)*, en Dinokeng, cerca de Pretoria, ofrece rutas en *quad*, vuelos en ultraligero, rutas en elefante, etc.

Jacana *(tel. 012/734-2978; www.jacanacollection.co.za)* organiza rutas a pie y a caballo, bicicleta de montaña, *quad* y 4x4 en Gauteng y en Eastern Free State.

Alquiler de barcos

Harties Houseboat Cruises *(tel. 073/825-4409; www.hartieshouseboats.co.za)* alquila embarcaciones en Hartbeespoort Dam, cerca de Johannesburgo y Pretoria.

Old Willow Houseboat Charters *(tel. 016/973-1729; www.oldwillow.co.za)* alquila barcos en el río Vaal.

Aventura de montaña

GoVertical *(tel. 082/731-4696; www.gotrekking.co.za)* organiza rutas de espeleología, *rapel* y escalada en el área de Magaliesberg.

Globo aerostático

Las condiciones meteorológicas en general estables de la Highveld hacen que sea un lugar ideal para volar en globo.

Air Ventures *(tel. 011/793-5782; www.air-ventures.co.za)* opera desde la Cuna de la Humanidad y desde Magaliesberg.

Bill Harrop's Balloon Safaris *(tel. 011/705-3201; www.balloon.co.za)* ofrece paseos en globo cerca de las montañas Magaliesberg.

Tirolinas

Magaliesberg Canopy Tour *(tel. 014/535-0150; www.magaliescanopytour.co.za)* le invitará a deslizarse por cables de acero entre plataformas instaladas en las escarpadas paredes de una montaña.

NORTHERN CAPE

Actividades al aire libre

Gariep 3-in-1 Adventure. Esta emocionante aventura de medio día de duración que ofrece el Augrabies National Park *(www.sanparks.org)* incluye descenso en canoa del río Gariep (Orange), una ruta a pie de unos 3 km y vuelta al campamento base en bicicleta de montaña.

Kalahari Adventure Centre *(tel. 054/451-0177; www.kalahari.co.za)* con base cerca de Augrabies, ofrece rutas por el río, observación de aves y safaris.

Piragüismo y *rafting*

Los safaris, el piragüismo y el *rafting* aguas abajo por el río Gariep (Orange) son aquí las principales actividades.

Bushwacked *(tel. 027/761-8953; www.bushwhacked.co.za)* organiza *raftings* por el río, que pueden durar entre medio y seis días.

Felix Unite *(tel. 021/404-1830; www.felixunite.com)* organiza safaris en piragua y balsa.

River Rafters *(tel. 021/975-9727; www.riverrafters.co.za)* ofrece también rutas en balsa por la región.

LEER LA CARTA

En Sudáfrica, en todas las cartas se utiliza el inglés, pero existen algunos términos locales que pueden confundir al turista.

achar condimento de mangos verdes, aceite y especias
biltong carne seca sazonada con sal y cilantro
blatjang *chutney* de frutas picante, a menudo preparado con albaricoques
bobotie carne picada con curry y huevo por encima
boerewors salchicha de carne troceada y especiada con cilantro
borrie cúrcuma
braai asar al aire libre (también abreviatura de *braaivleis)*
braaivleis barbacoa
bredie estofado de cordero con tomates, que incluye *waterblommetjie*
bunny chow media hogaza de pan hueca y rellena de curry
crayfish langosta
kabeljou (también llamado **kob**) pescado blanco de carne firme
kingklip pescado de mar de carne blanca, parecido a la anguila
koeksuster tiras de masa trenzadas y fritas, servidas con un jarabe muy dulce
malva pudding bizcocho caramelizado de albaricoque aromatizado con jengibre
mampoer aguardiente de melocotón, ciruela u otras frutas
marula baya amarilla comestible de un árbol de la Lowveld
mielies maíz
mogodu callos
monkey gland sauce salsa picante para carnes a base de cebolla, tomate y salsa Worchestershire
mopane worms las orugas secas de la mariposa emperador
morogo espinacas silvestres
pap una especie de gachas que se preparan con maíz molido
perlemoen oreja de mar
potjie cacerola de hierro fundido con tres patas
potjiekos comida (generalmente guiso de carne y verduras) cocinada a fuego lento en un **potjie**
rooibos arbusto originario del área de Cederberg a partir del cual se prepara una infusión
samoosa pequeño pastel triangular, frito y picante
samp granos de maíz machacados
skilpadjie hígado envuelto en la tripa y frito
snoek pescado muy típico de Western Cape, a menudo hecho paté
sosatie kebab
umngqusho plato xhosa de **samp** y judías condimentado con ingredientes picantes
van der hum licor local muy popular que se prepara con brandy, corteza de mandarina, hierbas y especias
vetkoek pastel de masa frita
waterblommetjie planta comestible parecida al nenúfar
witblits otra denominación del **mampoer**

ÍNDICE

Los números en **negrita** remiten a las ilustraciones.
Las MAYÚSCULAS indican categorías temáticas

CRÉDITOS DE LAS ILUSTRACIONES

Todas las fotografías son de Samantha Reinders excepto las que se indican a continuación:

Cubierta: ar. iz, ar. de. y ab. de., Samantha Reinders, ab. iz., Walter Meayers Edwards/National Geographic Image Collection; 22, After Pierre Descaliers/The Bridgeman Art Library/Getty Images; 26-27, Thomas Baines/The Bridgeman Art Library/Getty Images; 31, Paul Velasco; Gallo Images/CORBIS; 33, David Turnley/CORBIS; 53, Brendan Smialowski/Getty Images; 70, courtesy DO'Neil/Wikipedia; 126, Sarge/ASP via Getty Images; 132, Christopher Scott/Getty Images; 152, Peter Pinnock/Getty Images; 162, Walter Meayers Edwards/National Geographic Image Collection; 234 & 235, Courtesy Rovos Rail Tours Ltd.

National Geographic
Sudáfrica

Publicado por National Geographic Society
John M. Fahey, Jr., *President and Chief Executive Officer*
Gilbert M. Grosvenor, *Chairman of the Board*
Tim T. Kelly, *President, Global Media Group*
John Q. Griffin, *President, Publishing*
Nina D. Hoffman, *Executive Vice President; President, Book Publishing Group*

Realizado por la división de libros
Kevin Mulroy, *Senior Vice President and Publisher*
Leah Bendavid-Val, *Director of Photography Publishing and Illustrations*
Marianne R. Koszorus, *Director of Design*
Barbara Brownell Grogan, *Executive Editor*
Elizabeth Newhouse, *Director of Travel Publishing*
Carl Mehler, *Director of Maps*
Barbara A. Noe, *Series Editor*
Cinda Rose, *Series Art Director*

Equipo editorial
Barbara A. Noe, *Project Editor*
Kay Kobor Hankins, *Art Director*
Kevin Eans, *Photo Editor*
Robin Currie, Karin Kinney, *Text Editors*
Lise Sajewski, *Editorial Consultant*
Roberta Cosi, *Researcher*
Steven D. Gardner, Michael McNey, Nicholas P. Rosenbach, and Mapping Specialists, *Map Research & Production*
Al Morrow, *Design Assistant*
Jan Mucciarone, *Indexer*
Hunter Braithwaite, Bridget A. English, Elliana Spiegel, Jane Sunderland, *Contributors*
Richard Wain, *Production Project Manager*
Sam Corum, Meredith Wilcox, *Illustrations Specialists*
Jennifer A. Thornton, *Managing Editor*
R. Gary Colbert, *Production Director*

Edición en español
RBA Publicaciones, S.A.
Coordinación: RBA Libros, S.A.
Traducción: Mari Carmen Escudero Millán y Marta García Martínez
Edición y maquetación: Editec

ISBN: 978-84-8298-477-3
Ref: NGLI561
Depósito legal: B-17439-2009
Impresión y encuadernación: Tecfa
Impreso en España - Printed in Spain

100 años
Vorsprung durch Technik
quattro®
Audi